業界別!

AI活用地図

8業界36業種の
導入事例が
一目でわかる!

本橋洋介

SE SHOEISHA
AI&TECHNOLOGY

はじめに

２０１９年現在、ＡＩは第３次ブームといわれるようになり、深層学習（ディープラーニング）の改良をはじめとするさまざまな革新的アルゴリズムが考案・実証されています。非常に高精度の画像認識が実現されているだけでなく、数値予測、ロボット制御、音声認識、文章解析、会話生成など、さまざまな用途のＡＩが研究・開発されています。このように多様な用途のＡＩが実現されていることから、ＡＩのビジネス活用や実社会への適用についても、多数の取組みが行われています。設備メンテナンス、在庫管理、広告最適化といった以前から行われていたことが進化するだけでなく、ＡＩの進化によって新しい活用例も増えています。

しかし、ＡＩの活用は思うように進まないことがあるのも現状です。ＰｏＣ（仮説検証）と呼ばれるトライアルを実施したが想定した精度が出ない、投資対効果が見込まれないなどの理由から途中で停滞してしまうプロジェクトも多くあります。

これは、ＡＩやその基になるデータ活用についての企画の段階で、自社や組織の中の課題に対して俯瞰的に考え、どのデータを蓄積し、どの業務を改善するＡＩを開発していくのかのロードマップが適切に作られていないことが原因のひとつであると筆者は考えます。また、データの収集・蓄積と、その可視化や基本的な集計などで業務を改善していくことが最初のステップであるにもかかわらず、これらを行わずに難しいＡＩを開発しようとすることも、うまくいかない原因のひとつです。

そこで、本書では、業界・業種別に、どのようなデータ活用・ＡＩ活用が考えられるのかをマップ形式で整理しました。また、業界別にどのような活用事例があるのか示しています。さらに、一部の活用例においては詳細な方法や開発時のノウハウについて解説しています。

本書内のマップが、読者の方が所属する会社や組織にそのまま適用できないこともありますが、本書を参考に、自社でのデータ活用・ＡＩ活用のロードマップ作成に取り組んでいただければと考えています。また、自社内でのロードマップを作成した後には、それぞれの活用例がどのようなデータやツールを必要とするかを整理し、データを蓄積、整備する計画を立てていただくのが良いと考えます。他に、近年、多くの人が関心があるデータサイエンティストや機械学習エンジニアといった職業を目指す人にとっても、どの業界でデータ分析の仕事を行うかを検討するうえで参考になると考えています。

本書は、機械学習に代表されるＡＩの技術の詳細については一切触れず、「深層学習」などの用語のみ記載しています。これらについては、多数ある技術書・専門書を参考に習得していただくことを想定し、あくまで「どのような用途があるか」のみにフォーカスしました。「ＡＩとは何か」などの解説も省いています。たとえば、人工知能学会が発行しているＡＩマップは、ＡＩに関連する技術用語や手法についての関係性を整理したもので、大変有用です。こちらも参考に全体感をつかんでいただくのが良いと思います。さらに、代表的な活用例について、ＡＩシステムの構成例や作成時に気を付けるべきことを記しました。実際にプロジェクトを行う際の参考にしてください。

AIマップβ

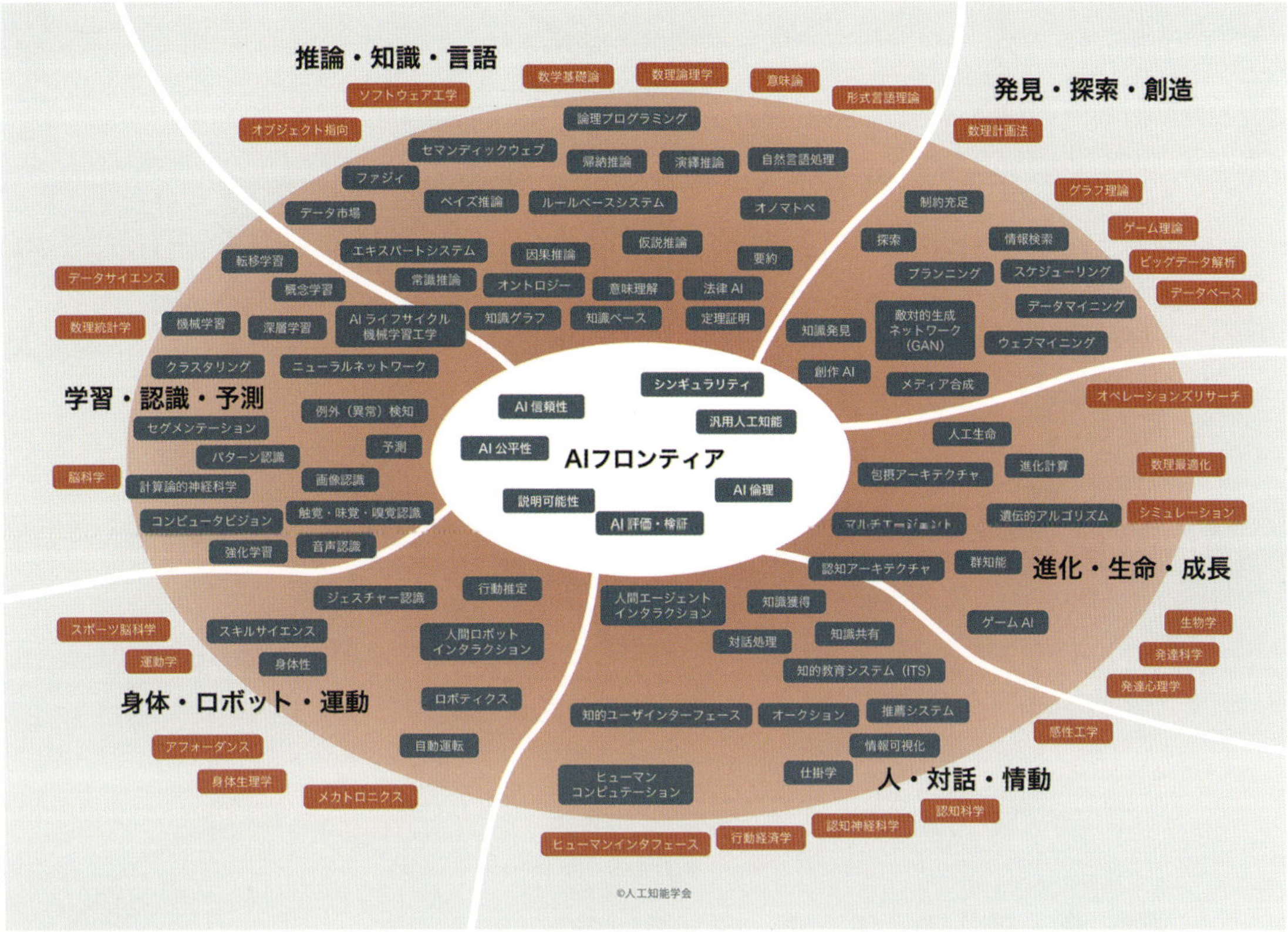

出所：一般社団法人 人工知能学会「ＡＩマップβ AI研究初学者と異分野研究者のためのAI研究の俯瞰図」
https://www.ai-gakkai.or.jp/pdf/aimap/AIMap_JP_20190606b.pdf

本書は、多数の人のご支援のうえで書き上げることができました。いつも温かくサポートしてくれる妻と子、超遅筆にもかかわらずお付き合いいただいた翔泳社の長谷川和俊さんにはいつもながら感謝してもしきれません。また、本書の原型を一緒に考えてくれた岡本悠佳さん、園田泰子さん、田村孝さん、見上紗和子さん、森本麻代さんや、上司としてサポートしていただいた池田雅之さん、坂田一拓さん、池田勇吉さんをはじめ、多数の同僚・先輩のお蔭で完成することができました。さらに、滋賀大学の河本薫先生には、日ごろ接する機会で学ばせていただくだけでなく、本書の推薦文もお寄せいただきました。ありがとうございます。

最後に、本書執筆の基となる知識を得る機会を与えていただきました、各業界・業種のビジネスパートナーの皆様に厚く御礼申し上げます。

本書を読まれた方が、多くの業界で、ＡＩ・データ活用を行い、人の仕事や生活がより豊かになっていくことにつながれば本望です。私もさらに精進して、多くのＡＩを作っていきたいと思います。

２０１９年11月　本橋　洋介

業界別！AI活用地図◎目次

Chapter 1 流通

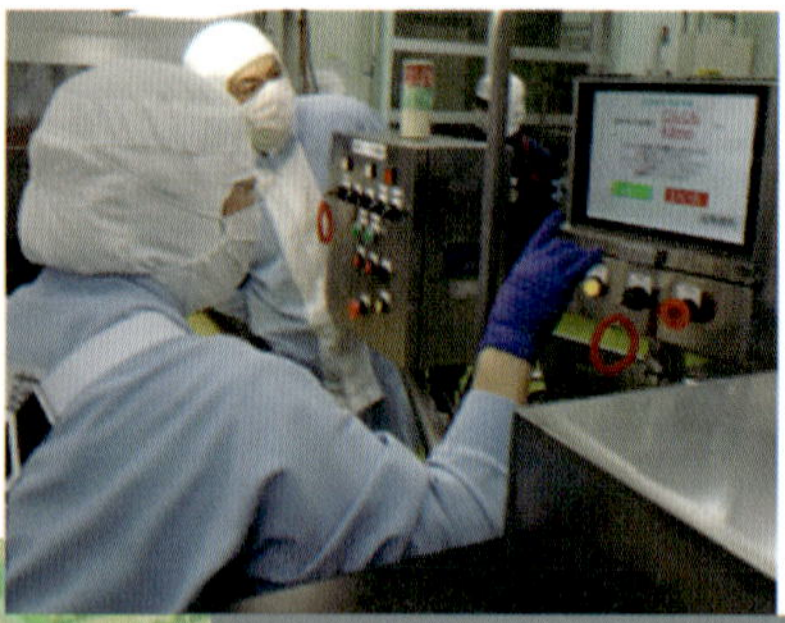

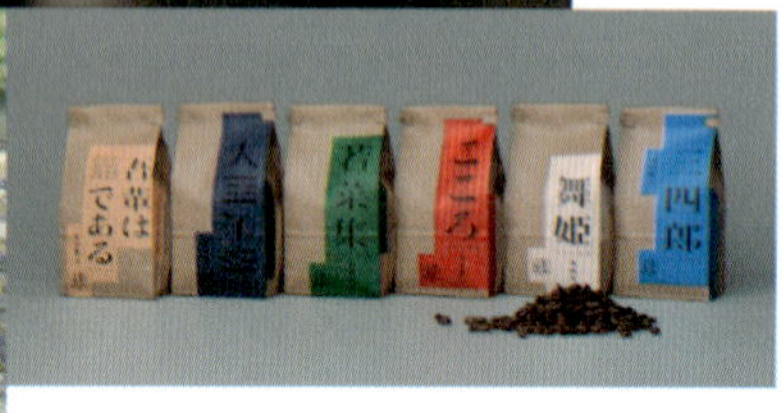

Chapter 2 製造

Chapter 3 金融

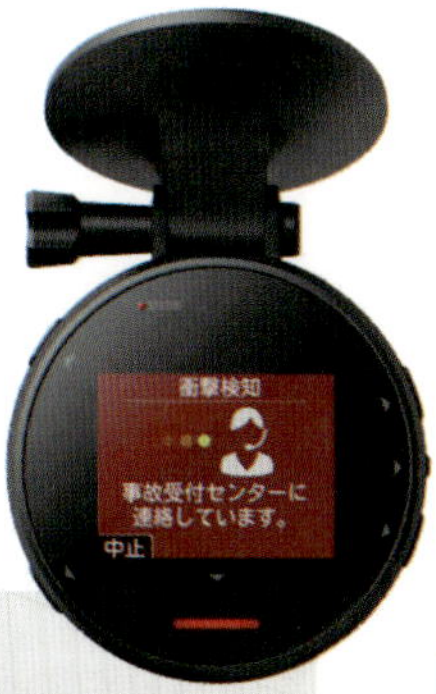

Chapter 4 サービス

Chapter 5 インフラ

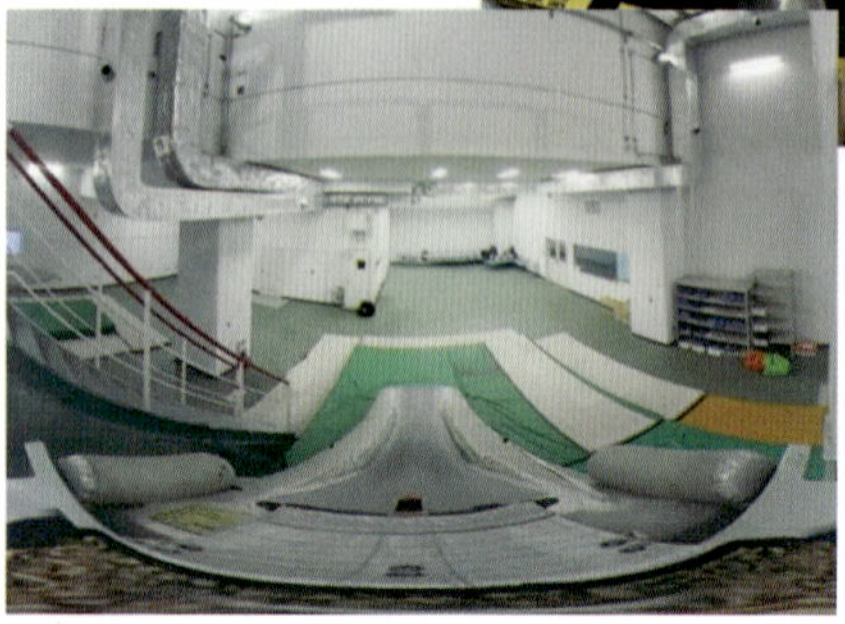

Chapter 6 公　共

Chapter 7
ヘルスケア

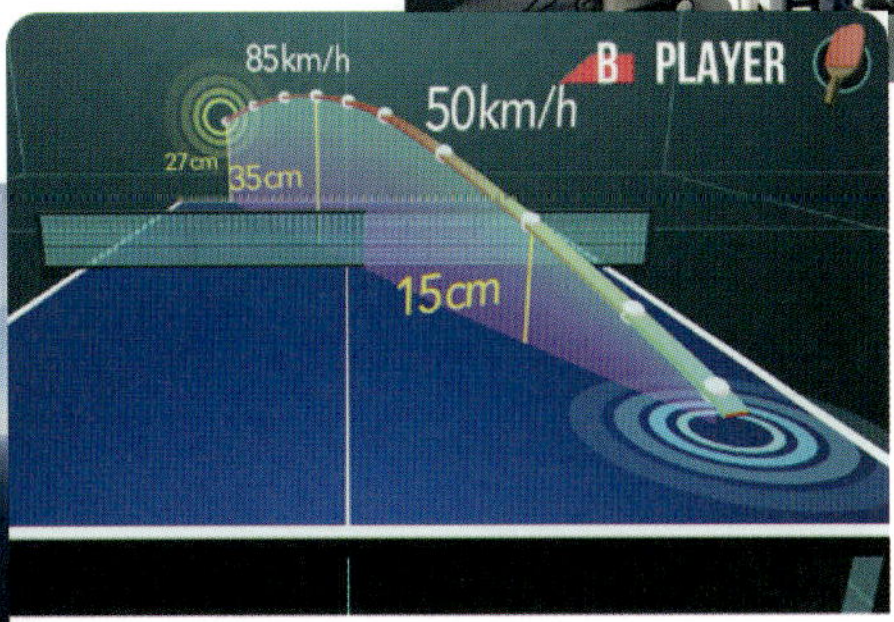

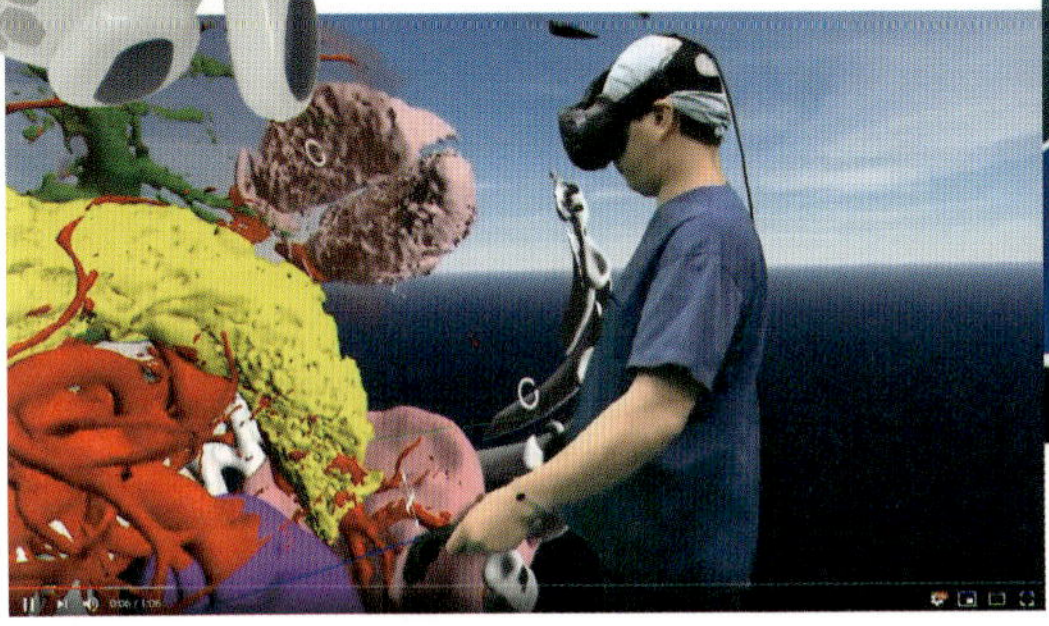

Chapter 8
その他

COLUMN

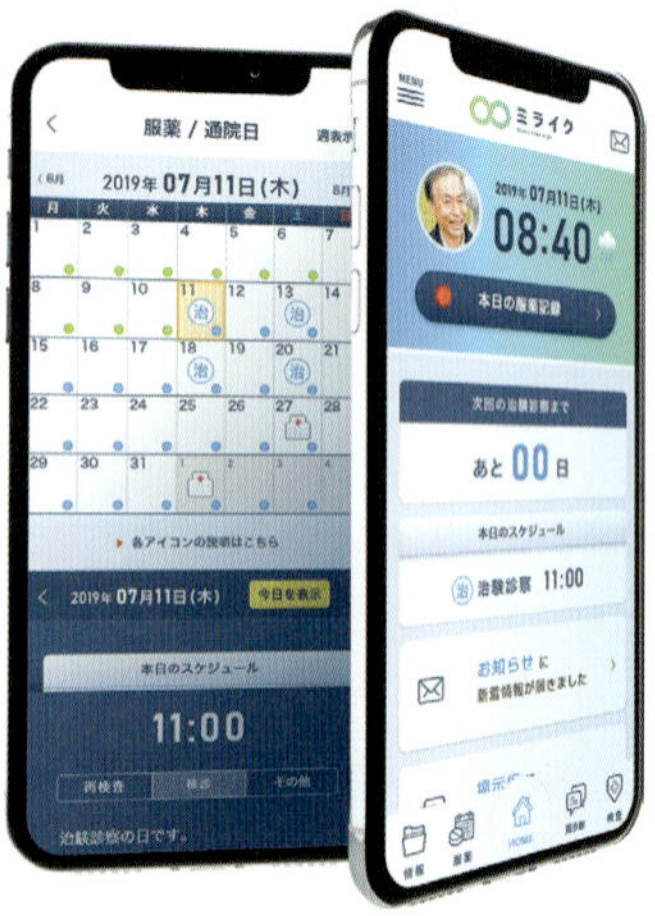

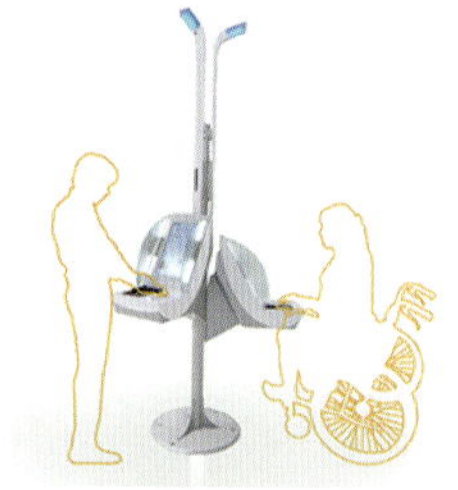

■会員特典データのご案内

会員特典として、本書掲載の活用地図をプレゼントしています。
会員特典データは、以下のサイトからダウンロードしてください。

https://www.shoeisha.co.jp/book/present/9784798157795

※会員特典データのファイルは圧縮されています。ダウンロードしたファイルをダブルクリックすると、ファイルが解凍され、ご利用いただけるようになります。

●注意

※会員特典データのダウンロードには、SHOEISHA iD（翔泳社が運営する無料の会員制度）への会員登録が必要です。詳しくは、Webサイトをご覧ください。
※会員特典データに関する権利は著者および株式会社翔泳社が所有しています。許可なく配布したり、Webサイトに転載したりすることはできません。
※会員特典データの提供は予告なく終了することがあります。あらかじめご了承ください。

●免責事項

※会員特典データの記載内容は、2019年10月1日時点の情報に基づいています。
※会員特典データに記載されたURLなどは予告なく変更される場合があります。
※会員特典データの提供にあたっては正確な記述につとめましたが、著者や出版社などのいずれも、その内容に対してなんらかの保証をするものではなく、内容やサンプルに基づくいかなる運用結果に関してもいっさいの責任を負いません。
※会員特典データに記載されている会社名、製品名はそれぞれ各社の商標および登録商標です。

［コンビニ・スーパーマーケット］

在庫管理や決済の進化によって店舗を省人化

Convenience stores / supermarkets

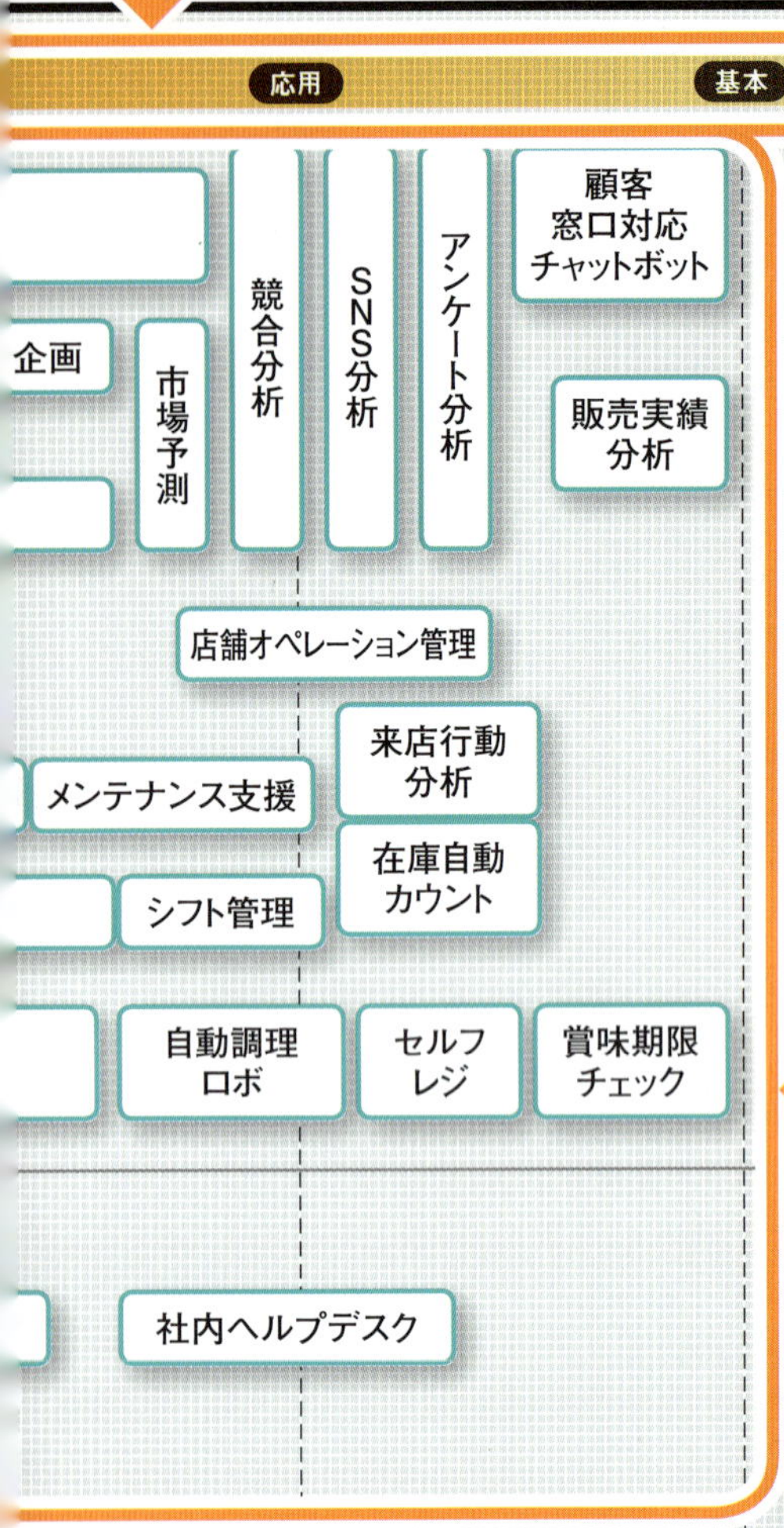

ブンーイレブンの顔認証を活用したセルフレジ

活用例

対象の業務と実現難易度を基に整理しています。

企画業務の特徴

コンビニは、総菜や弁当などの新商品の開発が頻繁であることや、新店舗の出店が多いという特徴があります。そこで、店舗を新規出店する場所の計画や、売上見込みを立てるために、人口や交通量などの場所の属性と売上げとの関係を分析する**店舗立地分析**を行います。その発展として、**新店舗戦略**をデータから決められるようになっていきます。

商品開発と並んでコンビニの企画で多くあるのは、タイアップ・値下げなどのキャンペーンです。キャンペーンは期間・費用・場所などをどのように設定するかで効果が決まるため、過去のキャンペーンの効果を基に新しい**キャンペーンの企画**を行います。スーパーマーケットの場合は、日々商品価格を変動させており、AIを用いた**価格最適化**を行うことが有効です。

また、精算時にクーポンがレシートとともに出てくるようなケースにおいては、顧客の購買履歴を基に購買を予測して、提示するクーポンを決定する**クーポン設定戦略**もAIとの相性が良い分野です。

16

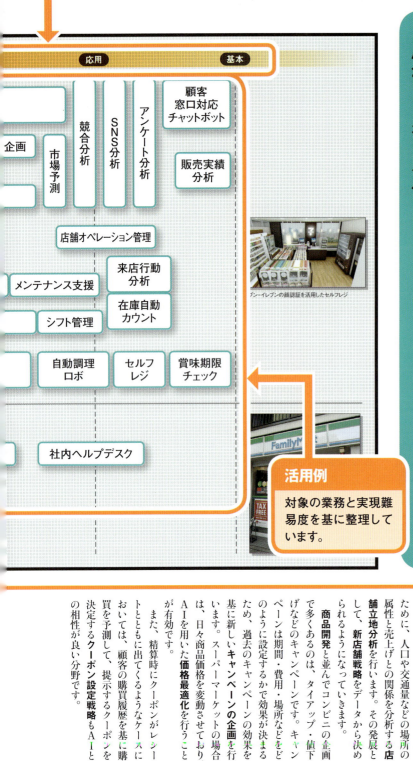

実現難易度

左にいくほど実現が難しく研究中のものになります。右のほうは、データを集めて集計や可視化を行うようなものです。

流通
製造
金融
公共
ヘルスケア
その他

［コン…］におけるAI…タ活用マップ

将来　発展

本社業務
- 広報
- 企画
- 店舗管理

店舗業務
- 管理
- 販売営業

人事
IT
経営企画

広告・CM企画
危機管理（ブランドイメージ保護）
TV視聴率分析（CM効果など）
商品開発
販売オペレーション設計
キャンペーン
価格最適化
新店舗出店戦略
店舗立地分析
クーポン設定戦
予算計画販売戦略
棚割り設計

AI無人決済システム「スーパー　　ダーレジ」

アルバイト採用
故障解
自動発
防犯・不審行動検知
棚割り最適化
決済多様化

評価/適性/異動
採　用
セキュリティ/運
ERM
ERP

業務の一覧

企業内の部門や役割に分けて整理しています。ほとんどの業務で共通する部門は下のほうに配置しています。

広報業務の特徴

コンビニは、店舗が数千から数万あり、各店舗で行っているすべてのオペレーションを本部が把握することは困難です。そこで、Twitterなどの**SNS分析**を行い、評判を分析します。

評判の分析では、商品に関する好評・不評の収集の他に、店舗での事件など**ブランドイメージ保護**に関係する情報を早期に収集します。

店舗業務の特徴

コンビニやスーパーマーケットの店舗業務は、データ活用やAIの適用範囲が広い分野です。決済を生体認証で行うことでレジ業務を変更する**決済多様化**や、店舗の装置の故障を予測したり原因を分析したりする**故障解析**などによって業務が効率化されます。

また、売上げを上げるために、店舗内の来店者の行動をカメラ画像などから分析して配置を検討する**来店行動分析**や、品揃え・棚の中の並べ方と売上げの関係を分析して売上げが上がる棚割りを決定する**棚割り最適化**も行います。

17

活用例の解説

代表的な活用例について目的やビジネス上の狙いを解説しています。

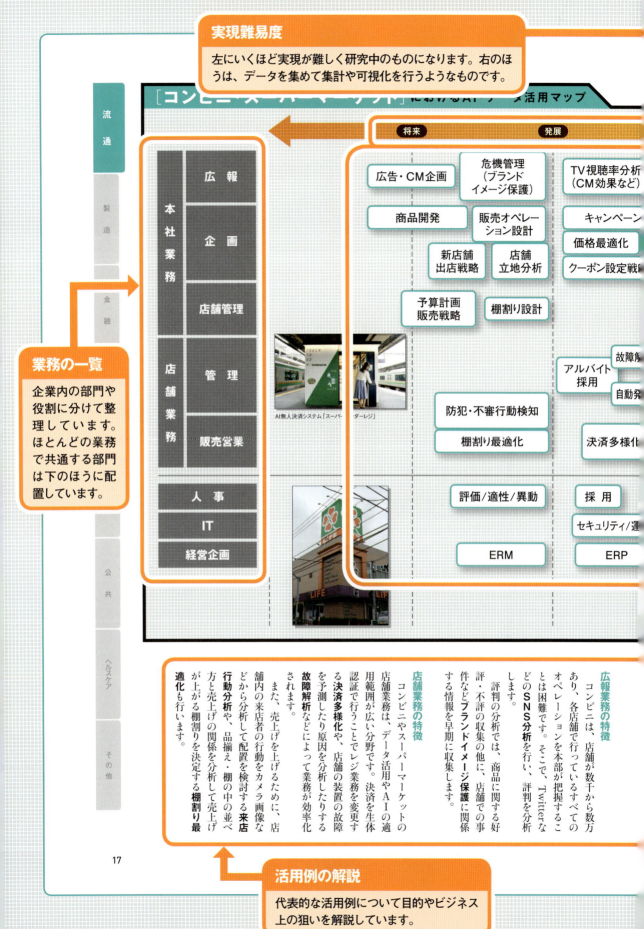

詳細解説 商

ROIの算出例

AIやデータの活用を行った際の投資対効果（ROI）の設定の例を記載します。

ROIの算出例

- **廃棄率を5%削減**
- **発注業務にかかる時間を30%削減**

目　的

AIやデータの活用を行うことのビジネス上の効果を記載します。また、対象テーマをよく用いる業種について解説します。

目　的

- **在庫切れによる機会損失、在庫過多による廃棄ロスの削減**
- **発注作業効率化による人件費の削減**

- 小売業（コンビニ）では、発注担当者が在庫数と需要量を考慮して発注数を決定しています。発注数を決定するノウハウは、個人に依存するという問題があります。
- 発注数の算出プロセスを自動化することで、欠品による機会損失や廃棄ロス量が減ることが期待されます。また、発注担当者の人数も多いことから、発注業務にかけている時間の削減も期待されます。

典型的なシステム構成と業務プロセス

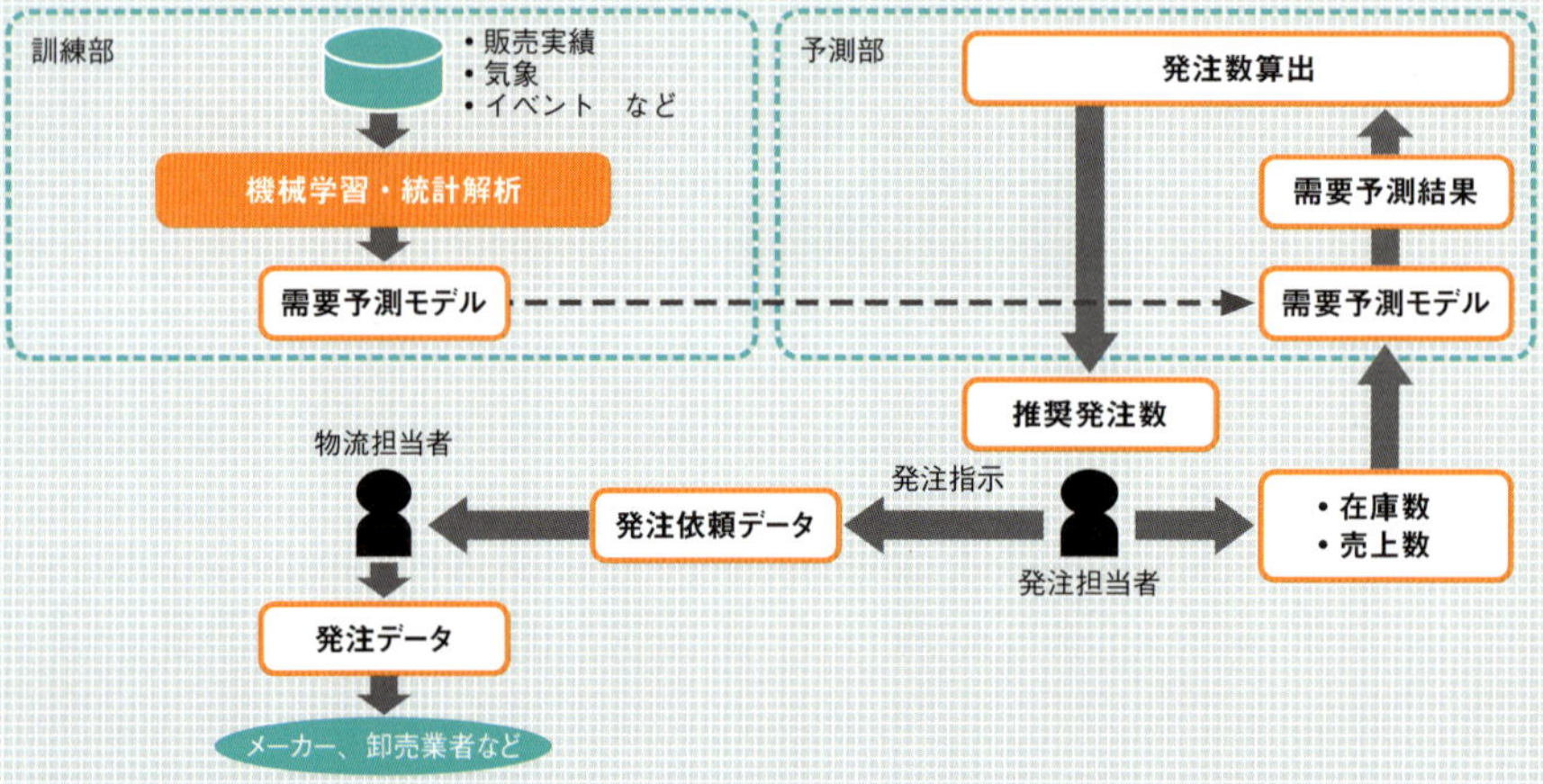

- 店舗などから、売上数や在庫数を受け取り、売上数の予測を行います。予測結果と在庫数を基に、推奨発注数を計算し、店舗の発注用の端末に表示します。
- 発注担当者が推奨発注数を確認し、承認すると発注依頼が送信されます。

32

典型的なシステム構成と業務プロセス

AIやデータの活用を行うためのシステム構成を記載します。また、システムを用いるユーザーや顧客などがどのようなプロセス（手順）で用いるかについて解説します。

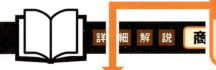

詳細解説　商品需要予測に基づく在庫管理

分析方法

ステップ 1
在庫量に基づく自動発注

- 在庫量を基に発注数を自動決定します。
- たとえば、「安全在庫数」を設定しておき、それよりも低い在庫数になったら安全在庫数までの差分を発注するといった方法があります。賞味期限がなく、日々の売上数が小さい商品で、物流のリードタイム（注文から到着までの時間）が短い場合はこの方法で在庫量が安定します。

ステップ 2
機械学習に基づく需要予測の活用

- 重回帰分析や深層学習などにより、応用的な手法を用いて将来の売上げを予測します。
- 予測結果と現在の在庫量を基に、将来の欠品時期を計算し、早期に欠品しそうな場合に発注を行います。
- 商品・店舗・時期などによって得意・不得意が出ることが多く、機械学習と人による予測を併用しながら動作させるなどの工夫が必要なことがあります。

ステップ 3
強化学習による発注数自動決定

- ステップ2に加え、発注数も機械に自動で決めさせます。強化学習を用いるときは、報酬（強化学習が良し悪しを評価する指標）として売上数、廃棄数、欠品時間などのいずれかを与えて、報酬が最も良い値になる発注数を決定させます。この報酬設計が難しく、分析者の経験が求められます。

利用データ

①商品別の販売実績データ

②キャンペーンのデータ
- 値引き、組み合わせ販売など

③気象データ
- 天候、気温、湿度など

④カレンダーデータ
- 曜日、祝祭日、夏休みなど

⑤イベントデータ
- 近隣の祭り、ライブ、イベントの開催日程

⑥在庫データ（納品・廃棄データ）

- ③～⑤は企業内にデータがない可能性がありますが、過去数年分の主要イベントのデータなどを作成するのが望ましいです。
- ⑥は機械学習に入れる変数としては用いないことが多いですが、発注数の計算や在庫管理状況の評価に用います。

■典型的な追加データ

- GW、お盆、正月などのカレンダー上のイベント
  ⇒祝日であるかの他に、大型連休であるかという変数を用いることがあります。
- 価格情報
  ⇒スーパーマーケットなどで日々の価格が異なるときは、価格と需要の関係を学習できることがあります。このとき、価格の値だけでなく、商品タイプごとにグルーピングしておき、グループの平均価格との差や、グループ内の最低価格との差を変数として入れることで、商品同士の価格差を学習できるようになります。
- 店舗周辺のイベント
  ⇒お祭り、マラソン大会、スタジアムでのコンサートやスポーツイベントなどは、想定動員人数を変数として入れることがあります。また、年に1回しか大型イベントがない場所ではイベントとの関係を学習できないことがあります。その場合は、特別なイベントの日を訓練データから省いておき、予測時に機械学習が作成したモデルでは予測せず、人が判断するようにすることが有効です。

分析方法

AIやデータの活用を行うときの分析手順を解説します。ステップに分けて、徐々に応用的なAIを作成するような手順とすることで、はじめに行うことがわかります。

利用データ

典型的な用いるデータを解説します。また、AIを改良する際によく用いる追加データについて、どのようなときに追加するかを解説します。

細 解 説

データ加工のポイント

AIやデータの活用を行うために、よく行うデータの加工内容を解説します。これを参考にデータを加工することで、より良いAIの作成ができるようになります。

データ加工のポイント

■商品コード変更による名寄せの必要性

- 商品パッケージのリニューアルなどにより、同一商品でも別の商品コードに切り替わるケースがあります。その場合は、複数の商品コードを同じ商品とみなしてデータを統合して用いることが有効です。

■「販売数0」の取扱いに注意

- ある期間に販売数が0のデータについては、次のケースが考えられます。
  ① 在庫があったが売れなかった（需要0）
  ② 在庫切れで販売できなかった
  理想的には、この①と②を切り分けられるのが有効です。過去の店頭在庫量の推移がデータにある場合は、切り分けが可能です。この場合、①の部分のみ販売数0として学習し、②の部分は訓練データから省きます。
- 時系列をさかのぼって加工する
  「1週間前同日の売上げ」などの情報を投入すると予測精度が上がることがあります。他にも、たとえば気象情報やCMの投入量などは、累積の値や差の値を加工して用いることがあります（例：直近7日のCM投入量の合計、昨日との気温の差）。

分析時に注意すべきポイント

①他の店舗の影響を学習しきれないことが多い

- たとえば近隣に競合店が新規開店したときなど、顧客が減少することによって予測が急に当たらなくなることがあります。また、新規開店でなくても、セールなど競合店の施策はデータとして持ちきれないことで分析しづらいです。
- 競合店舗が明確にわかっている場合は、その店舗の施策データを用意することで影響を学習できることがあります（特定の数字の日にセールを実施する、など）。また、過去の売上げから、競合店のセール時のデータを削除して学習することで、平常時の予測モデルの精度を上げることができます。

②ID-POSデータがあるときに常連データと一見客データに分けて分析する

- ID-POSデータがある場合は、売上げを個人別に分けることができます。スーパーマーケットのように、毎週購入する常連がいるような店舗の場合、常連の売上げデータと一見客（IDがわからないデータなど）のデータに分けることで、常連客の定常的な購買行動を学習できることがあります。
- 在庫の安定化につながるだけでなく、常連客の購買傾向を基に常連客向けに施策を行うことで長期的な売上維持につなげます。

34

分析時に注意すべきポイント

AIを開発する際に、つまずきやすい点を解説します。あわせて、AIの精度が悪くなりやすいときなど、実用上の問題になりやすい点を解説します。

Chapter 1

流　通

コンビニ・スーパーマーケット

百貨店業

郵便・運送業

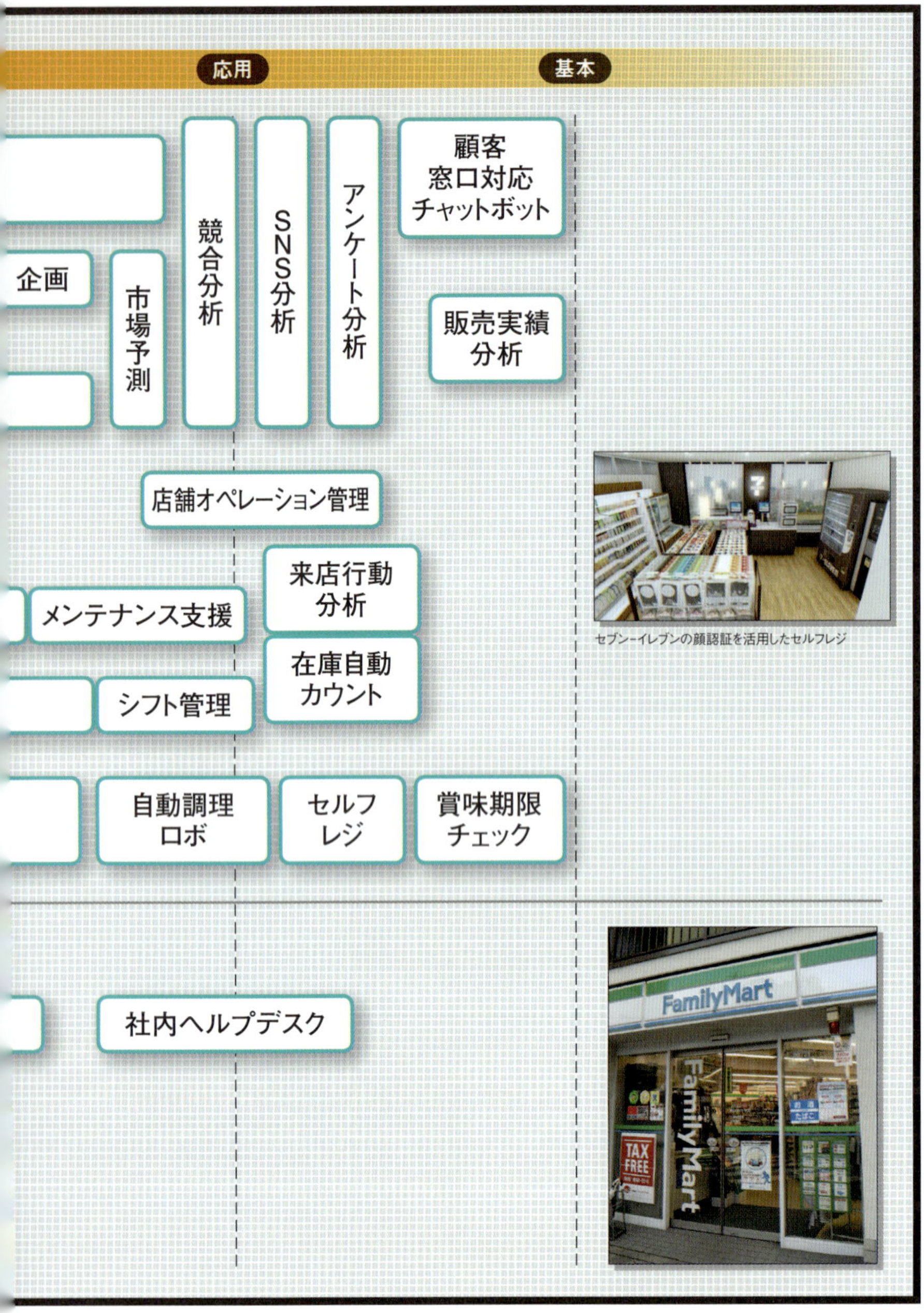

セブン-イレブンの顔認証を活用したセルフレジ

［コンビニ・スーパーマーケット］

Convenience stores / supermarkets

在庫管理や決済の進化によって店舗を省人化

企画業務の特徴

コンビニは、総菜や弁当などの新商品の開発が頻繁であることや、新店舗の出店が多いという特徴があります。そこで、店舗を新規出店する場所の計画や、売上見込みを立てるために、人口や交通量などの場所の属性と売上げとの関係を分析する**店舗立地分析**を行います。その発展として、**新店舗戦略**をデータから決められるようになっていきます。

商品開発と並んでコンビニの企画で多くあるのは、タイアップ・値下げなどのキャンペーンです。キャンペーンは期間・費用・場所などをどのように設定するかで効果が決まるため、過去のキャンペーンの効果を基に新しい**キャンペーンの企画**を行います。スーパーマーケットの場合は、日々商品価格を変動させており、ＡＩを用いた**価格最適化**を行うことが有効です。

また、精算時にクーポンがレシートとともに出てくるようなケースにおいては、顧客の購買履歴を基に購買を予測して、提示するクーポンを決定する**クーポン設定戦略**もＡＩとの相性が良い分野です。

[コンビニ・スーパーマーケット]におけるAI・データ活用マップ

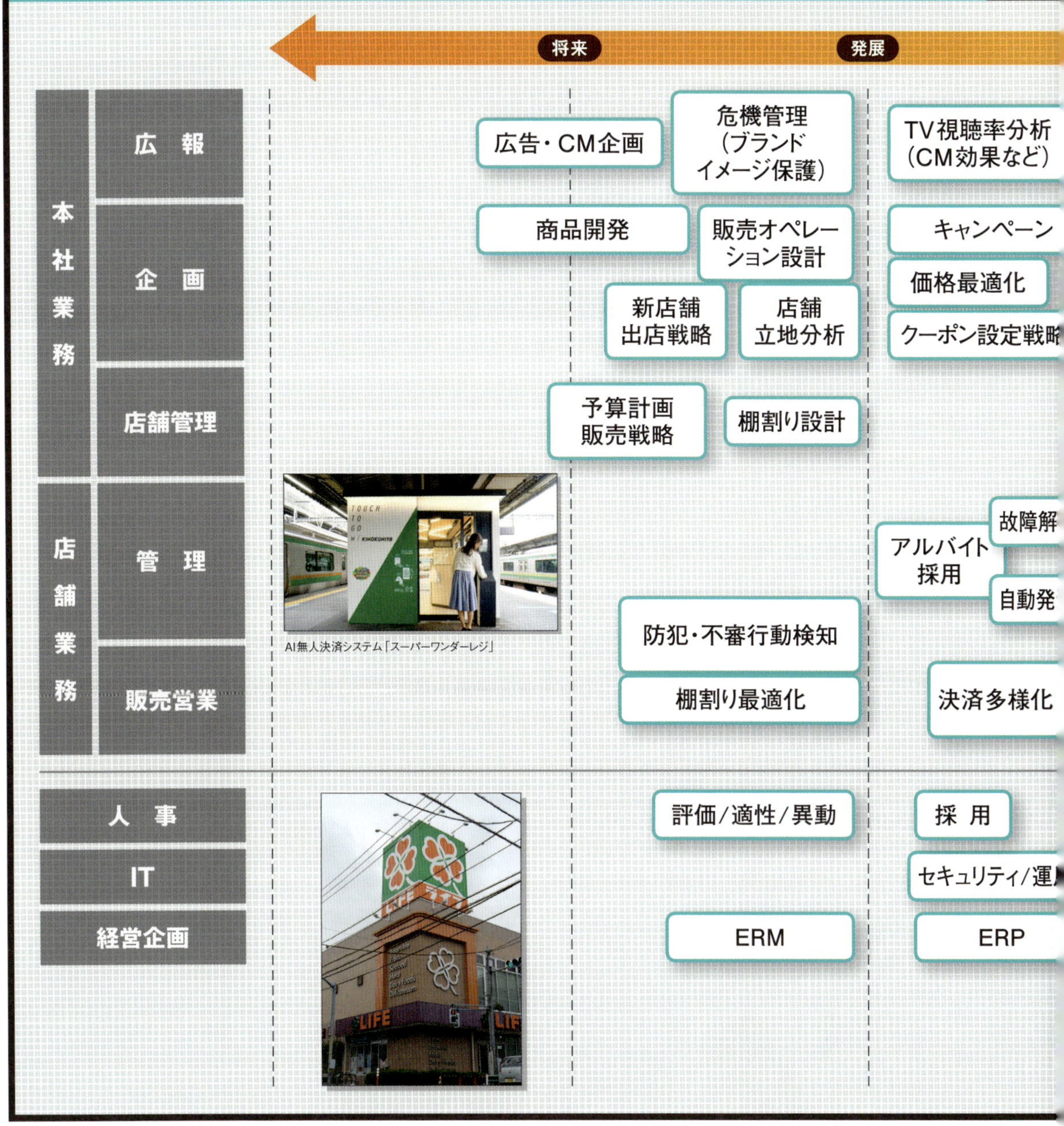

AI無人決済システム「スーパーワンダーレジ」

広報業務の特徴

コンビニは、店舗が数千から数万あり、各店舗で行っているすべてのオペレーションを本部が把握することは困難です。そこで、Twitterなどの**SNS分析**を行い、評判を分析します。

評判の分析では、商品に関する好評・不評の収集の他に、店舗での事件など**ブランドイメージ保護**に関係する情報を早期に収集します。

店舗業務の特徴

コンビニやスーパーマーケットの店舗業務は、データ活用やAIの適用範囲が広い分野です。決済を生体認証で行うことでレジ業務を変更する**決済多様化**や、店舗の装置の故障を予測したり原因を分析したりする**故障解析**などによって業務が効率化されます。

また、売上げを上げるために、店舗内の来店者の行動をカメラ画像などから分析して配置を検討する**来店行動分析**や、品揃え・棚の中の並べ方と売上げの関係を分析して売上げが上がる棚割りを決定する**棚割り最適化**も行います。

オークローンマーケティング
来店者の性別や年齢を判断

寝具を販売するリアル店舗においてAIを使った顧客の行動分析を導入。店舗に設置した4台のカメラで撮影した画像から、顧客の年齢や性別を自動で判断し、入店している人を分析する。収集データをクラウドで分析してレポート表示するダッシュボード機能があり、それを見て店舗の方針を定める。

セブン-イレブン・ジャパン
音声注文に対応

弁当や総菜などの宅配サービス「セブンミール」において、音声認識による注文受付を開始。音声認識アシスタント「Google アシスタント」のスマホアプリで注文を受ける。商品の受け渡しは店舗受取りのみ。店舗のレジで会計する。

ローソン
店内のどこでも決済

スマホに事前に公式アプリをダウンロードし、顧客自身が商品バーコードをスマホのカメラで読み取ることで、店内のどこでも決済できるサービス「ローソンスマホレジ」。一部の店舗にて利用が可能。顧客は退店時に、スマホ決算後に表示されるQRコードを店頭の専用読取り機にかざすのみで、レジに並ぶことなく買い物を行うことができる。

ローソンスマホレジ

出所：ローソンHP
https://www.lawson.co.jp/lab/app/art/1364064_8411.html

ダイドードリンコ
IoTを使ったスマート自動販売機

インターネットに接続し、スマホアプリと通信できる。LINE、スクウェア・エニックス、バンダイナムコといった企業と協業して、各社のポイントがたまるサービスを提供。

飲料の販売のみならず、自販機を地域の情報インフラとして活用する方法を探索。

DyDoの公式アプリ

出所：DyDo Smile STAND
https://www.dydo.co.jp/smilestand/

ワークマン、三井情報、流通経済研究所
需要予測による自動発注

需要予測システムを導入。これにより、本部の発注業務はほぼなくなる。同時に在庫回転日数が24日から18日に短縮でき、欠品率は7％から3％に改善。

本システムの活用範囲を拡大することで、店舗発注も自動化。8種のアルゴリズム「移動平均」「ARIMA」「ホルト・ウィンタース」といった統計分析手法で分析し、最も精度が高かったアルゴリズムを採用。直近で一番精度の高かったアルゴリズムを自動的に選ぶことで、そのときどきで最適な予測結果を導く。

セブン&アイ・ホールディングス、NTT
スマホで原材料や食物アレルギー情報を表示

陳列棚の商品にスマホをかざすだけで食品情報を表示する技術の実証実験を実施。

陳列されているおにぎりなどの食品をスマホのカメラで撮影すると、原材料やアレルギー情報などの商品情報をスマホ上に表示する。商品情報表示は、一部の外国語にも対応している。

活用事例

ローソン
出店可否判断の実証実験

人口や世帯分布、交通量といった商圏データをAIが収集・分析し、既存の類似店舗の売上実績を参考にしながら採算性を予測する。分析結果は立地に適した売り場作りにも活用し、予想売上高が一定の水準に満たない場合は出店を見送る。

NTT東日本アースアイズ
万引Gメン

小売店舗にAIを搭載したカメラを設置し、来店者の不審行動を検知して万引を防止するサービス「AIガードマン」を提供。店内のカメラが来店者の不審行動を自律的に検知し、クラウド経由で店員のスマホに位置や静止画などの情報を通知する。通知を受けた店員が不審者に「何かお探しですか?」などと声掛けし、万引を防ぐ。

AIガードマン

出所：NTT東日本HP
https://business.ntt-east.co.jp/service/ai-guardman/

日本ユニシス
棚卸しロボット

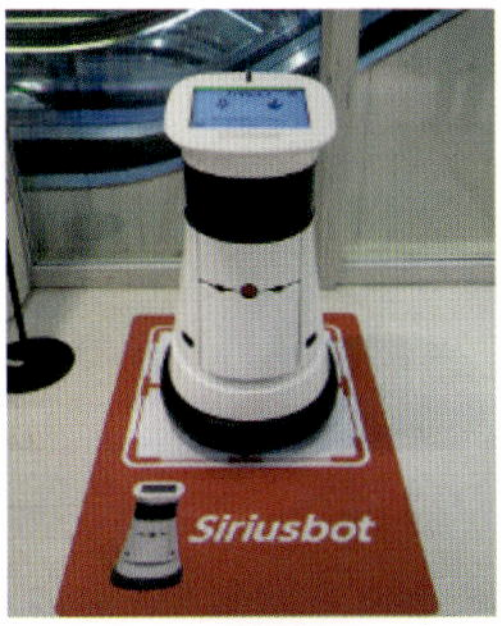

日本ユニシスの棚卸しロボット

小売店の売り場を巡回して棚にどれだけの在庫があるかを把握し、売り場担当者に発注や棚の見直しを助言する「棚卸しロボット」を開発。少子高齢化で人手不足が深刻化している小売業界の業務支援策として、国内の小売店で実証実験に入る。閉店後の夜間などに店内を自動巡回させ、内蔵センサーを通じて棚卸しを行う。

ハウステンボス、NEC
無人コンビニ

「変なホテル ハウステンボス」内に本格的な無人コンビニ「スマート・コンビニ」をオープンした。スマート・コンビニは、入口で顔登録し、登録した顔との認証を得て入店する。

棚から商品をとり、レジで商品の画像認識をした後、明細を確認する。顔認証を行い、購入ボタンを押すことで購入できる。支払いは外付け端末を用いてクレジット決済を採用する。退店時にも出口で顔認証が必要になる。

スマート・コンビニの入口

600（ろっぴゃく）
無人コンビニ即出店

利用者は扉の横に付けられたタブレット型の専用端末へクレジットカードを通す。その後扉の鍵が開き、好きなものを取り出す。料金は自動的にカード払いとなる。無線識別機能を持つICタグが商品にシールのように貼り付けられており、利用者が商品を取り出すと、ボックスの棚の上下に取り付けられたアンテナが即座に反応し、タブレットで集計が始まる。

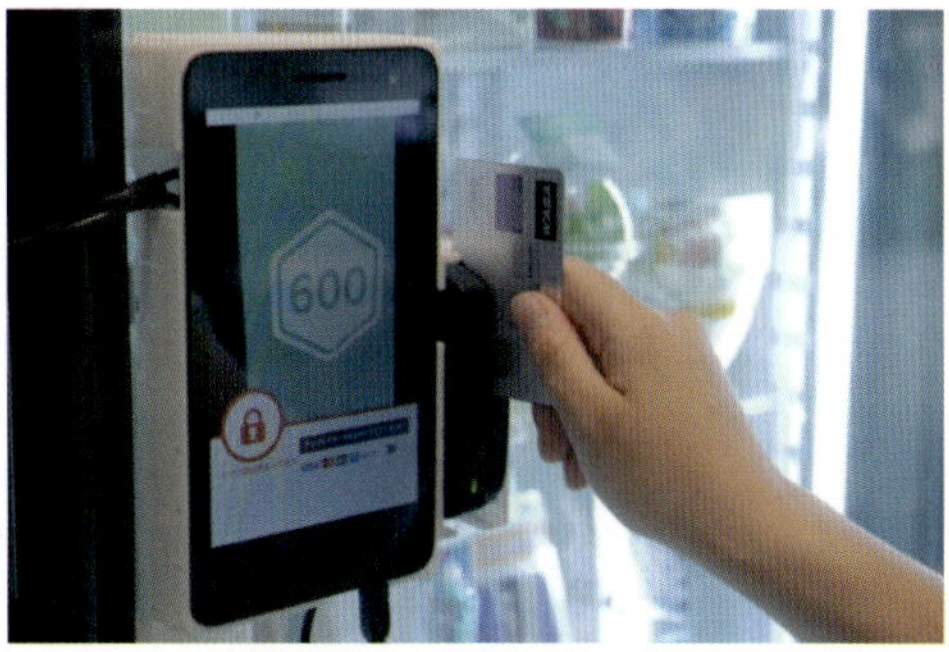

キャッシュレスの無人コンビニ

トライアルカンパニー、パナソニック、Remmo

AIを融合させたスマートストア

「スーパーセンタートライアル アイランドシティ店」では、商品動向を分析することができるスマートカメラと、顧客の動きを分析することができるVieurekaプラットフォームを使ったスマートカメラを店内に計700台設置。分析結果を基に、商品の見つけやすさや品揃えを改善し、商品棚の欠品を防ぎ、より一層の顧客満足度の向上に役立てる。

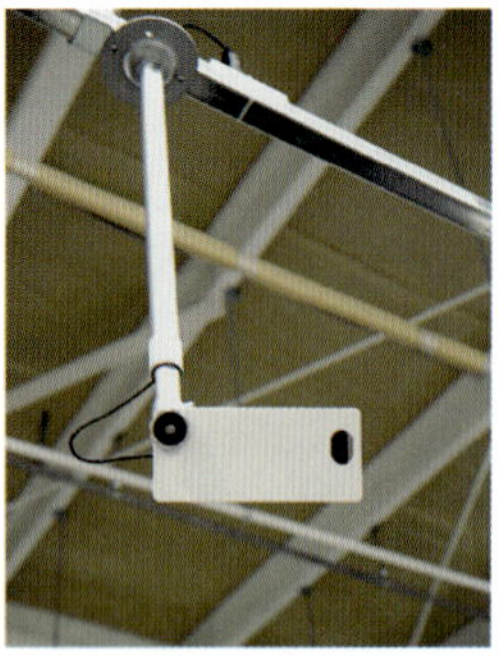

スマートカメラ

また、レジ待ちをなくすためにRemmoとの共同開発で生まれたタブレット決済機能付きのレジカートを導入。レジカートに取り付けられたタブレットの画面上には、売り場でスキャンされた商品情報に基づいたレコメンド結果が表示される。

スマートレジカート

JR東日本、JR東日本スタートアップ、サインポスト

手にとった商品を認識する無人店舗の実証実験

サインポストが開発したAI無人決済システム「スーパーワンダーレジ」の実証実験を実施。大宮駅と赤羽駅において、時期を変えて実験を実施した。天井に設置されたカメラが顧客を認識し、商品棚に設置されたカメラなどで顧客が手にとった商品を認識する。これにより、顧客の購入商品の合計金額を自動算出し、会計時の待ち時間を軽減する。

AI無人決済システム「スーパーワンダーレジ」

ファミリーマート、パナソニック

次世代型コンビニエンスストア

AIやIoTなどのデジタル技術を活用した次世代型コンビニエンスストアの実証実験店舗「ファミリーマート佐江戸店」をオープン。AIを使った顔認証による決済、店内に設置したカメラや熱感知センサーで収集した情報を従業員が身に着けたウェアラブル端末に通知することによる業務効率化、店内の混雑状況やスマホアプリでのアンケート情報などを組み合わせた販促と店内レイアウトの最適化、スマホアプリによる注文・決済と店頭での商品受取り、配達などについて実証実験を行う。商品の価格や販促情報を表示できる電子棚札も設置した。

ファミリーマート佐江戸店の外観イメージ

ローソン

夜間省人化の営業実験

省力化や省人化を目的としたスマート店舗（深夜省人化）の営業実験を実施（氷取沢町店から開始）。0：00～5：00の5時間をレジに店員がいない無人営業にする。事前に専用アプリに登録された顧客が、店舗入口でアプリ上に表示されるQRコードを読み取ると、ドアが開錠され入店することができる。たばこや酒類など店員が必要な商品・サービスの販売を除き、通常通りの商品を販売する。実験開始当初は1名はバックヤードで勤務を行うが、時期を見て完全無人化に移行予定。

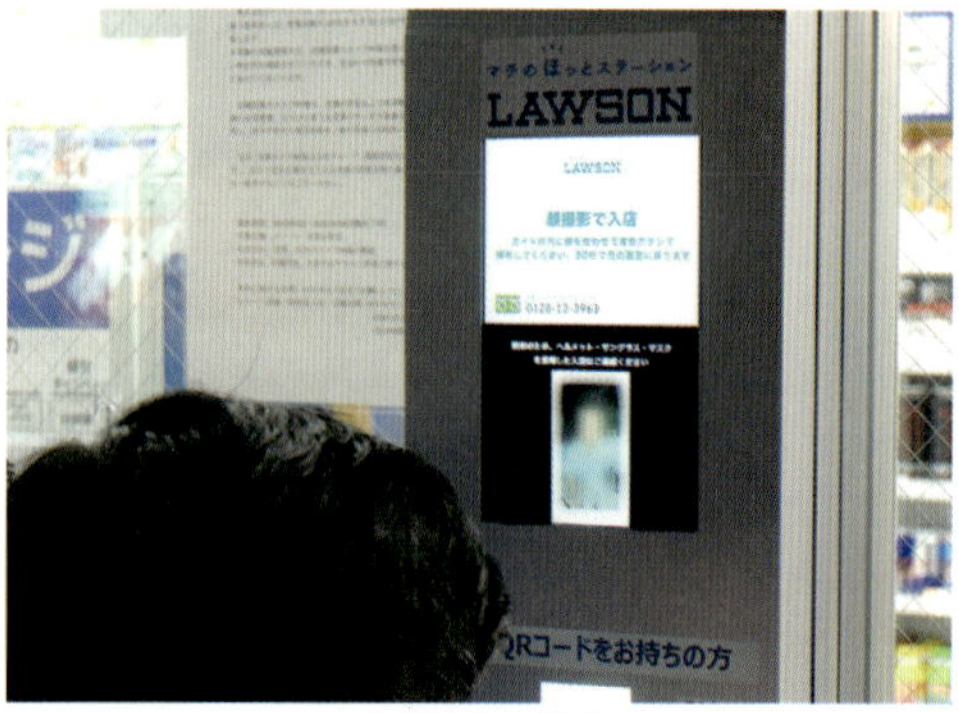

入店管理の端末

出所：ローソン研究所「【News】スマート店舗(深夜省人化)実験を横浜で開始!」
https://www.lawson.co.jp/lab/tsuushin/art/1381668_4659.html

活用事例

日本出版販売、富士通

AI選書サービス

売り場のコンセプトや客層など書店の特徴に合わせてAIが自動で選書を行う選書サービスを共同開発し、全国の取引書店向けに提供を開始。国内で流通する約60万点の書籍から、売り場のテーマや書店の客層に合わせた書籍リストを、AIを活用したビッグデータ分析により導き出す。選書結果に対する評価を書店員がフィードバックすることで、AIが書店員の知識や感性を学習し、選書能力を高める。

選書サービス「SeleBoo」の構成イメージ

MagicalMove

早朝・深夜にピンポイント配達

EC事業者と提携し、宅配を請け負うサービス。eコマースサイトで商品を購入すると、顧客は早朝なら午前6時から9時まで、夜間は午後9時から午前0時まで、それぞれ1時間単位で配達する時間帯を指定可能。提携した配送会社に対して、AIを使って最適な配送ルートと、配送に必要な車両数を提案するシステムを構築。

早朝・夜間に配達するサービス「Scatch!」

NTT東日本、バカン

混雑状況をリアルタイムに一覧表示

各施設に設置したカメラやセンサーから取得したデータをクラウド上のAIで解析することで、混雑状況を割り出す。各施設の混雑状況は館内各フロアのサイネージにリアルタイムで一覧表示するとともに、Web上にも配信するため、顧客が所有するスマホなどからも確認可能。

サイネージ表示画面のイメージ

イシダ

総菜の種類・個数を瞬時に判別

AIを用いた画像認識で、カメラにかざすと揚げ物などの総菜の種類と個数を瞬時に判別する技術を開発。

バーコードを貼り付けることができない商品に使え、小売店の新人教育の手間を低減できる。バーコードの読み込みより早く、日用品などでも利用可能。完全無人店舗など、新たな小売り形態も視野に入れる。

セブン-イレブン・ジャパン、NEC

省人型店舗

「顔認証による決済」、「ターゲット広告サイネージ」を導入。コミュニケーション・ロボットが顧客の顔を認識し、属性に応じたお薦め商品を提案する。顔情報で認証を行い、自動ドアをスムーズにオープンする、ウォークスルー顔認証による入店も実現。

Amazon

レジなしストア「Amazon Go」

シアトルを中心に数店舗展開中。ゲートを入場する際にアプリで認証し、その後は店の中の商品をとって精算することなくカバンに入れて退場する。その後、持ち帰った商品の精算がアカウントに請求される。

［百貨店業］
データを活用して、おもてなしを高度化

Department stores

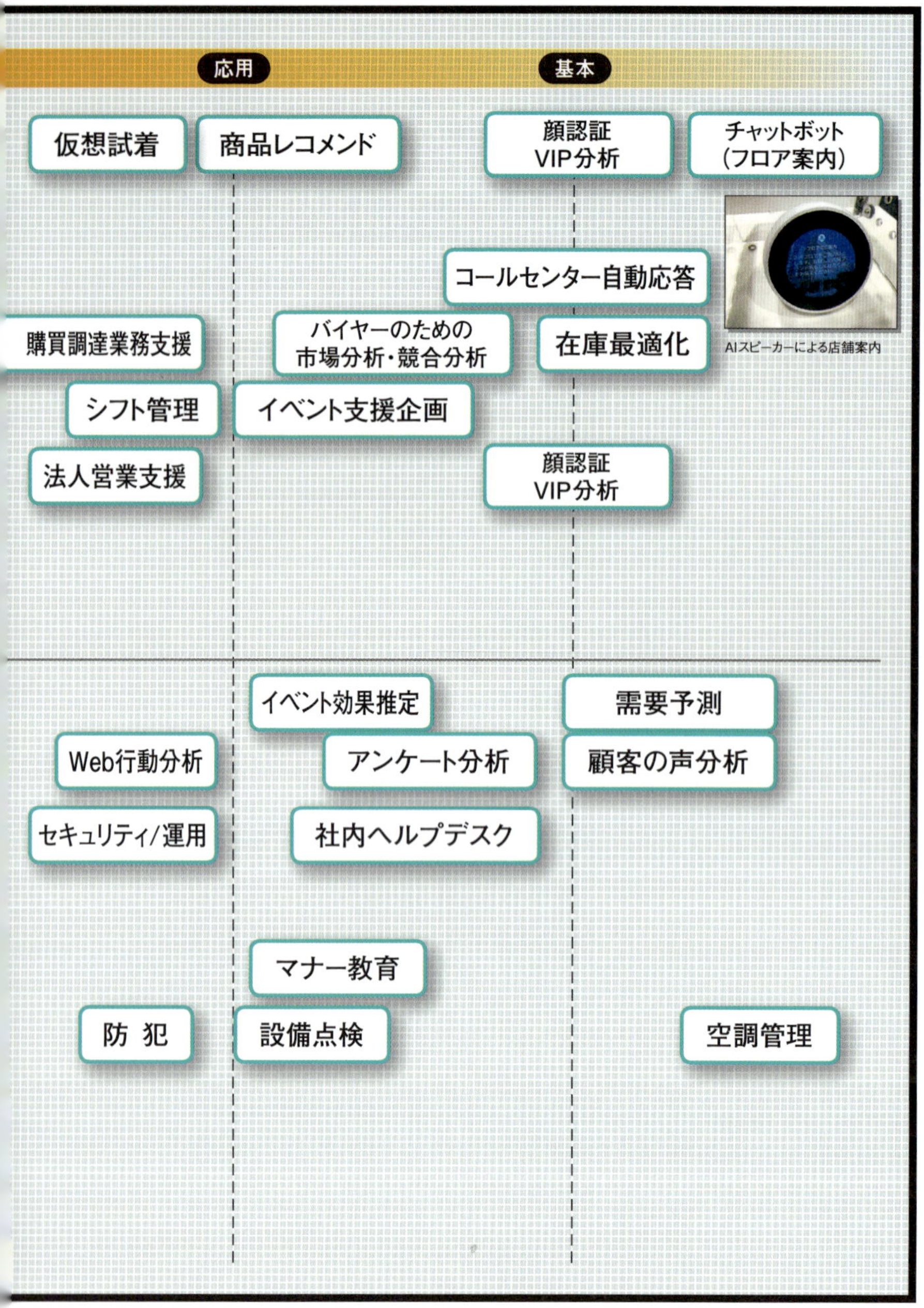

AIスピーカーによる店舗案内

マーケティング業務の特徴

百貨店（デパート）は、特に服飾関係においてバイヤーと呼ばれる調達者が日本国外も含めさまざまな商品を買い付けて陳列させる業務があります。そこで、最近の流行・競合店の動向などをTwitterなどの**SNSから分析**することができます。

また、物産展などのフェア・キャンペーンを企画することが多いことから、**イベントの効果推定**やキャンペーンごとの**見込み顧客分析**を行います。見込み顧客を推定して、ダイレクトメールの送付先や電話勧誘先などを決定します。

販売・営業の特徴

百貨店は、一部の顧客の売上げが非常に高いという特性があるため、特別にそのようなお得意さま向けの営業に対応することがあります。例として外商がありますが、顧客ごとにどのような商品をお薦めするかについてデータを活用することも今後行われると考えられます（**外商営業支援**）。

店舗は、コンビニやスーパーマーケットに比べて広いため、デジタルサイネージなどの大型表示装置を設置しやすく、**クーポンの提示**や**商品**

［百貨店業］におけるAI・データ活用マップ

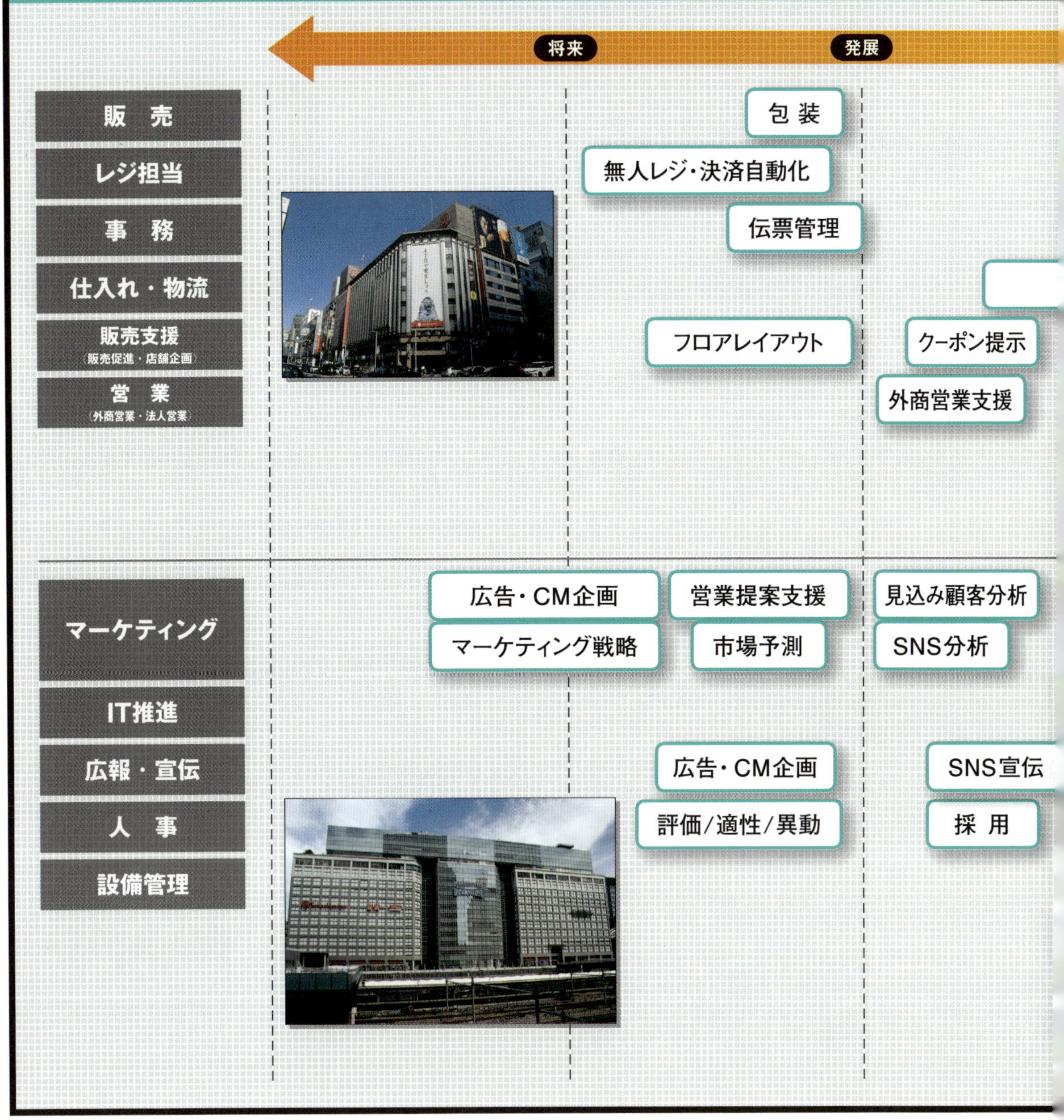

レコメンドの施策を行いやすいです。

また、服飾関係の店舗が多いことから、**仮想試着**などのAR（仮想現実）を活かした表示装置が導入され始めており、それに加えて、年齢・性別や服の好みなどをそれぞれの人の画像から推定することもできます。

百貨店はフロアの階層が多く、各フロアも広いため、**フロアレイアウト**の改善や最適化を行うことが期待されます。これにより、売上げの上昇だけでなく、顧客の店舗内の移動距離を減らすことによる顧客満足度上昇にもつながります。フロアレイアウトの分析のために、顧客の動線のデータや、それぞれの顧客の買い回りデータ（購入順序のデータ）を用います。

仕入れ・物流業務の特徴

百貨店は、特に服・靴などにおいて、扱う商品の種類が多いため、需要予測に基づく**在庫最適化**が有効です。また、新しい商品を仕入れる人をバイヤーと呼びますが、流行や顧客の嗜好を把握しながら仕入商品を決定する必要があり、**バイヤーのための市場分析・競合分析**などをデータを基に行うことが有効です。

玉川髙島屋ショッピングセンター（東神開発）、ソニービジネスソリューション、Spectee

館内アナウンスを行うAIアナウンサー

AIアナウンサー「荒木ゆい」は、Specteeが開発した音声読み上げサービス。文章を音声で読み上げる「Text to Speech」技術にディープラーニングを取り入れて、実際にアナウンサーが読んでいる約10万件のニュース音声を機械学習したことで、より人間に近い滑らかな発音での読み上げを実現。ショッピングセンターにおける従業員の働き方改革を目指し採用した。

これまで、繁忙期には30分ごとに複数種類の館内アナウンスを行う必要があり、インフォメーション係の業務負担が課題となっていた。「荒木ゆい」は、PCにテキストを入力するだけで館内アナウンスを準備できるため、インフォメーション係の業務負担を軽減することが可能。また、肉声の場合、発音やアクセントに癖が出るケースもあるが、アナウンスが平準化され、買い物客にとってより聞き取りやすい館内アナウンスとなることも期待される。

AIアナウンサー「荒木ゆい」

出所：ソニー HP
https://www.sony.jp/professional/ai-announcer/

大丸松坂屋百貨店、オトナル、名古屋大学

アナウンサー音声を用いたAIスピーカーによる案内

松坂屋名古屋店にてAIスピーカーによる店舗案内サービスの実証実験を実施。顧客がAIスピーカーに向けて店舗名もしくは商品名を質問すると、AIスピーカーが売り場情報を音声とモニター上で回答する。AIスピーカーの応答はアナウンサーの音声を使用しており、従来の機械音声に比べ聞き取りやすくスムーズな受け答えが可能。

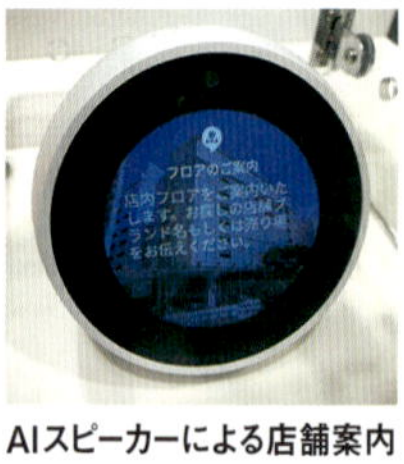

AIスピーカーによる店舗案内

髙島屋、関西学院大学、デジタルファッション、センチュリーエール

感性AIソムリエ

紳士のオーダーサロン、「タカシマヤ スタイルオーダー サロン」にて、AIを活用した新しい接客ツール「感性AIソムリエ」を展開。顧客が求めるイメージや気になる単語を選択することで、最適な生地を提案する。店舗ごとに異なるデータを収集するため、その店舗の地域性や顧客層に合った提案をすることが可能となる。

感性AIソムリエの画面

大丸松坂屋百貨店、産業技術総合研究所

AIサイネージ

期間限定で、AIサイネージを活用した「神戸の手みやげプロジェクト」を実施。利用者の嗜好性や行動を学習する「確率潜在意味構造モデリング」を搭載した「AIサイネージ」を設置し、顧客が直接タッチパネルを操作しながら4つの質問に回答すると、「神戸の手みやげ」のお薦め商品が紹介される。

AIサイネージの画面

丸井グループ、パナソニック

障害者入退店検知

車いす利用者のアクセスが多いと予想されるそれぞれの店舗出入口にセキュリティカメラを設置し、入退店の様子を撮影。車いす、ベビーカー、白杖の検知のほか、人物検知による年齢・性別の推定結果を自動カウントしていく。

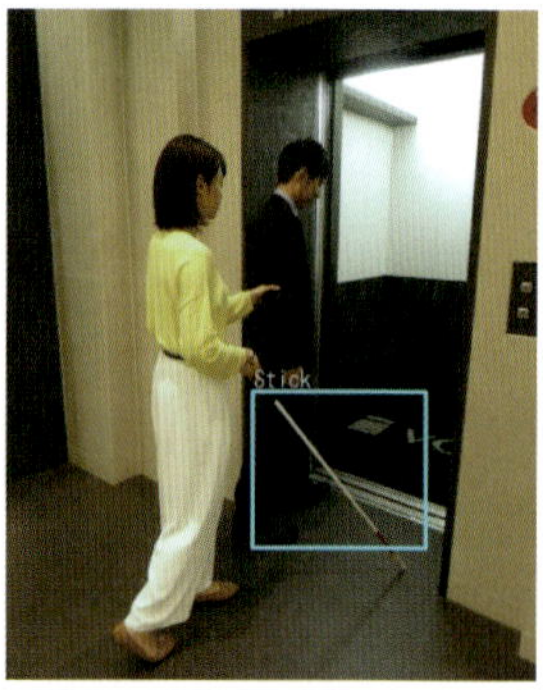

白杖検知のイメージ

活用事例

Satisfi、日本IBM
モバイルWebツール

店舗の商品の品揃え、サービス、施設に関する質問を自然言語で入力し、その質問に対するカスタマイズされた回答を受け取る。消費者の購買意思決定を支援するだけでなく、商品や施設、サービスを見つけやすくする。

IBMのAI「Watson」と「Satisfi」が提供する
モバイルWebツール「Macy's On Call」

出所：Macy's On Call mobile shopping companion via IBM Watson and Satisfi
https://www.youtube.com/watch?time_continue=54&v=PRtQzclzqy8

三越伊勢丹、カラフル・ボード
AI利き酒師

売れ筋の30品目からお薦めの商品を画面で案内する。担当者が選んだ3種類の日本酒を試飲してもらい、それぞれ「甘味」「好み」などをタブレット端末上で5段階評価してもらう。そのデータを基にお薦め商品を予測する。

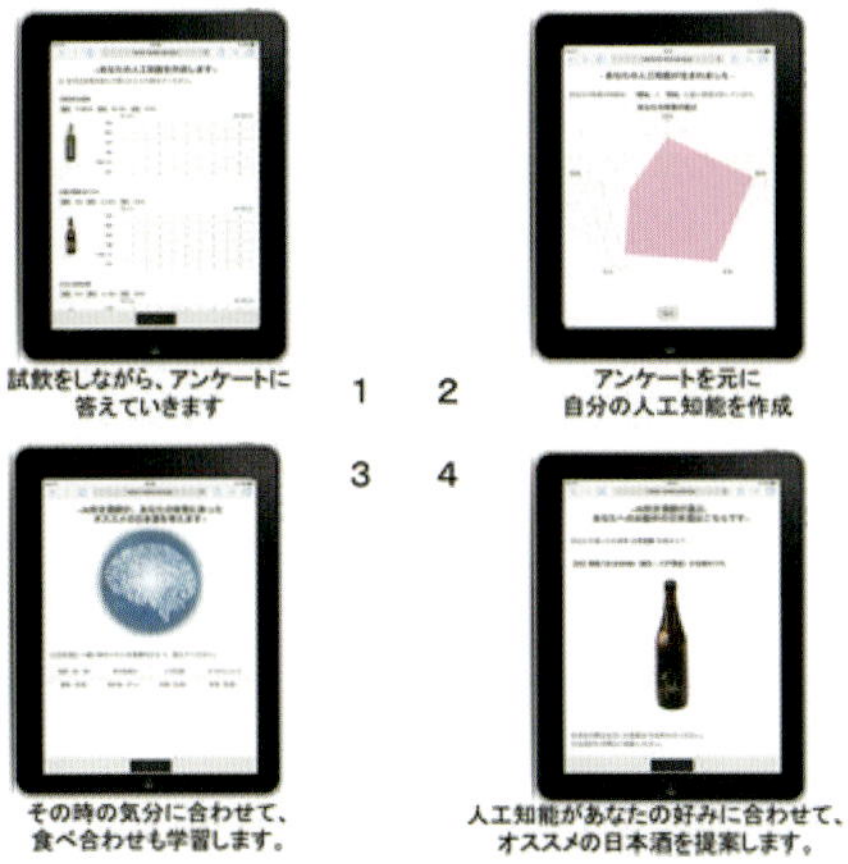

AIが日本酒をレコメンドする「AI利き酒師」

三越伊勢丹
フクロウ姿の小型ロボット導入

目の前にいる人に応じて、最適な商品を紹介する。カメラ、センサー、スピーカー、マイクなどが内蔵されており、目の前にいる人の性別や年齢、人数、表情などを認識し、個人を特定できないテキストデータに変換したうえでクラウド上のAIに送信。そのデータに応じて設定された商品情報や動画をタブレット端末に配信することで自動で商品提案を行う。

小型AIロボ「ZUKKU」（ズック）

大丸松坂屋百貨店、バカン
リアルタイム空席状況表示サービス

「各階喫茶」「トイレ」のリアルタイム空席状況表示サービス。画像解析技術を活用し、カメラなどで店舗の客席・待ち列の混雑状況を把握するとともに、空席または待ち時間をデジタルサイネージやスマホに表示する。

各階喫茶の空席状況表示

阪急阪神百貨店、空色
AIを活用した店内案内チャットボット

阪急うめだ本店の店内案内用のチャットボット。ブランド名などのキーワードを入力することで、目的の売り場の場所情報を受け取ることができる。日本語と英語に対応していて、増加する訪日外国人へのサービス向上にもつながる。さらに、問い合わせされたブランドがECサイトで取り扱われている場合には、ECサイトも同時に案内することで、オムニチャネルを実現する。

「郵便・運送業」

ロボットやAIを活用して省人運送を実現

Postal service / transport

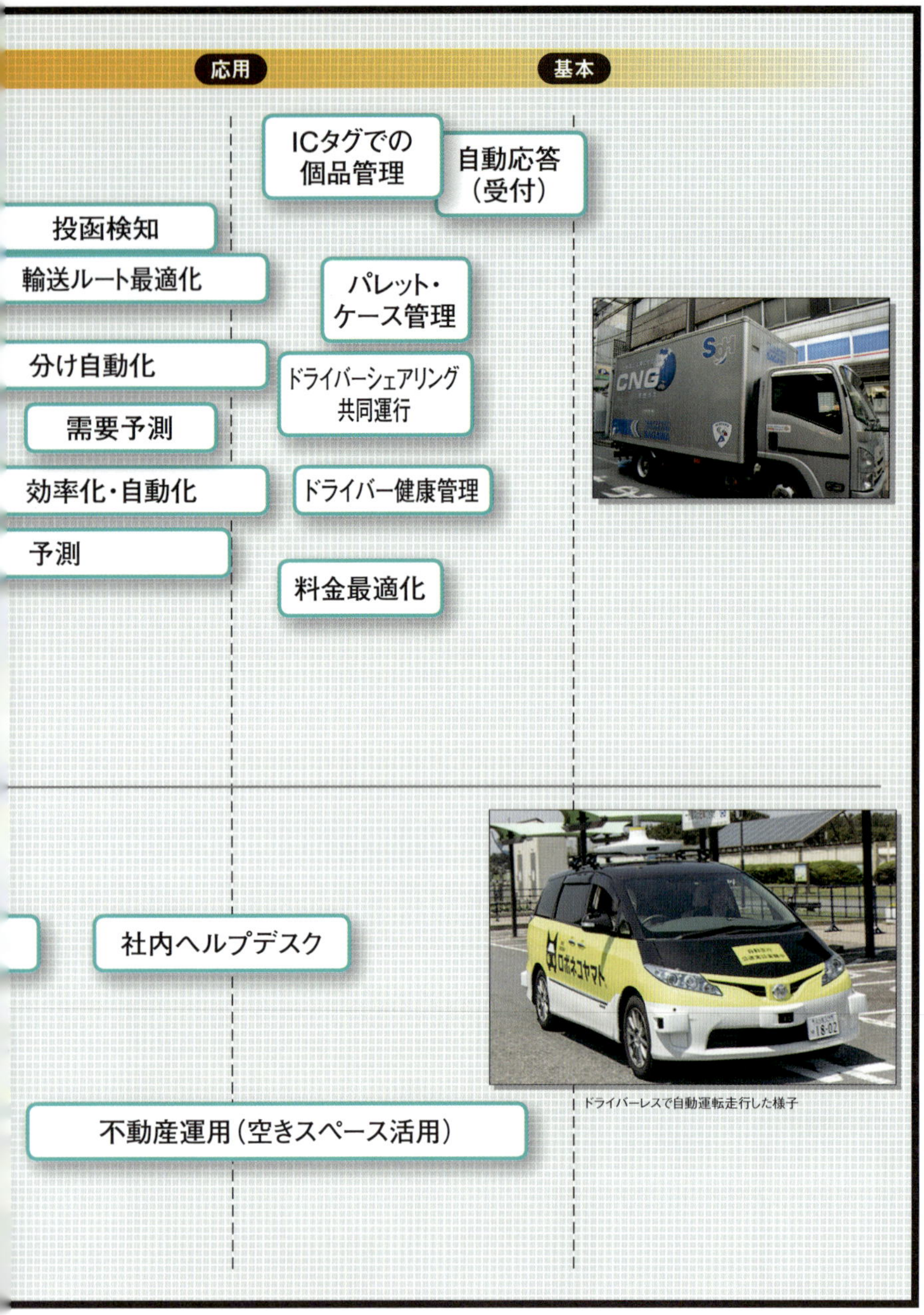

ドライバーレスで自動運転走行した様子

引受け・集荷収集業務の特徴

郵便や運送、特に個人から送られる宅配物については、はじめに、引受け・集荷業務を行います。荷物の受付は、電話やウェブ、窓口への持ち込みによって行われますが、これらの受付をチャットボットなどによって自動化することで人手を削減することができます（**自動応答**）。

また、宅配ボックスなどによる集荷の場合は、箱にセンサーを取り付けるなどして投函を検知することで、どこに荷物があるのかを把握することができます（**投函検知**）。

局間輸送業務の特徴

集荷された荷物は物流拠点に集められ、その拠点間を大型トラックで輸送し、また拠点から宅配用のトラックに荷物を載せ替えて配達します。この拠点間輸送を局間輸送と呼びます。局間輸送は大型のトラックを何台も用意しておく必要があるため、**需要予測**を行い事前に必要な輸送量を把握し、**トラック配車・輸送ルート最適化**を行い、なるべくトラックや輸送要員の数が適切になるようにします。

また、拠点においては、大量の荷物の積み降ろしが必要であるため、

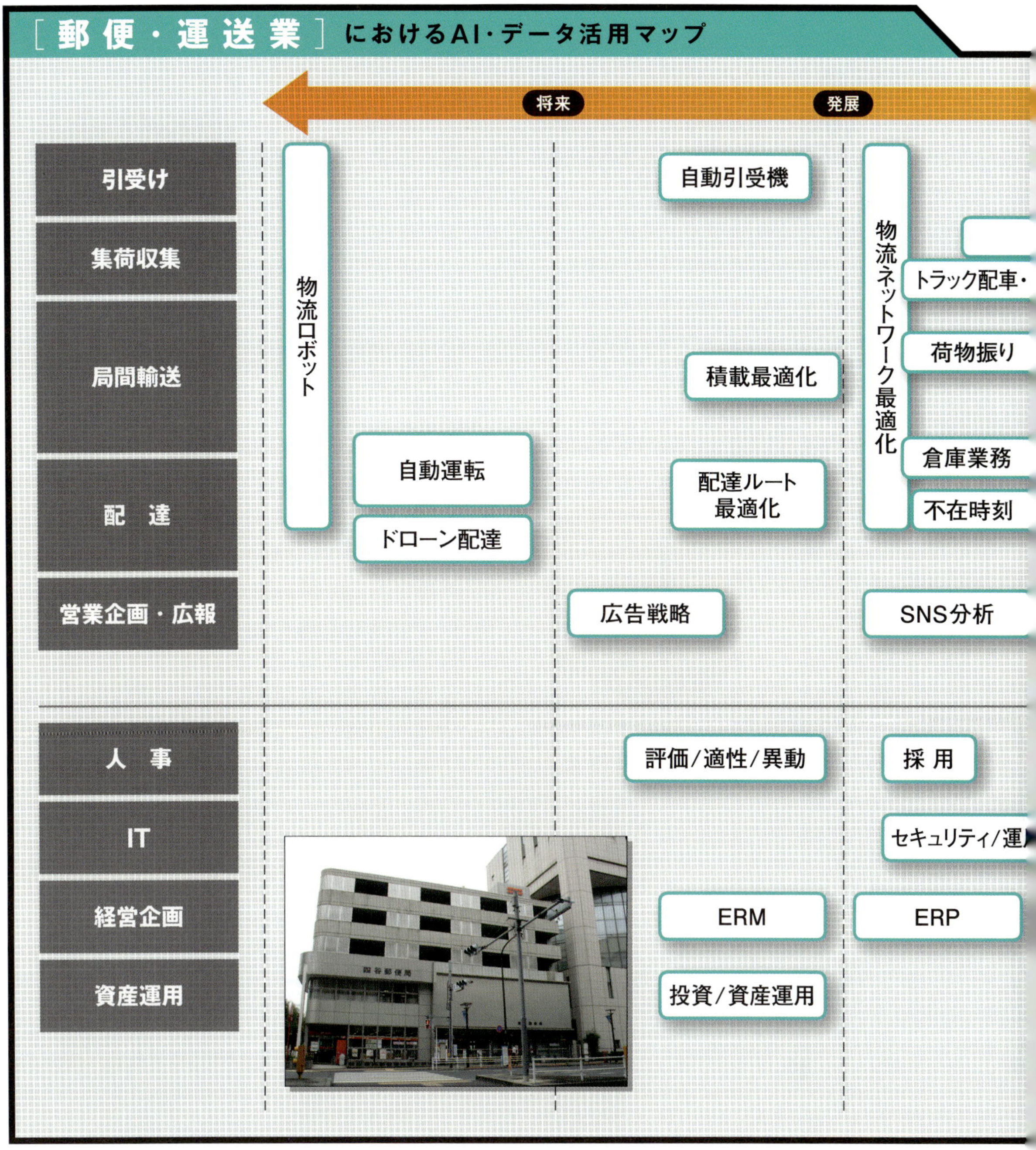

ロボットなどによる**荷物振り分け自動化**や**積載最適化**を行うことで効率的に荷物の積載を行います。

配達業務の特徴

宅配においては、届け先の不在が多いことで時間が多くかかることが問題です。そこで**不在時刻予測**を行ったり、配達希望時刻を事前に入力してもらったりすることで不在率を下げることが効果的です。

不在や希望配達時刻も考慮した**配達ルートの最適化**をAIが行うことも期待されます。また、ドライバーの労働時間が課題となることもあり、データを基にドライバーの健康管理を行います。さらに将来は、**自動運転**や**ドローン配達**によって大幅に省力化されることが期待されています。

営業企画・広報業務の特徴

運送業は、特に法人の荷物に関しては、包括的な物流契約を結ぶことが多く、料金形態が多岐にわたります。データを基にどのような料金が適正なのかを決定することができます（**料金最適化**）。

ラクスル

ネット運送・配送サービス

既存の運送会社の空き時間と配送依頼したい企業をマッチング。サービス利用後には利用者がドライバーを評価する仕組みを設け、優良ドライバーのみを選別することで、高品質のサービスを提供する。インターネットを使って各運送会社の非稼働時間を有効活用し、低価格な運配送の仕組みを実現。

ZMP

歩道走行を目指す宅配ロボット

消費者の元へ自ら動いていく宅配ボックス。宅配やフードデリバリー業界の配達員不足を解消する。他に、交通利便性が低い地域や高齢者などの買い物をサポートすることも目的。

ZMPの宅配ロボット

出所：ZMP HP
https://www.zmp.co.jp/products/carriro-delivery

佐川急便、NTTデータ

1次仕分けの高速化

多種多様な荷物の荷姿、寸法、取扱い、汚破損などを画像から自動的に判別する物流画像判別AIの適用実証。人間が判断していた情報を自動的に判別し、デジタルデータ化することで、トラックへの荷物の積込みやトラックからの荷物の積下ろしなどの荷役作業に応用でき、ドライバーへの作業負荷軽減を図ることができる。

MIKAWAYA21、NTTドコモ、エンルート

ドローンを使った宅配事業の実証実験

利用者から電話で注文を受けた店舗の担当者は、ドローンの機体に商品を載せる。離着陸以外の飛行操作はすべて自動。ドローンに搭載した通信モジュールが、位置情報などを地上で制御するコンピュータに伝える。商品を注文した利用者の自宅まで飛行経路を自動で算出し、ドローンに伝える。

スターシップ・テクノロジーズ

ロボットによるフードデリバリー

ユーザーがスマホアプリから地元の飲食店のメニューを注文すると、飲食店側に通知が届く。そこから「人間が行くべきか、ロボットが行くべきか」を距離や経路から判断し、適したほうが配達を行う。

ロボットが配達を行うべきだと判断した場合、飲食店は料理をロボットのボックスに入れて、依頼があった場所まで運ばせる。ロボットには6つのタイヤが付いており、人の歩行速度と変わらないスピード（時速6 km）で走る。自動運転技術により、人にぶつからないように走るだけでなく、信号を理解し、赤信号であればきちんと停止する。

スターシップ・テクノロジーズの配達ロボット

出所：Starship Technologies HP
https://www.starship.xyz/follow/

楽天、自律制御システム研究所

ドローンを活用した一般消費者向け配送サービス

ゴルフ場コース内でプレイヤーがスマホの専用アプリを使って、ゴルフ用品や軽食、飲み物などを注文すると、ドローンがコース内の受取所まで商品を届ける。

注文を受けると、専用デポに待機するスタッフが商品を配送用ボックスに梱包し、ドローンの機体に取り付ける。スタッフが専用タブレットの管理画面で発送開始の操作をすると、ドローンは自律飛行で受取所まで飛行し、着陸してから荷物を自動投下（リリース）した後、離陸ポイントに自動で戻ってくる。

Rakuten Drone

出所：Rakuten Drone HP
https://drone.rakuten.co.jp/

活用事例

ヤマト運輸、DeNA
ドライバーレス走行で荷物をお届け

自動運転車両を用いた配送サービスの実証実験を実施。約6キロの公道をドライバーが着座した状態で自動運転で走行したほか、封鎖した公道上をドライバーレスの自動運転で走行した。ドライバーレスによる自動運転からの荷物の受取りも実施。

自動運転車両を用いた実証実験の一部として、携帯電話網を用いて信号情報を自動運転車両に送信する技術実証も実施。

ドライバーレスで自動運転走行した様子

ナビタイムジャパン
動態管理ソリューション

「ビジネスナビタイム 動態管理ソリューション」にて、共同配送向け機能の提供を開始。トラックドライバー不足を背景に、配送の効率化による労働環境改善、コスト削減、環境負荷低減に貢献する取組みの一環である。

「ビジネスナビタイム 動態管理ソリューション」の画面

出所：ナビタイムジャパンHP
https://fleet.navitime.co.jp/function/

ドライバーが同一配送先の複数案件を意識する必要がなくなり、配達の記録漏れを防ぐことができるほか、配送計画作成時の配送順に並べ替える作業の負担を軽減する効果も期待できる。

配送場所が同じでも荷主の違いなどにより別案件として複数の作業情報が表示されていたものを1つの場所として統合し表示する。

東邦ホールディングス、NEC
倉庫運営における人員配置の最適化

AIによる分析結果を基に、フロア全体の必要人員数とフロア内各エリアの最適人員配置数をあわせて、現在のエリアごとの作業要員数や作業進捗状況を同時に表示する。倉庫内作業のスループットを向上させるとともに、より少ない人数で作業を行うことで、作業時間の短縮やコストの抑制に貢献する。

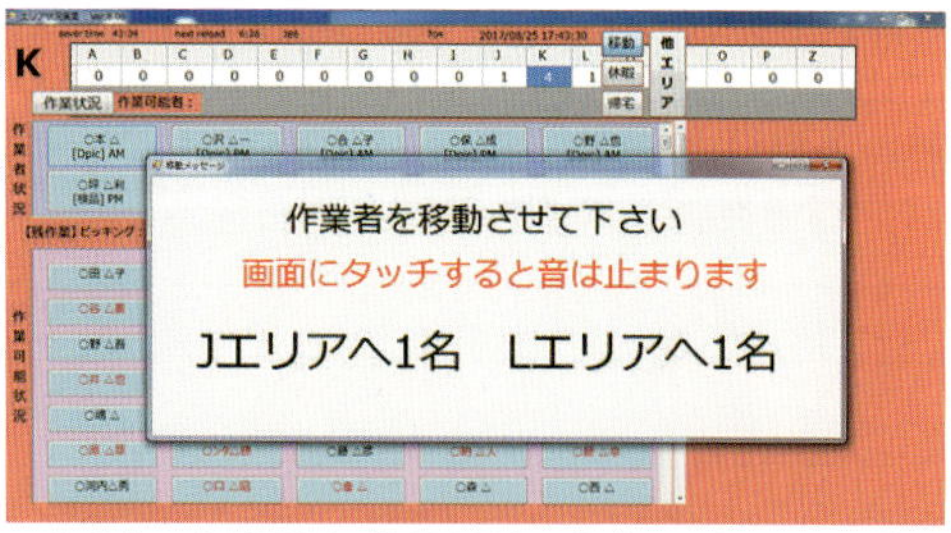

倉庫内の人員配置・状況を見える化（画面表示イメージ）

ヤマト運輸
再配送システム

ドライバーの負担軽減を目的に、配送業務の基幹システムを刷新。利用者からの配達時間の要望や不在の時間帯などもビッグデータとして蓄積して分析し、配送業務の効率化を図る。

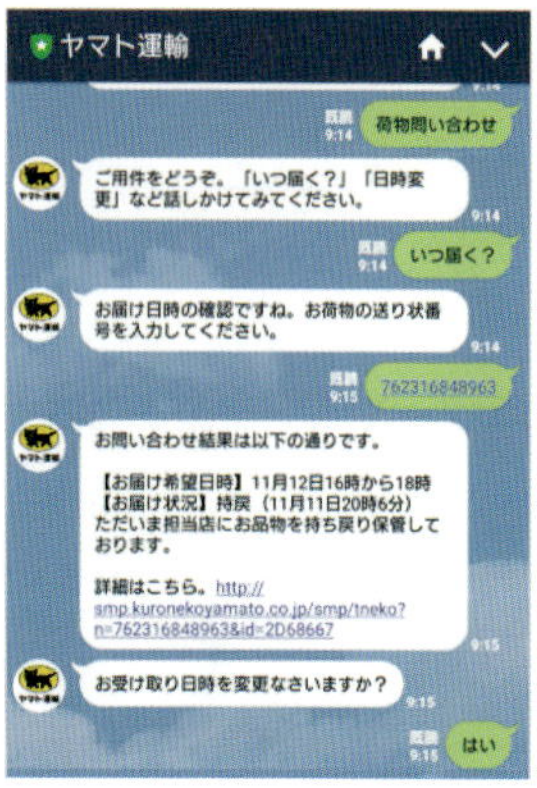

LINEのトーク画面での再配達連絡

LINE公式アカウントとクロネコIDを連携させることで、LINEのメッセージで荷物の届け予定や不在連絡を受け取れる。同アカウントには、質問に自動返答する「チャットボット」によって再配達依頼や受取日時の変更ができる会話AI機能も実装。

ヤマトシステム開発、NEC
検品支援連携の倉庫管理システム

作業台に設置したカメラで捉えた商品の画像と計測した商品の重量を基に、商品の品目と商品の数量を特定する。

ABEJA、日立物流

ドライバーの走行中の車両データから ヒヤリ・ハット状態を検出

ドライバーの生体情報や運転中の映像などのデータをIoTセンサーから取得・解析し、事故発生につながる可能性のある状況を特定することで、事故を未然に防ぐ運行管理システム（SSCV）のデータを活用。

SSCV上に蓄積されたデータからヒヤリ・ハット状態を定義、学習することにより、走行の危険度評価を自動化するAIモデルを「ABEJA Platform」上で共同開発。ヒヤリ・ハット状態の検知結果を、走行時の危険の状況をドライバーと管理者にフィードバックする機能として提供することを想定。

日本通運、Rapyuta Robotics

AIを活用したピッキングロボット

AIを活用したピッキングロボットの実証実験。ロボットが庫内を自律走行して目的の商品が収められた棚へスタッフを誘導し、モニターに映し出された通りに作業した結果、人間とロボットが安全に協働でピッキングを効率良く進め、作業時間を短縮できることを確認。

実証実験の様子

佐川急便、SGシステム、フューチャーアーキテクト

伝票入力の自動化

配送伝票入力業務における入力作業をAIが代替し自動化するシステムを開発。深層学習を活用した文字認識などの技術をベースに開発。配送伝票情報の読み取りから既存システムへのデータ連携までを自動化する。○で囲まれた数字や取消線で修正された数字も読み取ることが可能。作業時間を月間約8,400時間短縮することが見込まれる。

日本郵船、神戸大学、日本海洋科学、MTI

内航船を自動操船

AIによる自動操船機能を備えた内航船の操船支援システムを開発し、実船を使って実海域で実証試験を実施。

自動運航船につながる技術「避航操船」に関するアプローチとして、①さまざまな状況下で、安全性と経済性を両立する避航操船用のAI、②熟練操船者の経験を幾何学的なモデルで再現する避航操船プログラムを用いる。

船舶の衝突リスク判断と自律操船に関する研究の様子

出所：MTI HP
https://www.monohakobi.com/ja/nyk-group-digitalization_digi-ship/

日本郵便、オプティマインド

AIを活用した配達ルート最適化

AIを用いた配達ルート作成。配達ルート作成時間をこれまでよりも大幅に短縮。作成したルートを使った新人の配達も、ベテランから数分の遅れで収まった。新人でも効率の良いルートの作成と配達ができることを確認できた。また、作成したルートに対して、停車場所や停車時間など実績をフィードバックする。

今後、実証実験を通じてベテランのノウハウ採り入れや、宅配ボックス利用を考慮したルートの設定、不在可能性が高い時間の検討など、より高精度に作業効率化を図れるよう学習を進める。

活用事例

日本郵便、オプティマインド
クラウド型の物流最適化サービス

AIを用いた物流最適化。ドライバーの運転スキルや時間指定といった配送先に関する条件、停車可能位置、走行速度などから、荷物の割当てと経路設定を自動で行い、配送効率化につなげる。

京東商城（ジンドンしょうじょう）
無人化の物流倉庫

商品のピックアップからトラックへの積込みといったネット通販向けの物流業務をロボットが処理する物流センターを開設。商品のピッキングから梱包、トラックへの積込みといった物流倉庫内の作業をロボットがすべて行う。

無人倉庫内部の様子

ブルボン、オプティマインド
配送ルート最適化の実証実験

自動販売機の管理業務における配送ルートの最適化を検証、実用化するため実証実験を開始。逐次収集する商品の販売データから算出したメンテナンスの優先度を基に、AIにより「どの車両が、どの自動販売機を、どの順に回るのか」という配送ルートを提案する。

ブルボンの多用途自動販売機

WILLER EXPRESS JAPAN、富士通
耳の脈波で疲れを把握

走行中の乗務員の脈波を計測することで、自分でも気付かない疲れや眠気の予兆を検知し、本人に知らせるドライバー用眠気検知機器を導入。眠気を検知した場合は、遠隔の運行管理者に知らせることで、休憩の指示などを適切に行うことができる。眠気データと運行データを収集し、ドライバーのシフトや運行ルートの見直しなどに役立てている。

導入前と比較し、事故による車両損傷額が74%低下するなど運転中の事故を減少させる効果があった。

ドライバー用眠気検知機器

村田機械
搬送などの不具合をリアルタイム検知

AIを使って、搬送などの不具合をよりリアルタイムに検知する仕組みの実証実験。倉庫内に設置するカメラにAIを組み込み、カメラ側で検知する。大きさや形状などが異なる荷物の荷崩れや梱包の不備などを、AIシステムが人による目視に代わって、どれだけリアルタイムに検知できるかを検証。

自動倉庫のイメージ

詳細解説　商品需要予測に基づく在庫管理

ROIの算出例

- **廃棄率を5%削減**
- **発注業務にかかる時間を30%削減**

目的

- **在庫切れによる機会損失、在庫過多による廃棄ロスの削減**
- **発注作業効率化による人件費の削減**

- 小売業（コンビニ）では、発注担当者が在庫数と需要量を考慮して発注数を決定しています。発注数を決定するノウハウは、個人に依存するという問題があります。
- 発注数の算出プロセスを自動化することで、欠品による機会損失や廃棄ロス量が減ることが期待されます。また、発注担当者の人数も多いことから、発注業務にかけている時間の削減も期待されます。

典型的なシステム構成と業務プロセス

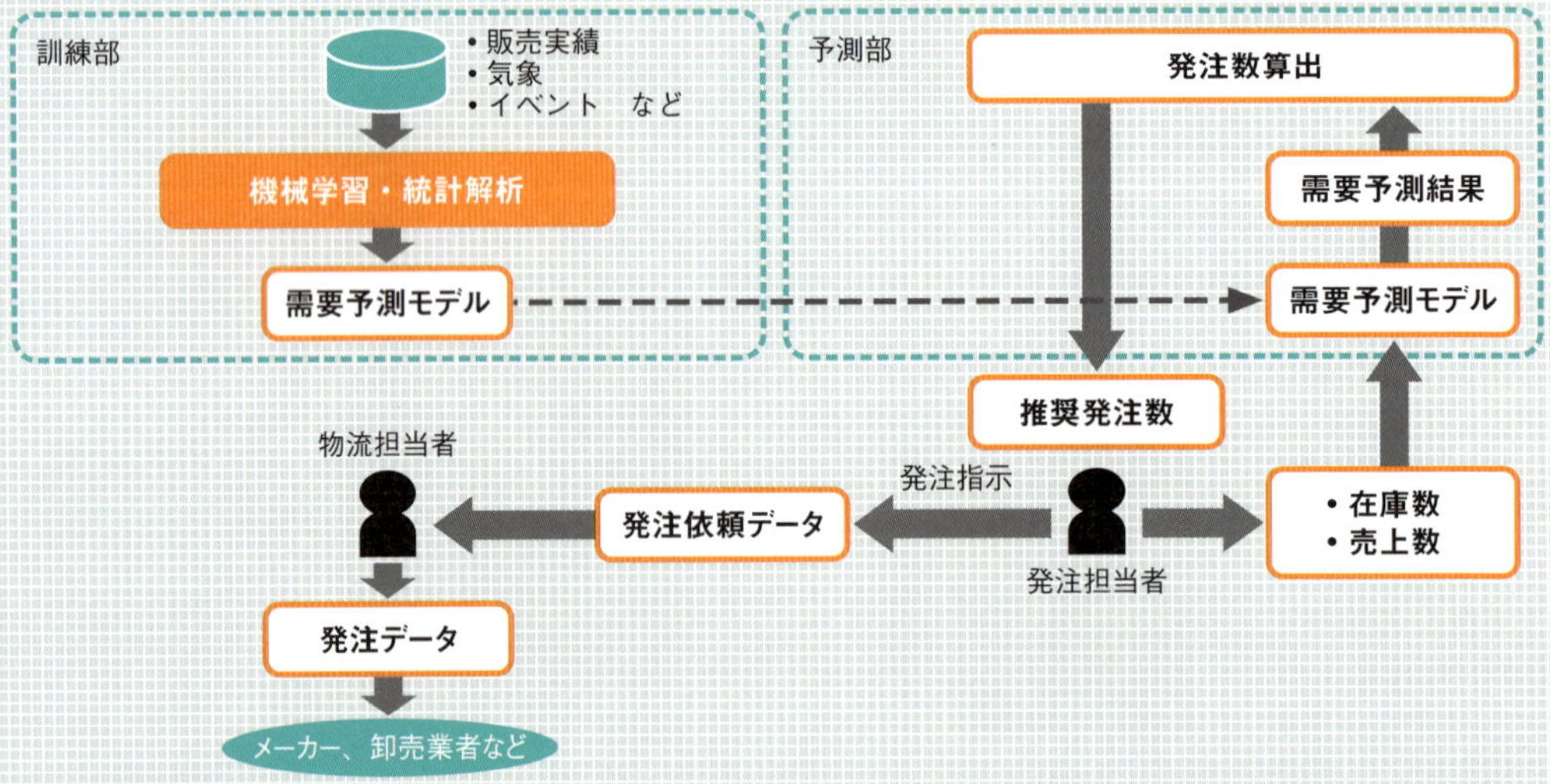

- 店舗などから、売上数や在庫数を受け取り、売上数の予測を行います。予測結果と在庫数を基に、推奨発注数を計算し、店舗の発注用の端末に表示します。
- 発注担当者が推奨発注数を確認し、承認すると発注依頼が送信されます。

詳細解説　商品需要予測に基づく在庫管理

分析方法

ステップ 1

在庫量に基づく自動発注

- 在庫量を基に発注数を自動決定します。
- たとえば、「安全在庫数」を設定しておき、それよりも低い在庫数になったら安全在庫数までの差分を発注するといった方法があります。賞味期限がなく、日々の売上数が小さい商品で、物流のリードタイム（注文から到着までの時間）が短い場合はこの方法で在庫量が安定します。

ステップ 2

機械学習に基づく需要予測の活用

- 重回帰分析や深層学習などにより、応用的な手法を用いて将来の売上げを予測します。
- 予測結果と現在の在庫量を基に、将来の欠品時期を計算し、早期に欠品しそうな場合に発注を行います。
- 商品・店舗・時期などによって得意・不得意が出ることが多く、機械学習と人による予測を併用しながら動作させるなどの工夫が必要なことがあります。

ステップ 3

強化学習による発注数自動決定

- ステップ2に加え、発注数も機械に自動で決めさせます。強化学習を用いるときは、報酬（強化学習が良し悪しを評価する指標）として売上数、廃棄数、欠品時間などのいずれかを与えて、報酬が最も良い値になる発注数を決定させます。この報酬設計が難しく、分析者の経験が求められます。

利用データ

①商品別の販売実績データ

②キャンペーンのデータ

- 値引き、組み合わせ販売など

③気象データ

- 天候、気温、湿度など

④カレンダーデータ

- 曜日、祝祭日、夏休みなど

⑤イベントデータ

- 近隣の祭り、ライブ、イベントの開催日程

⑥在庫データ（納品・廃棄データ）

- ③〜⑤は企業内にデータがない可能性がありますが、過去数年分の主要イベントのデータなどを作成するのが望ましいです。
- ⑥は機械学習に入れる変数としては用いないことが多いですが、発注数の計算や在庫管理状況の評価に用います。

■典型的な追加データ

- GW、お盆、正月などのカレンダー上のイベント
  ⇒祝日であるかの他に、大型連休であるかという変数を用いることがあります。
- 価格情報
  ⇒スーパーマーケットなどで日々の価格が異なるときは、価格と需要の関係を学習できることがあります。このとき、価格の値だけでなく、商品タイプごとにグルーピングしておき、グループの平均価格との差や、グループ内の最低価格との差を変数として入れることで、商品同士の価格差を学習できるようになります。
- 店舗周辺のイベント
  ⇒お祭り、マラソン大会、スタジアムでのコンサートやスポーツイベントなどは、想定動員人数を変数として入れることがあります。また、年に1回しか大型イベントがない場所ではイベントとの関係を学習できないことがあります。その場合は、特別なイベントの日を訓練データから省いておき、予測時に機械学習が作成したモデルでは予測せず、人が判断するようにすることが有効です。

データ加工のポイント

■商品コード変更による名寄せの必要性

- 商品パッケージのリニューアルなどにより、同一商品でも別の商品コードに切り替わるケースがあります。その場合は、複数の商品コードを同じ商品とみなしてデータを統合して用いることが有効です。

■「販売数0」の取扱いに注意

- ある期間に販売数が０のデータについては、次のケースが考えられます。
  ① 在庫があったが売れなかった（需要０）
  ② 在庫切れで販売できなかった
  理想的には、この①と②を切り分けられるのが有効です。過去の店頭在庫量の推移がデータにある場合は、切り分けが可能です。この場合、①の部分のみ販売数０として学習し、②の部分は訓練データから省きます。

- 時系列をさかのぼって加工する
  「１週間前同日の売上げ」などの情報を投入すると予測精度が上がることがあります。他にも、たとえば気象情報やCMの投入量などは、累積の値や差の値を加工して用いることがあります（例：直近７日のCM投入量の合計、昨日との気温の差）。

分析時に注意すべきポイント

①他の店舗の影響を学習しきれないことが多い

- たとえば近隣に競合店が新規開店したときなど、顧客が減少することによって予測が急に当たらなくなることがあります。また、新規開店でなくても、セールなど競合店の施策はデータとして持ちきれないことで分析しづらいです。
- 競合店舗が明確にわかっている場合は、その店舗の施策データを用意することで影響を学習できることがあります（特定の数字の日にセールを実施する、など）。また、過去の売上げから、競合店のセール時のデータを削除して学習することで、平常時の予測モデルの精度を上げることができます。

②ID-POSデータがあるときに常連データと一見客データに分けて分析する

- ID-POSデータがある場合は、売上げを個人別に分けることができます。スーパーマーケットのように、毎週購入する常連がいるような店舗の場合、常連の売上げデータと一見客（IDがわからないデータなど）のデータに分けることで、常連客の定常的な購買行動を学習できることがあります。
- 在庫の安定化につながるだけでなく、常連客の購買傾向を基に常連客向けに施策を行うことで長期的な売上維持につなげます。

Chapter 2

製　造

自動車製造業

食品・飲料製造業

化粧品・日用品製造業

金属製造業・化学工業

重工業

建設業

繊維工業（アパレル）

電機製造業

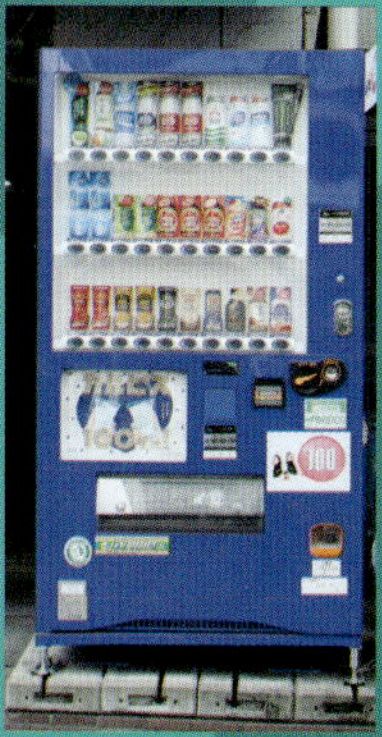

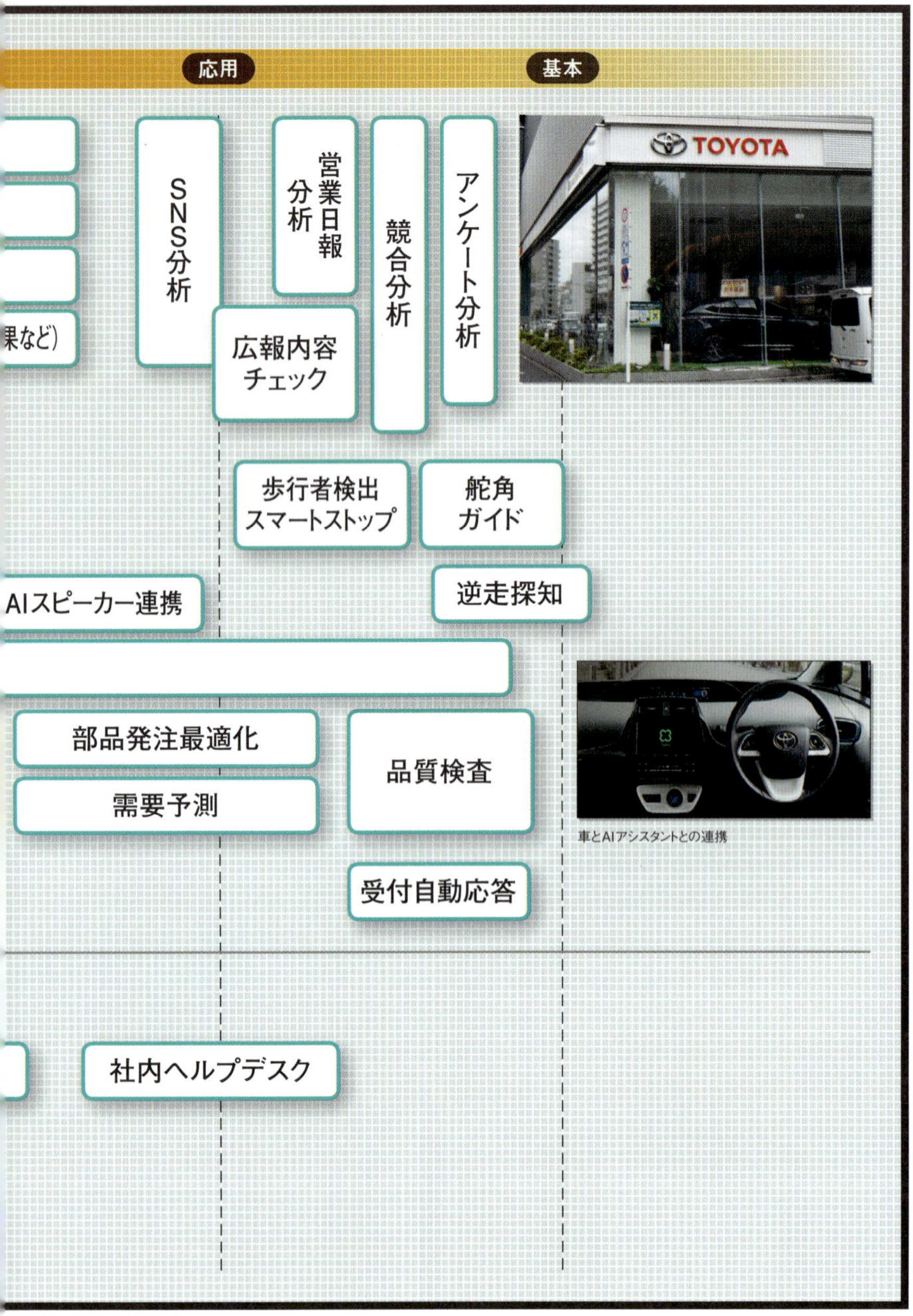

車とAIアシスタントとの連携

［自動車製造業］

自動運転だけでなく、顧客サポートにもAIを活用

Automobile manufacturing

営業業務の特徴

自動車は、ディーラーと呼ばれる代理店によって販売されています。自動車は、数年に1台といった、非常に低頻度の買い物であるため、過去に購入した顧客が買い替えることを分析（**買替予測**）したり、他社に乗り換える顧客を推定（**離反予測**）したりすることで、商品の推薦などの営業活動をすることができます。

また、車の販売と同時に、メンテナンスなどのアフターサポートに関するサービスや、保険などの商品を販売することが多いです。そこで、顧客ごとに追加サービスを薦めます（**クロスセル分析**）。

研究開発業務の特徴

自動車製造業は、**自動運転**に向けた技術開発を多数行っています。周辺の状況をカメラやレーザーによって認識し、危険の可能性があるかを検知すること（**事故予兆検知**）なども自動運転のために必要な要素のひとつで、現在も自動ブレーキや高速道路走行時のレーン追従時に使われています。

また、車体の異常を検知して、故障の前にメンテナンスを行うことを推薦することや（**車体異常検知**）、居

［自動車製造業］におけるAI・データ活用マップ

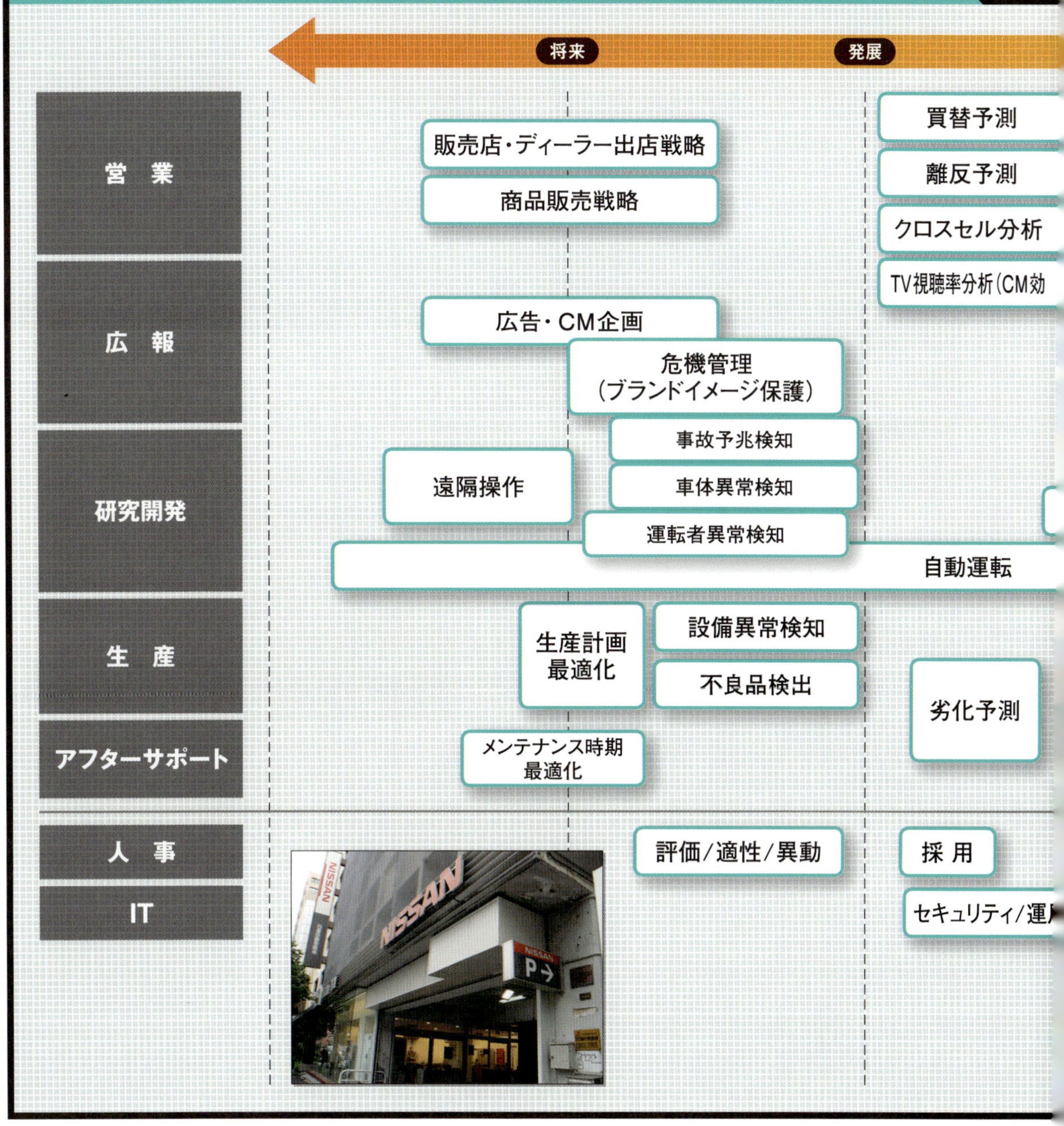

眠りや飲酒などのドライバーの異常の検知も期待されています（**運転者異常検知**）。これらの異常検知の結果は、AIスピーカーによってドライバーに伝えられることが想定されます。AIスピーカーは、他にカーナビ、空調、オーディオの操作や、天気予報やニュースの検索など、さまざまな用途が想定されます。

生産業務の特徴

自動車の生産は、部品メーカーから部品を受け取り、エンジンなどは自社で製造し、それらを最終的に組み合わせる工程によって行われます。生産台数の**需要予測**やそれに基づく**部品発注最適化**によって、部品の在庫を適正化します。また、**品質検査**や**不良品検出**を画像やセンサーデータを基に行うことで、業務の効率化を図ります。

アフターサポート業務の特徴

自動車の購入後、車検や定期的なメンテナンスによって長期間故障しない状態を維持することが求められます。そこで**劣化予測**や**メンテナンス時期の最適化**を行い、顧客にメンテナンスを促します。

日産自動車、DeNA
自動運転タクシーの実証実験

自動運転タクシーサービスの実証実験を開始。自動運転機能では対処できない場面に遭遇しても、ドライバーが適切に操作することで、その操作を学習していく。

実証実験用車両

武蔵精密工業、ABEJA
四輪車用部品の検品を自動化

ディープラーニングを用いて四輪車用部品の検品を自動化する実証実験を実施。良品と不良品を検出する学習済みモデルを構築。ベベルギヤは完成品の精度が高く不良品の発生が非常に低く（0.002%）、自動化は難しいとされていたが、人の目視による検品と同程度の精度である学習済みモデルを構築することに成功。

アウディ
VRを用いた販売代理店

VRを用いて自由に車を見回し、モデルやカラー、オプションや車を置く環境を好きに組み合わせ、内装まで自由にチェックできる。アプリとして配信されるのではなく、各地の店舗・オフィスに設置予定。

モデル、カラーリングから車輪、座席の種類まで、販売員がタブレットを用いて自由に変更・提案する。さらに、車を置く環境はパリやアイスランド、はたまた月面など、VRならではの鑑賞も可能。室内にいながら景色に映える車を選べるのが特長。

バーチャルショールームの外観

パイオニア
カーナビ利用者同士が共有できる渋滞写真

カーナビを利用するドライバー同士が道路の状況を画像で共有し合えるサービスを開始。渋滞の起きやすい場所を通過する際に自動で写真を撮り、他のドライバーに公開する仕組み。

これまでオペレーターが手作業で画像を排除していたが、オペレーターのナレッジを教師データにして、その作業をAIに置き換えた。これにより、不適切な画像を自動で排除でき、作業負荷を軽減した。

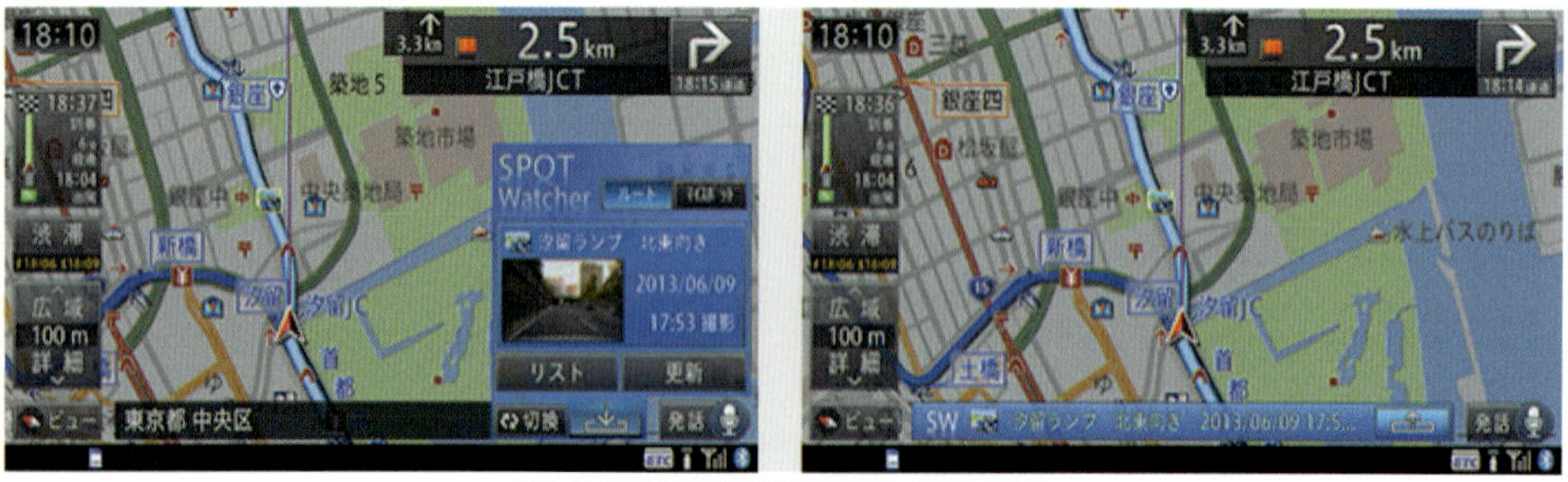

気になる場所の道路状況を常に把握できる

出所：パイオニアHP
https://jpn.pioneer/ja/carrozzeria/cybernavi/avic-vh0009hud_avic-zh0009hud/smartloop/

活用事例

Toyota Research Institute（TRI）

自動運転技術の実験車両

前方しか認識できなかったこれまでの実験車に対して、外周360度を認識できるようになった。暗い色の物体を含めて認識可能な高解像度LIDARシステムに加え、車両下部の全周にも短距離LIDARを配置。これにより、子どもや道路上の小さな障害物など、低い位置にある対象も検知でき、安全性も強化されている。

次世代の自動運転実験車

出所：Platform 3.0（MP4版）
https://www.youtube.com/watch?time_continue= 177&v=knTep8uU0tM

日産自動車

脳波測定による運転支援技術

ドライバーがステアリングを回す、アクセルペダルを踏むなどの操作をする直前に、脳の行動準備電位を検出し、ドライバーが操作を開始する前からシステムが操作を開始することで、ドライバーの反応の遅れをカバーし、思い通りの運転をできるようサポートする。

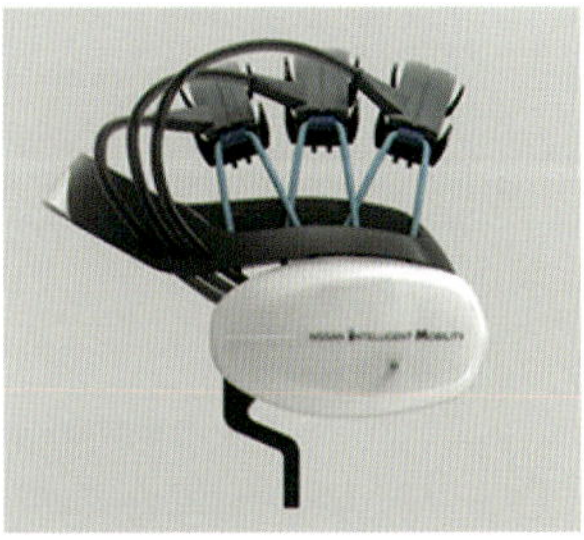

日産の脳波測定による運転支援技術

出所：日産HP
https://www.nissan-global.com/JP/TECHNOLOGY/OVERVIEW/b2v.html

ドライバーがヘッドセットを着用することで計測された脳波をシステムが解析・判断し、自動運転に適用する。

パナソニック オートモーティブ&インダストリアルシステムズ

眠気を検知して覚醒状態を維持

「眠気を感じている」「これから眠くなる」と判定したら、空調機器の風量や温度設定を制御して、覚醒状態を維持。カメラで人間の顔を捉え、まばたきや表情の変化など、顔面の変化を検知し、その画像をAIで処理することで初期段階の浅い眠気を検知する。

眠気のレベルを検知するだけでなく、その後の眠気がどのように推移するかを予測する機能も備える。独自開発の赤外線センサーで人体からの放熱量を計測することで実現。

トヨタ自動車、LINE

AIアシスタント

AIアシスタントとの連携がスタート。音声のみの操作でメッセージのやりとり、好きな音楽を再生、天気やニュースなどの確認ができる。

車とAIアシスタントとの連携

アメリカ運輸省高速道路交通安全局（NHTSA）

車内アルコール検出システム

ドライバーの呼気から基準値を超えるアルコール度数が検出されると、警告メッセージが出てエンジンがかけられないようになる。ドライバーの呼気から二酸化炭素とエタノールを検出して摂取したアルコール量を算出する。イグニッションボタンに付いたもうひとつのセンサー（接触型アルコール検出システム）が、指先から血中アルコール濃度を測定する。

COLUMN

AIの運用を行うときのポイント

AIを開発するときには、はじめに、既に保有するデータを学習させ、実用上の課題を解決する可能性があるかどうかの検証を行います。この検証を仮説検証（PoC）と呼びます。PoCを行う際には、データの加工・訓練するためのアルゴリズムの選定・訓練の実施・結果の評価を行います。

一方、PoCを終え、システムを開発して運用する際に、機械学習を用いたシステムでは、特有の処理や作業があります。特に、運用時には、通常のシステムと異なり、「新しいデータが追加され、モデルの訓練を再度行うこと（モデルの更新）」や、「新しい予測対象に対応すること」など、AIを安定的に動かすことが必要です。

このことから、機械学習のモデルの運用・開発を行うための方法論や基盤（環境）が必要となります。これを総合してMLOpsと呼びます。MLOpsに関連する処理には、次のものがあります。

- モデルの更新
- 運用中のモデルの監視・評価・レポート
- 問題があるモデルの修正
- 新しい予測対象や変数への対応

特に、モデルの更新と運用中のモデルの監視・評価・レポートは、ある程度自動化しておかなければ、作業量が大きくなりすぎてやりきれなくなってしまいます。そこで、機械学習のモデルの管理と更新を行う環境を開発して運用します。モデルの監視・評価においては、定期的な精度の確認や、更新によるモデルの変化が過度ではないかの確認が必要です。これらの作業をしっかり行うことで、長期的に性能が維持され使われ続けるAIを作ることができます。

現在は、まだ世の中に大量のAIが運用され続けているわけではありませんが、将来、多数のAIが作られるようになると、上記のような、AIを運用する仕事の需要が増えていくと思われます。

パーク24

カーシェアの法人会員向け「クルマの運転見える化サービス」

カーシェア事業の法人会員向けに「クルマの運転見える化サービス」を開始。車両に積んだ車載器とセンサーからデータを収集し、急加速・急減速回数や最高速度時速105km以上を記録した回数などの危険事象をドライバーと管理者に通知。ドライバーは自身の運転傾向を、管理者はドライバーの運転傾向や危険運転を把握できる。

アウディ

クラック検知システム

プレス加工において金属板に発生するクラックを認識し、自動でマークする。ディープラーニングをベースとしたソフトウェアを活用。従来は従業員による目視確認と、内視鏡検査でクラックを見つけていたが、これらを機械学習を基にした検知に置き換える予定。

活用事例

日本カーソリューションズ、NTTコミュニケーションズ

危険運転の自動検出

カーリースを契約している顧客企業の運転者に、安全運転促進のための自動車IoTツールとして「NCSドライブドクター」を提供。サービス内の「NCS交通安全プログラム」の映像解析サービスに関連して、深層学習による危険運転シーン自動検知の実験を実施。車両や歩行者などと接触しそうになるシーンをヒヤリハット、接触したシーンを交通事故とする設定に基づき、ドライブレコーダーデータから、音声や映像、センサーデータである「時系列マルチモーダルデータ」を抽出し学習させた。

交通事故発生時の音声データを追加したことで、映像には映らない場所の状況についても、接触音などを含めて解析することが可能となり、車両の全方位においてAIでの自動検知精度が向上した。

ヒヤリ・ハット判別に使用する時系列マルチモーダルデータ例

本田技術研究所

渋滞時自動運転

車線内運転支援、高度車線変更支援、渋滞時自動運転の研究開発を実施。ドライバーがハンドルから手を離す「ハンズオフ」の状態で運転できるようにする。

渋滞時自動運転は、1から5まで3段階に分類される自動運転の技術レベルのうち、システムが自動運転し、緊急時などにドライバーに運転を引き継ぐ「レベル3」の技術。レベル3の技術課題は、自動運転システムからドライバーへの運転引き継ぎ。インジケーターでの表示による視覚、警報による聴覚、さらにシートベルトの振動による触覚と3段階で伝達する。それでも応じない場合は路肩などへ緊急停車させる。

トヨタ自動車、アイシン精機

ドライバーの顔の向きやまぶたの開閉を検知

自動運転車のドライバーモニターシステム（DMS）を共同開発。DMSは車載カメラなどのセンサーでドライバーの顔の向きやまぶたの開閉を検知する。

既に運転中の脇見防止などに使われており、将来は自動と手動の運転を切り替える際などに用いられる可能性がある。

村上開明堂、Rist

車ミラーの検品

生産ラインの検品にAIを導入。鏡の製造過程で生じる傷やひび割れを精密に検査し、これまで常駐していた検品人員の負担を軽減。導入前の試行で3,000枚を検品し、誤差を2％に抑えた。

ABEJA、武蔵精密工業

ベベルギヤの自動検品

ベベルギヤの画像データをディープラーニング技術により解析し、良品と不良品を見分け不良品を検出する学習済みモデルの構築を実施。AutoEncoderをはじめとした複数の手法を組み合わせ、良品データのみから不良品を判断する方法を確立し、モデルの精度を向上させた。実証実験で、人が目視で行う検品と同程度の精度を持つ学習済みモデルの構築を実現。

トヨタ自動車

大阪北部地震「通れた道マップ」

大阪府北部を震源とする震度6弱の地震が発生し、各地で被害が出ている中、同地域で車両が通行できた道を示す地図を公開した。交通規制情報のほか、テレマティクスサービスを搭載した車両から収集した渋滞や混雑の情報を活用。

［食品・飲料製造業］

購買・評判データを活用して商品開発やキャンペーンを実施

Food / drink manufacturing

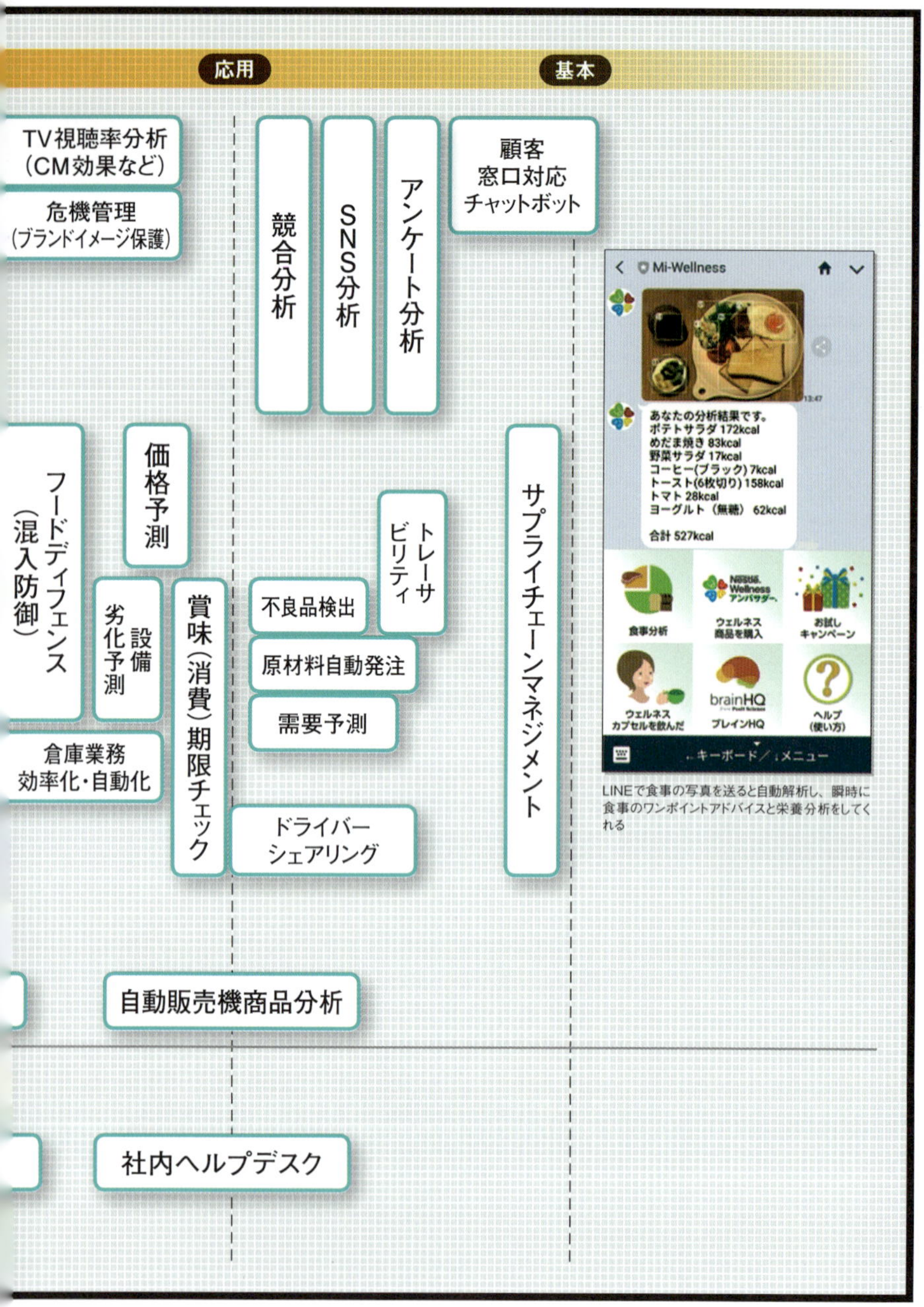

LINEで食事の写真を送ると自動解析し、瞬時に食事のワンポイントアドバイスと栄養分析をしてくれる

広報業務の特徴

食品・飲料製造業は消費者の評判がSNSなどに書き込まれることが多いため、**TV視聴率分析**や味の評判を分析します（**SNS分析**）。また、試食会や、スポーツ大会などと連動したイベントを企画することが多く、これらのイベントにおける来客数を推定したり、イベントを企画したりする際にデータの活用が望まれます（**イベント戦略**）。

商品開発業務の特徴

食品・飲料の商品開発においては、レシピの検討や原材料の変更を行い、味や機能性などの評価を行います。栄養の評価や味や匂いなどの官能評価において、データを活用して過去のデータと評価者によるばらつきを分析します（**官能評価・栄養評価**）。

また、アニメやスポーツイベントなどとのタイアップで商品を開発することも多く、タイアップによる売上増効果を分析することもあります（**タイアップ効果推定**）。

原料調達業務の特徴

食品・飲料の原料は多くを輸入で賄うことが多いです。これらの原料は、生産量や価格が変動することが

［食品・飲料製造業］におけるAI・データ活用マップ

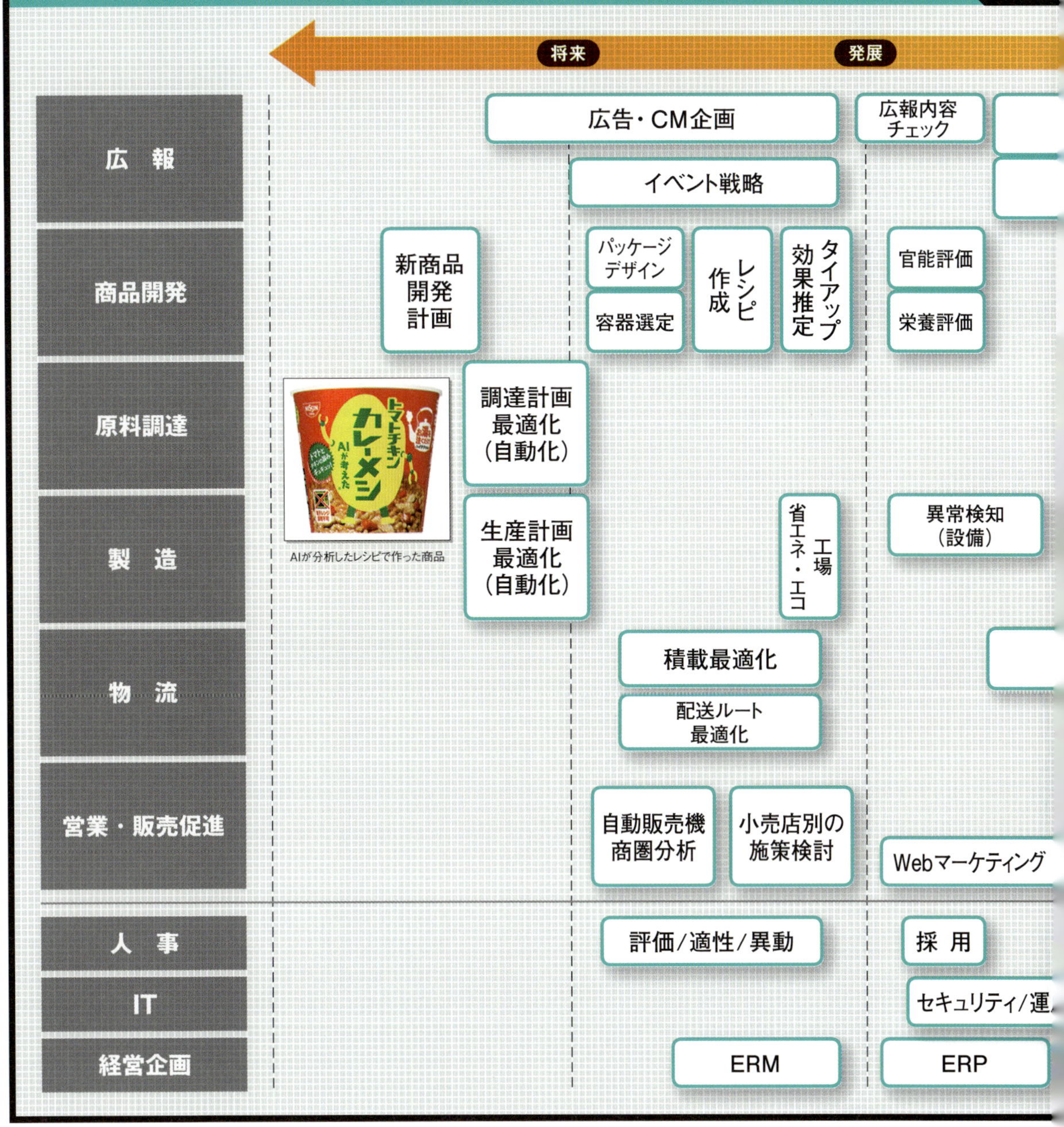

多いため、**価格を予測**して**調達計画を最適化**することが望まれます。

製造業務の特徴

食品・飲料の製造においては、異物混入を検知するための**不良品検出**や**フードディフェンス**、**需要予測**に基づく**生産計画最適化**や**原材料自動発注**が典型的なAI・データ活用領域です。

物流業務の特徴

食品・飲料の物流においては、賞味期限や味の劣化を考慮して、いち早く物流を行う必要があったり、冷蔵・冷凍のまま送ったりする必要があります。ロボットなどによる**倉庫業務効率化**や、パレットやトラックへの**積載最適化**を行って業務を効率化します。

営業・販売促進業務の特徴

主に飲料においては、自動販売機を設置して販売していることがあるため、自動販売機に陳列する商品の決定（**自動販売機商品分析**）や設置場所の決定を行うこと（**自動販売機商圏分析**）にデータを活用します。

サントリー、日立製作所
ドリンクの生産計画を自動立案

AIを活用し最適な生産計画を自動立案するシステムを開発。実際の製造拠点における生産計画の立案業務に適用して効果を検証した結果、複数の熟練者がさまざまな要件を考慮して平均毎週約40時間かかっていたのを約１時間で自動立案できた。

平野製作所、東杜シーテック
食品機械による不良品判別

スライサーやカッターなどの食品機械にAIによる不良品判別機能を導入し、加工対象の野菜や果物の検査などに活かす。傷んで黒ずんだ部分などを事前に発見し取り除けるため、品質向上が期待できる。

カゴメ、産業技術総合研究所
トマトの加工工程での異物検査

つぶしたトマトを加工する工程の異物検査にAI技術を応用して、トマト加工品中の変色部やヘタの跡などを検出する技術を開発。検出対象とする異物、トマトの皮、ヘタの跡、変色部が含まれている500枚のサンプル画像に対して、これらの検出対象物を特定する実験を実施した。

サントリー食品インターナショナル、日立製作所
AIを活用した生産計画立案システム

消費者ニーズの多様化や天候に起因する需要変動に対し、迅速かつ柔軟に対応して商品を供給することが求められている。こうした需要への対応に加え、納期や生産能力、生産・輸送コストなど複雑な制約条件を考慮した、最適な生産計画を立案する必要がある。従来は、複数の熟練者がさまざまな要件を考慮し、平均毎週約40時間かけて生産計画を立案する業務を行っていたが、本システムでは、実行可能かつ最適な生産計画を約１時間で自動立案できる。

キリンビール、三菱総合研究所
ビールの「醸造匠AI」のアルゴリズム開発

ビールの新商品開発技術者を支援するAI「醸造匠AI」のアルゴリズムの開発に着手。AIを活用した熟練技術の伝承促進や商品開発の効率化を目指す。新商品の開発ごとに試作を行う手間を省けるため、開発の効率化やコスト削減が期待できる。

旭酒造、富士通
予測AIを活用した日本酒醸造の実証実験

日本酒醸造の流れを定義した数理モデルと、「獺祭」の醸造工程において計測される実際のデータを用いた機械学習を組み合わせ、日本酒醸造工程における最適なプロセスを支援する情報を提供する。

実証実験では、実際に「獺祭」の醸造工程において AI予測モデルを活用することで、日本酒醸造工程におけるAI予測モデルの妥当性やAI予測モデルの精度向上、ならびに日本酒造りにおけるAIの実用化について検証する。

旭酒造の日本酒醸造現場

キリンビール、NTTデータ、NTTデータセキスイシステムズ
AIを活用したろ過計画システム

AIを活用して最適なろ過計画を立案するシステムを共同で開発し、キリンビール福岡工場で稼働。当システムの導入により、今まで熟練者が最大6.5時間程度かけて立案していたろ過計画が最短30分に短縮され、年間で最大９割強、約1,500時間程度の効率化につながる。ビール醸造におけるろ過工程において、払出元の貯蔵タンクと使用するろ過機、受け入れ先の製品タンクの組み合わせを自動で割り当て、計画を立案するもので、自動割当てのロジック部分にAIを活用している。

アサヒ飲料、日本IBM
AIを活用した生産調整

２週間程度先の生産計画に対して、AIが生産調整の助言を行う仕組みを構築。過去の業務文書や在庫実績、出荷数量などの膨大なシステムデータをAIに学習させることで、生産調整担当者が作成する計画へ最適な助言を行う。実証実験では、従来の人による判断に比べ生産調整の精度が向上することを確認。その結果、長期在庫品の低減などによりコストダウンの可能性を確認。

活用事例

キユーピー、ブレインパッド

ダイスポテトの不良品仕分け

ベビーフードの原料となるダイスポテトについて、小さな黒い斑点が付いたような品質不良や形が整っていないカット不良の検知をAIで実施。良品のみを学習することで、少ない不良品データにもかかわらず高精度の検知を行うことができるようになった。

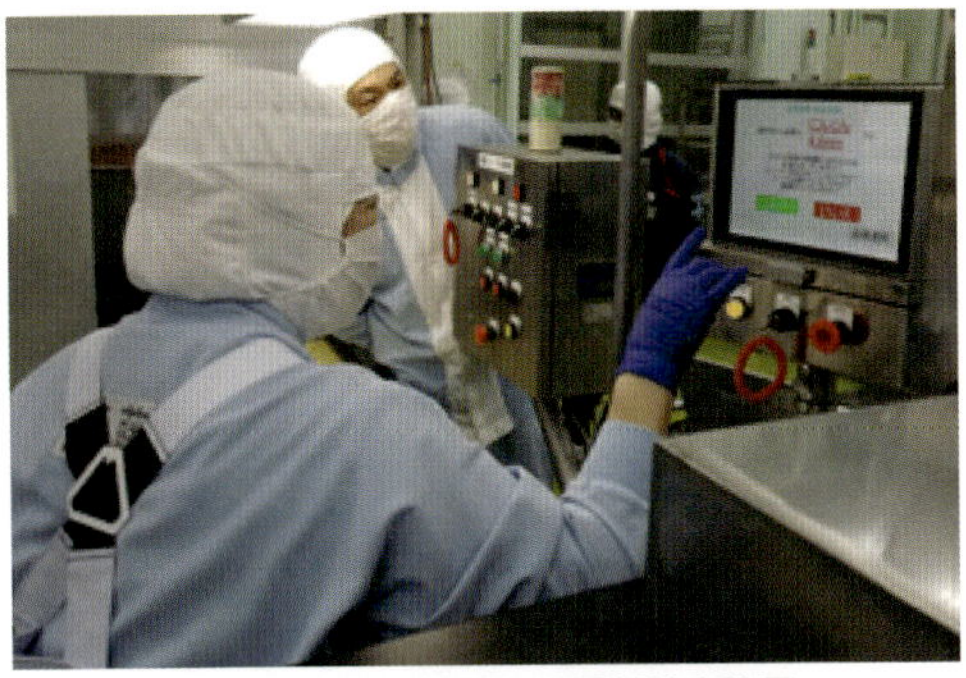

キユーピーのAIを活用した原料検査装置

味の素

“献立”として瞬時に提案するシステム

顧客一人ひとりのニーズに合った献立をいつでもお届けできる自動献立提案システムを導入。サイト上で顧客が選択したレシピに対し、主菜、副菜、汁物から適切な2品を加え計3品の“献立”として瞬時に提案するシステム。栄養士等有資格者監修の基、約1万レシピをデータベースとして蓄積してきたことで実現。

AIを活用して、彩りや味のバランスなど数値や言語では表せない感覚的な要素も含めた精度の高い献立提案を可能にする。

IBM

シェフ・ワトソン

料理に使いたい4つの材料を入力した後、リクエストを絞り込む。このアプリでは、好きなスタイルの料理（たとえばアフリカ料理やイタリア料理、あるいは「ほっとするような」料理など）を選べる。食事制限や好みに応じて、特定の成分を避けることもできる。リアルタイムでこれらのパラメーターを処理し、豊富なデータに基づいて多数のレシピを提案する。また、各材料の分量や基本的な作り方も教える。

ニチレイフーズ、近畿大学

AIによる原料選別

工場で使用する原料をAIで選別する技術を共同で開発。鶏肉原料選別では三大夾雑物である「硬骨」「羽根」「血合い」をいかに取り除くかがポイントとなる。「硬骨」は一般的にX線により選別技術が確立されているが、「羽根」「血合い」の除去には全量を人手や目視で対応せざるを得ない状況。そのため、作業者の負担が大きく、人手や目視だけでは判別しづらい検査もある。このような背景から、AIを使用した選別技術を開発。

スカイディスク、中島工業、AIエンジニアリング

AIを活用した浄水技術

IoTセンサーデータに特化したAIを活用し、業務改善や生産性向上のサービスモデルを構築する。今後は水源開発、浄水から排水まで一連の水処理分野において、食品工場の水処理におけるスマートファクトリー化を推進する。

アサヒビール、NEC

輸入ワイン中身自動検査機

赤外光照明やカメラおよび画像処理技術を活用し、ワインに異物が混入していないかを確認する検査装置。作業員が検査機にワイン瓶をセットして検査をスタートすると、約10秒間、瓶が傾斜・旋回する。その際、液体に緩やかな渦流が発生するため、ラベルの陰に隠れた異物まで検出することができる。

あらかじめ各種瓶形状に応じた最適な傾斜・旋回パターンの設定や、赤ワインや白ワインなど液色に応じた最適な光量、撮像タイミングを設定し登録することで、作業員は検査したい品種を選択すれば自動で検査することが可能。検品作業の効率化を図ると同時に、労働力不足に対応する。

輸入ワイン中身自動検査機

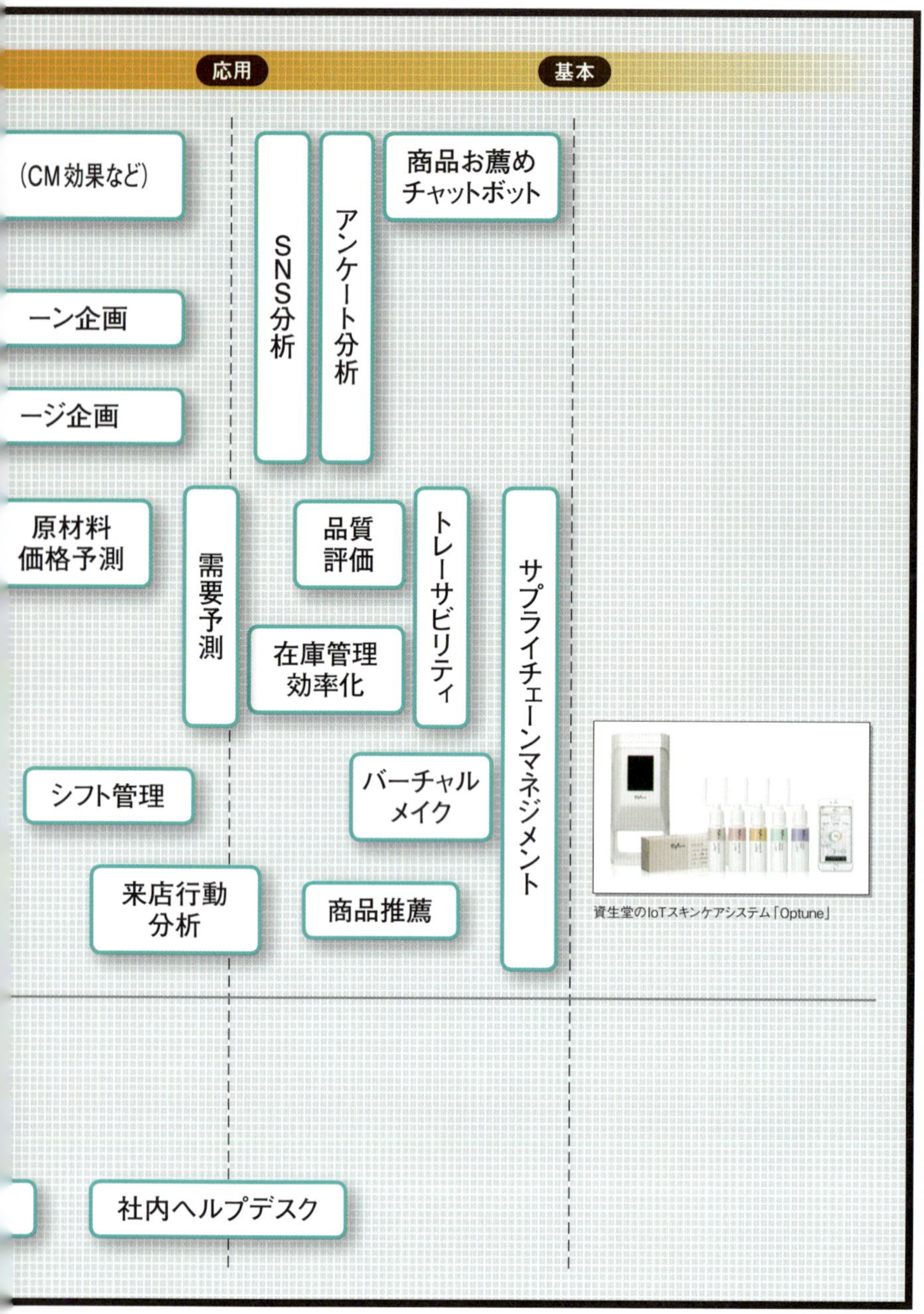

資生堂のIoTスキンケアシステム「Optune」

［化粧品・日用品製造業］

バーチャルメイクなどで顧客接点を強化

Cosmetics / consumer goods manufacturing

広報業務の特徴

化粧品や美容用品は、自身の体の状態に合わせて適切な効用を持つ商品を購入してもらう必要があります。そこで美容カウンセリングやヘルスケアサポートができる**商品お薦めチャットボット**が有効です。

商品企画・販売企画業務の特徴

化粧品や日用品は、販促用の**キャンペーン企画**を行うことがあり、効果分析を行い企画を検討します。

また、**アンケート分析・SNS分析**を行い、セット商品などの企画を行うほか、購買者の買い回りサイクルを分析して、詰め替え用のパッケージのサイズを検討するなど**パッケージ企画**も重要です。

将来的には**サブスクリプション型**の販売形態になることも考えられ、その際には、顧客へのレコメンドや離反分析などが有効になると考えられます。

製造業務の特徴

化粧品・日用品の製造業務は、食品製造業などと同様に、**需要予測**に基づく**生産計画最適化**や**品質評価**などをデータやAIを用いて実施します。商品によっては、高温やガスを

［化粧品・日用品製造業］におけるAI・データ活用マップ

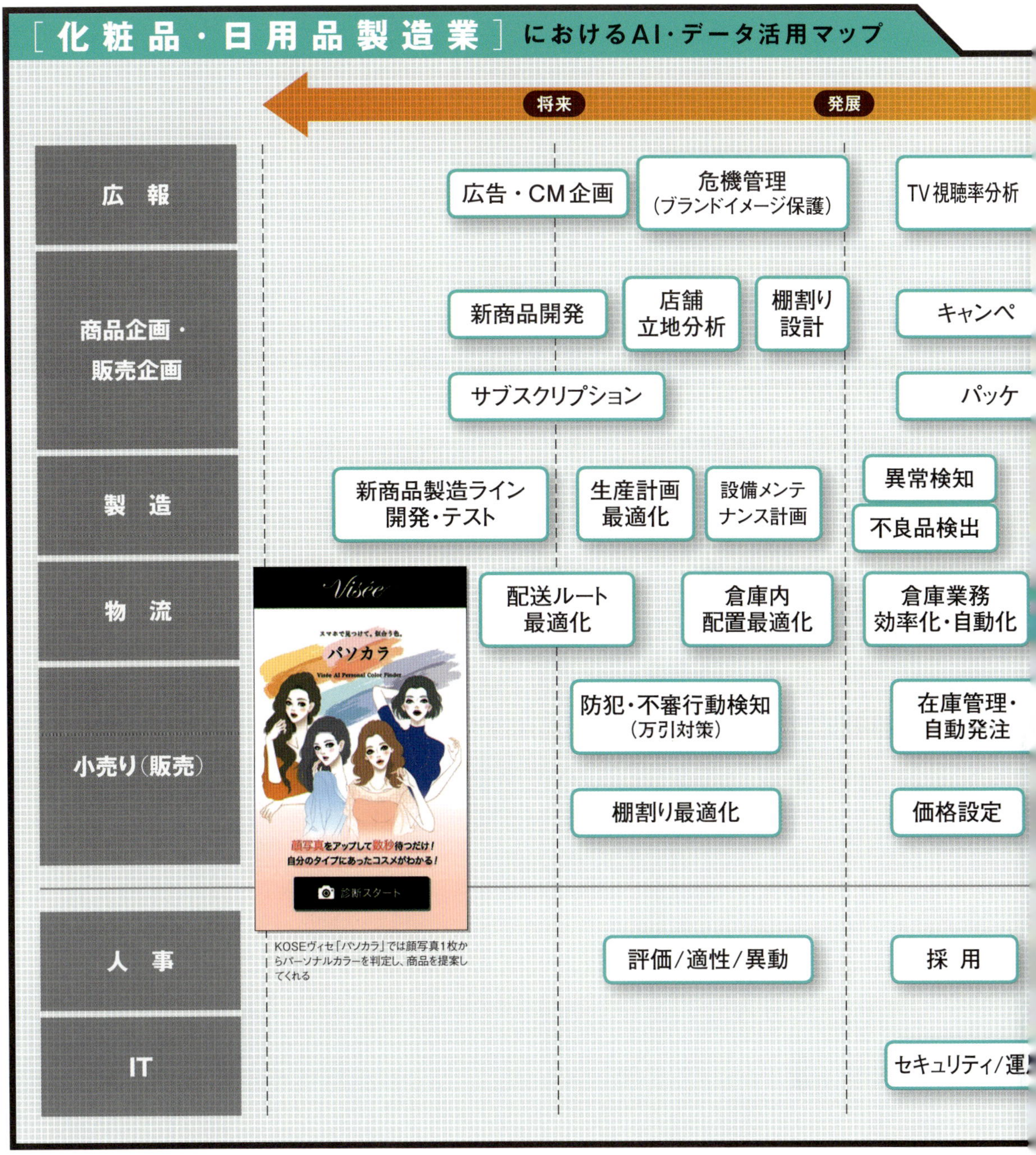

KOSEヴィセ「パソカラ」では顔写真1枚からパーソナルカラーを判定し、商品を提案してくれる

発生させる工程があることから、設備の**異常検知**によって安全を確保する必要があります。

物流業務の特徴

日用品類は、大きさ、色、香りなどで種類が多いため、在庫を潤沢に確保すると在庫過多になり、倉庫スペースの不足や廃棄（安売り）などの問題につながります。

そこで、**需要予測**に基づく**在庫管理の効率化**を行い、在庫量を適切にします。ロボットなどを活用して、**倉庫内配置最適化**や**倉庫業務の効率化**を行うことも有効です。

小売り（販売）業務の特徴

化粧品は特に百貨店内やショッピングモールに販売店を作り、テストメイクを含めた対面販売を行います。

店舗では、**バーチャルメイク**など化粧品ならではの販売施策を行う取組みが始まっています。ドラッグストアは、各棚に陳列する商品が非常に多く、値段設定も含めて人が行うため棚の管理は手間がかかりやすい業務です。そのため**棚割り最適化**、**価格設定**、**在庫管理・自動発注**などの、業務を自動化・効率化する取組みが有効です。

※ここでいう日用品とは、ヘアケア・ボディケア・フェイスケア・洗剤・台所用品などを指すものとします。

資生堂ジャパン
AIに美容相談

「LINEで美容相談」に、Webビューティーコンサルタント（WebBC）とチャットボットを連携させた「AIみみちゃん」を導入。「LINEで美容相談」は、LINEアプリをダウンロードすると利用できる、チャットでの美容相談サービス。

ユーザーが相談内容を入力すると、「AIみみちゃん」またはWebBCが質問内容に応じて回答する。簡単な質問は「AIみみちゃん」を活用し、パーソナルな提案が必要な際は、実際に店頭で美容提案を行ってきた経験を持つWebBCに直接相談できるなど、内容によって使い分けが可能。

「AIみみちゃん」の利用イメージ

コーセー、デジタルガレージ、Style Works
パーソナルカラー判定サービス

AIを活用したパーソナルカラー判定サービスを導入し、判定結果に基づいた一人ひとりに似合う商品提案を行う新サービス「パソカラ」の提供を開始。顧客のスマホから顔写真１日枚を読み込むだけで、瞬時に肌や瞳の色などの特徴に基づいてパーソナルカラーを判定する。

花王
ヘアシミュレーター

ヘアスタイリングブランド「リーゼ」のブランドサイトにて、AIが診断する本格ヘアシミュレーター「Style Change」を公開。スマホやタブレット端末で撮影した顔写真を基に、顔立ちや骨格、髪の長さをAIが分析。全600通りのバリエーションの中から、ヘアスタイル・ヘアカラーを３パターン提案する。

資生堂ジャパン
IoTスキンケアシステム「Optune」

Optuneシステムは、専用マシン「Optune zero」と専用アプリ「Optune App」が、クラウドを経由し連携する。「Optune App」では、自身のスマホで肌を撮影するだけで、きめ、毛穴、水分量などの肌の状態を知ることができる。

アプリで測定した肌データと気温・湿度などの環境データ、生理周期・気分・コンディションのデータなど、一人ひとりを知るためのさまざまなデータを収集・分析し、そのときどきの肌に必要なスキンケアのパターンを決定する。

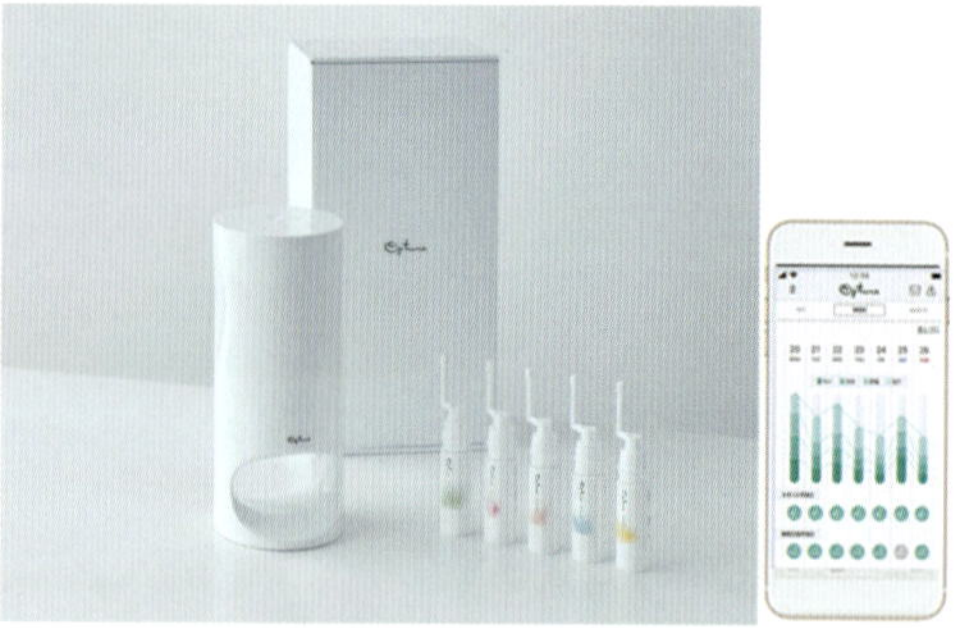
IoTスキンケアシステム「Optune」

ユニリーバ・ジャパン・カスタマーマーケティング
笑顔診断

機械学習を活用して人の笑顔を診断する「ラックス プレミアム ボタニフィーク フラワースマイル診断」をLUX公式Webサイト内特設ページにて公開。機械学習、ARが使われており、カメラを人の顔に向けるとAIが表情を解析。その人が笑顔になると撮影画面内の花が開花する。さらに、笑顔属性の中から、その人の笑顔に合った属性を診断する。診断結果は笑顔属性を表すキーワードのほか、「キュート／クール」、「ワイルド／清楚」、「ナチュラル／スタイリッシュ」のバロメーターを表示する。

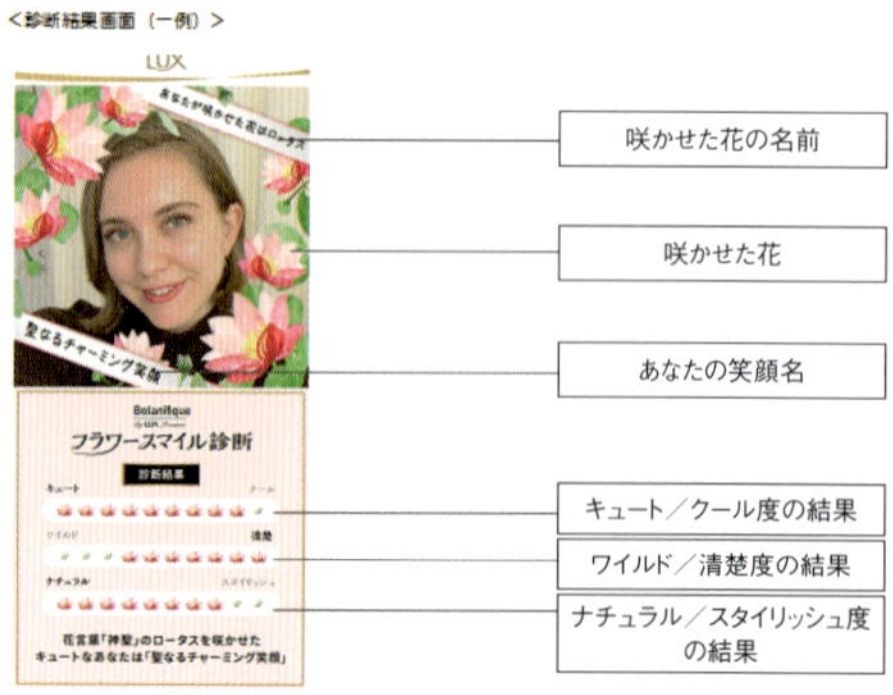

フラワースマイル診断の画面

活用事例

K-PORT、東芝テック
ドラッグストアの値決め省力化

担当者が行っていた商品の値決めや販促効果が高い顧客の抽出業務などを、統計解析・AIにて行う。利益が最大となる商品と、商品に適した顧客セグメントを抽出し、最適な販促プランを策定する。

資生堂ジャパン、NTTコミュニケーションズ
チャットアプリ

10～20代を中心とする若年層をターゲットとしてAIを活用し、チャット形式で美容カウンセリングが受けられるスマホアプリを開発。アプリにより、美容部員を介さない販売促進が可能になる。会話のシナリオは資生堂の美容部員のノウハウに加え、顧客からの問い合わせ内容も参考にして作成している。

資生堂のスマホ向け美容アドバイスアプリ

Proven
パーソナライズスキンケアをレコメンド

オンライン質問票に肌コンディションなどを入力すると、お薦めのデイリースキンケア法とカスタムメイドの製品が提示される。

PERFECT
メイクシミュレーション

顔画像データから正確な顔のマッピング情報を取得し、モデルメイクをシミュレーションできる。

ロレアル
バーチャルヘアアドバイザー

音声入力によってさまざまなヘアカラーを自分の髪にバーチャルに試すことができ、ヘアケアブランド「ロレアル プロフェッショナル」の専門家からアドバイスを受けることができる。

サンスター、日立ソリューションズ東日本
在庫管理ソフト

アラート（問題在庫の判断指標）の設定や、アラートによって抽出された問題候補アイテムの最終的な判定、問題の箇所特定、PSIバランス悪化の原因推定までの一連の作業を、人手を介さずに自動で各種の在庫診断が行えるようにする。

LION
口臭リスク見える化

口臭の実測値と舌の画像データを使って機械学習を行い、舌の状態を見るだけで口臭予測ができるアルゴリズムを開発。舌を撮影すると「口臭リスクレベル」が表示されるとともに、口臭ケアにおける改善策やアドバイスも提示される。接客サービスを行う企業に展開する。

LIONの口臭ケアサポートアプリ
出所：LION RePERO HP
https://repero.lion.co.jp/ #howtouse

花王、日本IBM
社内報告書や社外の技術文献に関する統合検索システム

研究員が製品開発を行う際には、社内報告書や社外の技術文献検索サービスと連動し、技術情報を入手したり、過去の重複した研究の有無、既存製品に対する消費者の声などを調査したりするため、情報収集に多くの時間が費やされている。開発したシステムは、商品情報、試験情報、社内研究報告書、社外の技術文献、開発上のヒント集など複数のシステムに蓄積されているデータを横断的かつ効率的に検索できる。

このことで、欲しい情報を効率良く入手でき、創造的な研究を行うための時間を多く確保できるため、競争力ある研究開発に注力できる。

プロクター・アンド・ギャンブル（P&G）
スキンケアアドバイザー

化粧品ブランドのオレイ（Olay）にて、AIによるスキンケアのアドバイスを開始。顔の画像診断から肌年齢や肌トラブルを判断する。また、スキンケア習慣、化粧品の嗜好についての情報を基にし、個人に適した化粧品とスキンケアのアドバイスを提供する。

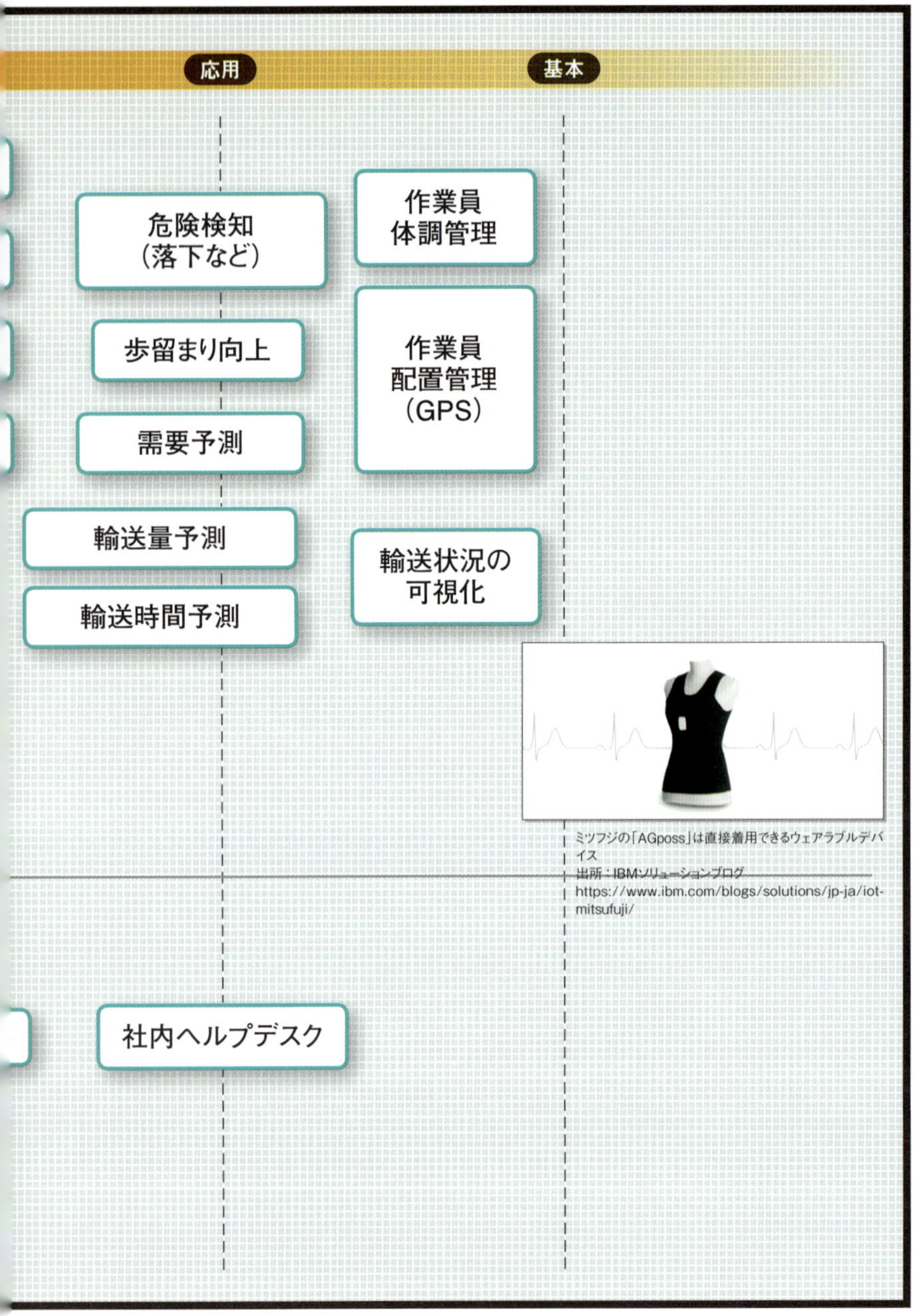

ミツフジの「AGposs」は直接着用できるウェアラブルデバイス
出所：IBMソリューションブログ
https://www.ibm.com/blogs/solutions/jp-ja/iot-mitsufuji/

［金属製造業・化学工業］

Metal manufacturing / chemicals

マテリアルズインフォマティクスによる商品開発にトライ

生産業務の特徴

金属製造業や化学工業は、生産工程において高温・高圧などになることがあるため、安全管理や設備の点検などを入念に行う必要があります。そのことから、データを基に**設備異常検知**や**設備劣化予測**などを行うことが有効です。また、高温・ガスや粉塵などの影響から、**作業員の体調管理**を行う必要があります。

生産工程トータルでの歩留まりが悪いときに**歩留まり分析**を行い、歩留まり悪化の原因を観察したり、**異物混入の検知**や**品質検査**を画像解析で行ったりすることができます。熱を発生することが多いことから、コージェネレーションシステムなどの**エネルギー最適化**を行うことも有効な手段のひとつです。

金属製造業や化学工業は食品などと異なり、日単位での賞味期限などを気にすることはありませんが、近年では多品種化が進んでいることから、生産計画や在庫コントロールが困難になっている面もあります。そのため、データを基に**需要予測**や**在庫最適化**を行います。

資機材調達業務の特徴

金属製造業や化学工業は、原材料

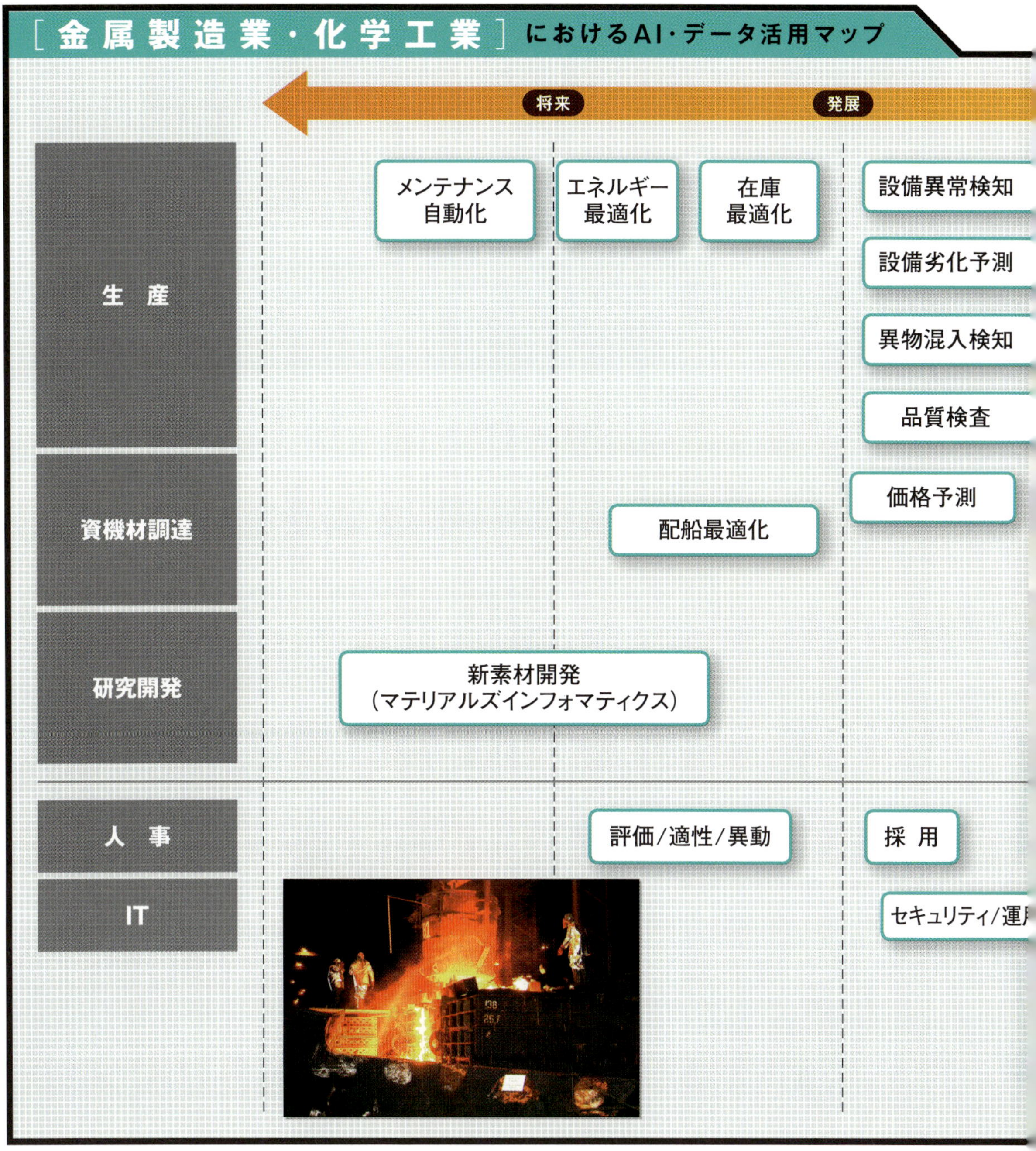

や製品を船で輸送することがあります。船便は、天候の影響を受けやすいため、**輸送状況の可視化**を行うとともに、**輸送量予測**や**輸送時間の予測**を基に**配船の最適化**を行うことが望まれます。

また、原材料の調達価格が変動することから、市場の**価格予測**を行って調達量を決めることが期待されています。

研究開発業務の特徴

金属製造業・化学工業の研究開発は、分子構造を基に新しい特性の素材を探索したり、熱の加え方などの生産条件を基に素性や品質が変化するかを調べたりします。

これまでは、理論に加え、大量の実験を行って新素材の開発を行ってきました。近年では、これらの実験データの蓄積を基にして、まだ作っていない化合物や金属の特性や適切な生産条件を推定する取組みが始まっています。このような、データを基にした新素材開発を行う取組みを**マテリアルズインフォマティクス**と呼び、今後拡がっていくと考えられています。

日立製作所

冷間圧延機のリアルタイムな制御

鉄鋼プラント向けにAIを活用した冷間圧延機のリアルタイムな制御技術を開発。鋼板の形状にばらつきがあると、歩留まりの低下、鋼板の破断、装置の破損といったリスクにつながっていた。

蓄積した膨大な鋼板の形状パターンや操業の実績データを機械に学習させることで、自動制御により形状（鋼板の波打ち）を補正し、鋼板の品質向上を実現する。

冷間圧延機

ブリヂストン

製造装置のセンサーで熟練工の目を代替

AIを実装した最新鋭タイヤ成型システムを導入。高分子・ゴム・複合体の材料加工に関する知見を加えた独自のデータ解析に、生産工程などで得られる膨大な情報をビッグデータ解析し、さらに技能員が培ってきた技術・ノウハウを加えたアルゴリズムを搭載。

生産システムを自動制御するAIを搭載することで、技能員のスキルに依存してきた従来の生産工程や品質保証の判断・動作を自動的に実行する。

三井化学、NTTコミュニケーションズ

化学プラントの製造過程で製品の品質予測

原料の種類、反応炉の状態といった製造プロセスのデータを基に、深層学習によって学習したモデルで、最終製品の品質を予測した。用いたデータは、プラントに投入される原料の温度や圧力、流量、および反応炉の設定値、生産されたガスの濃度など。実際のガス製品製造工程を実験場として、実証実験を実施。結果、ガス製品の品質を大きく左右する「濃度」について、20分前に平均誤差3%で予測できるようになった。

住友電工焼結合金、住友電工

磁粉探傷検査の自動画像検査化

焼結合金部品の微小な亀裂を検出する自動画像検査システムを開発。ノズルクランプなど 8 種類の部品を対象に、検査精度を実証。不良品を見落とさない「見逃しゼロ」の実績を確認。良品を不良品と判定してしまう「過検知」の割合は、1.9%以下の低水準に抑えた。

JSR、NEC

半導体材料の品質検査

AIを活用した目視検査を利用開始。これにより、半導体の製品検査業務の省力化を実現する。

検査の高速化や均質化および状況に応じた対象製品の柔軟な拡大が可能になるとともに、熟練者と同じ高い精度で迅速かつ高効率に要因分類ができる体制作りが可能となり、現場作業負荷の減少が見込まれる。

オークマ、NEC

工作機械の自律診断

AIを活用し工作機械が自律的にドリル加工の診断を行う技術を開発。ドリル加工の異常検知と工具摩耗の可視化をリアルタイムに行い、ドリルと加工物の損傷防止とドリル交換の最適化による工具費の大幅削減ができる。

JFEスチール、NEC、NECソリューションイノベータ

安全行動サポート

AIによる画像認識技術を製鉄所における作業者の安全行動サポートに活用する技術を開発。立ち入り禁止エリアに作業者が進入してしまった場合には、AIが警報を発するとともに自動でラインを停止させる。

作業者のさまざまな大量の画像をディープラーニングで学習する

活用事例

新日鉄住金
作業者の見守り支援

作業員が保持する携帯端末や腕時計型の活動量計からリアルタイムで大量データを収集。管理者はこれを基に遠隔から危険情報を現場に伝える。

見守り支援のシステムとカメラ付きのメガネ型ディスプレイを使い、熟練工が遠隔から若手作業者に指示すれば技能伝承の一助にもなる。カメラの動画像から作業者が不安全行動をとっていないかを判断するシステムも考案中。過去の故障データと突き合わせ、本当に故障につながるのか、何でもない変動なのか、AIでそのロジックを作る。同じ仕組みで製品の品質予測にも応用する。

JFEスチール
製鉄設備メンテナンス

製鉄所における設備のメンテナンス業務に対して開発してきたAIを導入。これまで蓄積してきた多くの作業マニュアルに加え、過去のベテラン作業者の作業実績や判断などを記録したデータベースとAIとを組み合わせることで、経験の浅い担当者でも、今起こっている異常現象に対して有用な情報を迅速に引き出すことができる。

三井化学、ブレインパッド
工場の蒸気の需要量予測

機械学習を活用し、製造過程で必要になる蒸気の量を予測することで、プラントの運転手法を最適なものにし、工場の消費エネルギー量を減少させることを狙う。

旭鉄工
工場にAIスピーカー

工場内で従業員がAIスピーカーに話しかけ、AIスピーカーが「何をしますか?」と応じたら、「材料投入に変更」と指示する。これまで作業内容を記録するときは、そのつど手袋を外し、タブレット端末を操作していたが、AIスピーカーの導入で話しかけるだけで済むようになった。

東北大学、NEC
新材料開発

AIによって未知の材料の特性予測を行う新技術を適用し、熱電変換効率を向上させる材料開発を実現。

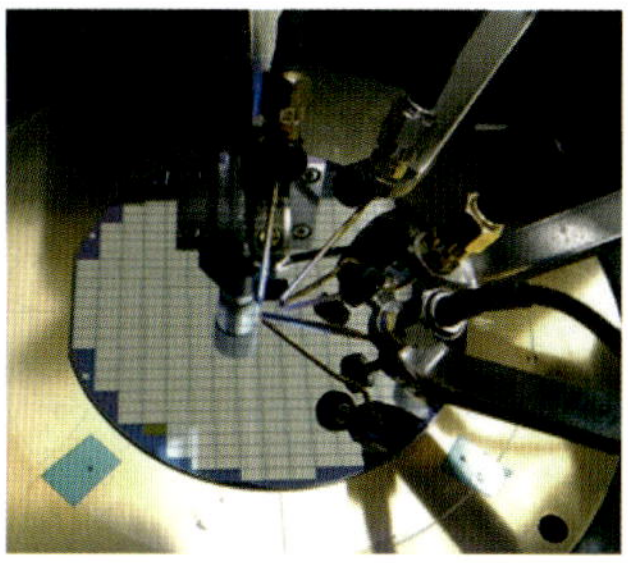

熱電・電気特性評価用サンプルと
自動評価システム

ボーイング、ゼネラルモーターズ
新しい金属の調合

複雑な形をした金属製の部品を3Dプリントし、新世代の洗練された航空機や自動車に利用することを想定。3Dプリントに適し、部品の素材にぴったりな合金選びにAIを活用する。

新日鉄住金
輸送管理における製鉄所間の配船最適化

製品や原料の輸送船の運航情報をリアルタイムで“見える化”し、AIによる予測値も加味しながら最適な輸送条件を決めていく。各製鉄所が情報共有し、「1つの製鉄所で輸送船を回しているような環境」を作り、効率向上を目指す。

富士フイルム、マルケト
マーケティングオートメーション

顧客一人ひとりのライフステージも考慮した付加価値サービスを提供するため、メールやWebパーソナライズの実施をはじめ、マーケティングオートメーションを実行。一例として、オンラインプリントサービスの「フォトブック」の購入者向けに、フォトブック納品に合わせて顧客一人ひとりに合わせたメッセージをメール送信。結果として、開封率やリピート率が向上した。

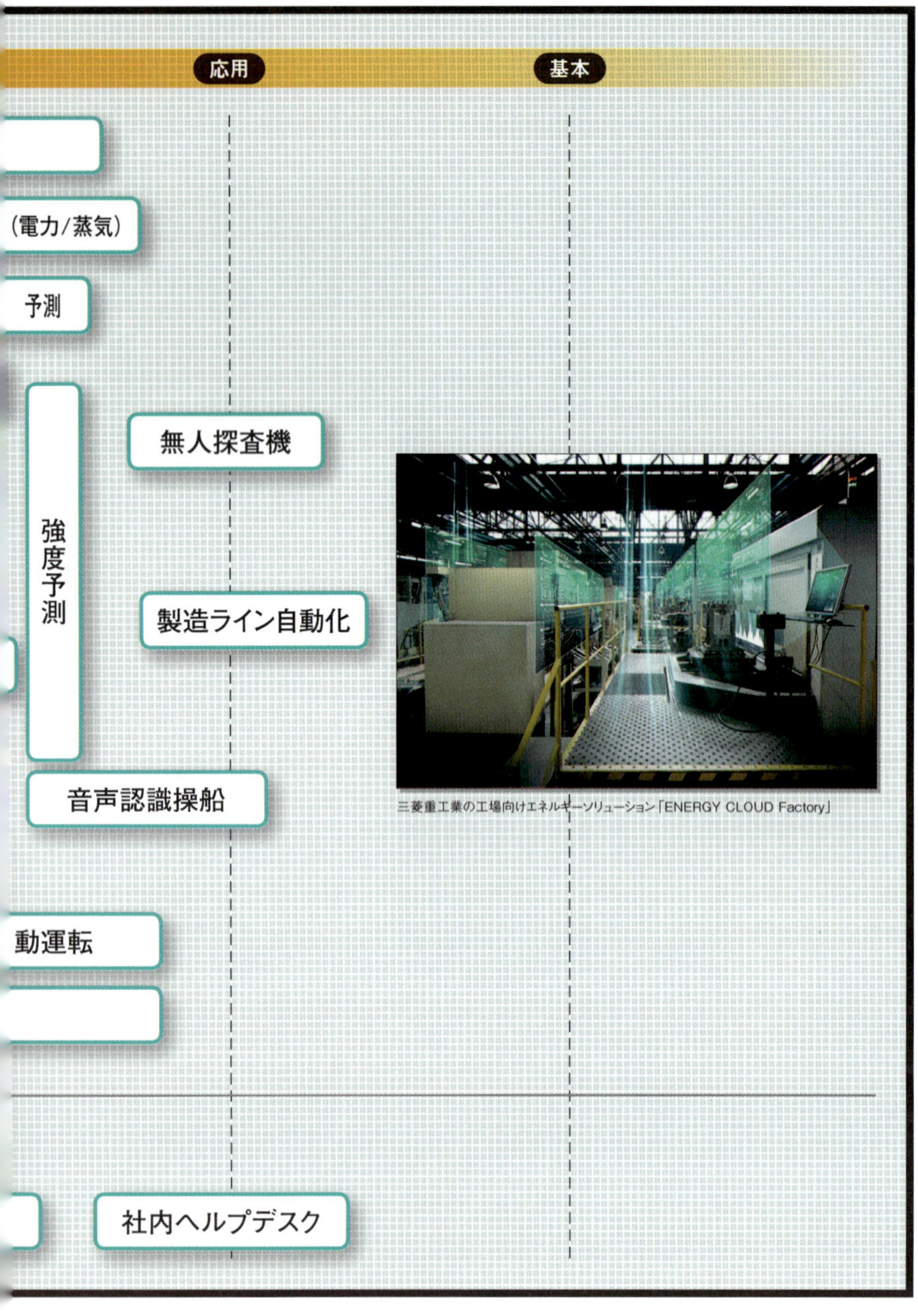

三菱重工業の工場向けエネルギーソリューション「ENERGY CLOUD Factory」

【重工業】

Heavy industry

AIを活用した異常検知や自動運転の対象拡大中

エネルギー・プラント部門の特徴

発電所や石油化学プラントでは、高温・高圧になることが多いことから、故障が甚大な事故につながる可能性が高いです。そこで、**異常検知**を行って故障の可能性を調べたり、各部の**寿命予測**を行ったりして交換の計画を立てます。

異常検知においては、流量センサーや温度センサーの値が正常であるかを調べることや、振動センサーや音響センサーなどを用いて接合部の異常を調べます。

需要予測を基にした運転計画の策定や、**燃焼温度自動調整**などの各取組みにより、将来的に**自動運転化**されることが期待されます。

宇宙部門の特徴

人工衛星や宇宙船などは、異常状態を人が調べにいくことができないことが多いため、**異常検知**や**自動点検**を行って、正常な状態を極力維持します。また、異常が起きたときに、データを基にした**異常箇所の推定**を行うことが重要です。**無人探査機・宇宙ゴミ検知**などの宇宙ならではの装置にも、画像認識などの技術が活用されています。

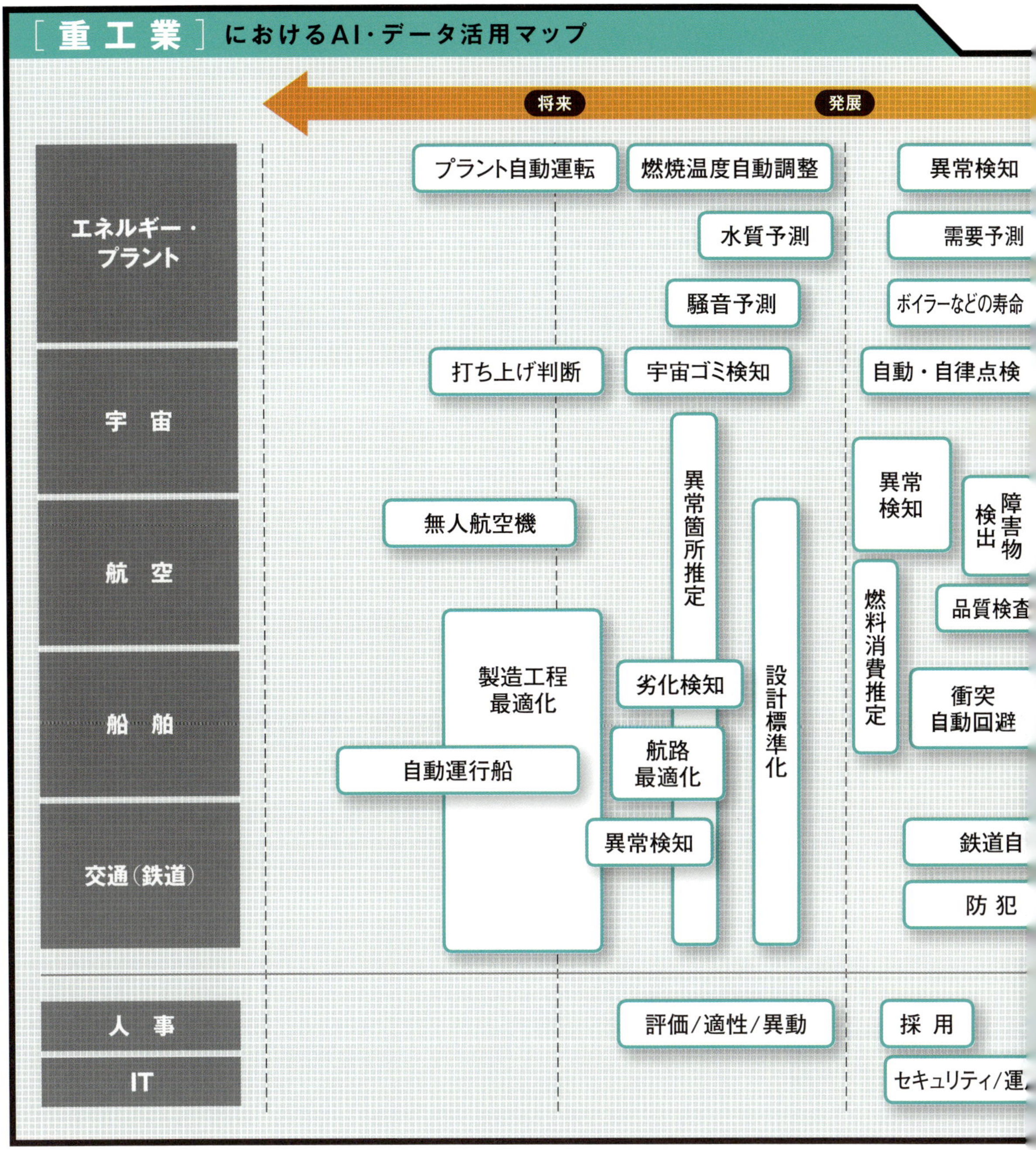

航空部門の特徴

航空機は求められる安全性がとても高いことから、**強度予測・品質検査**などを入念に行って安全性の担保を行います。また、空港内走行時の**障害物検出**や、バードストライクなども含む**異常検知**にもAIが活用されます。

船舶部門の特徴

船舶は長期間運行することから、**劣化検知**などの設備保全用の施策が有効です。また、天候によって航行計画を変更することや、**燃料消費推定**に基づいて省エネになる運行を計画することなどによって、**航路最適化**を行います。浅瀬や他船などに対する**衝突自動回避**も船ならではの施策です。

交通（鉄道）部門の特徴

鉄道は**自動運転化**が進んでおり、既に実用化されています。また、他のものよりも乗客数が圧倒的に多いため、乗客トラブルや犯罪行為などの**防犯**を行うための施策の必要性が高いです。

カナモト、イームズラボ
人との接触を防止する重機の自動停止システム開発

特殊カメラやPC、コントローラー、停止装置、モニターなどで構成され、建機の付近に人がいた場合、データを検知して自動停止する。搭載しているAIが人を検知し、利用者が設定した距離に達した場合、１秒以内に建機を自動停止させる。

カナモトのAIによる物体認識機能を搭載した重機

出所：2019 カナモトグループ 統合報告書
https://www.kanamoto.co.jp/ebook/data/pdf/annual_report/integrated_report2019.pdf

川崎重工業、三井物産
船舶運航管理支援システム

さまざまな種類の船舶に対して、安全かつ最少燃料消費量となる運航が可能な航路を提案するとともに、燃費や船速、メンテナンス管理などに関する将来予測の自動レポーティングも可能。LNG運搬船に特化した機能として、輸送中に自然蒸発する天然ガス（ボイルオフガス）を管理し、燃料消費量が最少となる航路や最適なヒール量（航海中に冷却用冷媒および航海用燃料としてタンク内に残しておくLNGの量）での運航を提案することが可能。

船舶運行管理支援システムのモニタリング画面（サンプル）

日本郵船
自動運航で船舶衝突回避の実証実験

航海中の船は周辺の船の位置と速度、進行方向を分析して衝突可能性を判断し、回避行動をとる。これらの情報から船の進路変更などをはじき出す避航操船プログラムを開発中で、今後は船長経験者らの意見を基に改良予定。

川崎重工業、SOINN
ゴミ処理支援

AIを活用したゴミ処理発電プラント向けの運転支援システムを開発した。運転員の経験値に左右されることなく、施設の安定操業を実現する。売電収入の増加やメンテナンスコスト低減などにより、運営コスト低減が期待できる。

福岡造船、富士通、富士通マーケティング
AR技術を活用した船舶部品の管理システム

１隻の化学薬品タンカーを建造する際に使用する配管約１万5,000点以上の部品にARマーカーを貼り付け、現場作業員がマーカーをタブレットで読み取ることで、各部品の種類や取り付け位置などを瞬時に確認することができる。これにより、現場でこれまで紙ベースで行っていた部品ごとの図面の確認や、広大な資材置き場に置かれている部品の追跡が容易になるほか、造船の製造工程に合わせたタイミングで外注業者へ納品依頼をすることが可能になる。

配管部品に貼り付けられたARマーカー

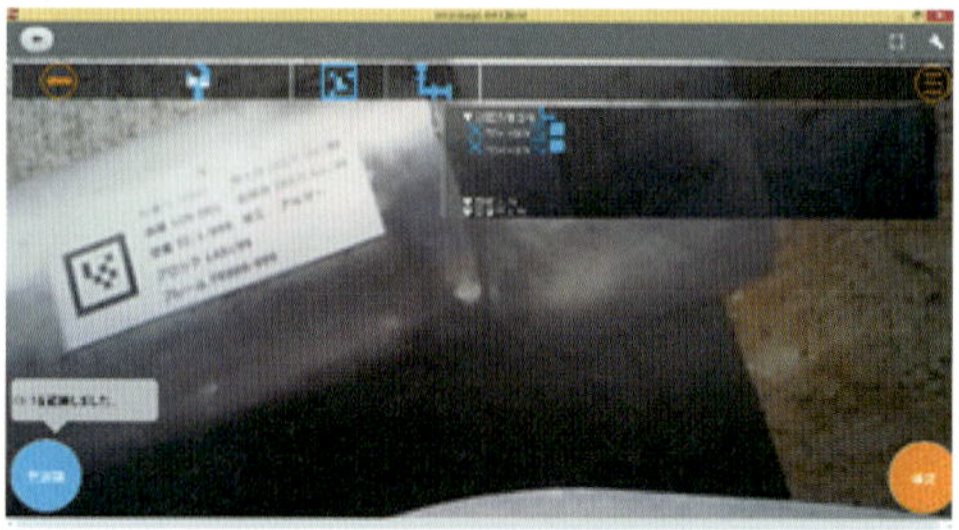

タブレットで読み取った画面イメージ

活用事例

川崎重工業

人の"感覚"を学習して継承

ロボットを遠隔操作しながら作業することによって人間とロボットの協調を可能とし、熟練作業者の技能伝承など、新たなロボットのあり方を提案する新しいロボットシステム。人間による操縦データが蓄積されるほど学習が進むので、データにばらつきがあった場合でも最適な動きを判断し、自動運転に変換する。

宇宙航空研究開発機構（JAXA）

小型衛星の自動点検システム

固体燃料ロケットにAIを使った自動点検システムを採用し、打ち上げ前の準備作業や人員を大幅に削減。液体燃料よりも制御しにくかったが、新しい姿勢制御システムを導入して改善した。

打ち上げに成功したイプシロンロケット

出所：JAXA HP
http://www.jaxa.jp/projects/rockets/epsilon/index_j.html

ダイオーエンジニアリング

AIを活用した素材選別機

廃家電や廃自動車を粉砕し、粉々になった素材を種類別に選別する装置にAIを搭載。純度92％だった素材が、学習後に95％まで高まることを確認。AI搭載機は操業が止まっている夜間などに自動で学習するので作業者の負担が少なく、時間のロスもない。

ダイオーエンジニアリングのAIを搭載した素材選別機

出所：ダイオーエンジニアリングHP
https://www.daio-eng.co.jp/product/product-362/

General Electric（GE）

飛行中エンジンのモニタリング

航空機の飛行中もエンジンの状況をリアルタイムでモニタリングし、障害状況などを解析。飛行中のエンジンの状況をモニタリングできるようになったことで、トラブルの発生箇所やメンテナンスを必要とする箇所を目的地に到着する前に知ることができるようになった。機体の着陸前に故障箇所を知ることで、あらかじめ部品を手配することができ、遅滞なく整備が完了できるようになった。

三菱重工業

音響監視診断

マイクロホンやハイドロホンのような音響センサーを使ってプラント機器や構成装置を継続的に監視する。このような音の分析は、機器が適切な状態で動作しているか否かを監視し診断する。

このシステムにより、たとえばバルブステーションの漏れ検出や切替動作の監視、および連続鋳造プラントにおけるトーチ切削機械のノズル監視などを実現することができる。また、プラント機器から発生する音の長期的分析により、クリープ摩耗の検出や客観的な状態判定が可能になる。これにより保守作業者の作業や精神的な負担は軽減され、製鉄プラント内の他の重要な作業へ集中できるようになる。

三菱重工業

熟練者の技能を実装した自動溶接

原子力発電プラント機器の溶接部では、安定した運転のために高い信頼性が求められている。そのため、溶接士技能への依存を低減するために自動溶接の適用を推進。画像処理と機械学習を組み合わせ、熟練溶接士の技能を実装した自動溶接技術を開発し、技能に依存しない溶接施工を目指す。

三井E&Sマシナリー、アダコテック

覆工コンクリート内部の異常有無の自動判定

国立研究開発法人 産業技術総合研究所で発明された高次局所自己相関特徴（HLAC）を利用した機械学習手法を用いた異常判定。今まで４日かかっていた解析画像の診断が１日で実施できる。

これまで技術者のダブルチェックにより防いでいた異常箇所の見落としをなくすとともに、判定のばらつきを最小限に抑えることで、作業の効率化および精度の向上を実現。

自動走行不整地運搬車

清水建設の自動溶接ロボット
出所：清水建設HP
https://www.shimz.co.jp/company/about/sit/facility/facility14/

［建設業］

Construction

AIが家・建物の設計を支援

営業業務の特徴

建設業の中でも、ハウスメーカーの営業は、住宅展示場に来場した顧客に対する営業や、過去に建築した住宅に居住する顧客への営業を行います。どちらも、**顧客の嗜好予測**を行って適切な住宅タイプを推薦したり、**アンケート分析**を行ったりして購入しそうな顧客の推定を行うことができます。

また、顧客と面談する段階になった場合に、広さや設備などを基に、簡単な緒元（間取りや設備など）を決定して見積りを行う際に、AIを活用した**自動見積り**が期待されています。なお、アパートなどの設計の場合は、賃貸物件にしたときの入居率や賃料などを推定して収益性があるアパートを建築することを行うような取組みが始まっています（**不動産投資判断**）。

設計業務の特徴

住宅の設計・アパートの設計において、土地の形状や顧客のニーズが類似する過去の図面を参考にしながら行うことがありますが、これが発展して、AIが設計のレコメンドを行うことが期待されています（**アパート設計・住宅設計**）。さらに将来は

［建設業］におけるAI・データ活用マップ

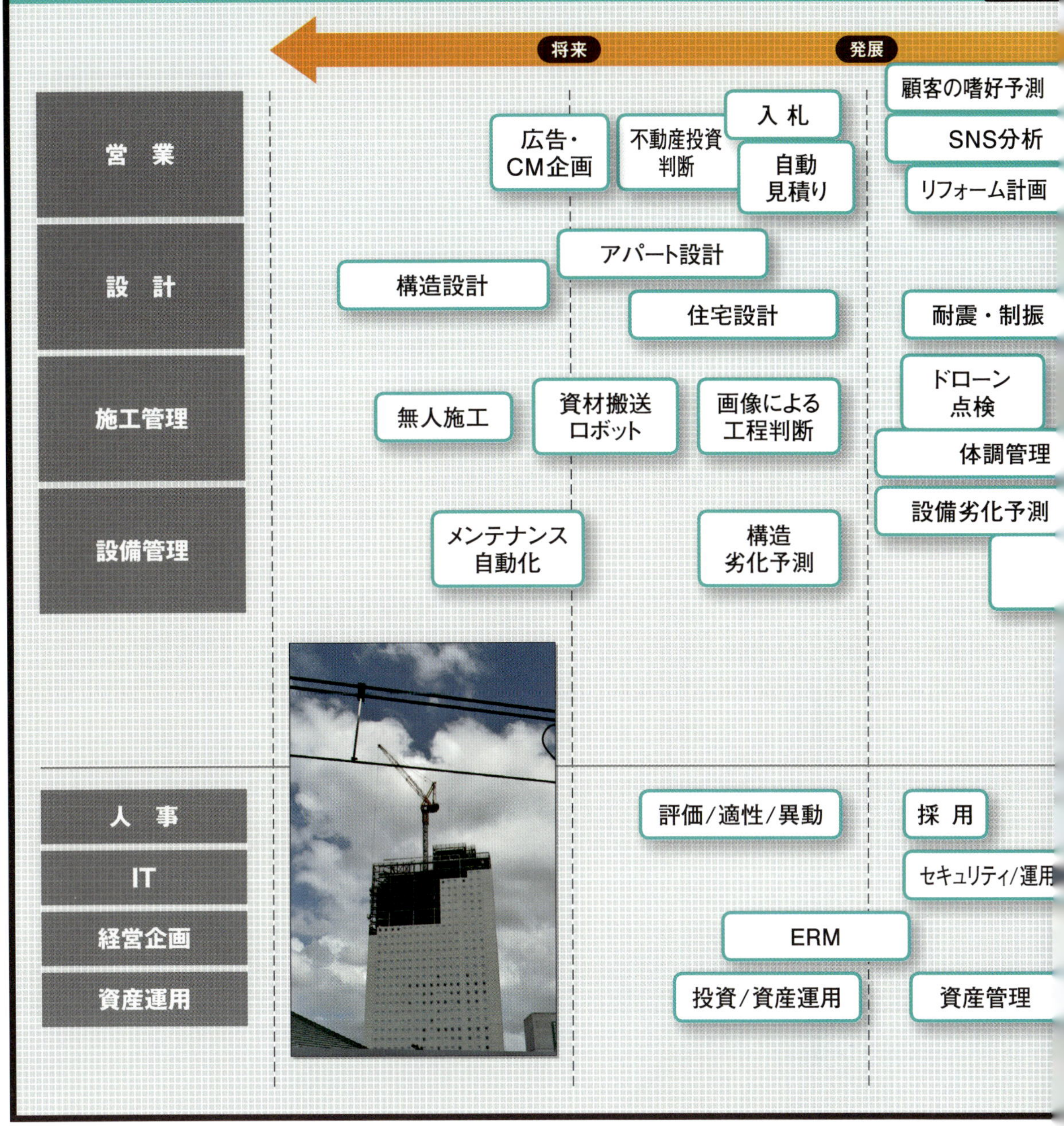

構造設計もAIが行うことが期待されています。

施工管理業務の特徴

ビルの建築においては、設計・施工・設備管理を通じてビルの構造データや設備管理のデータを一括に管理する**BIM**（**Building Information Modeling**）という手法によって、施工管理中の検査や進捗などのデータがすべてシステムに保存されます。

施工管理においては、画像解析の技術が発達したことで、**調査・検査の自動化**や**画像による工程判断**を支援する取組みが始まっています。さらに将来は、ロボットによる**無人施工**が期待されています。

また、作業員の生体データから**体調管理**を行うことも有効です。

設備管理業務の特徴

ビルの設備管理においては、日々の**防犯**や**空調制御**を行いますが、カメラ画像データや空調需要データを基に自動化や省力化を行うことが有効です。

同様にセンサーデータを基に**設備劣化予測**や**構造劣化予測**を行い、メンテナンス計画を立てていくことが期待されます。

※本ページは、ゼネコンと呼ばれるビルや橋などを建設することを主とする企業と、ハウスメーカーと呼ばれる住宅を建設することを主とする企業をあわせて建設業としています。

大林組、NEC

ビルのエネルギー需要を予測

ビルのエネルギー需要を予測する実証実験を実施。「冬期営業日の昼間」「夜間」「祭日」などで異なる規則性を自動的に発見した。これにより、24時間後や1カ月後などの電力使用量・熱量を、人手による複雑なデータ分割作業を行うことなく予測できた。

三菱電機

賢いエレベーター

利用者の行き先を事前に把握し、エレベーターの運行を最適化することで、これまでに比べ、待ち時間をピーク時で25%程度短縮できる。

大林組

山岳トンネルの切羽の評価

ディープラーニングを用いて切羽の強度、風化変質、割目間隔、割目状態、走向傾斜、湧き水量、劣化度合いの7項目を評価し、その結果に応じて計画を策定。専門家が判断した評価結果に対し、風化変質（4分類）で87%、割目間隔（5分類）で69%、割目状態（5分類）で89%の精度で一致した。

評価システムでは、画像を227×227ピクセルごとの領域により細分化し、切羽を個別の領域ごとに評価。切羽の変状や崩落に対応する局所的な手当てが行える。

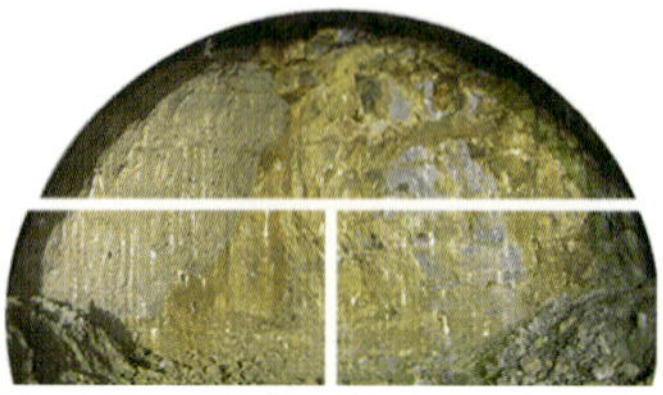

従来の切羽の評価領域（上方、左右の3分割）

AlexNetによる切価領域

三菱電機ビルテクノサービス

エレベーター保守サービス

AIを使ったエレベーター向け保守サービスを開発。遠隔で故障診断をして自動復旧させたり、機器の劣化予兆を正確に検知して保全計画を最適化したりする。

大林組、積木製作

VR技術を活用した施工管理者向け教育システム

VR教育システムを開発。受講者はHMD（ヘッドマウントディスプレイ）を装着し、VR上に現れる教育用躯体の不具合箇所を探す。

プログラムを変更するだけで不具合箇所を変更したり、追加したりすることができる。BIMデータを活用することで、鉄筋などの躯体、仕上げ、設備などの品質管理のほか、安全管理などさまざまな教育ツールを容易に作成できる。

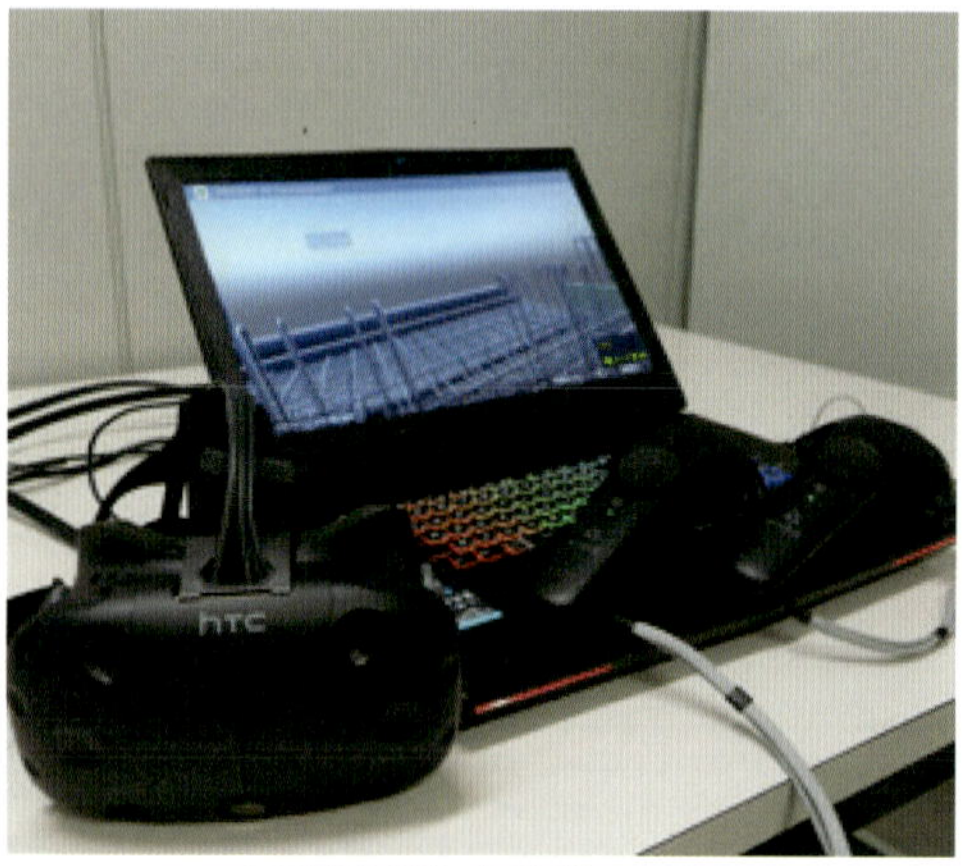

VR技術を用いた教育システム

Brain of Things Inc.、アクセルラボ

スマートホームAI

居住者の習慣や嗜好を学習・把握し、家を居住者好みに、照明、カーテン、エアコンなどを自動で制御する。スマートスピーカー、6in1センサー、ビジュアルセンサーの計3つの機能を集約した「スーパーセンサー」を住居内に設置し、居住者によるスマートスピーカーを通しての指示、スーパーセンサーから0.05秒ごとに収集したセンシングデータなど、さまざまな居住者の情報を学習する。

活用事例

大林組
工事写真から工事の進捗を自動認識

集合住宅の内装工事向けに開発を進める「工程認識AI」。工事の進捗状況の確認業務を省力化する狙い。

東京都内の分譲マンションの内装仕上げ工事で性能を検証。約100枚の工事写真で試行した結果、建築資材は6割程度、工程は7割以上の精度で認識。工事写真に写った建築資材をAIで推定し、資材の内訳から工事の進捗を自動認識する。

鹿島建設、三菱総合研究所
自動施工計画ツール

建築工事で、AIと人間の知見を融合した自動施工計画ツールを試作。建物に関するさまざまな情報を持つ3次元（3D）モデリング技術を基に、AIが複数パターンの施工計画を提示し、現場管理者がさまざまな条件を勘案して最適な施工計画を選ぶ。

大林組
バイタルセンサーを活用した安全管理システム

バイタルセンサーを活用した安全管理システムを開発。心拍数や作業姿勢の異常、作業場所の温度が一定以上になった場合などに、作業者のリストバンド型センサーや管理者の端末に通知する。これにより作業員本人や管理者が効率良く体調管理を行えるほか、早い段階で事故防止を目的とした対策もとりやすくなる。

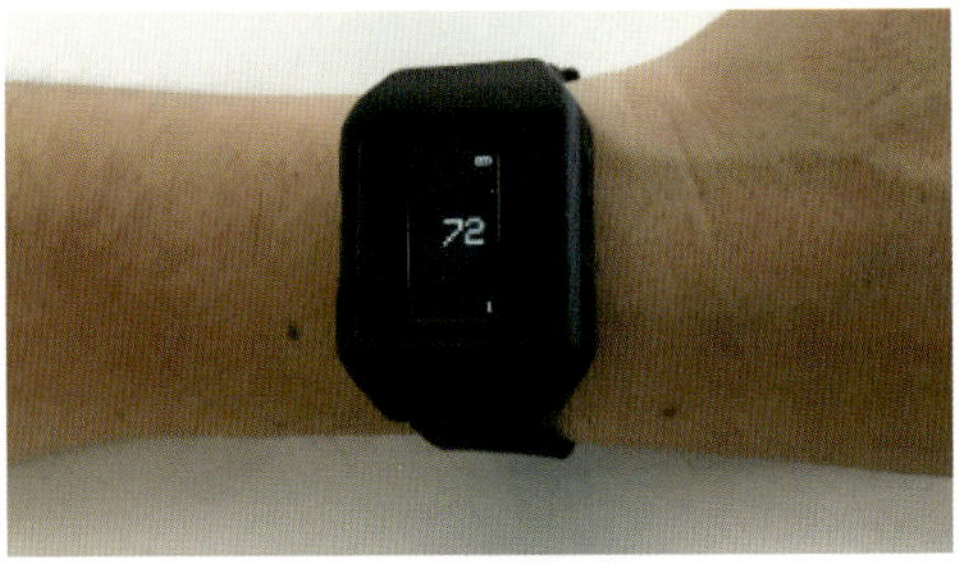

リストバンド型心拍センサー

大林組、富士フイルム
コンクリート表面のひび割れ幅と長さを自動検出

AIによる画像解析技術を用いて開発した「社会インフラ画像診断サービス」を利用し、特殊な高性能カメラで撮影した土木構造物の画像から、コンクリート表面のひび割れ幅と長さを高精度かつ短時間で自動検出する手法を確立。遠距離からの画像を用いて自動検出することが可能となり、作業時間とコストを大幅に削減。

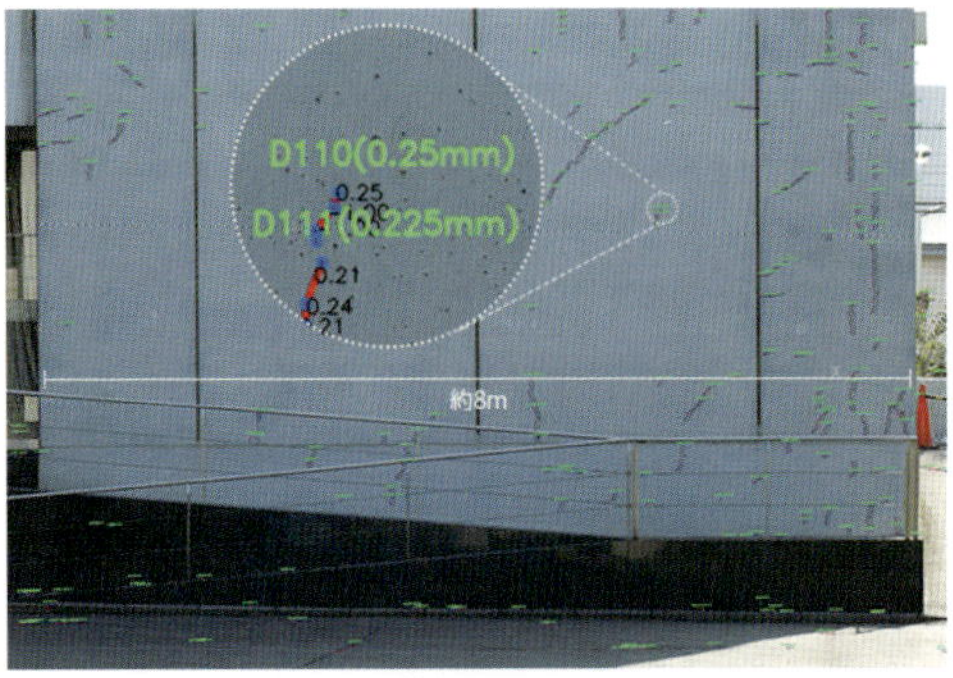

ひび割れ検出の例

大成建設、東芝デジタルソリューションズ
入退場車両管理システム

建設現場業務の省力化に向けて、入退場車両管理システムを開発し、実証実験を実施。ハンズフリー撮影し、撮影画像から自動でナンバープレートを検出し、テキスト化してナンバーを入門車両データベースと照合する。

ランドログ
施工管理のIoTソリューション

建設現場の事務所などに設置した定点カメラで、その場で作業している建設機械や車両、作業員の動きを撮影。撮った動画をAIで解析しデータ化して、建設現場の課題解決に役立てる。

どの建機や人員が何の作業に従事しているか、1台1台の作業時間、稼働率といった多様なデータを精査して「見える化」し、建設機械の適切な配置、施工時間の短縮化、歩掛（ぶがかり）といった労務単価の算出などに役立てる。

西松建設、sMedio

切羽作業判定をシステム化

山岳トンネルの切羽（掘削面）作業内容をAIで自動判別する「掘削サイクル判定システム」を共同開発。これまで断片的に得ていた作業の情報を、集計データから日々分析・改善し、施工能力の向上につなげる。また、自動判定した作業内容に応じて換気設備など坑内設備の出力を最適化し、使用電力量を削減する。

AIを用いてライブ映像から切羽作業を常時自動判定する

出所：西松建設HP
https://www.nishimatsu.co.jp/news/news.php?no=Mjky

YKK AP

毎日の情報映す「未来ドア」

ドアを通る人に合わせて情報を提供したり、顔認証によって自動解錠できたりするドア型デバイス。部屋から出て行く人に対しては、今日の予定や天気、交通情報などをAIがディスプレイと音声で執事のように案内する。

玄関前に家族が帰ってくれば、顔認証で自動解錠する。これはホームヘルパーなど家族以外の解錠にも対応でき、入室を許可していない人が来訪した際には自動で家主のスマホへ玄関前の映像を転送する。

YKK APの未来ドア

三井デザインテック

コミュニケーションの測定ツール

コミュニケーションの可視化ツールとして、IoT対応の最先端のセンサーを活用したコミュニケーションの測定ツール。各部署のコミュニケーションの量や場所を分析し、状況を可視化することで組織運営への活用、スペースや運用面の改善などに役立てることを目指す。

当該センサーは温度、赤外線、Bluetoothを感知し、ワーカーの人流・所在・滞在時間などの情報をデータ化する。

大成建設

建物周辺の風環境予測

建物周辺で発生する複雑な風環境を簡易な操作により高速で予測する技術を開発。設計の初期段階から風環境を考慮した検討が可能となり、関係者間で速やかな合意形成が可能になるとともに、検証に関わるコストの削減ができる。

川田工業

シャツ型デバイスで健康管理

シャツ型のウェアラブルデバイスを使い、作業員の健康管理を行う。作業員の生体データを収集し、体調などを把握して健康管理の向上に効果を上げている。管理者の目だけでは予測できない作業員の体調変化の予兆をウェアラブルデバイスでサポートすることを目的にしている。

クラウドに集約された情報を分析することで、管理者は作業員のストレス値、眠気の予兆などをPCやタブレット、スマホで把握できる。

シャツ型ウェアラブル端末を装着した作業者

活用事例

産業技術総合研究所、首都高技術、東日本高速道路

打音検査のアシスト

インフラ構造物の打音検査をAIでアシストし、異常度マップを自動生成するシステムを開発。検知結果を点検員にリアルタイムで提示するとともに、点検ハンマーの位置情報と統合して異常度マップを自動的に作成することで、図面化を含めた作業工数が削減できる。

異常検知を知らせる携帯デバイス

また、非熟練者でも見落としなく点検作業が行えるため、熟練点検員の確保が難しい地方をはじめ、今後急増することが予想される全国のインフラ点検作業での活用が期待される。

大成建設

無人化施工システム

自律制御型振動ローラーの走行制御機構や安全対策の一部にAIを活用し、高精度かつ安全に施工する新たな次世代無人化施工システムの技術開発に着手。AIを活用した自律制御型振動ローラーは、①高精度な自律走行を実現する走行制御システム、②人と重機の接触災害を防止する人検知システムが搭載され、高精度な自律走行を実現する。

AIを搭載した振動ローラー

アイランドスケープ

リノベーションプランニングシステム

AIが住宅のリノベーションプランを作成してくれるサービス。顧客のローン金額によってリフォーム部位、住宅設備のグレードなどをすぐに入れ替えることもできる。

積水ハウス

陶版外壁の製造ラインへの品質検査

陶版外壁「ベルバーン」の製造ラインに画像処理とAIによる品質検査システムを導入した。大判のベルバーンを最長2秒と高速で検査でき、95%の精度で判定を可能にする。在庫を約40%削減、品質向上とコストダウンを実現する。

清水建設、大阪大学

溶接作業の自動化

「ROBO-WELDER」（ロボ・ウェルダー）という完全自動溶接ロボットを共同開発。建物の3次元モデルであるBIMと連携し、建物状況に合わせた作業を行える。困難な作業や繰り返し作業をできるだけ軽減して生産性を向上させる。

清水建設の自動溶接ロボット

出所：清水建設HP
https://www.shimz.co.jp/company/about/sit/facility/facility14/

東設土木コンサルタント、キヤノン

ひび割れ自動検知

インフラ構造物のひび割れを自動検知するサービスを開発。10m四方のコンクリートで実証したところ、約500本のひび割れの検知時間を作業員が実施した場合と比べて約8分の1に短縮。

COLUMN

AutoMLをどう活用するか?

近年、AutoMLという機械学習のモデルを自動的に作るツールが開発され、使われ始めています。代表的なツールにDataRobotがあり、近年では、Google Cloud Platformの中に、AutoMLの機能が実装され、画像認識や、数値やラベルの予測を行うモデルを簡単に作れるようになっています。AutoMLの多くは、訓練データと推定（予測）したい項目を決めると、訓練データの加工を自動的に行い、予測モデルを作成します。複数のtableがある表形式データの場合も、それらの結合も自動的に行い、変数を作成します。

AutoMLによって、データサイエンティストや機械学習エンジニアと呼ばれる分析作業者がこれまで行っていた試行錯誤の必要がなくなります。そのため、業務担当者自身がAIを作成できるようになります。では、すべてのデータ分析やAI開発はAutoMLで行えば良いでしょうか。

現在、次のようなプロジェクトや分析対象において、AutoMLが適していると考えられます。

①データが潤沢にある

データの量が少ないと、統計的に学習しきれず安定的なモデルになるかどうかの検査を人手でやる必要性が増します。データの量が多いほうが、自動的に安定的なモデルが作られやすいです。

②データの形式や意味について、長期間安定しているなど、データを整形する必要性が少ない

同じ列の値の意味が途中で変わるケースなどはAutoMLで作成したモデルが不安定になることが多いです。たとえば不具合や劣化の予測において、一部のセンサー値がメンテナンスで大幅に変わる（またはリセットされる）ようなケースが該当します。

AutoMLに適していないようなケース（データが少ない、予測ではなく制御や知識発見が求められるなど）では、これまでと同様に、データ分析者が作成した機械学習のモデルを活用するのが望ましいでしょう。

また、AutoMLは自動的にモデルを作りますが、何を行うモデルを作るかの企画や、結果が妥当であることの評価は人が行います。そこで、目的に資する問題を定義する力や、結果を正しく評価する力が、人に求められます。AutoMLのツールを導入したケースにおいては、さまざまなプロジェクトを実施し、企画の筋の良さやAutoMLの結果をビジネスで活用するためのオペレーションの設計力を養うのが望ましいです。

鹿島建設、NEC

重機の動きをCIM上で再現

AIによって重機や作業員の動きを見える化し、CIM（コンストラクション・インフォメーション・モデリング）上でリアルタイムに再現する。ダム現場の両岸に1台ずつ設置されたカメラ画像から送られてくる映像上に映る重機や作業員をAIがリアルタイムに認識する。ディープラーニングを活用し、ダンプトラック、ブルドーザー、振動ローラー、油圧ショベル、作業員を識別する。

AIによってリアルタイムに重機や作業員などを認識する

出所：wisdom「ダム工事の重機や作業員の動きをAIで再現 現場のIoT化で"次世代の土工革命"を目指す」
https://wisdom.nec.com/ja/collaboration/2019030802/index.html

活用事例

竹中工務店、HEROZ

学習によって成長する建築

HEROZのAI「HEROZ Kishin」を用いた空間制御システム「Archiphilia Engine」を共同開発し、竹中工務店が設計施工を行った「EQ House」プロジェクトにおいて、実証実験を実施。通常の建物設備システムは、設備管理員が手動で運転条件を設定するのに対し、「Archiphilia Engine」は、センサーから取得したデータとAIによって、運転条件を自動的に最適化し、省エネルギーや省人化を実現する。さらに、入居者の好みや快適性といったフィードバックデータを継続的に学習し続けることによって、入居者にカスタマイズされた室内環境を自動的に提供する。

EQ House

熊谷組、SOINN

AI制御による不整地運搬車（クローラキャリア）の自動走行

教示運転に基づく単独の不整地運搬車に対する自動走行技術と、AIによる制御を組み合わせた制御技術を開発。2台以上の車両のスムーズな運行と、PCによる人の介在を少なくする省人化が可能となる。

AI制御では複数台の不整地運搬車が繰り返し自動走行する際にも衝突などが発生しないよう安全な運行を制御させるため、従来は土砂積載の遠隔操作オペレーターの他に、衝突などの安全確認を行いながらクローラキャリアの自動走行を行うオペレーター1名が必要だったが、AI制御によって衝突などの監視作業が不要となるため、土砂積載から土砂搬出までの一連の作業がオペレーター1名で可能となる。

自動走行不整地運搬車

大東建託、ブレインパッド

AIを活用した賃貸物件の画像分類システム

賃貸物件の画像をWebサイトに掲載する場合、営業スタッフが物件画像を目で見てリビングやキッチン、玄関、洗面所などのカテゴリーに分類し、1枚ずつ手作業でシステムへの登録を行っていた。

構築したシステムでは、物件ごとのフォルダに関連する複数の画像をまとめてシステムに投入するだけで、AIが自動でそれらの画像を21種のカテゴリーに分類。さらに、その分類された画像を物件サイトに掲載する作業までを自動化することで、営業スタッフの作業時間が大幅に削減されることが見込まれる。

鹿島建設

建築設計と自動施工計画ツール

建設工事でAIと人間の知見を融合した自動施工計画ツール。建物に関するあらゆる情報を持つ3次元（3D）モデリング技術であるBIMを基に、AIが複数パターンの施工計画を提示するもの。

大成建設、エクサウィザーズ

ロボットアームの自律動作

力触覚伝達型遠隔操作システムとマルチモーダルAIを組み合わせ、ロボットアームの動作検証実験を実施。遠隔操作システムとAIの連携により、ロボットアームの自律動作が可能であることを確認。物体把持などの「力加減」を正確に伝える力触覚伝達提示デバイスを備えた人協働ロボット（操作側）とロボットアーム（遠隔側）を用い、液体秤量作業を対象に実施。

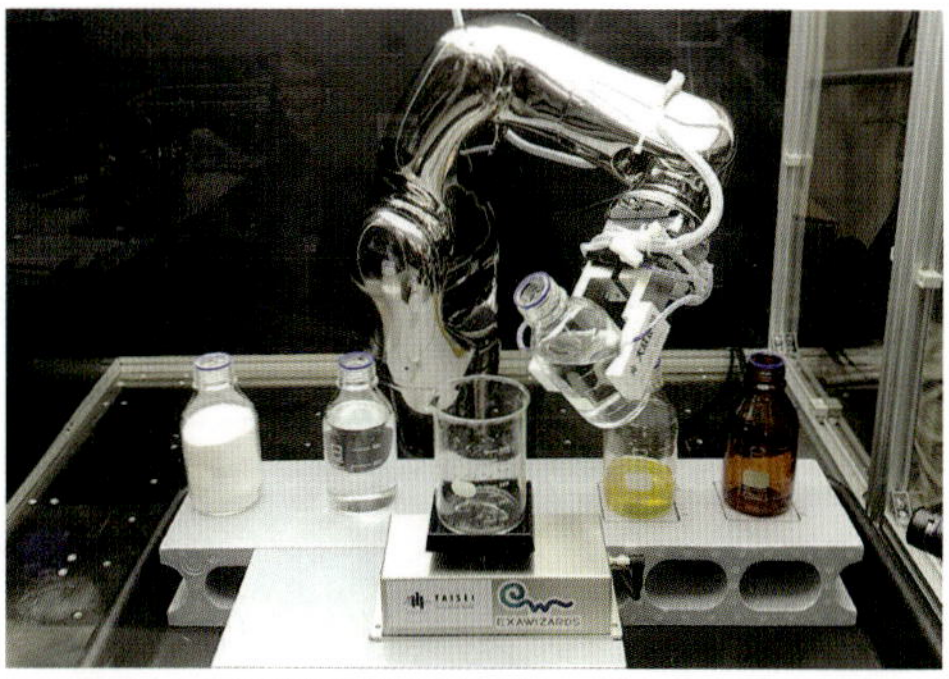

AIを搭載した力触覚伝達型遠隔操作システムによる液体秤量作業

繊維工業（アパレル）

Textiles (apparel)

全自動製造によるマスカスタマイゼーションの実現へ

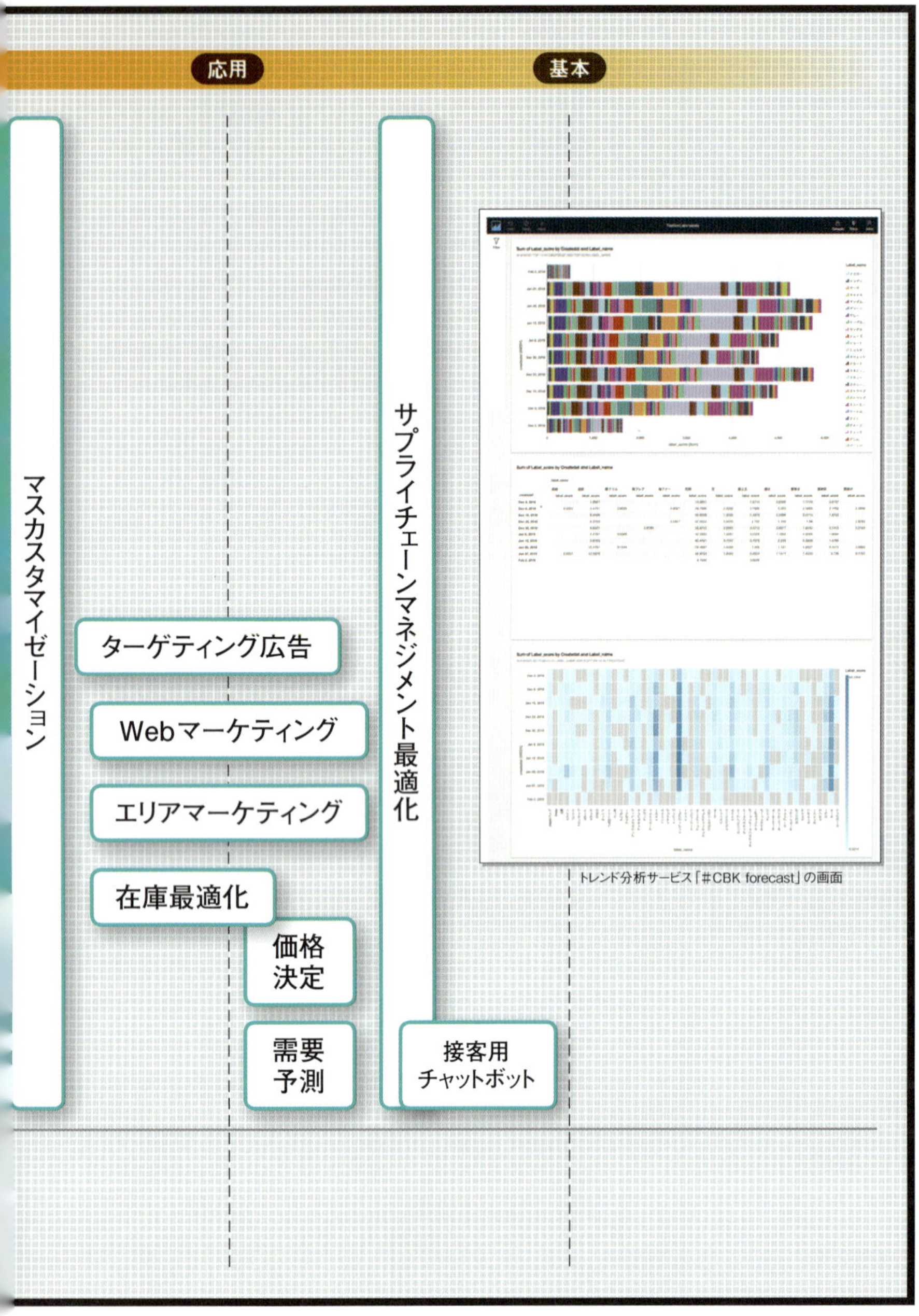

トレンド分析サービス「#CBK forecast」の画面

製造業務の特徴

服の製造は、縫製などを中心に機械で行うようになってきており、**全自動製造化**が今後も進んでいくと考えられます。

近年は**マスカスタマイゼーション**と呼ばれる製造・販売手法が始まっています。これは、個人別にデザインを変更した服を製造することで、以前はスーツなど一部の商品でのみ行われていましたが、一般の服に適用が拡がるようになってきています。

デザイン業務の特徴

デザイン業務は感覚的なものも大きく、ＡＩによって自動化されるのはまだ先と考えられます。一方で、保温性が高い繊維など新素材が開発されると新しい衣料をデザインすることがあり、近年は、**スマート衣料**と呼ばれる、電気を通す繊維などを使った新しい衣料が出ています。これは、心拍数や体温、消費カロリー、心電図、姿勢などのデータを収集できる衣料で、スポーツ用途や従業員の健康管理、医療分野での活用が期待されています。

マーケティング・広告業務の特徴

アパレル店舗のマーケティングは、

［繊維工業（アパレル）］におけるAI・データ活用マップ

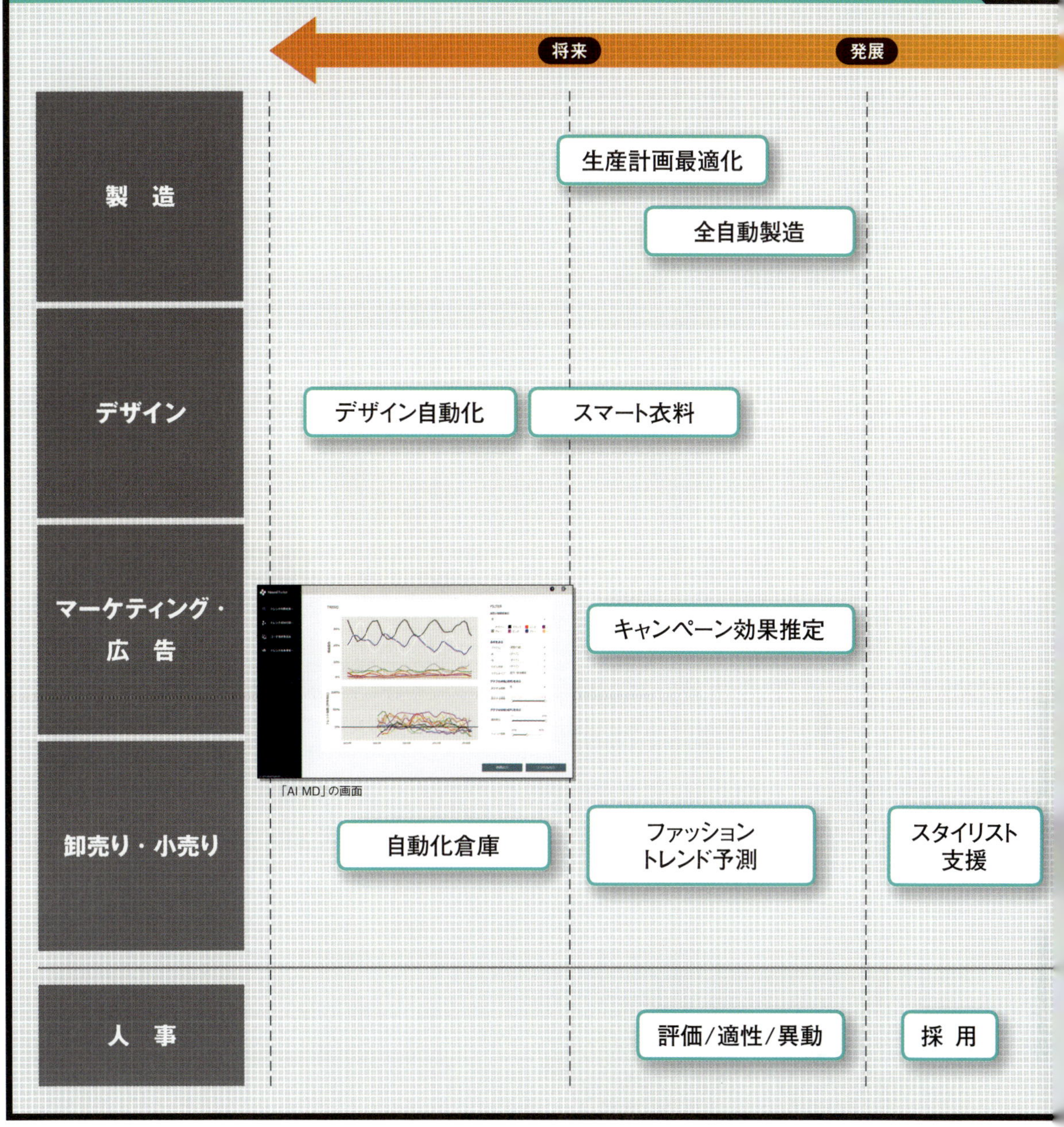

「AI MD」の画面

ウェブ上でのターゲティング広告が多く用いられており、ECサイト上での販売記録と広告の関係を分析して、広告効果を継続的に改善することが重要です（**Webマーケティング・ターゲティング広告**）。

また、ショッピングモールなど商業施設の新規開業に伴い新規店舗を出店することが多いアパレル店舗は、**エリアマーケティング**を常時行いながら、既存店の強み・弱みを分析して新規出店や既存店の再構成を検討します。

卸売り・小売り業務の特徴

アパレル店舗での販売においては、口頭での接客が多く、今後ロボットなど**接客用チャットボット**での応対も増えると考えられます。また、シーズンの変化時に在庫整理のために値下げキャンペーンを行うことが多く、**需要予測**に基づく**価格決定**を行います。

個人別の好みやスタイルに合わせて服を推薦する**スタイリスト支援**もECサイトを中心に取組みが始まっており、今後実店舗でも運用されることが期待されます。

三越伊勢丹、SENSY

AIによるファッションの提案

表示されたアイテムに対してユーザーが“好き”“嫌い”を選択することで、ユーザーの好み（センス）を学習。これを繰り返していくことで、その人それぞれに合ったファッションをAIが提案してくれる。

アプリ上で好みを選択する

ワコール、日本IBM

最適な商品提案を支援する接客AI

「接客AI」はAIを利用し、インナーウェアの商品情報や接客ノウハウを学習して自然な対話を行うことができ、サイズや体型、顧客の好みに合わせた最適な商品提案を支援するチャットボット。顧客の悩みや要望と、商品の素材や形状といった要素や接客ノウハウを学習している。

店内のタブレットで、悩みや好みのデザイン、シルエットを選択し、3Dボディスキャナーから得られた計測データとあわせて、お薦めの下着を提案する。また、計測データやお薦め商品、カウンセリングの情報を、パーソナルシートとして発行することもできる。

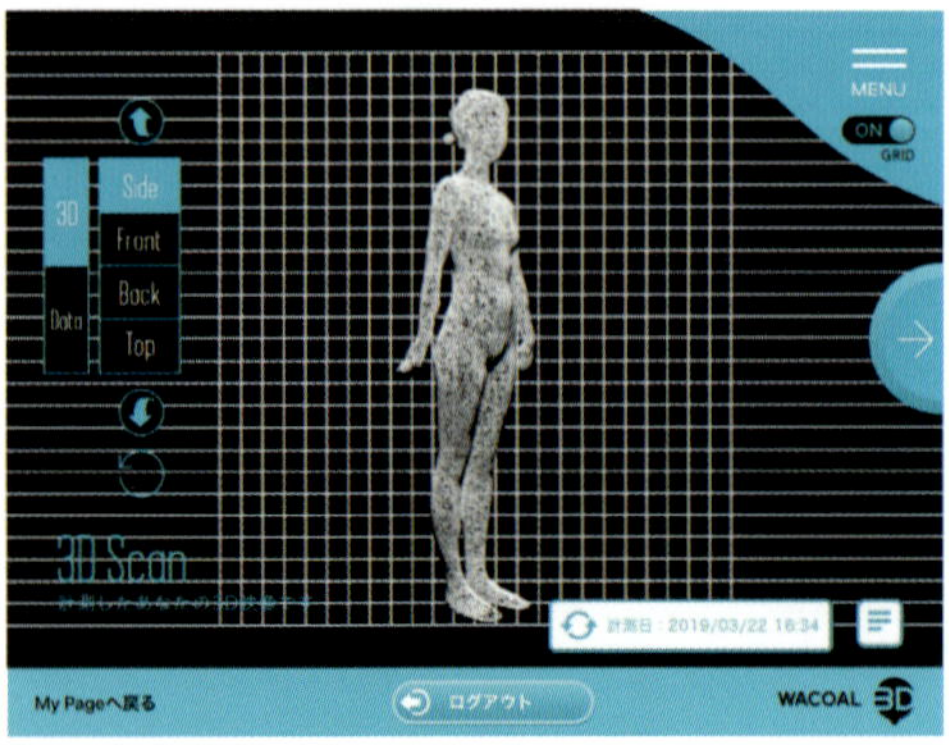

3Dボディスキャナーの画面

青山商事、富士通

来店客の視線からAIで心理を推定し、接客業務を支援する実証

「洋服の青山」の店舗にて、来店客の視線からAIで心理を推定し、接客業務を支援する実証実験を実施。店舗のマネキンコーナーにおいて、視線の時系列データから人の関心や迷いを推定するAIを活用し、商品に対する来店客の視線の動きに応じて、マネキンの脇に設置されたスクリーンに関連商品の情報を表示するなど、新たな顧客体験を提供する。また、店員のモバイル端末へAIで推定した来店客の関心や迷いに基づく関連商品を通知することで、一人ひとりの心理を捉えた対面での接客を目指す。

店舗への適用イメージ

NTTドコモ、PKSHA Technology

ecコンシェル

顧客に合わせて最適なバナーを表示し、AIが接客効果を自動最適化するWeb接客ツール。グラフィカルなレポートで結果がすぐわかるので、高速でPDCAを回し、コンバージョン率の改善も可能。

ecコンシェルの管理画面

出所：ec-CONCIER HP
https://ec-concier.com/

活用事例

セーレン

衣料品におけるマスカスタマイゼーション

バーチャルオーダーにより顧客それぞれが求める好みの衣料品を製造・販売するデジタルプロダクションシステム「ビスコテックス」（Viscotecs）を開発。シルエット、パターン、デザイン、カラーなどの組み合わせから好みの衣料品を発注する。工場では注文内容に合わせた原糸や生地の生産、色柄のプリント、裁断、縫製を行って顧客に届ける。

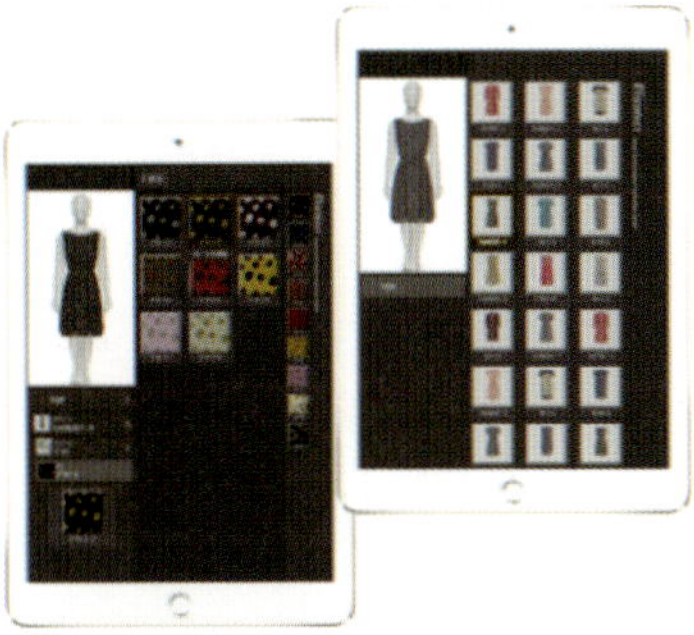

「ビスコテックス」の画面

ZOZO

ZOZOSUIT

ECサイトから得た膨大なビッグデータと、ZOZOSUITから得られる計測データを活用し、ファッションを数値化。データはスマホのアプリを経由してクラウドに送られ、そのデータを使ってサイズに合った洋服を提供。

ZOZOSUIT

ファーストリテイリング

需要予測

天候やトレンドなど大量のデータをAIで解析して必要な商品枚数を予測。無駄なものを極力作らず、顧客の需要がある商品をいち早く届ける。

パルコ

好みに合った商品を推奨

スマホアプリ「POCKET PARCO」にAI機能を搭載。当該アプリは、顧客に来店中以外でも商品や店舗からのお薦め記事を閲覧してクリップ登録（お気に入り登録）などができるものである。これに対し、顧客に対してより適切な商品や記事を提案できるようにした。ユーザーの購買・来店履歴、クリップ（お気に入り登録）履歴、記事閲覧履歴を基に、AIがユーザーの好みを機械学習し、一人ひとりに合わせたお薦め情報を提供する。

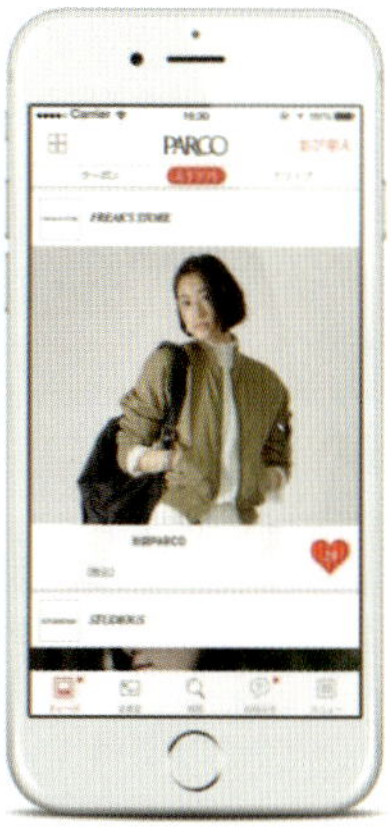

「POCKET PARCO」の画面

ファーストリテイリング

AIコンシェルジュ「UNIQLO IQ」

AIを活用したチャット自動応答システムで、商品情報や着こなしの検索、店舗の在庫状況の確認、オンラインストアでの購入、よくあるお問い合わせの確認やカスタマーセンターへの相談と、買い物の一連の流れを切れ目なくサポートする。自分専用のお買い物アシスタントとして、いつでもどこでも、店舗・オンラインストアを問わず、新しいチャットショッピングが体験できる。

「UNIQLO IQ」の画面

日本ファッション協会、慶應大学、ニューロープ

AI販売員／スタイリスト・ファッショントレンド予測

スタイリングやファッションデザインから受ける「感性」「感覚」を数値化・数式化し、スタイリングやファッション感性の評価方法を学習させ、センスを習得させることで、未来のトレンド予測・AI販売員・AIスタイリストの実現を目指す。

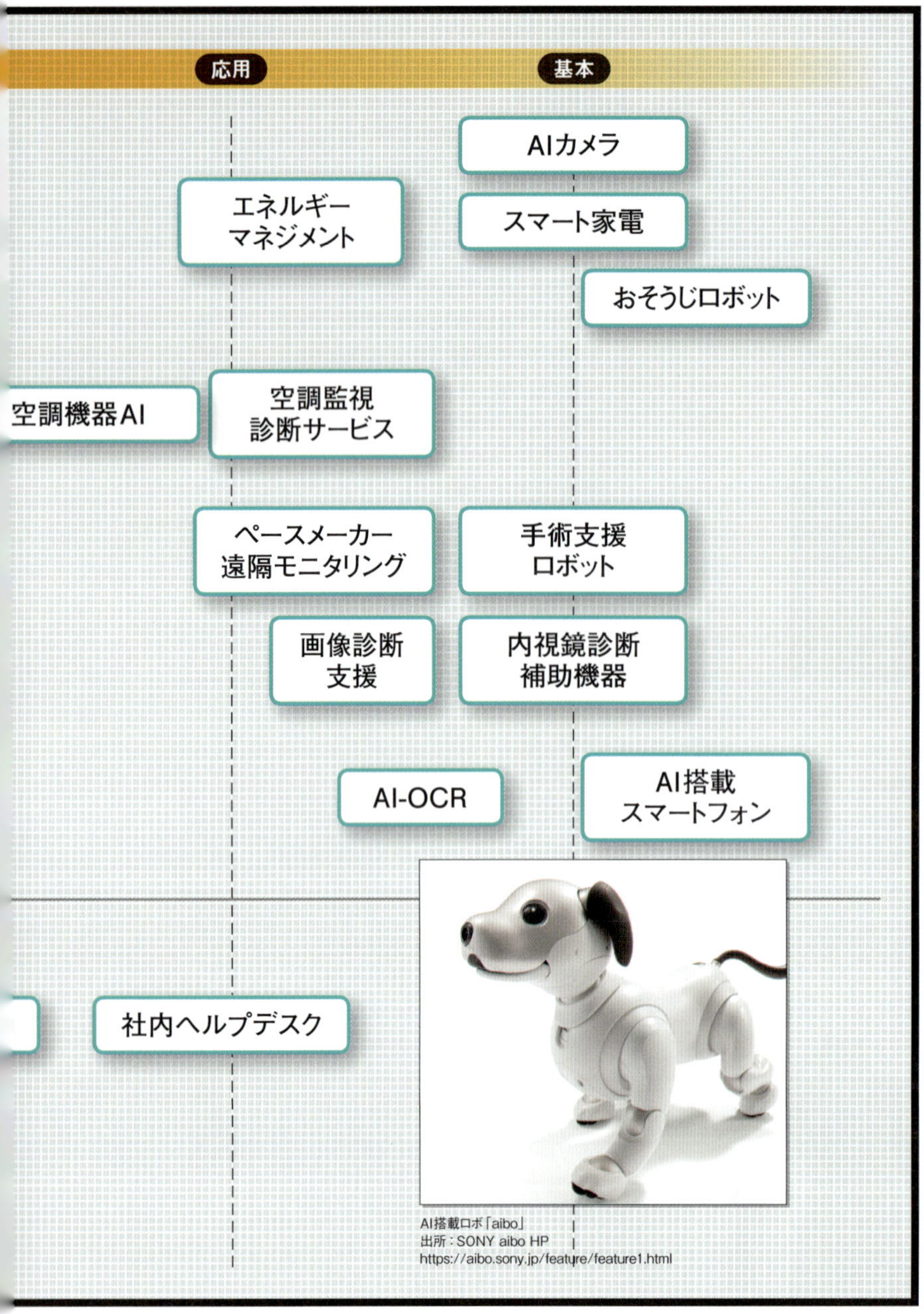

AI搭載ロボ「aibo」
出所：SONY aibo HP
https://aibo.sony.jp/feature/feature1.html

［電機製造業］

Electrics manufacturing

家電制御自動化・高度医療支援の推進

家電製造業の特徴

家電においては、**おそうじロボット**などで既に自律的に動く機械を実用化して販売しています。また、**AIカメラ**のように、映る画像を基に機械が判断して撮影したり補正したりするような機能も広く搭載されるようになっています。

さらに、**みまもりロボット**や**調理ロボット**など応用的な行動をサポートできるものが期待されます。

また、従来ある家電製品の付加機能として、遠隔制御できるようにしたり、人の好みの設定を学習したりする**スマート家電**があり、今後さらに機能が拡張していくと思われます。

空調設備製造業の特徴

空調機器は、以前からソフトウェアによる制御がされており、今後もさらなる省エネ性能の向上のためにAIを活用した制御が望まれます。また、人の温度設定の好みを学習したり、部屋の中で人がいる領域を識別して風向や風量を自動制御したりするように、よりAIを活用した空調機器が発売されており、今後さらに進化していくことが考えられます（**空調機器AI**）。

また、オフィスビルなどでは空調

［電機製造業］におけるAI・データ活用マップ

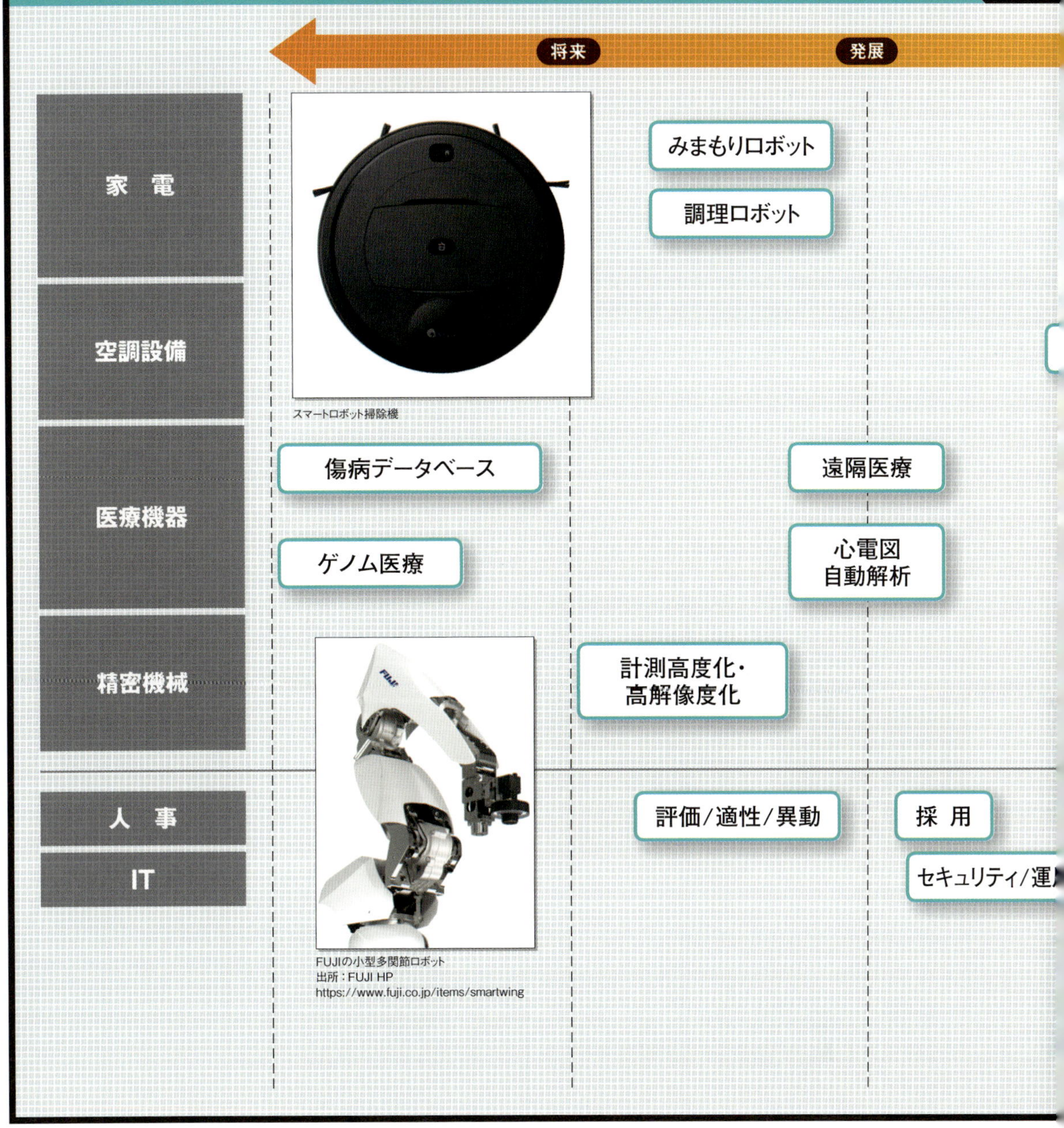

スマートロボット掃除機

FUJIの小型多関節ロボット
出所：FUJI HP
https://www.fuji.co.jp/items/smartwing

の設備管理において故障や劣化を監視・診断しながら保守していますが、機械学習などで作成した異常検知ルールによって自動化していくことが望まれます（**空調監視診断**）。

医療機器製造業の特徴

医療機器は画像やセンサーを活用することが多いため、AIと相性が良い分野です。**手術支援ロボット・内視鏡診断補助機器**などが既に実証段階にありますが、他にも画像解析に基づく診断を行う機器が開発されていくと思われます（**画像診断**）。

将来的には**遠隔医療**をサポートする機器や、**ゲノム医療**のようにDNAを解析するAIが望まれ、研究開発が進んでいます。

精密機械製造業の特徴

スマホや複写機などの機器においては撮影結果を自動的に高解像度化するものや、文字読取り機能が続々と搭載されています（**AI搭載スマートフォン・OCR**）。

電子顕微鏡などの計測機器においては、高解像度化するなど、センサーの感度を上げることにも機械学習が用いられることが期待されています（**計測高度化・高解像度化**）。

※電機製造業は電気機械器具製造業ともいわれ、家電、空調機器、医療機器、精密機器の他にも、発電機、モーターなど多岐にわたる機械の製造業が含まれるため、各製造業を統合し、他の業種に比べて代表的な用途に絞ったマップになっています。

関電工

空調監視診断サービス

IoTやディープラーニングを用いた空調設備診断監視サービスと、BLE（ブルートゥース・ロウ・エナジー）通信で施工現場の照度測定記録を簡素化する技術を開発。オフィスビルや工場、データセンターなどを対象に、空調・電気設備の電力利用や温湿度、振動など詳しい稼働データを収集。データをクラウド上に蓄積し、ディープラーニングで設備の状態変化を分析するとともに、設備の故障・劣化を診断する。

オーエム製作所、金沢工業大学

工作機械の切粉を検出するAIの共同研究

工作機械の刃物部分への切粉巻き付き検知の精度をAIで向上させる共同研究。オペレーターによる複雑な条件設定を不要としながらも、従来では検知できなかった小さな切粉を検出するなど、検出精度の向上を目指す。

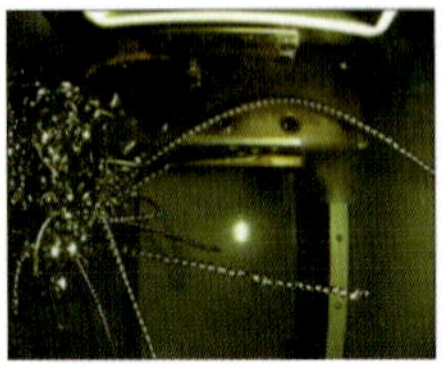

刃物に絡みついた切粉の様子

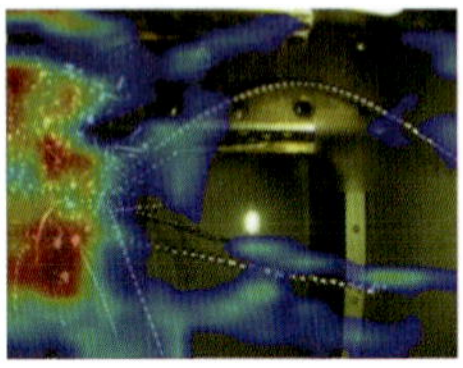

AIで検出した絡みついた切粉

Sullair, LLC、日立製作所

産業機械の最適な修理作業を自動提案するシステムの共同実証

さまざまな産業機械の最適な修理作業を自動提案するシステムを開発。サルエアー社の自社工場や同社ユーザーの空気圧縮機向けに本システムを適用し、性能検証と関連するアプリの開発を進める。また、サルエアー社が提供する空気圧縮機の遠隔モニタリングサービスから収集したリアルタイムの機械の状態データと本システムを連携させて、故障の予兆を捉えるシステムの開発も行い、追加機能として、メーカーの予防保全を支援するサービスを提供することも目指す。

富士ゼロックス

AIによる文字認識技術を搭載した手書き帳票処理クラウドサービス

手書き帳票をOCRで読み取ってデータ化し、情報抽出、確認、訂正、データ出力までをシームレスに実現する。氏名、住所など、読取り項目ごとのデータをベースに構築した学習済みモデルを活用し、単文字としても、つながりのある文字列としても、99.1%の高い認識率で読み取ることができる。

オムロン

「人の想いが設備と一致する」未来工場の実現

保有するファクトリーオートメーション用制御機器（FA機器）にIO-Linkをはじめとする情報通信機能を搭載し、IoT対応。例として、ラインの生産を時系列で見える化して製品の流れを分析することにより、生産性向上のための改善点を高速に抽出することができた。他に、ノズルの洗浄時間・流量を分析することで、短時間の停止が減り生産性が改善した。

パナソニック

傷・光沢を自動判定する外観検査

外観検査の自動化を進めるため、製品の表面のつや具合、わずかな凹凸、傷を同時に検出するAIを開発。外観検査は熟練技能者の養成が難しく課題であったが、技能を補完する狙い。

パナソニック

エネルギーマネジメント

「AIソーラーチャージ」を搭載した太陽電池、蓄電池、HEMSを組み合わせたシステム。翌日の天気予報を確認し、太陽光発電システムと組み合わせた「AIソーラーチャージ」機能で、エコキュートを効率良く稼働させ、買電力を削減することができる。

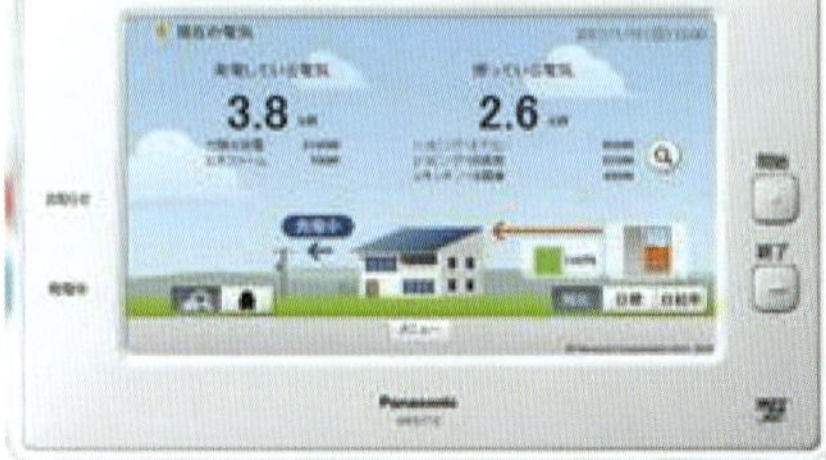

パナソニックのスマートホーム

活用事例

シャープ
スマホやクラウドと連携する家電

インターネットにつながり、暮らしをアシストする「ともだち家電」を展開。搭載されたAI「ココロエンジン」がクラウドにつながり連携することで、家電を「ともだち」のように頼れる存在に進化させることが目的。冷蔵庫やオーブンなどが、無線LANでクラウドサービス「COCORO KITCHEN」と連携する。

一部の冷蔵庫は、音声対話による食品管理を実現。使用期限が近づくと冷蔵庫が知らせてくれる機能や、冷蔵庫にある食材や天気を考慮した献立提案機能を実現。

ウォーターオーブン「ヘルシオ」シリーズも、天気や料理履歴などを考慮したメニューをAIが提案する。利用状況から、利用者の嗜好も学習できる。

シャープのAIを搭載したウォーターオーブン

出所：シャープHP
https://jp.sharp/range/products/axxw600/

ラトックシステム
スマート家電リモコン

宅内のWi-Fiに接続して赤外線で家電を操作するデバイス。リモコンを手にとることなく、スマートスピーカーやスマホで家電をコントロールする。現在使っている家電のまま、簡単にスマートホームを実現できる。

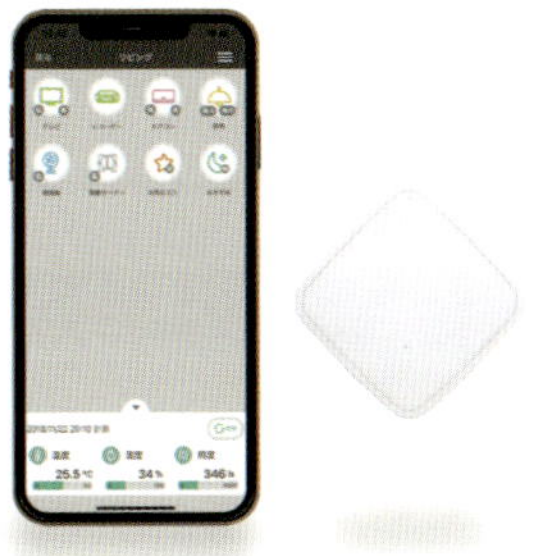

ラトックシステムのスマート家電リモコン

Google
AI活用のスマホ

AIを活用したコンピュテーショナル・フォトグラフィのほか、AIによる名刺情報分析の機能を搭載。URLやQRコード、名刺などにGoogleレンズでカメラを向けるだけで、写っている対象をGoogleが分析し、Webページのアクセスや新しいコンタクトの作成といった作業を自動化できる。

FUJI、ALBERT
多関節ロボットのプログラミングフリーを実現するAI

はじめて見る部品であってもAIで自動認識し、プログラミングなしで「Smart Wing」（多関節ロボット）が部品認識できる技術を開発。色味や影などの撮像環境の変化に影響を受けにくいため、さまざまな環境下でロボットを使用できるようになった。

FUJIの小型多関節ロボット

出所：FUJI HP
https://www.fuji.co.jp/items/smartwing

ファナック、Preferred Networks
AIサーボモニター

工作機械の送り軸や主軸の状態を知るため、その制御データを高速サンプリングして収集し、これに深層学習を適用して異常度を提示する、AIサーボモニター機能を開発。AIサーボモニターでは、正常動作中にモーターのトルクデータを入力として学習することにより、その特徴量を取り出し、正常な状態を表現する学習モデルを作成する。

その後、実稼働中に得られるトルクデータを入力として正常な状態と比較し、「異常度」を算出、提示。機械のオペレーターは、この異常度を監視することで、送り軸・主軸の異常の兆候を加工現場で知ることができる。AIサーボモニターにより送り軸や主軸の「壊れる前に知らせる」を実現し、故障前のメンテナンスが可能となり、機械稼働率向上に貢献する。

詳細解説　査定自動化・見積り自動化

ROIの算出例

- 利益率が5%上昇
- 契約率（買取率）が10%上昇

目的

- 適切な査定による利益率上昇
- 迅速な査定による顧客満足度上昇

- 自動車販売業・不動産業では、顧客が所有する物品や資産の価値を査定して買取価格や販売価格を決定します。この際、高すぎる価格を査定すると、買い取った後の販売価格との差額が少なくなり利益が減少します。逆に低すぎる価格を査定すると、顧客から買い取れなくなるリスクが上がります。このことから、適切な価格を査定することが重要です（パターン1）。
- 建設業・運送業（引越し関係）などでは、注文があった工事内容や運送内容を基に、注文内容を実施するために必要な費用と利益を計算して見積りとして提示します。この際も、高すぎる見積りを提示すると他の会社に依頼されてしまう可能性が高くなるため、適正な価格にすることが重要です。公共工事などでは、入札時に価格が最小であることが求められることも多く、より適切な見積りが重要になります（パターン2）。
- ここでは、上記のパターン1のケースを主な題材にして解説します。

典型的なシステム構成と業務プロセス

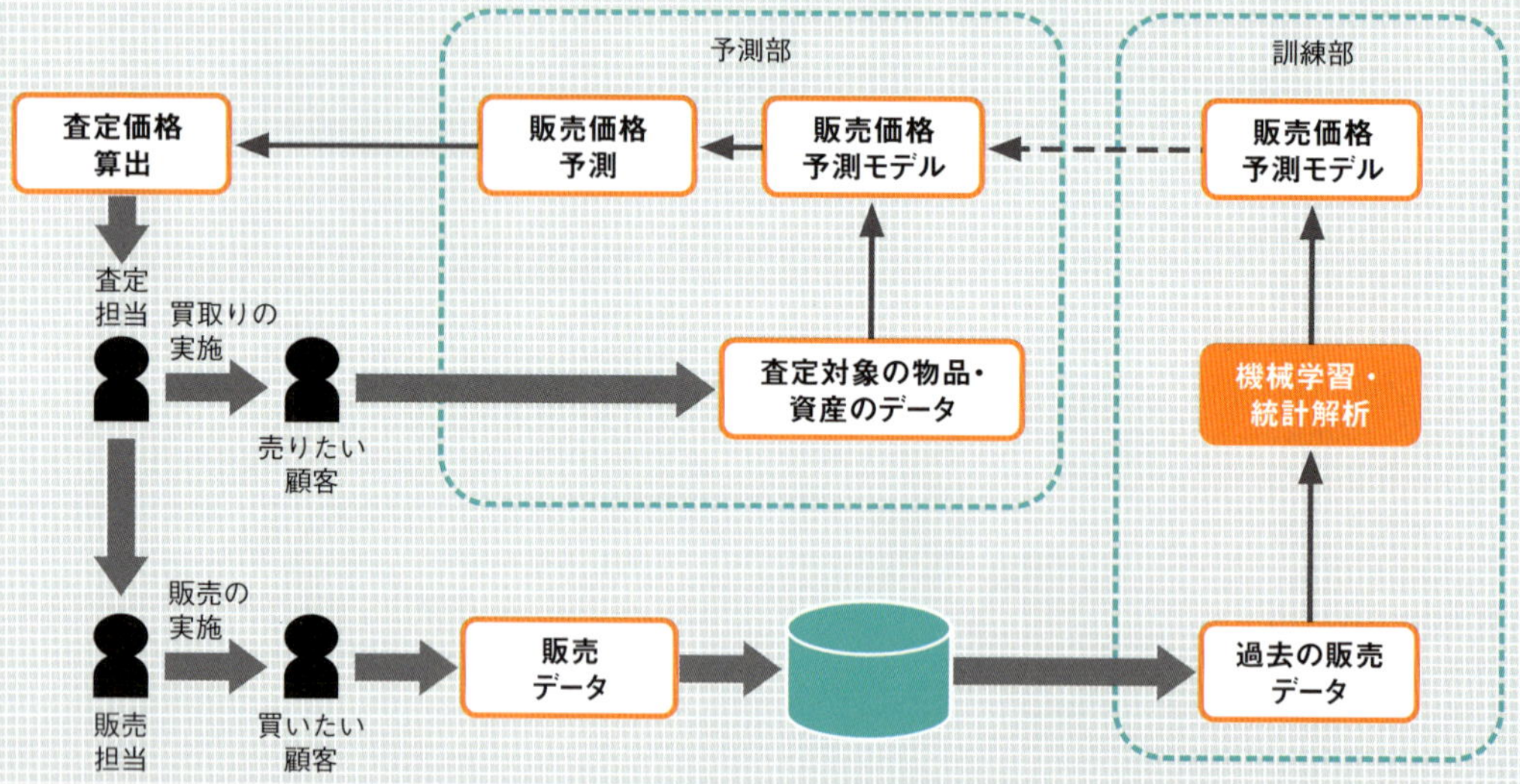

- 上図は売買を仲介する場合ではなく、一度買い取ってから別の顧客に販売する場合の業務プロセスです。査定価格は、予測された販売価格に利益率や販売にかかる人件費を考慮した金額を算出して提示します。

査定自動化・見積り自動化

利用データ

①過去の販売データ

②販売された商品の内容や状態のデータ

- 特に自動車や家電製品では、傷や汚れが査定結果に影響することがあります。そこで、商品の画像データや検査結果を収集して用いることがあります。一般に傷や汚れに関しては、検査者が目視で確認した結果を検査結果として用います。一方で、Webでの査定など、リモートでの査定の場合、写真のデータを基に査定を行うことがあります。この場合、傷の有無や劣化状態を判定する画像認識ソフトウェアを作成し、判定することがあります。しかし、撮影されていない部分の判定ができないことから、補助的に用いるのみとなることが多いです。

■典型的な追加データ

- 市場における他社の査定・販売結果データ
  ⇒他社のデータは取得できないことも多いですが、不動産や自動車などでは取得しやすいこともあります。
- 市況データや相場に関するデータ
  ⇒不動産などでは、地価などの相場のデータを収集して用いることがあります。他に、エリアごとの人口、年齢分布、職業分布などのデータも相場に関係するものとして用いることがあります。

分析方法

ステップ1

販売価格予測に基づく査定

- 査定対象の種類や状態を基に販売価格を予測します。多くの場合、販売価格を目的変数とする回帰モデルを作成することになります。説明変数には、査定対象の種類の他に、状態を入れることが多いです。たとえば車や衣類の場合は、汚れ・傷などの状態を評価して変数として入れることで、より正確な価格予測ができるようになります。このような状態は、人が目視で確認した結果を入れることが多いですが、画像認識による傷の認識結果を用いることもあります。

ステップ2

市場での評価も踏まえた査定の実施

- 顧客がインターネット経由で多数の会社に査定を依頼できるケースでは、顧客が価格を比較することを踏まえた査定の実施も必要なことがあります。市場での他社の査定金額を入手できることが条件になりますが、他社の査定金額を予測するモデルを作成し、ステップ1で作成した販売金額予測モデルと総合して査定金額を決定します。
- 市場の価格がない場合は、査定金額に対して、それで買取りができたケースと買取りが不成立となったケースを識別するモデルを作成します。どのような商品が買取りが不成立になりやすいかどうかを推定することで、市場で人気の商品などを早めに知ることができる可能性があります。

データ加工のポイント

▪高価格帯のデータが少ない場合は場合分けやリサンプリング

- 高価格の商品は数が少ないことが多く、一方で高価格帯の商品内における価格の幅は非常に大きいことから、正確な分析ができない可能性があります。なるべく精度を確保するために、たとえば高価格帯の商品のみに絞ったモデルを作成します。他にも、リサンプリング（分析対象データから一部のデータを選び、元のデータの値ごとの頻度など、値のばらつきや確率を表したものと異なる分布のデータを作成すること）を行い、なるべく高価格帯の精度を上げます。他にも、価格を対数に変換するなどして分布を変えることが有効になることがあります。

▪値引きを行ったデータに注意

- 販売時に、セット割引などの値引きを行って販売する商品があります。このような場合において販売データをそのまま学習することで、過度に低い販売価格を予測してしまうことがあります。この場合、例外的な値引きを行ったデータを削除して学習するなどの対処が必要です。

分析時に注意すべきポイント

①外挿の問題が発生

- 外挿とは、回帰モデルの作成において、目的変数や説明変数の値が、訓練（学習）時の最大値より大きくなったり最小値よりも小さくなったりする場合を推定する状態のことを指します。訓練時の最大値以上の高い価格の商品となることはあり得るので間違った結果とは限りませんが、精度が悪くなることが多いです。
- 価格予測においては、最小値より小さい値が出力される際に、「負の価格」を出力することもあり、これを防ぐために目的変数を対数化してから回帰モデルを作成するなどの工夫を行うこともあります。
- 外挿の問題は避けられないため、業務で用いる際には学習データの値域（値の範囲のこと）外の値を出力した際は、利用者に判断をゆだねるように表示するなどして問題の可能性を利用者に通知することが望ましいです。

②価格の減衰のモデル化が重要

- 多くの商品は、発売から時間が経つと、たとえ状態が悪化していなくても価格が下がります（不動産のように上がることがあるケースもあります）。買取りを実施してから販売までの期間が長い場合、買い取ったときに推定した販売価格通りには売れないことになり、利益の減少の原因になります。そこで、「新発売からの期間」「新築からの期間」などを変数として入れ、モデル化することによって、実際に販売されるときの販売価格を推定できるようになります。

③在庫を考慮した査定の可能性がある

- 特に急に多くの同一の商品が市場に出回るようになる、ゲームソフトや映像ソフト（DVD）などの場合は、買取依頼がくる商品に偏りが生まれます。これを通常通り買取りを行うと、特定の商品だけ在庫が過剰になり、販売能力や市場のニーズを超えた在庫量になることがあります。これを防ぐために、在庫量に応じた買取制限を行ったり、在庫が多いときに高めの価格査定を行ったりするように補正します。
- また、建築物や引越しの見積りの際には、作業予定日や作業期間を計算し、見積もった仕事を引き受けたときに過度に忙しくなり作業者が不足するといったことがないことを確認することがあります。この場合は在庫の確認と異なり、リーダーポジションの人・特定の作業ができる人など、作業者のタイプごとに逼迫の可能性を考慮する必要があり、より複雑な計算が求められます。

Chapter 3

金　融

銀行業

保険業

証券業

【銀行業】

Banking

事務高度化だけでなく、融資やM&AなどへのAI適用拡大

AI外貨予測のトップ画面
出所：じぶん銀行HP
https://www.jibunbank.co.jp/products/ai_foreign_deposit/forecast/

個人営業・マーケティング業務の特徴

個人向けの定期預金や投資信託、住宅ローンなどは、マーケティング部門が**購買予測**や**解約予測**などを行い、ダイレクトメールなどの販促施策によって、顧客量の増加を目指します。機械学習を使って**ローンの審査**を行う取組みも始まっています。

また、金融取引は、不正取引を防止することが非常に重要であることから、データを基に**不正検知**を行います。

融資・法人営業業務の特徴

対法人の部門では、融資を行うことや、企業間のマッチング（取引支援やM&Aの支援）を行います。**融資の審査**や**M&Aの支援**にAIを活用することが期待されています。

市場業務の特徴

市場業務には、ディーラー業務とも呼ばれ、顧客から売買のオーダーを受けて、売買取引の仲介を行う業務と、自ら株や為替の取引を行う業務があります。株や為替の取引は機械学習との相性が良いと考えられており、**相場の予測**や**ディーラーAI**の開発が進んでいます。

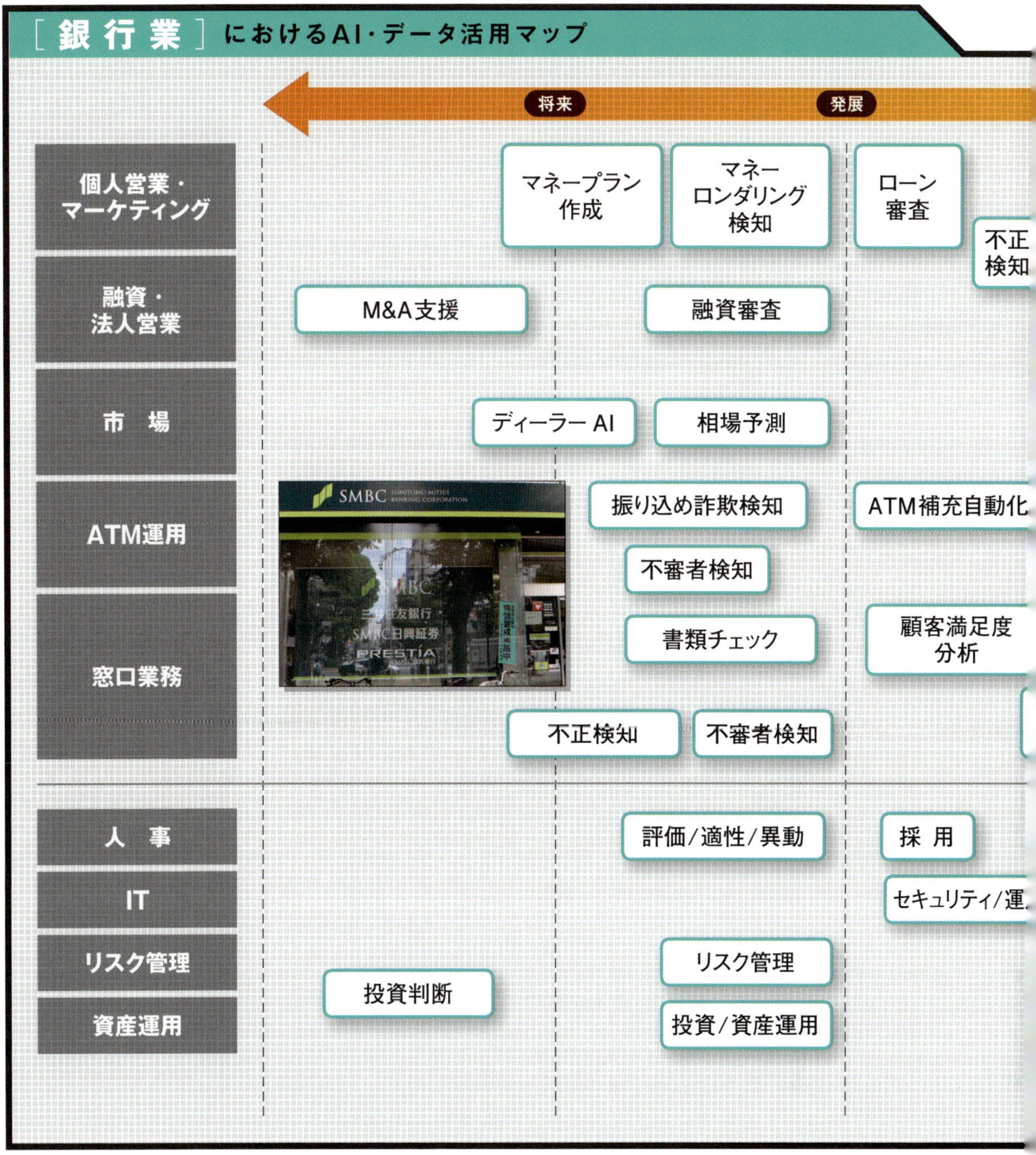

ATM運用業務の特徴

ATMは紙詰まりなどの故障が起こりやすいことから**故障検知**をセンサーデータから行うことが重要です。

また、ATMの紙幣のストック量を適切にする必要があるため、紙幣の需要を予測して補充量を決定する**ATM補充自動化**を行います。

さらに、ATMを使った犯罪も後を絶たないことから、**不審者検知**や**振り込め詐欺検知**を、ATM前のカメラの画像やATMの取引内容から行うことが求められています。

窓口業務の特徴

銀行は窓口とウェブサイトで顧客の注文を受け付けます。窓口業務に人手がかかっており、1次受付を**チャットボット化**することで効率化の可能性があります。

また、**商品・サービスのレコメンド**や**資産運用のサポート**をAIが行うことで、顧客が簡単に投資信託などの商品を選べることが期待されています。

窓口業務ではタブレットやRPAなどの活用によって入力業務が効率化されつつあります。さらに将来は、**書類のチェック**や**不正検知**にもAIが活用されることが期待されます。

三井住友銀行、日本総合研究所、NEC
外国送金チェック手続きを合理化

法人向けインターネット版外国為替サービスであるGlobal e-Tradeサービスの仕向外国送金において、外国為替及び外国貿易法等の規制へのチェック手続きの合理化を実施。送金依頼作成時点において、依頼内容に応じ確認を要する事項について事前に知らせることにより、顧客が送金依頼前に詳細情報の入力および確認書類のアップロードを行うことができる。これにより送金処理の早期化や顧客の事務負担の効率化が期待される。

みずほ銀行、凸版印刷
校閲・校正業務の自動化

制作媒体における校閲・校正業務において、業務の一部を自動化し、校閲・校正業務の精度向上と作業者の業務負荷軽減を実現する。「正しい日本語チェック」に加えて、顧客ごとの個別のチェックルールに合わせて柔軟なカスタマイズが可能。

三菱UFJモルガン・スタンレー証券、三菱総合研究所
ロボアドバイザー「Probo」がリスク許容度を診断

AIを活用して開発したロボアドバイザーが顧客の回答を分析し、リスク許容度を診断する。診断ロジックを用いて、「普段行っているスポーツは?」「歴史上好きな人物は?」など、従来のロボアドバイザーには見られないユニークな質問への回答を基に、特定の投資信託を活用した資産運用方法に関する参考情報を提示する。

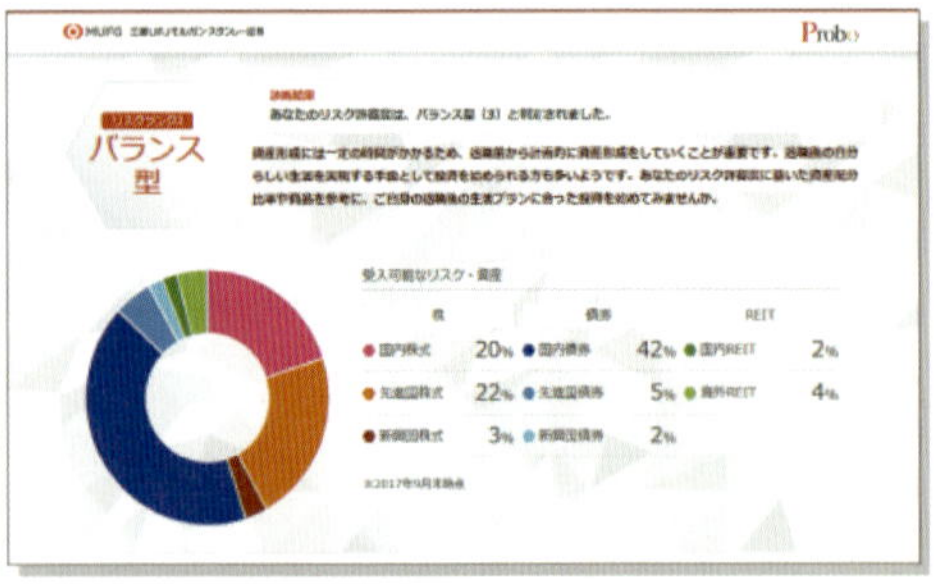

「Probo」の診断結果画面例

出所：三菱UFJモルガン・スタンレー証券HP
https://www.sc.mufg.jp/trade/probo/index.html

三井住友フィナンシャルグループ、SMBC日興証券、FRONTEO
コールセンターにおける顧客満足度を向上するデータ利用

AIエンジン「KIBIT」（キビット）を用いて、顧客満足度を向上するデータ利用の検証を行い、効果が得られたことを確認。コールセンターにおいて顧客からの問い合わせ記録の中から、オペレーターが気付いていない、または申告していないが、実際には顧客満足度の向上につながったような対応履歴を高精度で抽出できた。

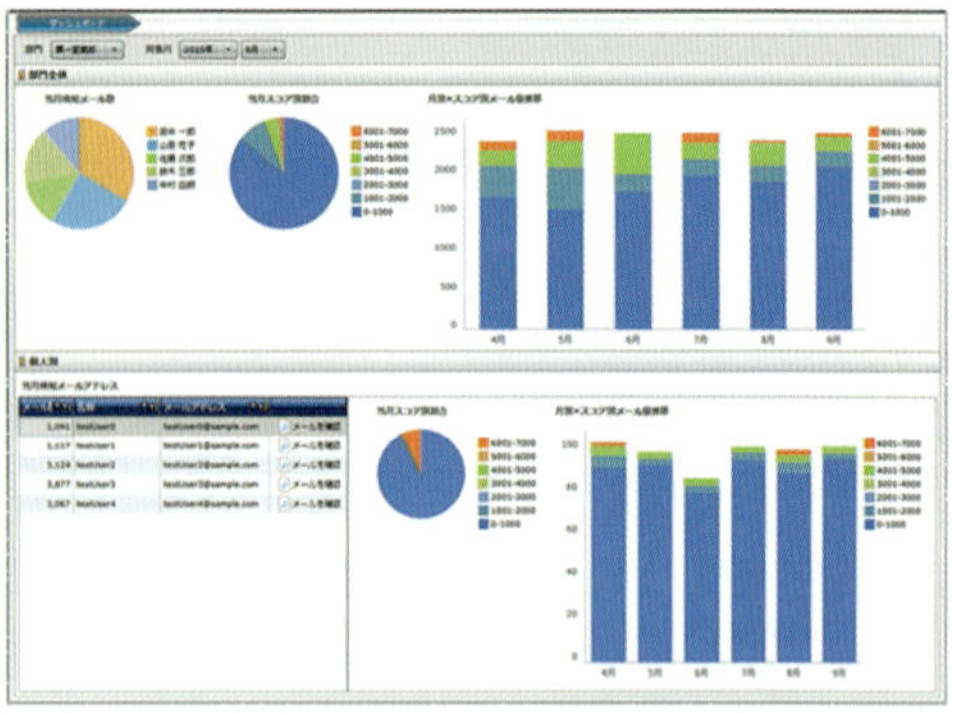

「KIBIT」の画面

出所：FRONTEO HP
http://www.kibit-platform.com/solution/customer-analysis/

みずほ銀行、東京大学
為替取引高度化に関する共同研究

AIを活用した外国為替取引高度化の共同研究に着手。これまでは主にディーラーが進めていた取引をAIに代行させ、顧客に迅速でうま味のある取引レートを提示。健全で透明性の高い市場の発展に貢献することが狙い。

住信SBIネット銀行、NEC
不正送金の検知

不正送金対策のためにAIを活用したモニタリングシステムを開発。不正送金の疑いがある取引を検知する実証実験を実施した結果、既知の不正取引をすべて検知するなどの結果を得たことから、システム開発に着手。不正送金を防止するためのモニタリング業務の高度化・効率化を実現することが狙い。

活用事例

三井住友銀行、日本IBM

行内照会業務向けチャットボット

IBMのAI「Watson」を行員の行内照会業務に利用する。法人業務の問い合わせ対応や、個人向けサービスや海外拠点からの照会に自動で回答できるようにする。銀行には事務手続きに関する規則が多く、現場から本部に照会が頻繁に寄せられる。AIの活用で行内の生産性改革につなげる。

営業部店で行内のイントラネットを使って調べたい内容を入力することで、顧客への迅速な回答と業務効率化を実現する。融資の規定や商品情報の照会などの利用を想定する。欧米海外拠点からは英語でも照会できるようにする。

三井住友銀行、NEC

ビッグデータ分析で“顧客の声”に素早く対応

業務にビッグデータ分析を取り入れることで、顧客の声への迅速な対応と、顧客の要望に応じた商品の開発を目指す。店舗やコールセンターに寄せられる顧客からの要望や意見をテキスト化して分析。分析の効率化で要望への対応を早めるのが狙い。

新生銀行、セカンドサイト

リテールバンキング業務

AIを活用して顧客の属性情報や取引・行動履歴などを基に、商品ごとの購買確率などを予測するモデルを、リテールバンキング業務に導入する。

投資信託、保険商品や外貨預金などの資産運用商品について、顧客ごとにお薦めの商品やその予測購買確率、望ましいアプローチなどを算出し、店舗やWebサイトにおいて、顧客の顕在的、潜在的な嗜好やニーズに対してより最適な資産運用商品やサービスの提案につなげる。さらに、住宅ローンについては、潜在的な利用ニーズのある顧客を発掘するとともに、顧客ごとに最適なアプローチを目指す。

セブン銀行

ATMにおける紙幣増減の予測

ATM内の紙幣の増減を予測する。AIに全ATM分の予測値を計算させ、そこに補正を加えると、現業務の予測値よりも高い精度が得られた。

SMBC日興証券、ネクストジェン

通話音声をテキスト化するシステム

音声認識BPOサービス「U^3 COGNI」により、通話音声をテキスト化するシステムを導入。これにより、問題となる通話を効率良く見つけ出すことが可能となるため、コンプライアンス管理業務の効率を改善し、顧客へのさらに質の高いサービス提供へつながる。

京都銀行、NTTデータ

融資審査時に使う稟議書の作成

融資審査時に使う稟議書の作成をAIで支援する実証実験を開始。稟議書作成時間の短縮と、記載内容の質の均一化を図る。

AIは、行員が個々に持っていた稟議書記載のノウハウや、銀行が蓄積している情報を学習し、新たな稟議書の作成を支援する。

常陽銀行、日立製作所

ATM用振り込め詐欺対策システム

携帯電話の電波を検知すると取引を強制的に中断させるシステムをATMに導入する。電話で高齢者などを誘導する手口が多い振り込め詐欺の防止につなげる。

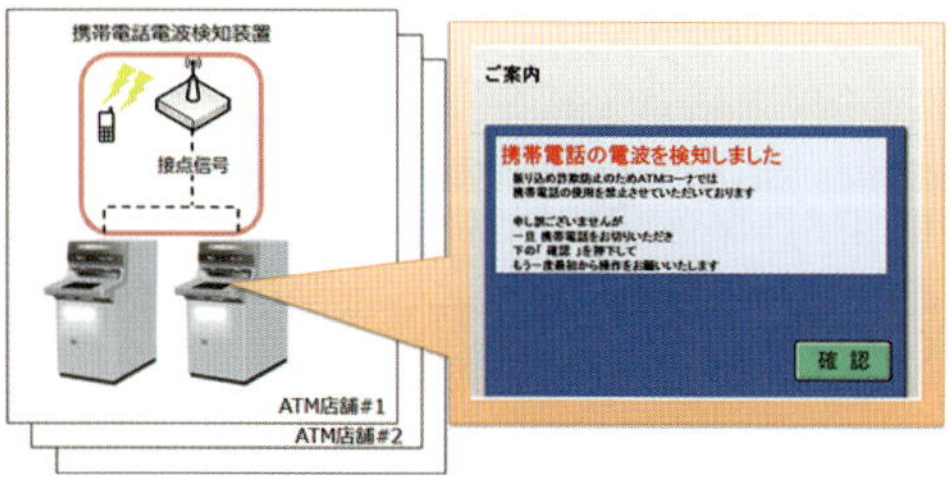

振り込め詐欺対策システムの概要図

三井住友銀行

融資先の決算書データを自動処理

融資先の決算書の読取り作業にAIを導入する。融資先によって決算書のフォーマットが異なっていても、AIを使って読み取れるようにする。読取り後に自社のルールに合わせた勘定科目に読み替えて入力するまでの一連の作業で自動化を進める。

阿波銀行、百十四銀行、伊予銀行、四国銀行、NTTデータ

ビジネスマッチング事業におけるAI活用の実証実験

4 銀行が担当する各顧客の企業情報および経営課題に沿った要望（ニーズ）をデータベースに集約し、AIを活用し効率的に結び付けるための基盤を構築。顧客の要望に基づく最適なマッチング候補となる企業の選定、商談の状況・結果の管理を行う。これにより、マッチング候補の企業選定にかかる稼働軽減やマッチング品質の向上を図り、地方創生につながる各銀行の領域を超えたビジネス交流の活性化を目指す。

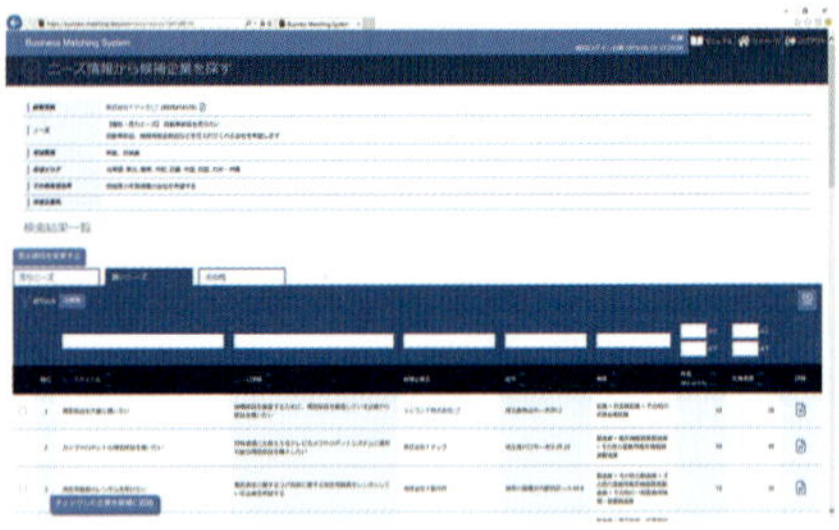

ビジネスマッチングAI支援サービス画面のイメージ

三菱UFJフィナンシャル・グループ、xenodata lab.

自動決算分析レポート

決算発表後瞬時に決算発表内容の定性情報を含めた要点をまとめ、インフォグラフィックスにより理解しやすいインターフェイスで提供する自動決算分析レポート「xenoFlash（ゼノ・フラッシュ）for kabu.com」。セグメント情報や地域別情報など、XBRL（コンピュータ言語）化されていないが重要な注記情報について、PDF解析エンジンにより、決算短信などのPDF資料を瞬時にデータ化する。

横浜銀行、FRONTEO

顧客との面談記録を解析

提案活動の課題を重要度の高い順に並べ替えて抽出することで、顧客のニーズや確認すべき点などをいち早く網羅し、取引の本質に合わせた業務の効率化を図る。時系列に記録を追うことで、顧客にきめ細かくフォローができるなどAIならではのデータ活用を発見できた。従来の方法と比べ、面談記録のチェックにおいて 4 倍から15倍の効率化を実現。

北陸銀行、Finatext、日本IBM、日本情報通信

投資信託分野のロボアドバイザー

ロボアドバイザーは、スマホやタブレットといったモバイル機器から、年齢や運用目的などの簡単な質問へ回答することにより、顧客の投資スタイルを判断し、ポートフォリオ（資産配分）や商品の提案を行う。これにより、利用者は最適な分散投資の提案を参考にし、資産運用を行うことができる。

ロボアドバイザーによる診断結果画面

出所：北陸銀行HP
https://hkb.robot-api.hokugin.co.jp/index.html#/portfolio

Blue Lab、富士通、Personetics Technologies

AIを活用したパーソナライズドバンキングサービス提供に向けた実証実験

バンキングサービス利用者に、AIを活用して適時的確なフィナンシャルアドバイスを行うパーソナライズドバンキングサービスを提供する、「Personetics Engage」の実証実験。AIにより、ユーザプロファイリング、金融行動パターン認識、レコメンデーション最適化、キャッシュフロー予測などを行うことで、個人金融資産変動・予兆の検知や、個人金融資産状況に関するパーソナライズされたアドバイスを利用者ごとに適時的確な内容で配信し、日常生活に密着したファイナンシャルアドバイスを提供。

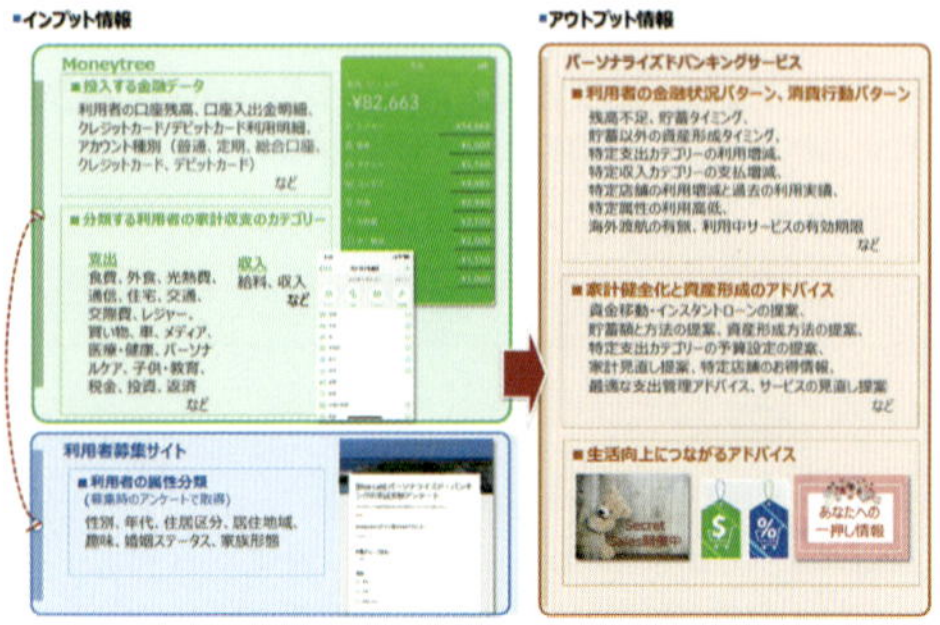

パーソナライズドバンキングサービスで活用する情報とアドバイスの例

活用事例

J.Score
与信審査を行う個人向け無担保融資サービス

AIを活用した与信審査を行う個人向け無担保融資サービスを開始。年収や雇用形態、勤続年数などの画一的な基準で判断する従来の審査と違い、学歴や趣味、性格などさまざまな属性を分析しスコア化する。

まず18の質問に答えると、自分の「AIスコア」とともに借入限度額や貸付金利などの条件が提示される。問いは収入や職歴、資産状況のほか、所有するPCの種類やよく行くカフェ、アルバイトや旅行の経験など多岐にわたる。

「Jスコア」のAIスコアの画面
出所：J.Score HP
https://www.jscore.co.jp/company/ourservice/

ゴールドマン
AIが運用する投信

投資信託商品「GSグローバル・ビッグデータ投資戦略」では、AIを活用したゴールルドマン・サックス・アセット・マネジメント独自開発の計量モデルを用い、多様な銘柄評価基準に基づいて幅広い銘柄に分散投資する。最終的な組入れ銘柄の決定はポートフォリオマネジャーが責任を持つものの、銘柄発掘などの際のデータ分析にAIを活用している。

横浜銀行、ブレインパッド
ダイレクトチャネル高度化のためのプライベートDMP

Webサイトをはじめとするダイレクトチャネルでも、実店舗と同じように顧客のライフステージ、ライフスタイルに合わせたOne to One対応の実現を目指し、プライベートDMP「Rtoaster」を導入。直近では、ログインページのPV数13.7%向上を実現。

みずほ銀行、日本IBM
AIによる外国送金仕向先判定支援システム

従来、外国送金業務の事務処理は、SWIFTコード1、銀行名、都市名、通貨、金額などの情報が自由文で記載されている外国送金依頼書を基に仕向先銀行の判定をしていた。担当者は、複数の資料を参照しながら仕向先銀行や経由する銀行を判断する必要があり、大量に処理をするためには時間を要していた。

そこで、みずほ銀行における実際の外国送金の依頼内容を学習データとし、Watson Knowledge Studioで作成したモデルをIBMのAI「Watson」の自然言語処理に利用することで、自由文で記述された多様な送金依頼書から、銀行名や国名、都市名、SWIFTコードなどを正確に把握し、受取人の取引先銀行を特定。また、有識者のノウハウを取り込んだロジックに沿って仕向先を自動的に選定することを実現。

七十七銀行、NTTデータ、JSOL
AIを活用した与信管理業務の効率化AIを活用した与信管理業務の効率化

与信管理業務において、AIを活用した業務効率化の実証実験。取引先企業の業況変化をより早く検知することにより、当該企業へ早期に事業支援・改善に向けた提案を行うなど、提供サービスの付加価値向上を目指す。

じぶん銀行
将来の為替の動きを予測

為替差益が狙える可能性がより高いタイミングで取引したい人に向け、過去の為替動向の分析から将来の為替の動きを予測する。これにより、AIが5営業日後の終値が一定割合以上に上昇する（円安となる）確率が相当程度高いと予測した場合にプッシュ通知で知らせる。

「AI外貨予測」のトップ画面
出所：じぶん銀行HP
https://www.jibunbank.co.jp/products/ai_foreign_deposit/forecast/

［保険業］ *Insurance*

テレマティクス保険・健康状態連動保険などデータを活用した新商品を提供

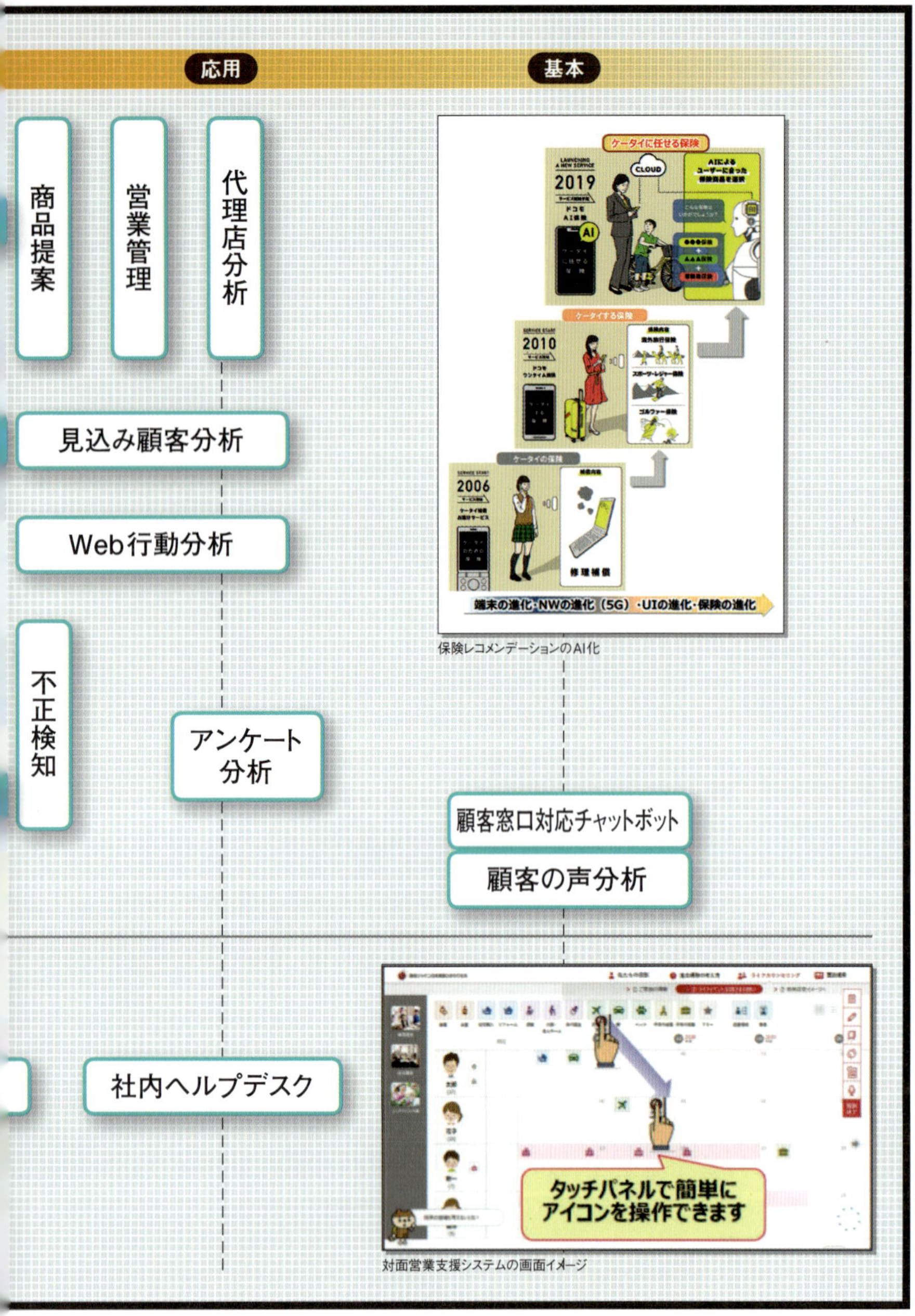

保険レコメンデーションのAI化

対面営業支援システムの画面イメージ

商品開発業務の特徴

保険業は、統計的な計算に基づいて保険料や支払保険金が決められており、以前からデータに基づいた商品開発を行っている業種です。統計的な計算に基づいて商品の開発を行う職種をアクチュアリーと呼びます。

近年は、運転状況に応じて保険料が変わる**テレマティクス保険**や、生命保険において**健康状態に応じた保険**など、データ分析・統計を活用した新しい商品が発売されています。

営業業務の特徴

特に損害保険では、代理店ごとに営業スタイルが異なったり、顧客との販売時の対話内容を本部が把握しきれなかったりすることがあります。そこで、代理店ごとの顧客の属性の分布や販売商品の特性を分析する**代理店分析**を行い、代理店の立地や優秀な代理店を増やすための施策検討に用います。

生命保険は対面販売を基本とすることから、営業職員のスキルに応じて営業成績に差が出やすいという特徴があります。そこで、営業職員ごとの得意・不得意や優秀な営業員の方法を分析すること（**営業員分析**）で、営業職員の底上げをします。

［保険業］におけるAI・データ活用マップ

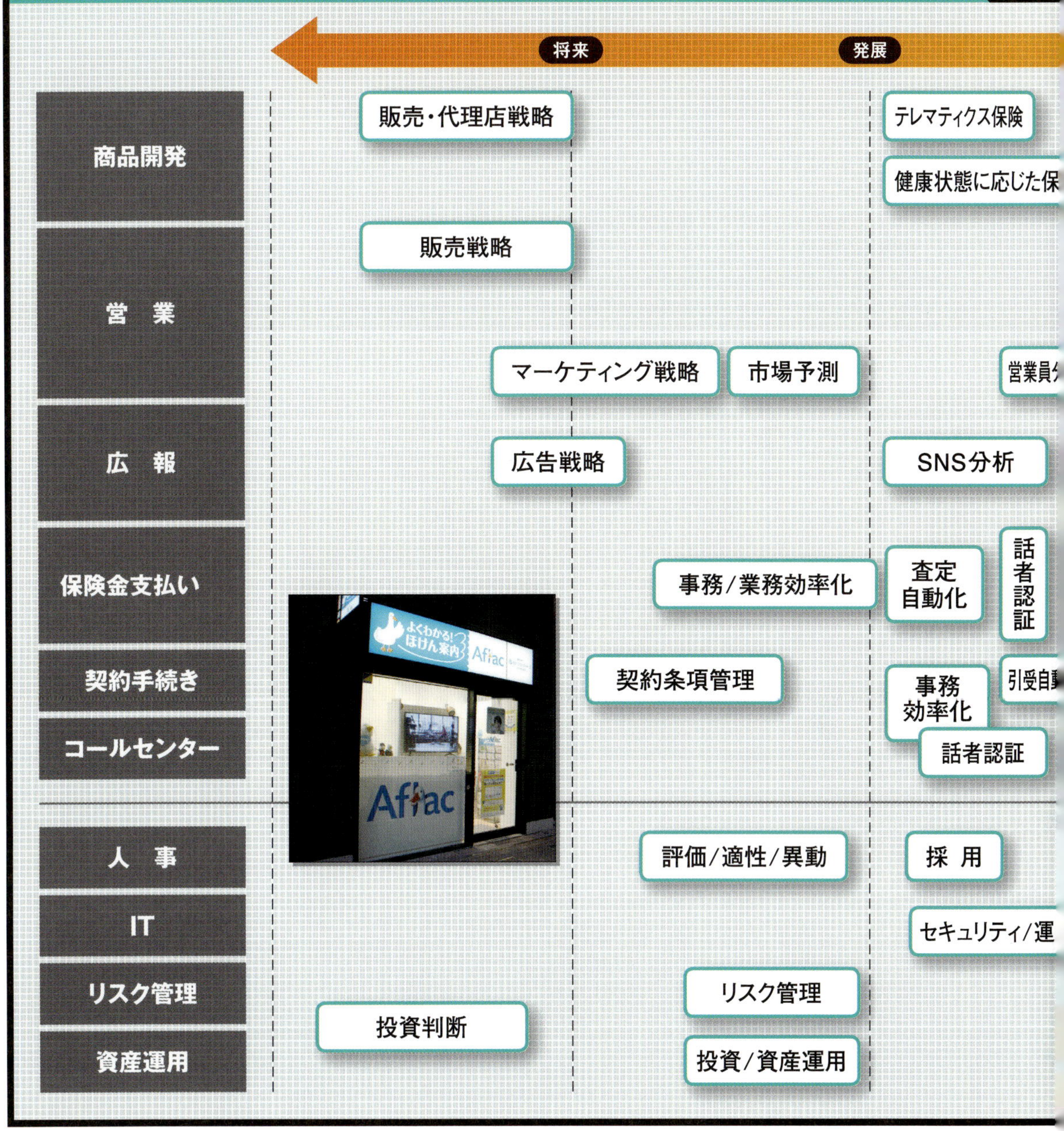

営業職員は、担当顧客を大量に抱えていることが多く、どの顧客にどんな商品を提案するかを選択することが大変であるという課題があります。そのような営業職員を支援するために、過去の営業成功事例を学習・分析して、商品を契約する確率が高い顧客を推薦する（**商品提案**）ことにも活用されています。

保険金支払い・契約手続き業務の特徴

保険業は、契約をする際の手続きと、保険金支払いの際の手続きに多くの人手をかけて実行しています。新規に契約する際は、顧客の運転経歴や病歴などを基に、契約するかどうかの判断を自動化・省力化することが課題です（**引受自動化**）。

保険金支払いの際は、損害状況から支払保険金を査定すること（**査定自動化**）や、不正な申告がないかを判断すること（**不正検知**）が有効です。

また、保険金支払いなど多くのシーンでコールセンターによる応答を行っているため、チャットボットなどの**自動応答**が多く取り組まれています。

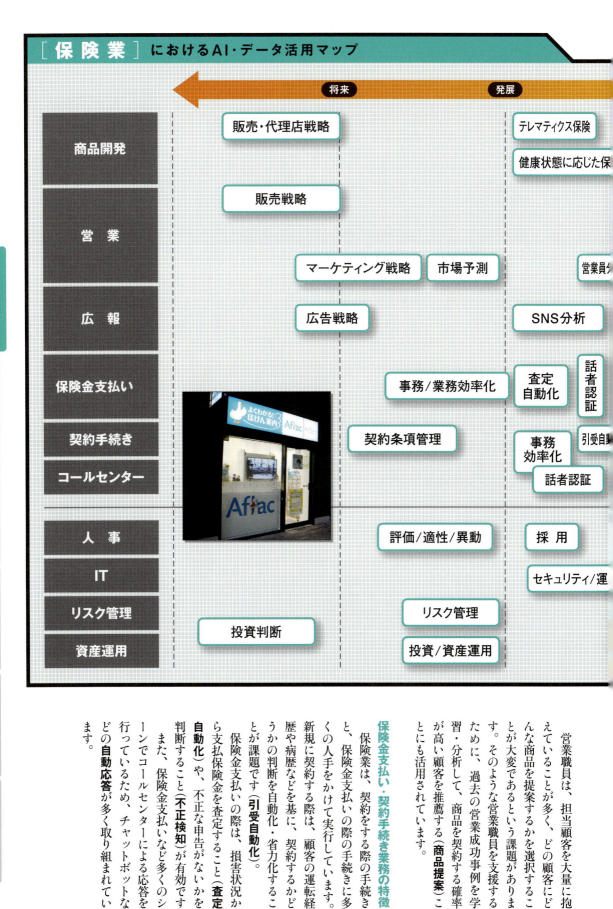

損保ジャパン日本興亜ひまわり生命保険
対面営業支援システム

優秀な成績の募集人の面談データを蓄積し、顧客の志向や性格、募集人の説明に対する評価や満足度を分析することで、顧客とのコミュニケーションに応じた適切な話題や質問を適切なタイミングでレコメンドする。面談中に音声で必要な資料を検索したり、画面を変遷させたりすることができる。

面談終了時には面談結果が自動で表示され、作成したライフプランをタイムリーに振り返ることができる。

対面営業支援システムの画面イメージ

三井住友海上火災保険、ココペリ
保証信用保険の引受業務

AIを活用して保証信用保険の引受業務を高度化。従来の審査では、年次決算書をデータソースとして企業の信用リスク評価を行うが、財務状況の変化が大きい中小企業の場合は年1回の決算書だけでは正確な評価が困難なため、AIによる審査モデルを導入し、評価制度を改善する。中小企業の会計データや口座情報のトランザクションなどをAIが分析して、分析結果を出力する。

三井住友海上火災保険、日本IBM
問い合わせ対応支援システム

あらかじめ機械学習した1万件を超えるマニュアルなどから回答候補を作成。オペレーターが顧客や代理店からの問い合わせ内容をPCで文章入力して検索すると質問内容が分析、解釈されて回答候補が一覧表示される。IBMのAI「Watson」を活用。

NTTドコモ、東京海上日動火災保険
保険レコメンデーションのAI化などの検討

「保険レコメンデーションのAI化」ならびに「保険プロセスのフルデジタル化」に向けた検討を開始。スマホを通じて個々の顧客にお薦めの保険を、AIを活用して提示するサービスの実現に向けて検討を進める。

既存の保険商品の組み合わせにとどまらず、顧客の状況や予算に合わせた最適な補償内容や保険料の配分を推奨する。また、保険プロセスのフルデジタル化を合わせて検討する。保険の加入から保険金の受取りまでの全プロセスをオンラインで完結することができるデジタル保険基盤の構築に向けた検討を行う。

Zendrive
運転スタイル連動型保険

ドライバーを安全な運転に導くための自動車保険のスタートアップ。ドライバーのスピードの出し方や危険運転、運転中のスマホ使用などからAIが運転パターンを計算。安全な運転をしていると判定すると、保険の掛け金率が下がる。運転スタイルの向上につながることも期待される。

東京海上日動火災保険、AI inside
手書き書類の処理

事故受付のはがきや保険金請求時の書類が対象。氏名や電話番号などを9割以上正確に判読でき、担当者が入力するよりも1件当たりの処理時間が50%短縮できる。

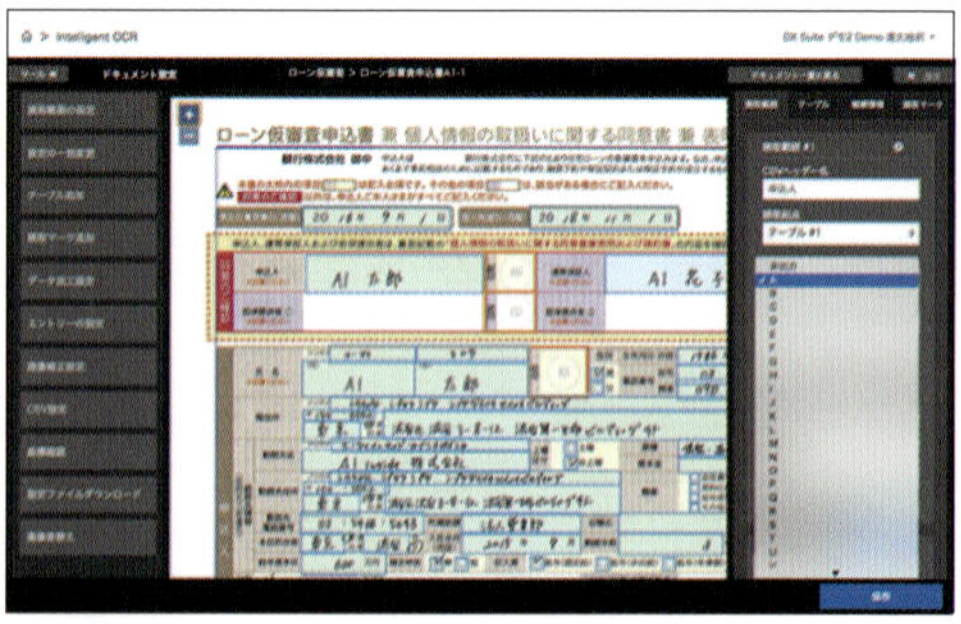

AIを活用したOCR

出所：AI inside HP
https://inside.ai/dx-suite/functions/#intelligent-ocr_

活用事例

楽天生命保険

保険商品を自動応答で提案

チャットボット型の「AIアドバイザー」の質問に、回答を選ぶだけで会話が進んでいく。最終的に、過去の契約実績や質問回答など、さまざまなデータを基にAIアドバイザーが顧客に合った商品を提案する。

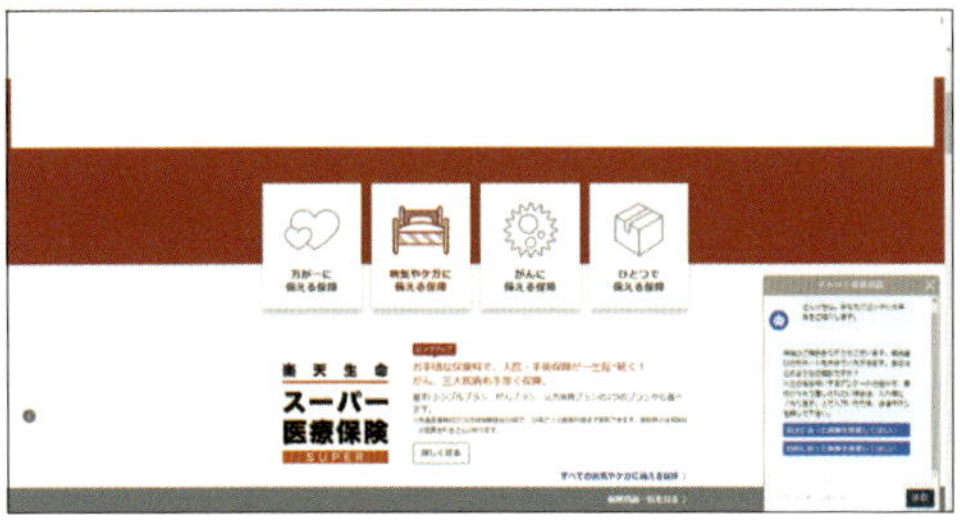

楽天生命保険のチャット保険相談

出所：楽天生命HP
https://www.rakuten-life.co.jp/event/chatbot/

三井住友海上火災保険、りらいあコミュニケーションズ

コンタクトセンターに入電する定型的な問い合わせを自動化

自動車保険の証券発行自動受付サービスでは、顧客が自動車保険の証券再発行手続きを行う際に、音声案内に基づき電話で発話した契約者名などの顧客情報を自動的にテキストデータに置き換え、契約データベースと自動的に突き合わせることで手続きを完結する。

東京海上日動火災保険、Orbital Insight、アビームコンサルティング

人工衛星画像で被害を把握

大規模な水災が発生した際に保険金の支払対象となる被害エリアを早期に把握し、顧客への迅速な保険金の支払いにつなげる。過去に発生した台風や水災被害における保険金の支払実績も加えてAIによる解析を実施することで、水災範囲、浸水高などを推定する。

三井住友海上火災保険、あいおいニッセイ同和損害保険、シフトテクノロジー

保険金不正請求検知ソリューション

不正請求と相関関係の高い事故データをリアルタイムにスコア化して検知する。また、請求に関わる当事者の隠れた関係性をネットワーク図にして可視化する機能も備えており、不正の疑いがある保険金請求を効率的に検知するほか、迅速な保険金の支払いを実現する。

健康年齢少額短期保険

健康年齢連動型医療保険

健康年齢とは、総合的な健康状態を年齢で表したもの。BMI指数、血圧、中性脂肪など、一般の健康診断で取得できる12の項目と医療費データを基に、健康年齢を算出。医療ビッグデータから生まれたリスク細分型医療保険であり、健康年齢に応じて保険料が変動する。加入期間が１年などの短期保険であることから、健康状態の改善を促す効果もある。

東京海上日動火災保険

ドライブエージェントパーソナル

ドライブレコーダーで記録される事故映像を活用した相手との示談交渉に加えて、強い衝撃を検知した場合の自動通報による事故受付や映像の自動送信などのサービスを提供。状況に応じて提携企業を通じた消防などへの連絡を行う。

また、顧客の運転状況に応じたリアルタイムな事故防止支援機能を通じて、安全なドライブを支援する。

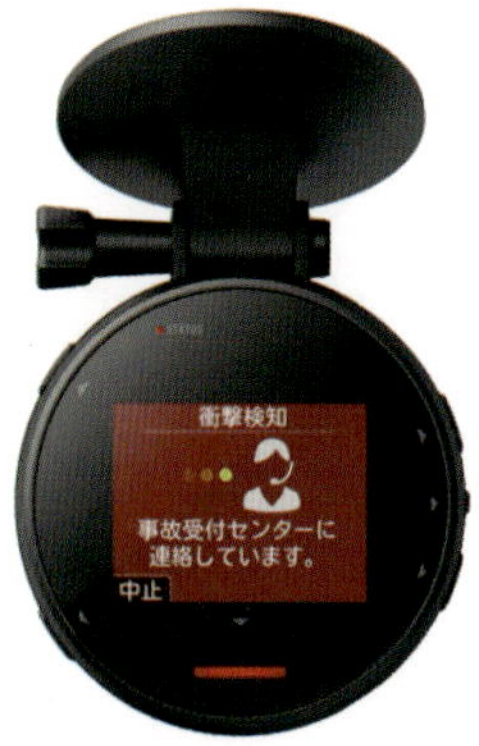

東京海上日動火災保険のオリジナルドライブレコーダー

出所：東京海上日動火災保険「ドライブエージェント パーソナル」
https://www.tokiomarine-nichido.co.jp/service/auto/total-assist/pdf/total_assist_170401.pdf

活用事例

SOMPOホールディングス、SOMPOシステムズ、NTT東日本

「エッジAIセンター」を構築

グループ各社で集めたデータをリアルタイムに解析し、瞬時に経営に活かすためのAI拠点「エッジAIセンター」を構築。SOMPOホールディングスグループ各社の事業領域に特化したデータセットを使った学習モデルを構築、蓄積し、グループ全体で活用するための「学習工場」の役割も果たす。活用事例として損保保険ジャパン日本興亜の自動車保険証券・車検証読取りアプリ「カシャらく見積り」がある。

かんぽ生命、日本IBM

保険金の支払審査業務

保険金の支払審査にIBMのAI「Watson」を適用。過去の診断書や支払結果などを記憶。過去の事例から似たようなものを見つけ出し、判断についてのアドバイスなどを行う。審査の精度を高めながら、支払いまでの時間を短縮できる。

富国生命保険相互会社、日本IBM

診断査定自動コード化システム

診断書などから疾病、災害、手術などの判別・分類を自動でコード化するもので、これにより給付金等支払査定業務において、支払いまでの迅速化および業務の効率化を実現した。1件当たり10人以上の人手をかけていた査定業務を約半数の人員で実施できるようになり、人員を3割減らすことに成功した。

日本生命、日本IBM

最適な商品を提案

新型の営業職員向け端末にAIを活用し、顧客に最適な商品の提案を可能にする。顧客から取得した情報や加入中の保険内容を基に、最適な商品情報を導き出す。

三井住友海上、アリスマー

危険運転映像を抽出

赤信号無視などの危険運転を自動車に取り付けたスマホが録画し、自動保存するシステムを開発。ディープラーニングを活用した映像解析技術により、危険運転の前後約20秒の動画を自動で抽出する。

東京海上ホールディングス、NTTデータ、MICIN

AIを活用した「健康経営」のためのリスク予測

MICINの医療領域におけるAIの開発・解析技術に加え、NTTデータがヘルスデータバンクなどを通じて提供してきた産業保険における業務支援および健康診断結果や勤務時間などのデータ分析のノウハウを基にして、企業における従業員の休職リスクを予測する技術を開発し、一定の予測精度を得ることを確認。企業は対処すべき重要な健康リスクを定量的に把握できるようになる。

損保保険ジャパン日本興亜

ドラレコと連動しての運転診断や衝突警報

ドライブレコーダーを活用した個人向けテレマティクスサービス「DRIVING! ～クルマのある暮らし～」。前方衝突アラートや緊急メール発信機能を備えた、多機能ドライブレコーダーを提供し、運転中の安心をサポートするもの。車の前方に取り付けたドライブレコーダーで運転データと走行映像を記録し、データセンターに送信する。運転後には、走行データから分析した運転特性に応じて、運転診断やアドバイス、運転技術を同年代平均と比較したデータなどをまとめた運転診断レポート「Rodeco―ロデコ―」が郵送される。

多機能ドライブレコーダー

出所：損保保険ジャパン日本興亜HP
http://www.sjnk.jp/kinsurance/driving_top/pc/?fbclid=IwAR1pIXxGF_5WT-5vGiesrljVG9m671TJeDTzYhyrIUnl1N55YRjPQVdx6-o

COLUMN

Explainable AI（XAI）って何？

近年、AI関連のニュースを見ると、「Explainable AI」「説明可能AI」という言葉が登場することがあります。ここでは、Explainable AIとは何か、どういうときに用いるものか、について解説します。

Explainable AIとは、AIが出力する推定結果や、AIの行動について、「なぜそうなったか」を説明することができるAIのアルゴリズムや方法の総称です。XAIと呼ぶこともあります。これは、深層学習の多くのアルゴリズムが、推定結果の理由を人が解釈できないことから、その対策として推定結果や訓練済みのモデルを説明しようとしたことがきっかけで多く開発されるようになりました。

Explainable AIに属する手法は、説明する対象や説明方法が多岐にわたります。主なアプローチとして、次の2つがあります。

①AIの推定結果を説明する

たとえば、AIがある場所の明日の通行人数を1,200人と推定した場合に、「なぜ1,200人と推定したのか」を説明します。代表的な方法にLIMEがあり、結果に対して、どの要因が大きく寄与して算出されたかを提示するものです。

②AIの訓練済みモデルを説明する

特定の推定結果ではなく、モデル全体の傾向を説明します。たとえば、画像認識において、犬を識別するモデルを作成したときに、比較的犬の推定に用いている「注目領域」を説明するものなどがあります。

Explainable AIは、AIの推定結果を人が解釈して行動をするようなケースにおいて必要となります。たとえば、売上予測に基づいた在庫管理やアルバイトシフト決定、劣化予測に基づいたメンテナンス計画作成などでは、予測結果を理由とともに人に提示することで、適切な計画作成が行えるようになります。他にも、健康診断結果から病気の可能性を推定するとともに、推定結果を解釈することで病気にならないような施策を検討するようなケースでは、施策検討のために結果を解釈できることが必須となります。また、不正検知モデルの推定結果を基に保険金の支払いを停止するようなケースでは、「なぜ停止したか」を説明する必要があり、Explainable AIが最も必要なケースのひとつです。

逆に、DM送付の自動化や株の自動取引など、1件1件の行動をそこまで確認する必要がないケースにおいては、解釈する必要性が低く、Explainable AIの重要度は下がります。

想定する用途に応じて、人がいつどれくらい解釈したいかを検討して、Explainable AIの必要性を決定しましょう。

なお、Explainable AIの研究は日々進んでいます。最新状況は、次のページなどを参照してください。

人工知能学会HP「私のブックマーク『説明可能AI』（Explainable AI）」
（https://www.ai-gakkai.or.jp/my-bookmark_vol34-no4/）

［証券業］

Securities

自動取引を行うとともに顧客接点もAIがサポート

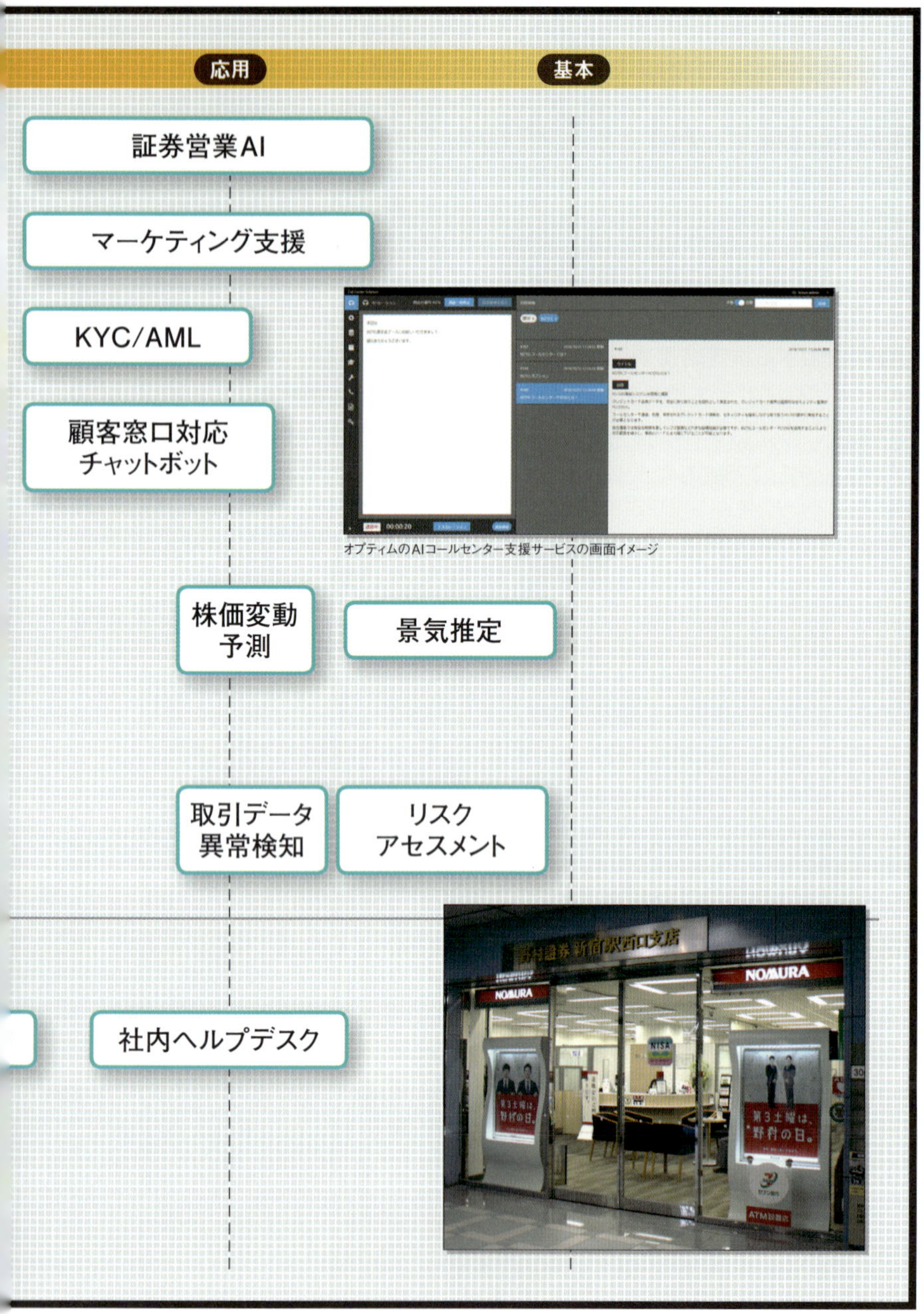

オプティムのAIコールセンター支援サービスの画面イメージ

リテール（営業）部門の特徴

証券業で多くの社員が行っている業務が、個人投資家に向けた投資商品や証券の営業です。大量の顧客を候補に営業先を検討するため、購買可能性の高い顧客を推定するなど、**証券営業を支援するAI**が有効です。

また、顧客からの**問い合わせ対応チャットボット**や、チャットボットによる**銘柄レコメンド**によって顧客が証券を購買しやすいようにします。強化学習などを活用して、**AIトレーダー**といわれる、自動で投資・運用を行うAIが実用化されるといわれており、開発が進んでいます。

さらに、**KYC**（顧客確認）や**AML**（アンチマネーロンダリング）といった口座開設や取引時に行う確認業務についても、生体認証やAIを活用した取組みが始まっています。

リサーチ部門の特徴

リサーチ部門は、特定の株や産業を分析し今後の動向や見通しについてレポートを作成したり、マクロ経済の分析や金利・為替などの見通しをレポートにまとめたりします。

AIを活用した**株価変動予測**・**景気の推定**を行い、効率的にレポートが作成できるようにします。

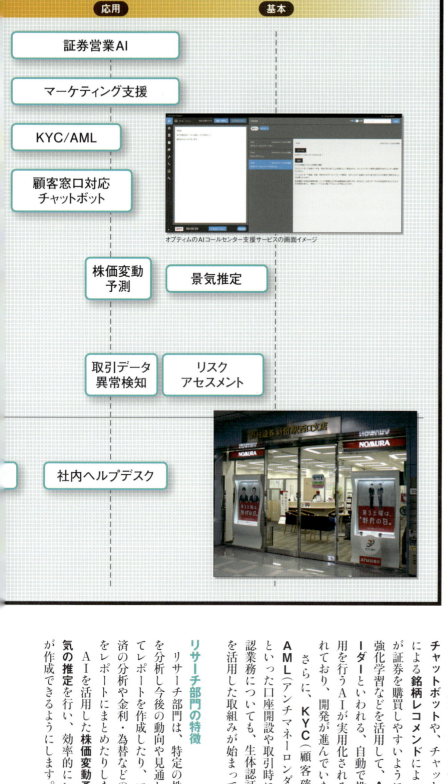

［証券業］におけるAI・データ活用マップ

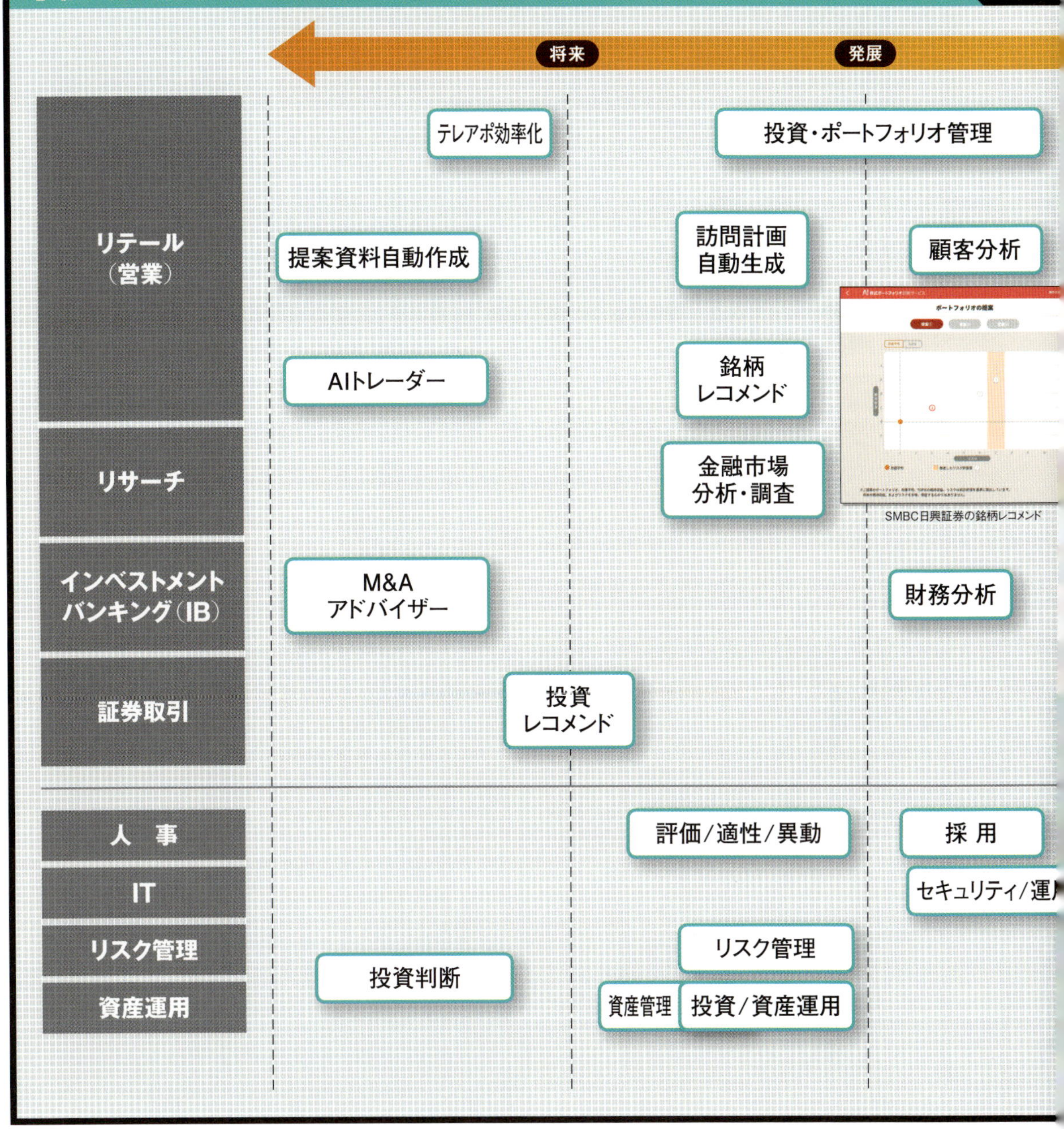

SMBC日興証券の銘柄レコメンド

インベストバンキング部門の特徴

　インベストバンキング部門は、投資銀行部門とも呼ばれ、証券引受けや財務アドバイスなどの業務を行います。大口顧客の資金調達業務（株式や債券の引受けなど）やM&A（買収・合併）のアドバイザリー業務、リスク管理業務などがあります。

　既に、投資先の**財務分析**をデータを基に行っていますが、M&A先をAIが推薦するようなことに活用されることが期待されます（**M&Aアドバイザー**）。

証券取引部門の特徴

　証券取引部門は、顧客が希望する取引を代行する委託売買業務と、自己資金で証券取引を行う自己売買業務を行います。特に委託売買においては、投資行動のリスクを分析して正しく顧客に伝える**リスクアセスメント**が重要です。また、株式や債券や為替の異常変化をいち早く検知しリスクを最小限にすることも求められます（**異常検知**）。

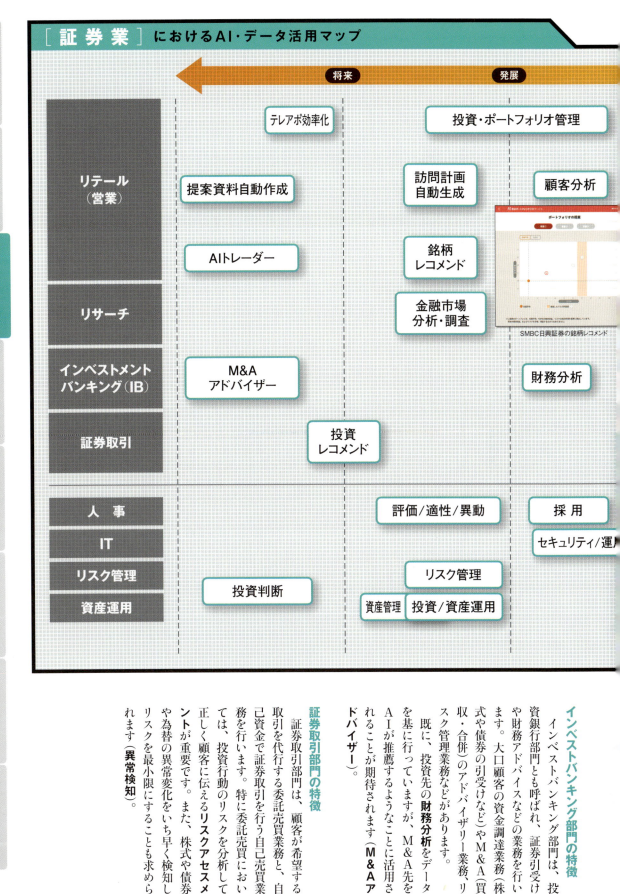

マネックス証券、HEROZ

AIがユーザーの取引の傾向や取引スタイルを分析

マネックス証券の「トレードカルテFX」のAI機能として、「HEROZ Kishin」AIがユーザーのトレーディング実績を基に、取引の傾向や取引スタイルを分析。ユーザーが自身のトレーディングを診断書・処方箋として分析・可視化できるようになる。ユーザーが目標としている取引スタイルまでの最適な手段やそれに応じた通貨ペアなどをAIがサポートし、ユーザーは自身の目標・課題に合った取引スタイルを確認できる。

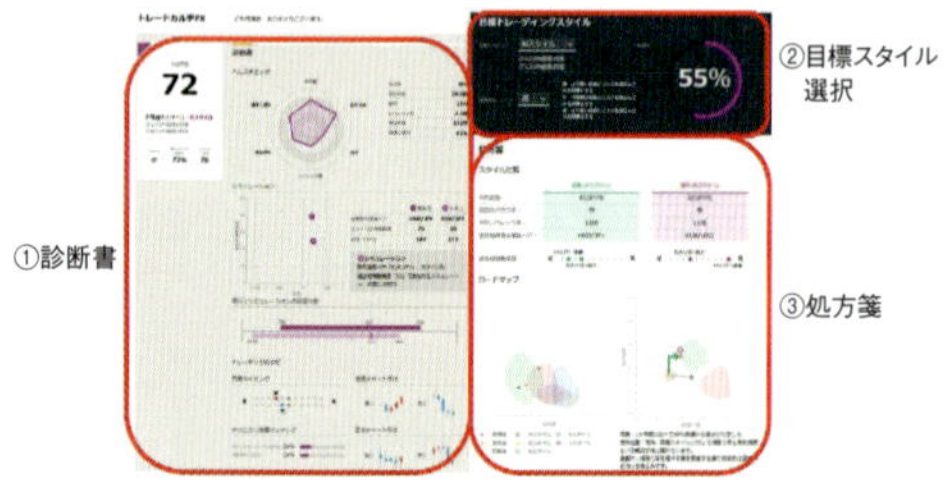

「トレードカルテFX」の画面イメージ

楽天証券

AI活用型世界株ファンド

ディープラーニングを活用した運用モデルで銘柄を選び、ニュースなどを分析対象にするテキスト解析などで投資魅力度を確認することで運用を行う。

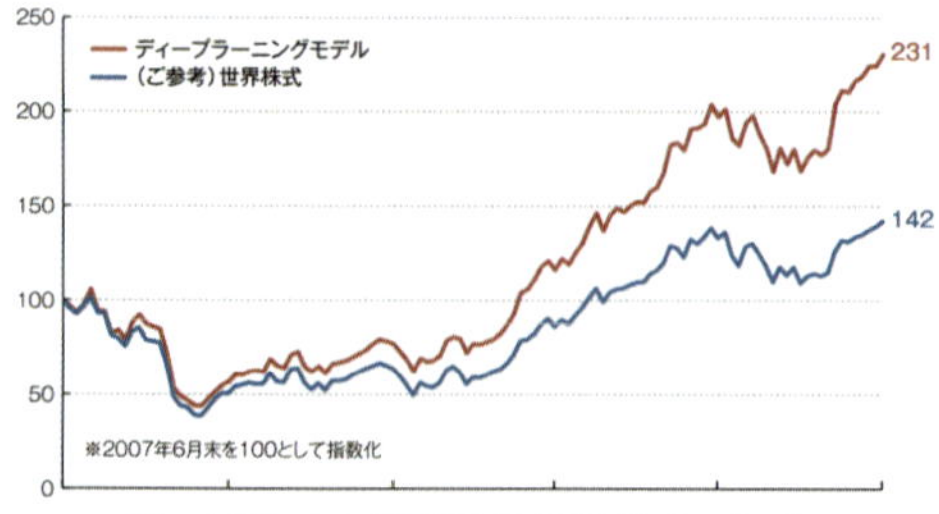

ディープラーニングモデルによるシミュレーション

出所：ディープAI販促用資料
https://www.rakuten-sec.co.jp/web/special/amone/pdf/02.pdf

楽天証券、FRONTEO

コールセンターの要望解析

自社のコールセンターに寄せられる顧客からの問い合わせなどの架電記録の中から、潜在的な要望などを抽出するPoC（概念検証）を開始。問い合わせ記録の中で「要対応」のチェックが付いていない問い合わせの中から、対応が必要な案件であることをAIがチェックを行い、抽出する。

カブドットコム証券、日立製作所

不公正取引の調査を行う売買審査業務にAIを適用

相場操縦行為など不公正取引に該当する可能性のある売買データを抽出する実証実験を実施。過去に不公正取引とみなされた事例をAIに学習させ、株価の動きなども含めた売買データを基に不審な取引を抽出し、高い精度で不公正取引の可能性を検知できることを実証。人手による要審査件数の大幅削減が可能となるなどAI活用の効果を確認。

SMBC日興証券、HEROZ

AIを活用した投資情報サービス

AIを活用した投資情報サービス「AI株式ポートフォリオ診断」を提供開始。顧客の資金や保有株式、リスク許容度に合わせて、効率的なポートフォリオをAIが提案する。また、ディープラーニングを用いて学習させた、株価予測AIによって期待収益性のスコア化を行う。

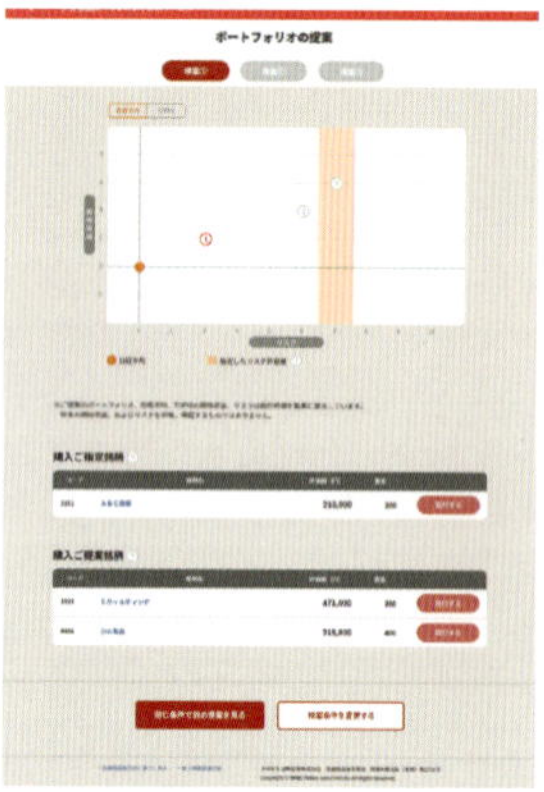

AIによる新規ポートフォリオの提案

松井証券、オプティム

コールセンターのオペレーター支援

コールセンターのオペレーター業務を支援する「AI Call Center Service」を活用開始。AIを用いた音声解析や回答候補の提示機能を提供する。顧客との会話をテキスト変換した結果から問い合わせに対する回答候補をオペレーターへ提示する。オペレーター業務の効率化・最適化や、問い合わせに対する回答時間の短縮や応対品質の向上が狙い。

活用事例

三菱総合研究所
証券営業支援サービス

AIが顧客（口座）ごとに商品の買付確率を算出し、営業社員のコンタクト先選定および提案内容の検討を支援する。

野村證券
SNS×AI景況感指数

Twitter上での景況感を指数化した経済指標と定義。日々のツイートの中から景気に関するものだけをAIが選び出し、さらにその「つぶやき」が景気に対してポジティブなのかネガティブなのかを自動で判別し指数化する。

得られた指数はTwitterユーザーの景気を表していると考えられ、実際に景気ウォッチャー調査など既存の景況感指数とも相関が高くなっている。

東京証券取引所、日立製作所、NEC
売買審査にAIを導入

相場操縦行為などの不公正取引の調査を行う売買審査業務にAIを導入した。売買審査の初期段階の調査における売買執行形態の不自然さの評価について、これまでの審査担当者の知見をAIに学習させ、審査業務に活かす。

大和証券
マーケティング高度化ソリューション

顧客属性や保有資産の状況など膨大なデータをAIで分析することで、データに潜む傾向やパターンを発見し、それを数式化した「モデル」が自動で構築される。そのモデルを当てはめることで、顧客一人ひとりの商品別購入確率や離脱しそうな顧客などを予測する。

岡三オンライン証券、ティファナ・ドットコム
Webサイトに顧客案内サービス「AIさくらさん」

顧客がチャット画面で入力した質問内容をAIが理解し、自動かつスピーディに適切な回答を行うサービス。

AIさくらさんの画面

出所：岡三オンライン証券HP
https://chat.okasan-online.co.jp/

野村ホールディングス
5分先の株価を予測

取引量が多く時価総額が高い銘柄群を基にモデルを構築。人が気付けなかった価格変動がわかるようになった。

野村證券、富士通
取引データから異常検知

膨大な証券取引のデータから普段と違う動きを自動で検出する。株式などの取引データを投入すると、事前にデータを用意しなくても通常と異なるパターンを発見する。専門家による分析の負担を減らし、効率的な不正取引の検知につなげる。

大和証券、大和総研
企業分析ツール

AIによる「企業分析ツール」の試験導入を開始。自然言語処理技術を活用し、国内企業の特許情報や有価証券報告書などの公開情報を基に、企業間の関連性をAIが網羅的に分析し、抽出する。人間の手では見つけることが難しかった、意外性のある企業間の関連を拾い上げることで、より付加価値の高い提案が可能になることが期待される。

ROIの算出例

- **保険金過払い額を10％削減**
- **不正請求確認コストを90％削減**

目的

- **不正の確認作業の手間削減**
- **不正の判定の正確性向上**

- 保険業では、①保険の新規加入時に保険を販売するのが適正かの確認、②保険金の請求時に請求内容が適正かの確認のとき、不正ではないかといったチェックを行います。このうち、①は金融機関の貸付情報や申告された既往歴などから審査することが多く、機械学習を用いることなくルールで判定することが多いです。②は、不正な請求のパターンが複雑化してきたこともあり機械学習を活用することがあります。
- 以下、保険業における②を題材に解説します。
- 不正検知は、銀行における不正送金・不正取引などもよく用いられる対象ですが、ここでは保険業の不正検知を題材にします。他の多くの対象においても本項で書かれるプロセスと類似しています。

典型的なシステム構成と業務プロセス

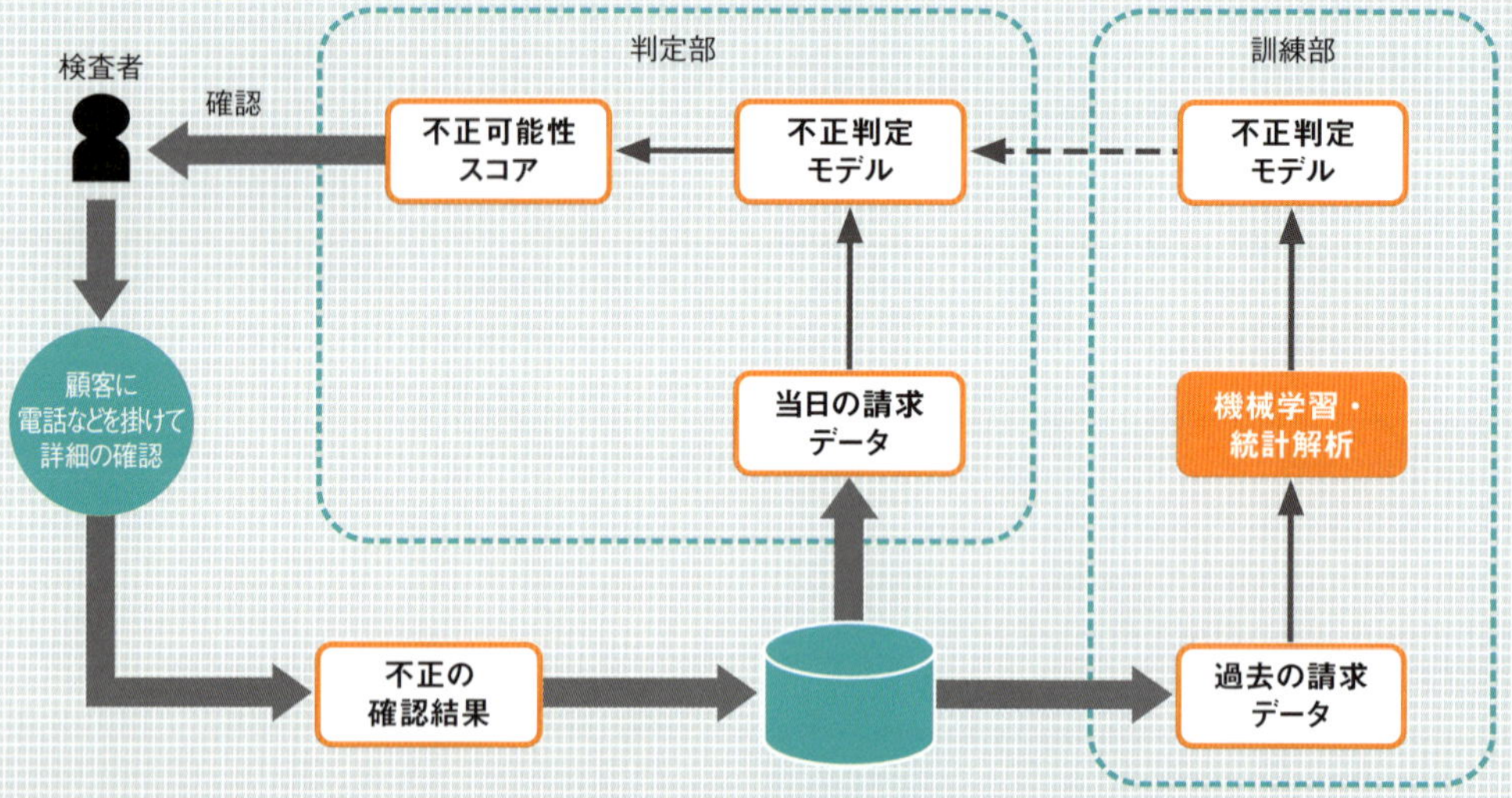

- 請求データに対して、機械が判定した不正可能性スコアを付記したものを用いて検査者が最終的な判断をします。自動的に不正判定をするほど高精度ではない可能性が高いため、人間の確認プロセスは必要です。また、人は確認した結果を保存しておき、定期的に訓練部で再度学習することでモデルを更新します。

分析方法

ステップ 1
不正に関係する要素の推定

- 過去に不正と判定されたものと判定されなかったものの間にどんな差があるのかを分析します。
- たとえば、自動車保険の請求の場合は、車種や事故の種類と不正の発生確率に差があるかを調べます。調べる方法は、相関解析・検定などの統計的な手法が一般的です。簡単に行うケースでは、クロス集計表を作成して確認することもあります。
- 応用的には、傾向スコアなどの因果推論の方法を用いることもあります。これは、多くのデータ（変数）同士の相関が強く、いろいろな要素が不正に関係すると出てしまうときに、より真因に近い要素をあぶり出すために使います。
- この段階で強く関係する要素がある場合は、該当する請求を自動でチェックするようなルールを実装した確認システムを作ることが有効です。

ステップ 2
機械学習による不正可能性判定

- 目的変数を不正と判定したかどうか（1または0の値）、説明変数を契約の情報や事故の情報として機械学習を実行し、不正判定を行うモデルを作成します。学習アルゴリズムはロジスティック回帰分析、勾配ブースティング、ランダムフォレストのような判別モデルを作成するものが利用しやすいです。変数が多いときや高い精度を求めるときには深層学習を用いることもあります。

利用データ

①過去の請求に関する不正判定結果

②契約者情報と契約内容

③事故情報

- 不正請求の推定のためには、過去の請求情報を学習する必要があります。契約の情報はシステムに保存されていることが多いですが、事故の情報は電話で伝えられることが多く、断片的な情報しか得られないことがあります。
- 分析によって重要な指標がわかった際に、事故情報について必ず入力されるようにする、入力されないときは電話などでヒアリングするようにすることで、データの品質を高めます。

■典型的な追加データ

- 人が確認して怪しいと考えたデータ
  ⇒一般に不正と断定できたデータは大量にあるわけではないため、「人が確認して怪しいと考えたデータ（≒グレーデータ）」もあわせて記録しておくと、学習データ数が少なすぎる問題の際に学習データを増やすことができます。
  たとえば、実際に不正と確認されたものを学習したモデルの他に、人が怪しいと考えたものも含んで学習したモデルを作成します。運用時は２つのモデルが両方不正と判定された対象、１つのモデルだけで不正と判定された対象に分けて、その後の業務フローを決めておきます。このように、２つの判定結果をあわせて運用することで、見逃しを防ぐことができます。
- 企業間の取引などの関係性データ
  ⇒銀行の不正送金の検知などにおいては、企業間の取引情報を用いることがあります。保険の請求においても法人からの請求の場合は、企業間の取引関係などをネットワーク的なデータとして用いることで、怪しい企業群が見つかるようになります。

データ加工のポイント

▪日時・金額の情報の加工が重要

- たとえば保険の契約から請求までの期間が短い、事故の内容の割に請求された保険金が多い、などは典型的な不正可能性の要素です。
- このような情報がモデルにしっかり反映されることから、日時や金額の情報について、それらの差や比などの計算を行って変数として投入します。

▪場所情報の異常度を加工して利用

- 事故の場所が特定の場所に集中しているといった、場所に関する情報を用いることで良いモデルになることがあります。緯度・経度だけでなく、道幅・交差点の形状なども有効になることがあるため、地図情報システムと連携することもあります。
- クレジットカードの不正取引検知においては、頻繁に行われる取引の場所とはまったく違う場所での取引かどうかといった、場所に関する異常度を判定して用います。

▪蓄積系の指標を加工して用意

- 不正は一度行った人や組織が繰り返し行うことも多いため、「過去に疑義となった事案が何回あるか」などの、対象者との過去のやりとりに関する情報を変数として投入します。他に、過去に疑義となる事案がないケースでも、累積の契約金額が異常に多いことや、頻繁に請求があるなどの情報を用意します。
- 不正検知は、この他に、人間が知っている手口を変数として加工して投入することが多く、精緻なモデルを作成するために人の知見が重要である分野です。

分析時に注意すべきポイント

①不正と断定できない

- 機械学習は不正の可能性を提示するだけにとどまるため、人が最終的に不正としての判断を行う必要があります。また、人によっても判断結果が変わる可能性があるので、複数人による多重チェックなどを実施する必要があります。
- 最終的に、不正疑いの人と電話などで会話をすることがあるため、機械学習などの不正判定結果も、「なぜ不正と判定したか」の解釈が必要になることが多いです。そのため、深層学習のような、モデルの解釈が困難なアルゴリズムよりも、ロジスティック回帰、決定木、ランダムフォレストなど、人がある程度モデルを解釈できるアルゴリズムを用いるほうが有用になりやすいです。

②過去一度も出たことがないタイプの不正を見逃しやすい

- 教師あり学習で実装すると、過去に頻繁に起こったタイプの不正のみ推定することになります。毎回不正のパターンが違う場合は、教師なし学習タイプの推定を行います。たとえば、過去の請求情報との類似度を算出し、一定以上の場合は、「過去あまり存在しなかった請求である」という考え方をとります。
- 教師なし学習による検知は、ハードウェアの異常検知でも類似の手法が行われます。しかし、物理現象と異なり、人の行動は「過去あまり存在しなかった事象」が多数存在し、不正でないのに検知対象になってしまうことが増えます（偽陽性が増えるといいます）。したがって、人の行動に関する不正検知において教師なし学習タイプのアプローチは補助的に用いられることが多いです。

Chapter 4

サービス

ホテル業

旅行代理業

外食業

テーマパーク

放送局

［ホテル業］ *Hotels*

コンシェルジュのAI化によりいつでも各顧客に合わせたサービスを提供

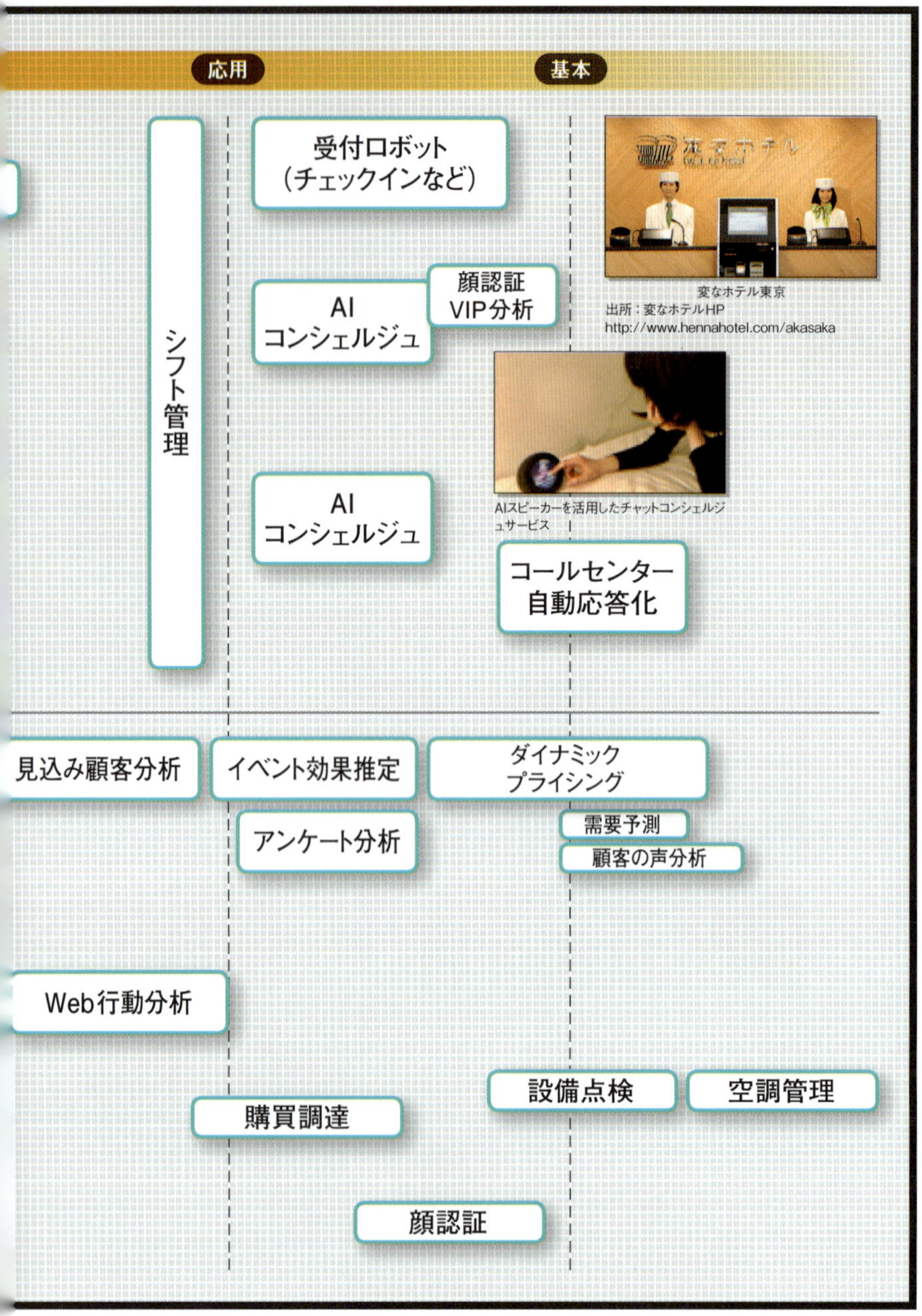

変なホテル東京
出所：変なホテルHP
http://www.hennahotel.com/akasaka

AIスピーカーを活用したチャットコンシェルジュサービス

宿泊部門の特徴

宿泊の受付や部屋の管理については、口頭による宿泊者とスタッフのやりとりが多数あります。そのため、ロボット・スマートスピーカーが受け付けるような**受付ロボット**やコンシェルジュへの依頼のAI化（**AIコンシェルジュ**）によって受付業務の効率化を行います。

飲食・婚礼・調理部門の特徴

宿泊部門と同様に、宿泊者とのやりとりを行う**AIコンシェルジュ**によってルームサービスの注文受付業務を効率化します。また、婚礼部門があるホテルでは、過去の婚礼プログラムと顧客の要望を合わせることで、お薦めの婚礼プログラムを作成し（**婚礼提案支援**）、ウェディングプランナーの業務を支援することも期待されます。

営業部門の特徴

ホテルは、曜日やシーズン、食事のプランなど多数の条件に合わせて料金を変える販売方式をとっているため、**ダイナミックプライシング（価格最適化）**によって、自動的に最適な価格に調整する方式が売上げや予約率の向上につながります。あわせ

［ホテル業］におけるAI・データ活用マップ

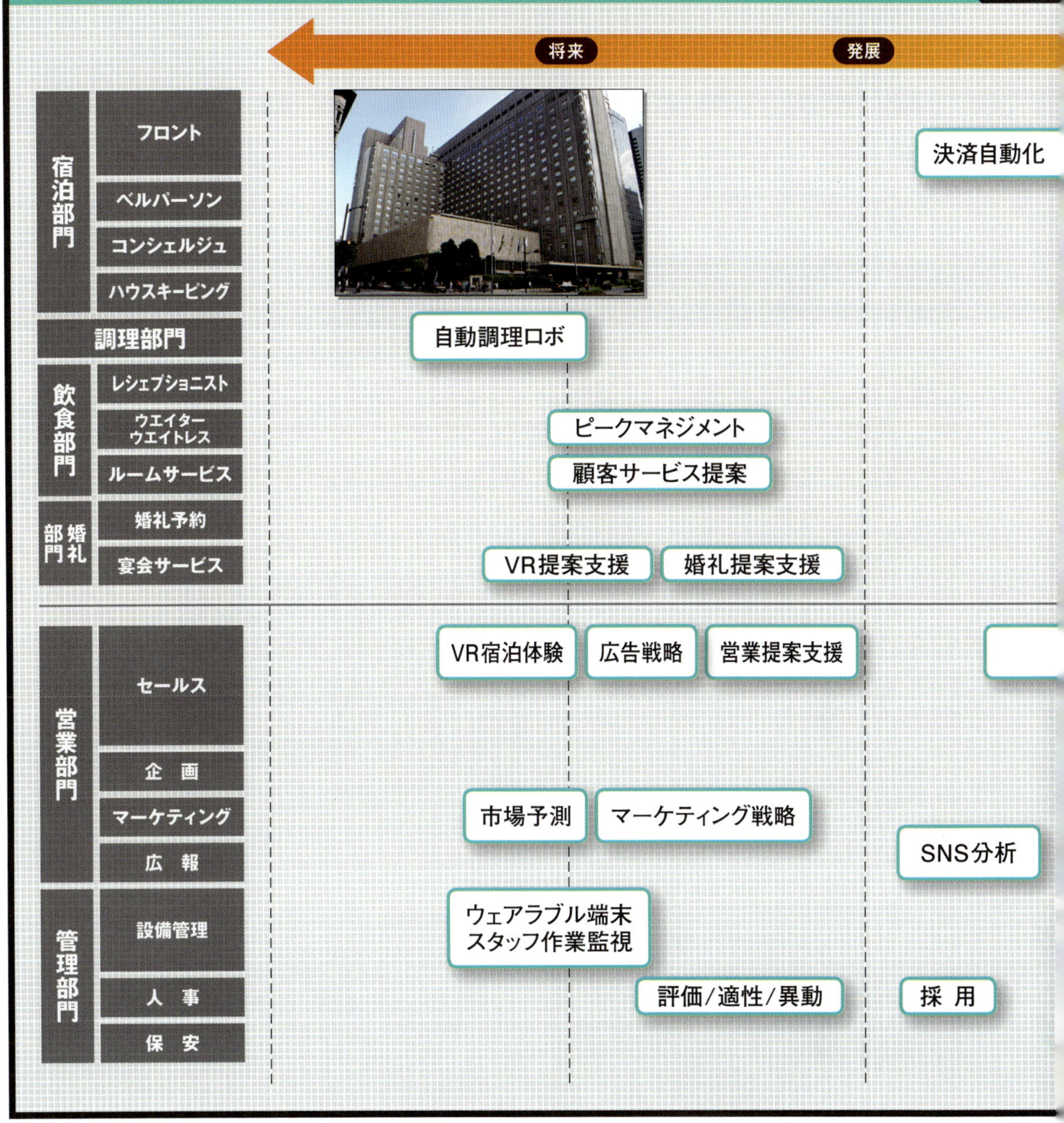

て**需要予測**を行い。客数が少ない日のテコ入れのためにイベントの企画などを行います。

また、イベントを行った際の効果を事前に見積もることが難しいことから、データを活用して効果を推定し、日程や内容を決定することが有効です（**イベント効果推定**）。加えて、ロビーや部屋の３Ｄデータを用意して、離れた場所でもホテルの様子を体験できる**ＶＲ宿泊体験**も顧客獲得のために取り組まれ始めています。

管理部門の特徴

ホテルの設備の管理は、データ活用と相性が良い業務です。画像やセンサーデータを活用した**設備点検**や、省エネに最適な量の冷暖房を行うための**空調管理**に活用できます。

ホテルは、アメニティ、寝具、室内衣類、清掃用品、生花など、多数の備品が必要であり、消耗や汚れることも多いため在庫管理業務が煩雑になりやすいです。そこで、在庫の減少量に応じた**購買調達**の自動化を行います。

また、防犯のために**顔認証**などの生体認証を活用することも有効です。

ハウステンボス、NEC、コイニー

スマート・コンビニ

入店時、店舗入口カメラに写る顔と登録された顔とで照合・認証。レジにおいて、購入商品をカメラで撮影・認識し、事前登録した商品画像と照合、購入商品リストを表示、商品購入時に顔認証による購入確認を行う。

スマート・コンビニの会計の様子

ハウステンボス

変なバー

「変なホテル　ハウステンボス」において、無人でお酒を提供する「変なバー」をオープン。店内に設置したタブレットで注文決済し、サーバーにコップを置くと自動でお酒を注ぐ。タブレット内の「アヤドロイド」というキャラクターが注文を受ける。アヤドロイドは、顧客との対話を通じてハウステンボスのアトラクションやお土産、レストランなどのお薦めも行う。

変なバーの様子

Hilton、日本IBM

ロボットコンシェルジュ

ロボットコンシェルジュ「コニー」を導入。コニーの中に搭載されたIBMのAI「Watson」は、ホテルに関する質問に答え、近くのレストランや観光地情報、サービス情報などを教える。顧客からの質問内容とコニーの回答内容はすべて記録され、宿泊体験の向上に活かされていく予定。

楽天

バーチャルウェディングシステム

結婚式場やチャペルの実写の静止画像を組み合わせて、「楽天ウェディング」が制作する3次元のVR映像を投影できるようにする。

バーチャルウェディング

FlyZoo Hotel

AIを活用したホテル

アリババグループが運営するホテル。スマホアプリで顔認識を用いて、簡単にチェックインとチェックアウトができる。顔認識は、チェックイン＆アウトだけでなく、エレベーターやルームエントリー、ジム、レストランなどさまざまな場所で使用される。また、ロボットが宿泊客を部屋まで連れていってくれる。ルームエントリーも顔認識で行う。レストランではロボットが料理を運ぶ。

Amazon

ホテル客室用AIスピーカー

宿泊施設向けに音声アシスタント機能「アレクサ（Amazon Alexa）」対応サービス「Alexa for Hospitality」を宿泊関連業向けに提供開始。客室内に設置されたスマートスピーカーを通じ、問い合わせやアメニティなどについてリクエストが可能となる。

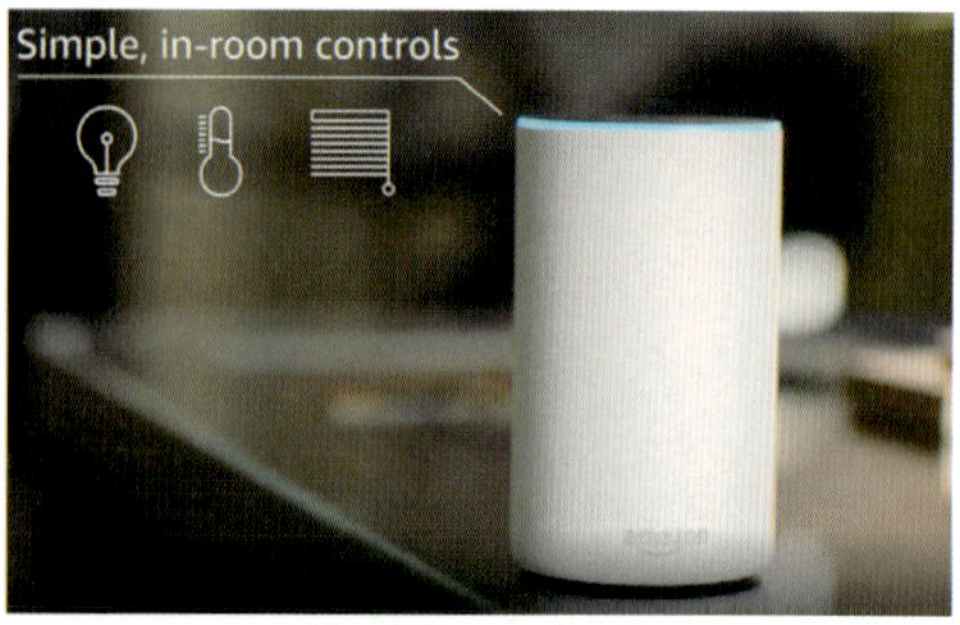

ホテル向けAlexaシステム

出所：Alexa for Hospitality
https://www.amazon.com/alexahospitality

活用事例

ホテル日航成田、リクルートライフスタイル

問い合わせ自動返答システム

顧客がホテルについて問い合わせる、チャット形式のAI問い合わせ対応サービス。定型的な問い合わせに回答してスタッフの業務量を軽減できる。

ホテル日航成田の
トリップAIコンシェルジュ

出所：トリップAIコンシェルジュHP
https://trip-ai.jp/chat/ 322196/

品川プリンスホテル、サビオケ、NECネッツエスアイ

ルームサービスロボット

サビオケが開発したルームサービスロボット「リレイ（Relay）」を導入。リレイは、スタッフの代わりに宿泊客が希望する物品を届ける。宿泊客が必要なものを頼むと、ホテルスタッフがロボットにそれらを搭載し部屋番号を押す。するとロボットは無線でエレベーターを呼んで、Wi-Fiと3Dカメラを使用しながら部屋に向かう。部屋のドアの前に到着したリレイは、部屋に電話して物品の到着を告げる。配達後には自律的に充電ドック（Dock）に戻り、待機する。

デリバリーロボット

出所：品川プリンスホテルHP
https://www.princehotels.co.jp/shinagawa/ntower/robot.html

NEC

「多言語音声翻訳サービス」の業務用小型端末

訪日外国人の接客が生じる空港やホテル、百貨店などに向け、外国語でのコミュニケーションを支援する「多言語音声翻訳サービス」専用の業務用小型端末。翻訳結果が文字で確認可能なため、安心かつ容易に会話を進めることが可能。

また、利用データの蓄積により会話内容や利用状況を見える化し、いつどんな問い合わせがあったかをレポートとして提供。これにより、各現場での来店客の「困りごと」が明確化されるため、接客力向上につなげることができる。

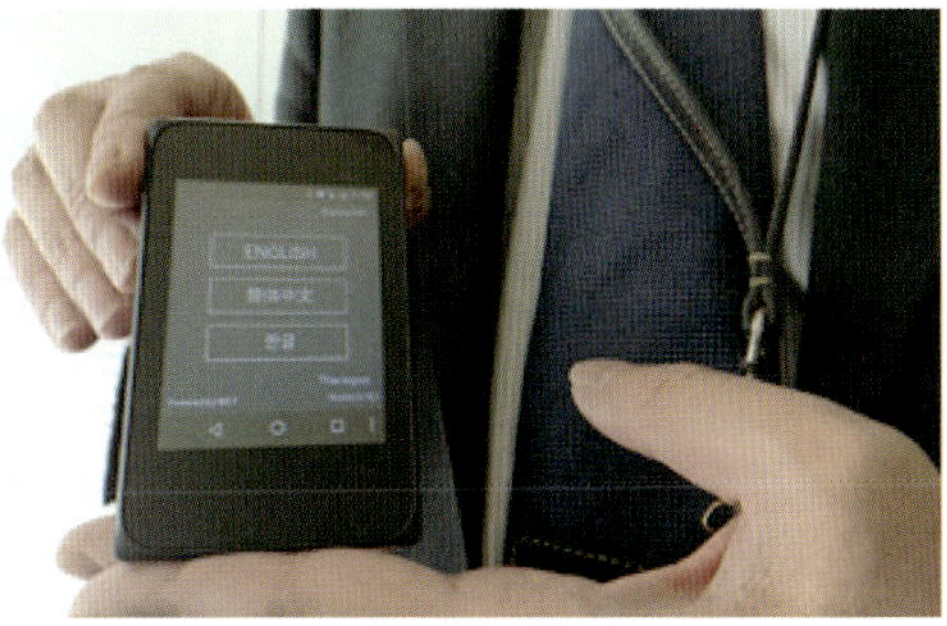

業務用小型端末

ホテルおかだ

FAQシステム

公式Webサイトの中で見ているページ（旅館、温泉、宿泊プランなど）に合わせて、しばらく時間が経つと下部によく寄せられる質問が出てくる。AIはアクセスされる頻度が高い情報を学習する。

ホテルおかだのFAQシステム

出所：ホテルおかだHP
https://www.hotel-okada.co.jp/

［旅行代理業］ＡＩが顧客に合わせた旅行プランを提案

Travel agencies

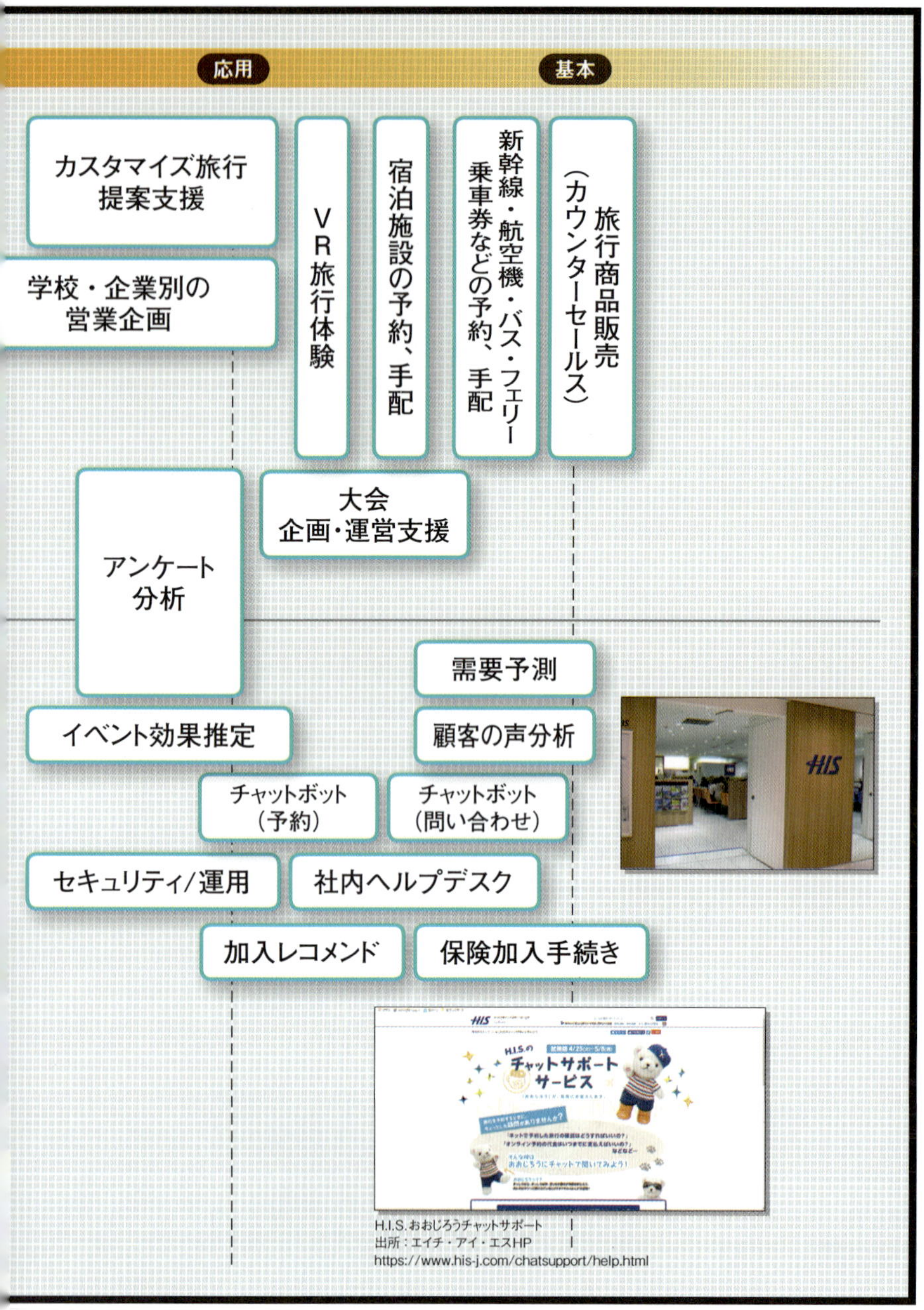

H.I.S.おおじろうチャットサポート
出所：エイチ・アイ・エスHP
https://www.his-j.com/chatsupport/help.html

旅行事業部門の特徴

旅行代理業は、旅行商品を販売するためにデータやＡＩを使った工夫を行うことがあります。旅行商品の販売時の応対や交通手段の予約・ホテルの予約を、**チャットボット**を用いてサポートするのがその一例です。近年は、個々の顧客に合わせたサービスを提案することで差別化を図ることもあり、顧客のニーズに合わせた**カスタマイズ旅行を提案**することが有効です。

他に、旅行中に立ち寄る名所や店舗を推薦する**旅行中のコンシェルジュサービス**などのように旅行中を快適にすることにも、ＩＴサービスやＡＩが関わっていくことが期待されます。

また、旅行のルート・ホテル・観光地などを３Ｄデータ化しておき、**ＶＲでの旅行体験**を提供するといった顧客が旅行のプランを立てやすくする施策も有効です。

さらに、**海外挙式提案支援**や**学校・企業別の営業企画**など、特殊な旅行の要望に対しては、過去の類似の旅行事例を学習したＡＩが旅行プランを検討したり、保険など不測の事態への準備のために事故の可能性を推定したりすることが有効です。

［旅行代理業］におけるAI・データ活用マップ

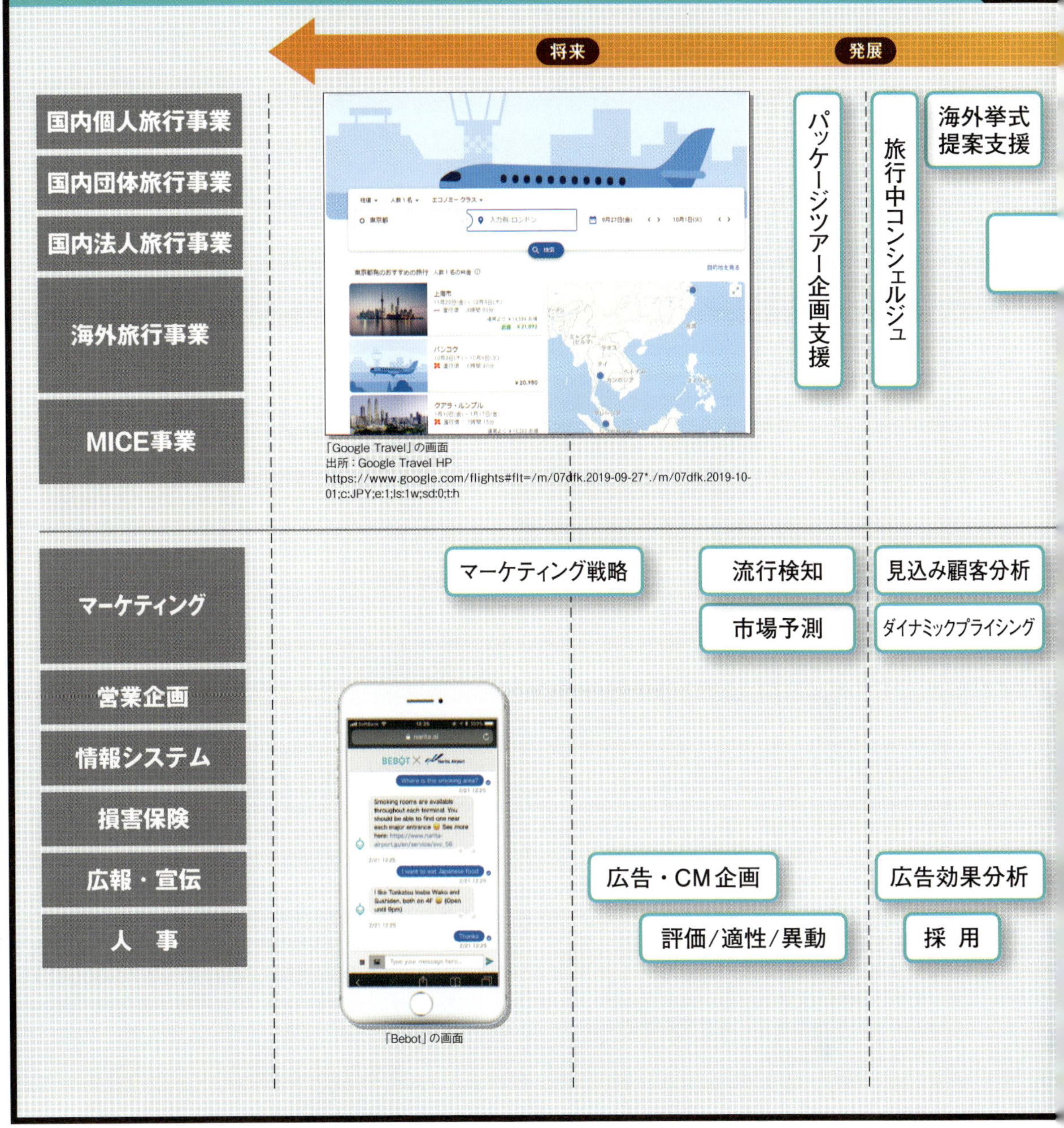

「Google Travel」の画面
出所：Google Travel HP
https://www.google.com/flights#flt=/m/07dfk.2019-09-27*./m/07dfk.2019-10-01;c:JPY;e:1;ls:1w;sd:0;t:h

「Bebot」の画面

将来は、顧客の評判や行動パターンなどを基にした**パッケージツアー企画支援**も期待される分野です。

マーケティング・営業企画部門の特徴

旅行代理業は、どの時期にどれくらいのツアー商品を取りそろえるかが売上げを大きく左右するためマーケティングが重要です。したがって、**需要予測**を基に飛行機・ホテルなどの確保を行うことや、**ダイナミックプライシング**によって価格のコントロールをします。

また、**見込み顧客分析**を行い、ダイレクトメールなどの営業活動をすることで過去の顧客のリピート率の向上を目指します。予約や問い合わせ対応において、**チャットボット**や音声認識などを活用して顧客の問い合わせ対応力を向上させるのも有効です。

旅行は、外国人観光客の数の変化や、新しい観光スポットの誕生など、年を追うごとにトレンドが変わります。そこで、**市場予測**や**流行検知**を行い、新しい旅行商品の企画を行います。

富士通、富士通研究所、Exest

外国人旅行者の潜在ニーズを探り、最適なプランをレコメンドする実証実験

日本を訪れる外国人旅行者向けに、AIにより旅行者の潜在的なニーズを捉えてツアーなどのアクティビティプランを提案し、その有効性を検証する実証実験。通訳案内士が考案したアクティビティプランと外国人旅行者をマッチングするプラットフォーム「WOW U」において、個人の属性と好みをマッチングさせ適切なアイテムをレコメンドするAIを活用し、年齢層や旅の目的などの入力情報から、外国人旅行者それぞれに適した豊富なプランを提案する。

プラン提案の画面イメージ

JTB

訪日客向けチャットボット

訪日客向け観光支援スマホアプリ「JAPAN Trip Navigator」を開発。チャットボットが観光情報を案内する。訪日客に人気の5地域（北海道、関東、京都・大阪、九州、沖縄）を対象に、JTBが作成した100通り以上の観光モデルプランを提供する。

「JAPAN Trip Navigator」の画面

店舗の営業時間や現地の様子を画像で確認できるだけでなく、ナビタイムジャパンが提供するスマホアプリと連携して観光スポットまでの経路を検索できるようにした。

JTB

レジャー施設検索サービス

「Amazon Echo Show」に対応するレジャー施設検索サービス「JTBおでかけチケット」を提供開始。音声を主体としながらも、必要に応じて画面表示やタッチ操作など多様な方法でのインターフェイスが可能になり、より自然で使いやすく魅力的な体験を提供することが可能。Amazon Payを実装しており、会話しながらハンズフリーで電子チケットの購入が可能。

お薦め画面

活用事例

ナビタイムジャパン
観光ガイドアプリ

気軽な会話のやりとりから、簡単におでかけスポットを検索できる。具体的に行き先が決まっていない段階で「おなかがすいた」「人気のお土産を買いたい」などといった質問にも、適切な回答が可能。

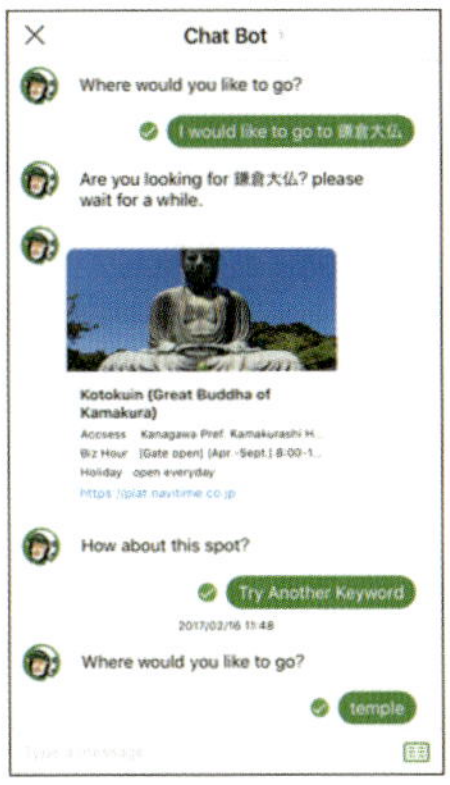

ナビタイムジャパンの
観光ガイドアプリ

Google
旅行アドバイザー・旅行プランナー「Google Travel」

旅行に関係する、行き先、ホテル、フライト、レンタカー、レストランなどを調べたり予約を確認したりすることができる。ユーザーの最近のアクティビティ（検索や保存、チェック中の料金など）に基づいた旅行先や旅行スポットの提案が表示される。また、Googleマップ、Chrome、YouTubeなど、他のGoogleサービスで行った過去の操作内容も分析対象として、提案結果に反映される。

「Google Travel」の画面
出所：Google Travel HP
https://www.google.com/flights#flt=/m/07dfk..2019-09-27*./m/07dfk.2019-10-01;c:JPY;e:1;ls:1w;sd:0;t:h

エイチ・アイ・エス、カラフル・ボード
チャットボット問い合わせ対応

オペレーターによるチャットサポートは受付時間が短いという課題があった。そこで、チャットボットとオペレーターを融合させたエスカレーションシステムによる24時間365日の顧客サポート対応を実現した。

H.I.S.おおじろうチャットサポート
出所：エイチ・アイ・エスHP
https://www.his-j.com/chatsupport/help.html

エイチ・アイ・エス
VRで海外のホテルを360度ぐるっと見学

ハワイ、バリ、グアム、ベトナムなどのホテルの設備や客室をカテゴリー別に確認できるコンテンツ。事前にVRで部屋を確認することにより、予約時に想像していた部屋の雰囲気・眺望と、実際に滞在している際との相違を減らすことができる。

エイチ・アイ・エスのVR端末
出所：エイチ・アイ・エス首都圏版HP
https://www.his-j.com/branch/vr/index.html

ビースポーク
訪日外国人向けAIチャット

訪日外国人向けAIチャットコンシェルジュ「Bebot」を東京駅エリアでサービス提供開始。東京ステーションシティの各施設やサービスに関する情報や、新幹線の乗り方、駅周辺の観光スポットなどを、英語と中国語で取得可能。駅窓口などの混雑緩和や訪日外国人の満足度向上が期待される。

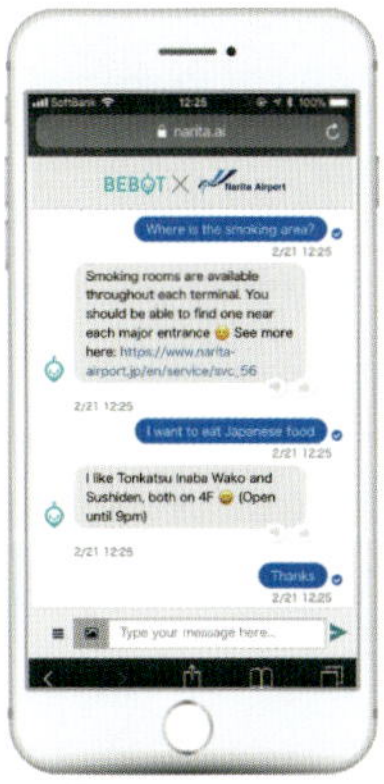

「Bebot」の画面

［外食業］
Restaurants

自動調理で効率化し、スタッフが手厚く来店客をサポート

中国のロボットレストラン

営業・商品開発業務の特徴

レストランに関する商品開発というと、**メニューの開発**になりますが、近年では、AIがレシピを検討する取組みが始まっています。

価格設定が売上数と強く関係があり、クーポンが普及している業界であることから、**クーポン配信**や**価格設定**においてデータやAIを活用することに相性が良い分野です。

レストランでは、何度も来店するリピーター・常連客をどのように増やしていくかが収益の安定化につながります。そこで、ポイントカードやアプリなどで来店回数を記録するとともに、来店回数に応じたサービスを行うことでリピートを促します。

他に、常連客になる可能性を推定してDMを送付するなど、AIを活用した**見込み顧客分析**を行います。

また、店舗の新規開店・閉店が多いことから、データを基に**店舗出店戦略**を行うことが有効です。開店候補地の周辺の人口や年齢分布のデータなどを基に店舗の売上げを開店前に推定したり店舗のタイプとの相性を分析したりします。

食材購買業務の特徴

外食業では、食材の仕入れが多く

[外食業]におけるAI・データ活用マップ

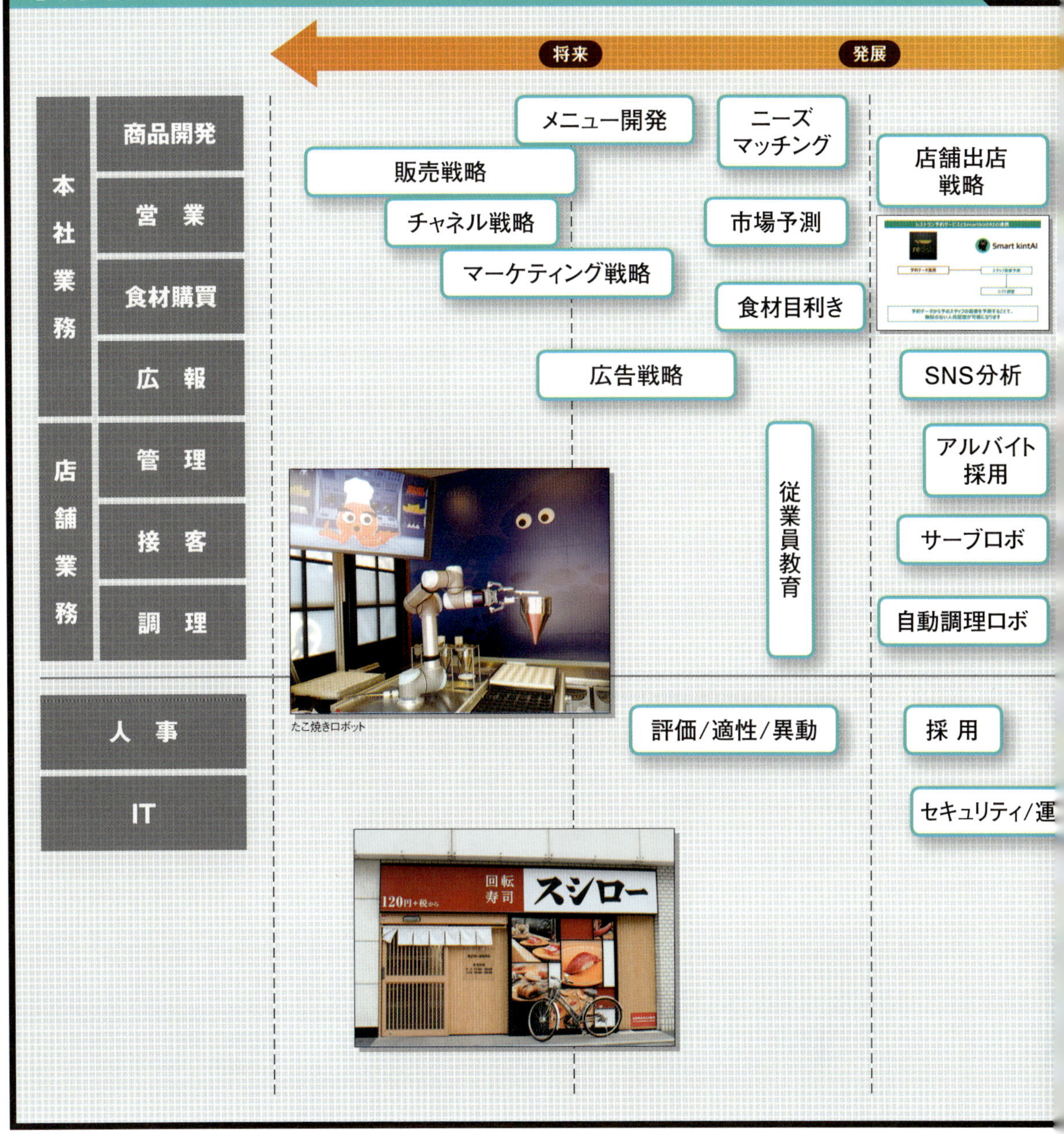

のコストがかかる重要な業務になります。そこで、**需要予測**を行い、仕入れ量を決定する必要があります。

将来的には生鮮品などの**食材の目利き**もAIが行うことで効率化される可能性があります。

店舗業務の特徴

レストランの店舗では、**スマートスピーカー**を活用して注文受付や接客を行う取組みが始まっています。顧客の注文内容や人数に合わせて商品を**レコメンドする**といったことがスマートスピーカーの活用例として考えられます。

外食業は、多くの店舗業務をアルバイトによって担っていることが多いです。そのため、**シフト管理**を効率的にやることが必要であり、AIを含むソフトウェアによって、自動的にシフト管理をすることが求められます。

他に、**自動調理ロボ**や**サーブロボ**などのロボットによって業務量を削減することが期待されています。接客に関しては、**スマートスピーカー**が人の代わりを行うとともに、AIを活用して顧客にメニューをお薦めします。

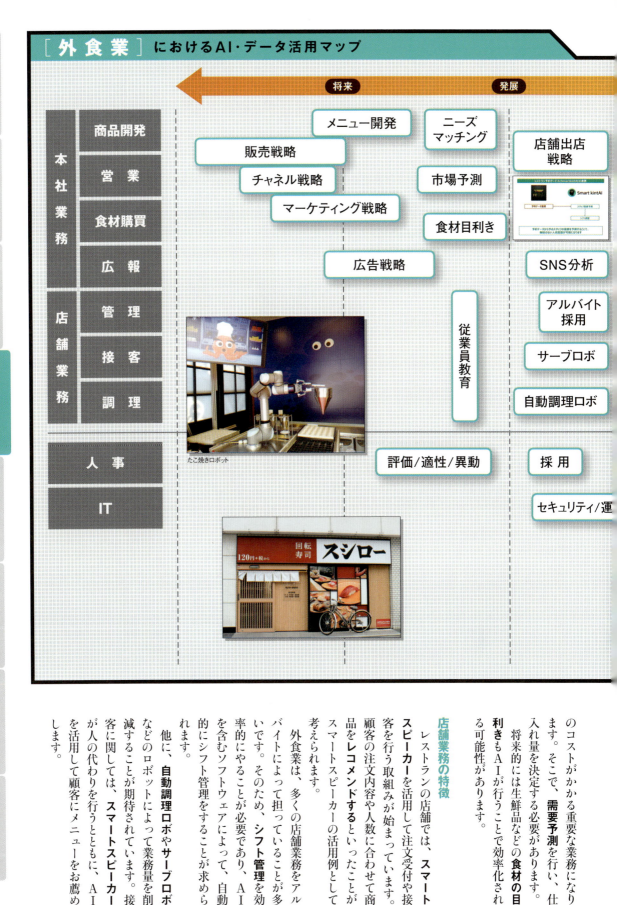

セコム、吉野家、エクサウィザーズ
飲食店のシフトを自動作成

勤務シフト作成の手間やシフト調整の心理的負担などを軽減。欠員のある時間帯や店舗などは一覧表示でPCやスマホから確認でき、スタッフが欠員の募集に応募できるほか、スタッフの勤務状況や欠員への応援実績などを基にAIが補充候補を管理者にお薦めする「AIリコメンド機能」も備える。

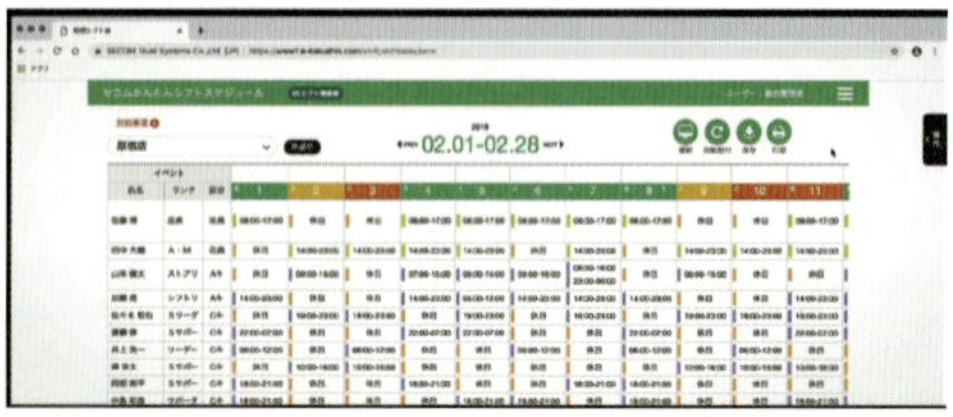

AIによるシフト表自動作成

出所：セコムトラストシステムズ「セコムかんたんシフトスケジュール」導入事例のご紹介～AIによるシフト表自動作成クラウドサービス～
https://www.youtube.com/watch?time_continue=71&v=fERmf2g7f1Q

ゴールドコースト観光局、クイーズランド州政府観光局
AIを使ってブレンドしたハーブティ

ゴールドコーストのリゾートで香りを採取。各スポットの香りの特性に近いハーブを選択。空気中の香りをデータ化し、それを分析してあらかじめ学習していたハーブの香りデータと照らし合わせる。最終的なブレンドはハーブサロン・イタリアンレストラン「HERBA MONDO」のオーナーシェフでありスペイシャルハーブデザイナーの石山圭氏が担当。

AIを使ってブレンドしたハーブティ

スシロー
回転すし総合管理システム

「1分後予測」では着席からの時間を基に、「15分後予測」では曜日や時間帯ごとの過去の注文傾向を基に、最適なメニューの量・種類をはじき出す。皿ごとのICタグからレーンの上を回っている距離を把握し、一定距離を過ぎたメニューは自動的に廃棄される。

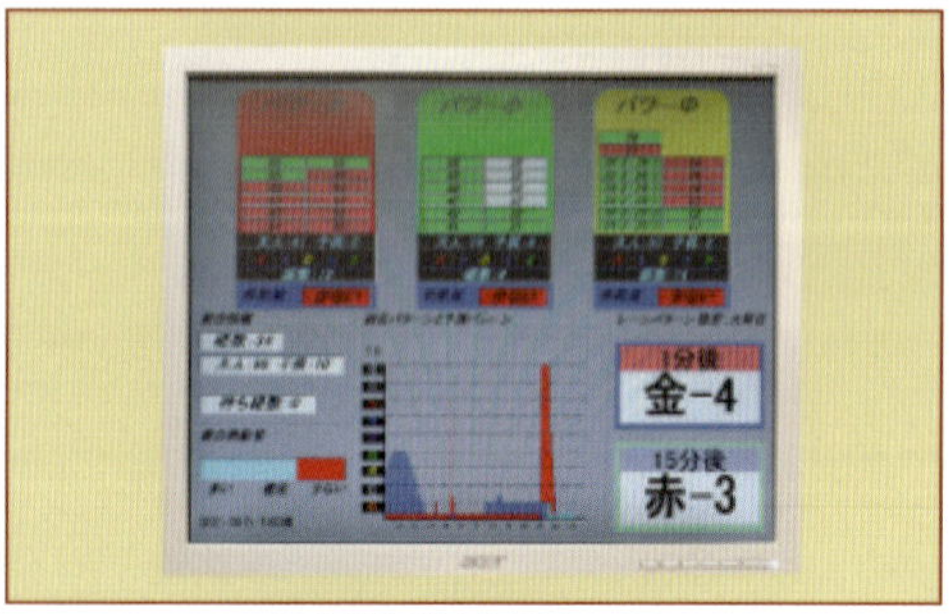

回転すし総合管理システム

出所：スシロー HP
https://www.akindo-sushiro.co.jp/recruit/rec/reason.html

鶏ポタ ラーメン THANK、日本Microsoft、ヘッドウォータース
常連客を識別してサービス提供

来店した顧客全員の顔を覚えることを目指し、AIとロボットを活用したクラウド型「顧客おもてなしサービス」の導入を開始。ロボットがスタッフの代わりに顧客の顔を覚えるシステム。

クラウド型顧客おもてなしサービス

専用のモバイルアプリに顔登録してもらい、店頭で食券を購入する前に、コミュニケーションロボットに顔を見せることで、顔認証により来店回数に応じたトッピングをプレゼントする。

活用事例

ロイヤルダイニング「天空の月」、ヘッドウォータース

AIスピーカーによる注文受付

飲食店員の負担を減らす。通常のオーダー方法と比較した場合、店舗スタッフの労力はおよそ50%減。

天空の月　渋谷の店内

やなか珈琲、NEC

飲める文庫

名作文学の読後感をコーヒーの味わいで再現したブレンドコーヒー「飲める文庫」を開発。レビュー文をコーヒーの味覚指標に変換する学習データを作り、それをAIに学習させて、文学作品別の味覚指標のレーダーチャートを作る。

飲める文庫

養老乃瀧、チャオ

年齢の判別

入店客の姿をカメラが速やかに捉え、読み込んだ画像を基にAIが自動で年齢を推定するAI機能付きカメラ「Ciao Camera」（チャオカメラ）。未成年者を認識し、該当者への酒類の提供を未然に防ぐ狙い。

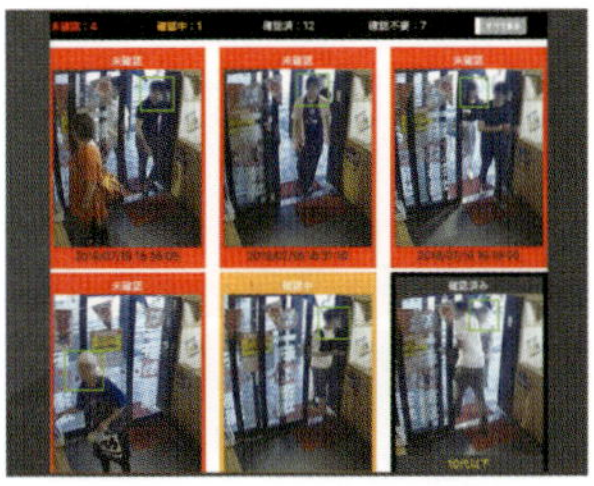

チャオカメラによる年齢認証

ゴールデンマジック、ユニリタ

餃子の焼き加減を見極める

「博多一口鉄板餃子」の検定試験を行っており、検定試験で使われた画像を教師データとして使い、AIによる「博多一口鉄板餃子」の評価モデルを作成。調理スタッフが作るメニュー画像を利用して、焼き方や盛り付けの評価ができる。検定試験前に事前に自主学習することで、品質の向上意識も高まる。

人材育成の活用画面イメージ

Moley

自動調理ロボット・モーリー

129個のセンサーと20個のモーターで構成されており、キッチンの天井部分にロボットアーム２個を設置した形で構成されている。ロボットは、人の手の構造を模倣して、ほぼ同じサイズで製作されており、洗練された腕の動作で調理器具を扱う。

自動調理ロボット

出所：The World's First Robotic Kitchen - TV Commercial
https://www.youtube.com/watch?time_continue=9&v=BSBTCOEdLkA

［テーマパーク］

Theme parks

データを活用した混雑緩和や、AIによるアトラクション・ショーの発展

ショー部門の特徴

ショーの開催においては、観客を楽しませるため、役者のみならず装置などを使った仕掛けを提供することがあります。最近は、ロボットを登場させたり（**ロボット演出**）、**AR**／**VR**を使った企画が行われたりしています。

音声認識とチャットインターフェイスの発達により、今後は顧客と自在に対話するロボットが演出に登場することが期待されます。

レストラン・フード・商品開発部門の特徴

アミューズメントパークのレストランや売店は、通常の店舗と業務的に大きな差はありません。イベントなどの来客数予測に基づく**在庫管理**や**シフト管理**が有効です。

将来的にはAIを活用した**無人店舗**や**自動調理**などが導入されていく可能性があります。

イベント企画部門の特徴

アミューズメントパークは、多数のイベントを企画して実施します。イベント内容と集客数増加の関係を基にした**イベントの効果推定**を行い、企画することが有効です。

［テーマパーク］におけるAI・データ活用マップ

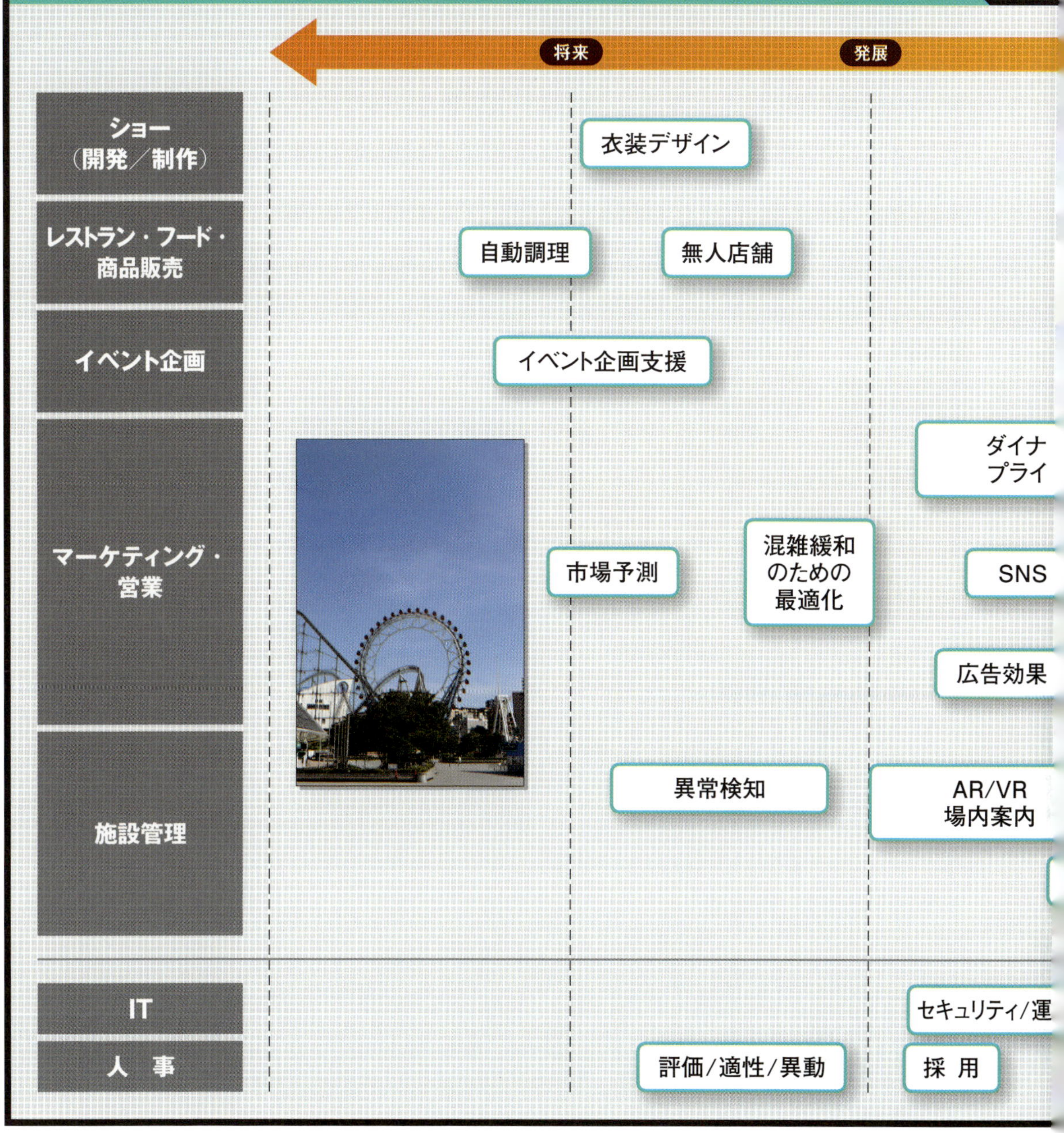

マーケティング・営業部門の特徴

アミューズメントパークはテレビ、ウェブ、看板広告、ダイレクトメールなどを使って新しいイベントの告知などの宣伝を行います。**来場者予測**を行い、来場者が少なそうな時期をターゲットにしたマーケティングや**広告効果推定**を行い、より効果の高い広告を行うことが有効です。

近年は、日によって価格が異なる**ダイナミックプライシング**も試験的に導入されることが始まるなど、**混雑緩和のための最適化**に向けた施策が拡がっていくと考えられます。

施設管理部門の特徴

アトラクションは一部が高速に動く設備であることもあり、安全管理が重要です。そのため、**設備点検**を綿密に行うと共に、**異常検知**を行うことが必要なことがあります。

また、**顔認証の入場**や**ARの場内案内**など、来場客の利便性を上げる施策や**防犯対策**や**迷子対策**に画像認識などを行うことで安心・安全な場内を保ちます。

活用事例

ユニバーサル・スタジオ・ジャパン(USJ)、NEC

年間スタジオ・パス保有者の顔パス入場

年間スタジオ・パス所有のゲストは顔認証による入場が可能。VIP感を味わえたり、入場自体をアトラクションのように感じられたりするなどの効果を想定。年間スタジオ・パスのカード発行が迅速になるほか、パスの紛失による悪用防止にも効果がある。

USJの入場システムの様子

ウォルト・ディズニー・ワールド・リゾート

マジックバンド

フロリダのディズニーワールドで使用されている腕輪型デバイス。リーダーにかざすことで、ホテルの部屋のドアの鍵を開けたり、パークに入場したり、レストランやショップで支払いができる。アメリカ国内の居住者だと事前に郵送され、空港の荷物の受取りも、シャトルバスの利用も、チェックインも、すべてマジックバンドで行うことができる。

百度(バイドゥ)

AI公園

気軽にAIが体験できるテーマパーク。海淀公園に無人運転バスなどAI関連の設備が導入され、人工知能が生活をどう変えるかを体験できる。他に、「人工知能歩道」の数カ所に顔認証カメラが設置され、登録をした人の動きを自動的に補捉し、ジョギングや散歩の距離、時間などを終点にあるモニターパネルで表示する。また、モニターに自分の姿が映り、太極拳の動作をガイドする枠線が現れる(AR太極拳)。

東京国際映画祭、富士通

生体情報によるオンライン認証を活用したチケットレス入場

東京国際映画祭で上映された一作品において、チケットレス入場の実証実験を実施。参加者は、事前に自身の生体認証方式を登録し、当日は登録した認証方式による本人認証後に配信される電子チケットを入場ゲートで係員に提示するだけで会場へのチケットレス入場が可能となる。転売・偽造防止といったセキュリティ向上や、チケットレスに伴う事業者の運営効率化が狙い。また、利用者視点においても、手ぶらでのスムーズな劇場体験に対するニーズを確認。

チケットレス入場の流れ

COLUMN

ROIが大きくなりやすいテーマとは?

AIやデータ活用のプロジェクトは、システム化や本格運用の前に、PoCと呼ばれる仮説検証を行うことが多いです。これは、データをAIに投入した際に結果が良いのか、データを学習させることができるのか、といった技術的実現性の検証と、AIの性能やその後の運用時の効果を評価し実用上の価値があるのかといったビジネス性の検証を兼ねて行うものです。

一方、PoCの結果、プロジェクトを中止して本格的な運用に至らないプロジェクトも多いのが現状です。これは、技術的な限界やデータの問題があり、はじめに想定していた精度が達成できないこともありますが、思ったより投資価値がないという評価結果によって止まってしまうことも多いです。

この問題は、最初にどのテーマ・業務にAIを適用していくのかという対象選定の段階で、ROI（投資対効果）が大きくなりやすいテーマを選んでいないことから起こることもあります。

では、ROIが大きいテーマとは何でしょうか。筆者は、次の2つが主にROIが大きくなりやすいテーマであると考えます。

①AIを利用する人の人数が多い対象

たとえばAIによる在庫管理のプロジェクトにおいて、それを従来行っている人が1人のときと、1万人のときでは、後者のほうが効果が出やすいです。なぜなら、従来行っている人が1人だとしたら、その人は知識と経験が豊富にあることが予想でき、高いクオリティの業務を行っている可能性が高いため、それを上回る効果をAIが出すのは簡単ではないからです。一方で、1万人の場合は、在庫管理が上手な人と下手な人が混在しており、下手な人については大きな効果が出やすいことからROIが大きくなります。

AIは、人間の中で最も高クオリティくらいの性能を出すことが多いため、そのクオリティに人を引き上げたときに価値が出やすい対象を選ぶのが良いです。

②AIが売上向上に直接寄与する対象

AIが金銭に関係する指標を直接操作するタイプの対象ともいいます。たとえば株の自動売買、ダイナミックプライシング、不動産の査定がこれに当たります。これらは、人の業務を変えることなく（=人的コストを変えることなく）売上げが直接変動するため、数%の改善が莫大な利益になりやすいです。

一方で、人の作業負荷を低減することを目的とするような、コストダウン目的のプロジェクトは、現在の人件費が効果の限界なので、効果が頭打ちになることがあります。他に、広告によるイメージアップなどの長期的なファン層の拡大などは、効果検証が難しく、世の中の情勢変更の影響も受けやすいため価値の試算ができず不向きであることもあります。

AI活用プロジェクトにおいての良いプロジェクトの基準は上記の2つだけではありませんが、上記を参考にしながら、対象選定のセンスや方法論を獲得するのが良いです。

［放送局］AIによるアナウンスや編集の支援や、CMのパーソナライズ化へ

Broadcasting

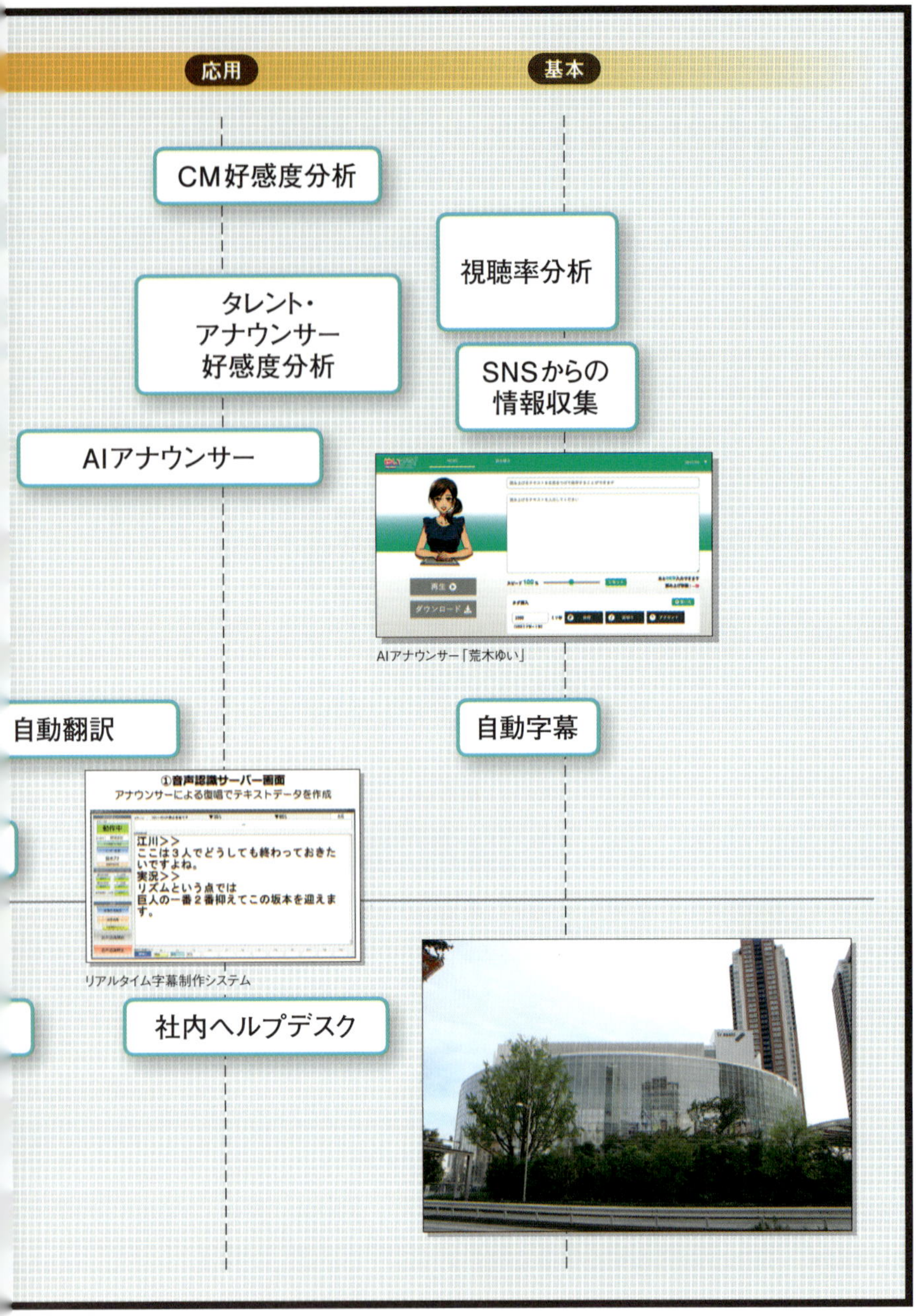

AIアナウンサー「荒木ゆい」

リアルタイム字幕制作システム

営業部門の特徴

民間の放送局は、CMを放送することで得るスポンサー料を収益の柱としています。したがって、企業を訪問してCMの枠を購入してもらえるように営業します。その際に、**CM好感度分析**や**視聴率分析**を行って、現在のCMが視聴者にどれくらい見られているかといったことを基に営業を行います。

将来的には、顧客ごとに**CM枠の推薦**を行うことや、スポンサー企業の製品の売上げとCM放送の関係を分析して**CMの効果分析**を行うことが期待されます。

編成・制作部門の特徴

番組編成においては、現状の番組の**視聴率分析**や**タレント・アナウンサー好感度分析**を基に、新しい番組にするかなどの編成を行います。

番組の制作においては、データやAIの活用の可能性が幅広くあります。報道番組の制作では、ニュースの読み上げをAIが行う**AIアナウンサー**や市中の緊急ニュースを**SNSから情報収集する**ことが始まっています。

また、新聞などの記事から**原稿の自動作成**をすることも期待されてい

［放送局］におけるAI・データ活用マップ

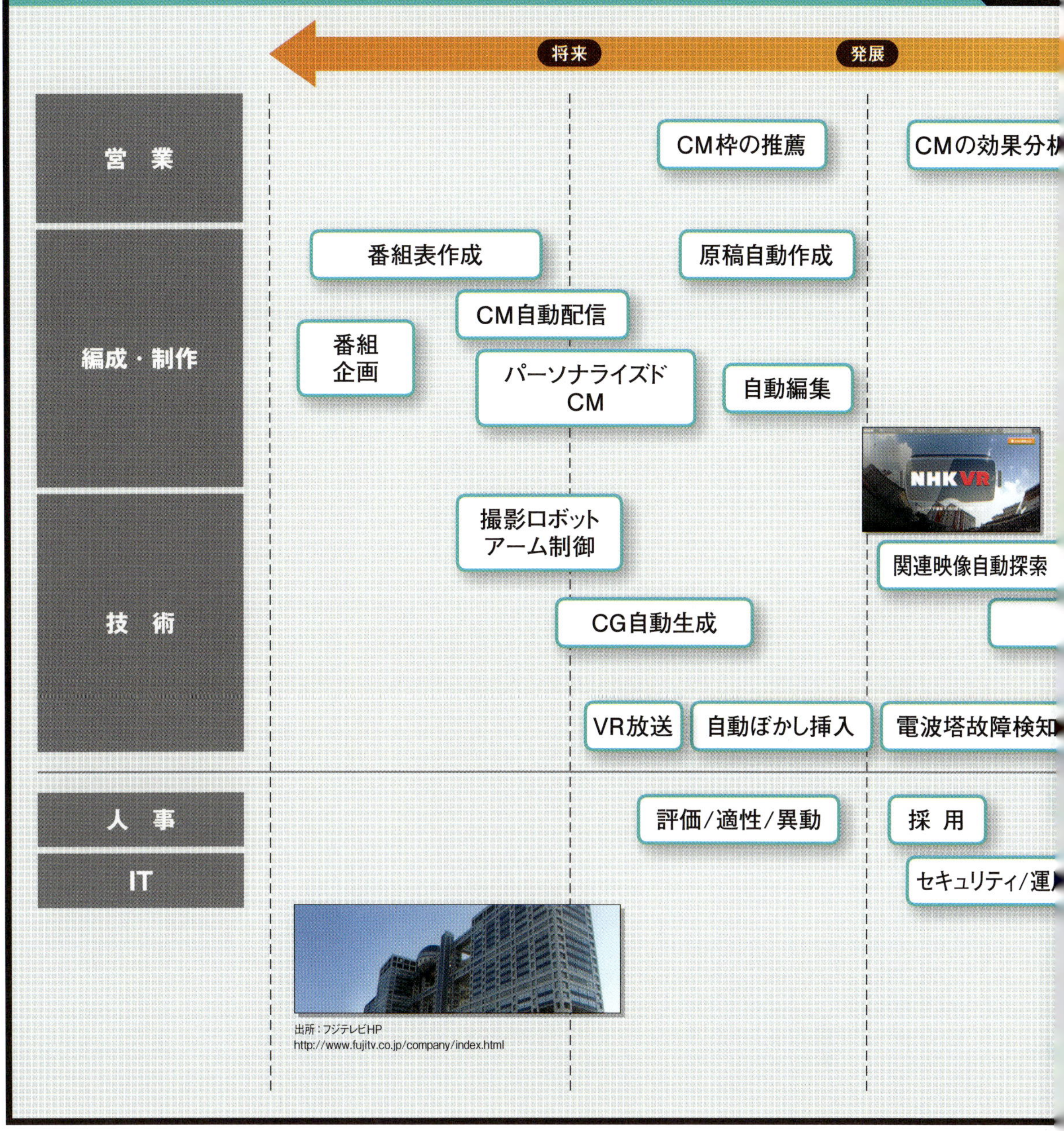

出所：フジテレビHP
http://www.fujitv.co.jp/company/index.html

ます。ドラマや映画などの製作においては、たとえば予告編のようなダイジェストの**自動編集**が取組みとしては始まっており、今後の発展が望まれます。

　徐々に始まっているインターネットでの放送は、個人の嗜好に合わせてCMを変える**パーソナライズドCM**が行われる可能性が高いです。

技術部門の特徴

　技術部門は、放送波を途切れさせないために、アンテナや電波塔を管理する業務をしています。そのため、**電波塔故障検知**などの設備管理の取組みが有効です。

　また、編集機器や生放送の番組切替えなどの設備を開発したり取りそろえたりする業務を行っています。**自動翻訳**、**自動字幕**、**自動ぼかし挿入**、**CG自動生成**などの番組制作を効率化する装置や、**VR放送**などの新しい放送の形の検討を行っています。

　また、撮影に人手がかかっているため、**撮影ロボットのアームを自動制御**することをAIが行い、スポーツ中継などの撮影を省力化することが期待されます。

NTTデータ

ニュース原稿の自動生成

AIを用いて、アナウンサーが読み上げる気象ニュース原稿を気象電文から自動生成。気象庁が過去に公開した気象電文と、過去にアナウンサーが読んだ気象ニュース原稿をセットにして学習する仕組みを構築し、気象電文から気象ニュース原稿を生成する規則を学習。

日本語の文法は人が読んでも違和感のないレベルで、意味の正しさにおいては多少の修正が必要なものの、おおむね気象電文と同じ内容の文書を作成できることを確認。

データアーティスト、電通

テレビ番組視聴率の予測

テレビ視聴率を予測するシステム「SHAREST」を開発。過去の視聴データ、番組ジャンル、出演者情報、インターネット上のコンテンツ閲覧傾向などのデータを基にディープラーニングのモデル構築を行い、放送前にテレビ視聴率の予測を行う。2019年現在、新バージョン「SHAREST_RT」になり、投入変数の拡大などを行うことで、より高精度な視聴率予測を安定的に行えるようになった。

NTTデータ

選手やショットごとの映像集をAIで生成

全英オープンゴルフ会場にて、AIを活用し、中継映像に自動でタグ付けする映像解析技術の検証を実施。来場者はハイライト映像だけでなく、選手やガッツポーズシーンなどのさまざまな切り口で編集した映像集から、一人ひとりの嗜好に合った映像を簡単に選んで視聴することができる。

東芝、東芝デジタルソリューションズ、日本テレビ

ロードレーサーを自動識別

走行中顔が見えないシーンが多いロードレース中継においても、高精度で選手を追従可能になる。選手の上半身と顔を同時検出し、その両方を利用して追従するハイブリッド方式の画像解析AIを採用。

1秒ごとの動画単位で画像を認識し、処理結果を記録する処理フローにより所属チーム名の自動識別をリアルタイムかつ98.1%の高い精度で実現。記録作業をしていたロードレース番組制作の人的負荷を軽減することを可能とする。

NHK

天気予報の手話CG

手話通訳士の動作をモーションキャプチャーで記録し、基本的な動作や表情などを表すCGをあらかじめ設定。気象庁が発表する天気や気温のデータと、天気予報動画のテンプレート、CGを組み合わせ、手話による動画を自動的に生成する。

手話CGの画面

出所：NHK HP
https://www.nhk.or.jp/strl/sl-weather/manual/

ソニー

AIを活用した映像制作支援ユニット

AIを活用した映像解析技術によって、リアルタイムにクリエイティブな映像コンテンツ制作を実現する、Edge Analytics Appliance「REA-C1000」を発売。動体や顔の検知、色や形状の認識など、複数の技術を機械学習させたAIエンジンを搭載している。接続したカメラの映像を自動的に解析しGPU上で処理を行うことで、映像内の特定の被写体の抜き出しや、それを他の映像と組み合わせてリアルタイムに表示することが可能。

REA-C1000

こうした映像制作に、専門知識や特別な機材を必要としないため、教育現場や企業など多彩な世界で、よりクリエイティブで魅力的な映像コンテンツを効率的に制作できる。

フジテレビ、日本Microsoft

自動翻訳で動画に字幕を付ける

音声認識技術と自動翻訳技術によって、動画内の音声を英語、中国語、スペイン語、フランス語に自動翻訳し、字幕を生成する。

活用事例

コラージュ・ゼロ、国際大学グローバル・コミュニケーション・センター

CM好感度予測システム「CREATIVE BRAIN」

過去のCM好感度データから各作品が持つ特徴とCM好感要因の相関を抽出し、テレビで放送される前の新たなCM企画の好感要因を推定したり、指定したCM好感要因から必要なCMの特徴・要素をキーワードとして提供したりする。

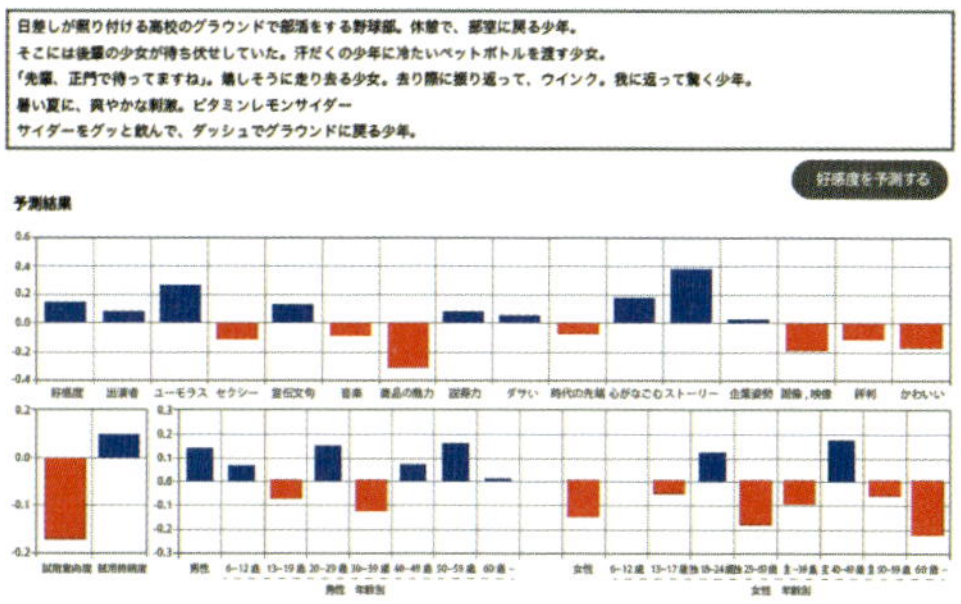

字コンテ入力でCM好感度を事前予測

NHK

AIアナウンサー「ニュースのヨミ子」

一部ニュースで、CG（コンピュータグラフィックス）によるリポーターが登場し、情報を伝える。事前にアナウンサーがニュース原稿を読み、録音した音声データを音素に分解。NHKのWebサイト上のニュース原稿を基に、音素を組み合わせて発声する。将来的には災害時など急を要する場合にも対応できるようにしていく。突発的なニュースにも素早く対応できるようにし、他の職員の仕事量を軽減させる効果も期待。

ニュースのヨミ子
出所：NHK HP
https://www.nhk.or.jp/voice/yomiko/

野村総合研究所

テレビCMの広告効果を予測

制作された未公開のテレビCMについて、「どの程度の広告効果が見込めるか」を予測。野村総合研究所が提供する「インサイトシグナル」サービスで収集しているシングルソースデータを分析することにより、テレビCMの効果を高い精度で予測するモデルを開発。

当該テレビCMを放映した場合、そのCMがきちんと認知されるのか、そのCMによって消費者の購入・利用意向がどの程度上がるかについて、それぞれ「CM認知スコア」「購入・利用意向スコア」という数値で、定量的に予測。

フジ・スタートアップ・ベンチャーズ、フジテレビラボ

SNSのニュース画像／映像収集

SNSにアップされた事件・事故の画像をAIで解析するSpecteeと業務提携。SpecteeはAIを用いてSNSにアップロードされた事件や事故、火災や自然災害などの映像や画像をSNSからリアルタイムに収集し、「Newsdeck」と呼ばれるサービスで報道機関向けに提供する。

Newsdeck

IBM

映画の編集

IBMのAI「Watson」が20世紀フォックス社の映画『モーガン（Morgan）』のトレーラーを作成。映画の中から印象的なシーンを抽出し、編集。Watsonは、観客の緊張感を最大限に盛り上げる10シーンを選択。人間の編集者が少し手を加えはしたものの、人間が10日から１カ月かかる作業を24時間で終えることができた。

詳細解説

キャンペーン企画・価格設定

ROIの算出例

- **売上げが3%増加**
- **客単価が5%増加**

目的

- **商品やサービスの購入顧客増加による売上増加**
- **商品やサービスの売価上昇**

- ショッピングモール・テーマパーク・観光地などの集客が重要な施設や企業では、イベントなどさまざまなキャンペーンを企画して実施します。多くの場合は来客数の増加を目的にしています。
- キャンペーンの企画は、レストラン・百貨店・コンビニを含む多くの店舗や、インターネット放送・映画・書店などのコンテンツ販売においてもキャンペーンを行い、売上増加を図ります。
- スーパーマーケットやドラッグストアなどの小売店では、同じ商品でも日々価格が異なる状態であることが多いです。価格の変更は、広義にはキャンペーンのひとつと考えられるため、あわせて解説します。

典型的なシステム構成と業務プロセス

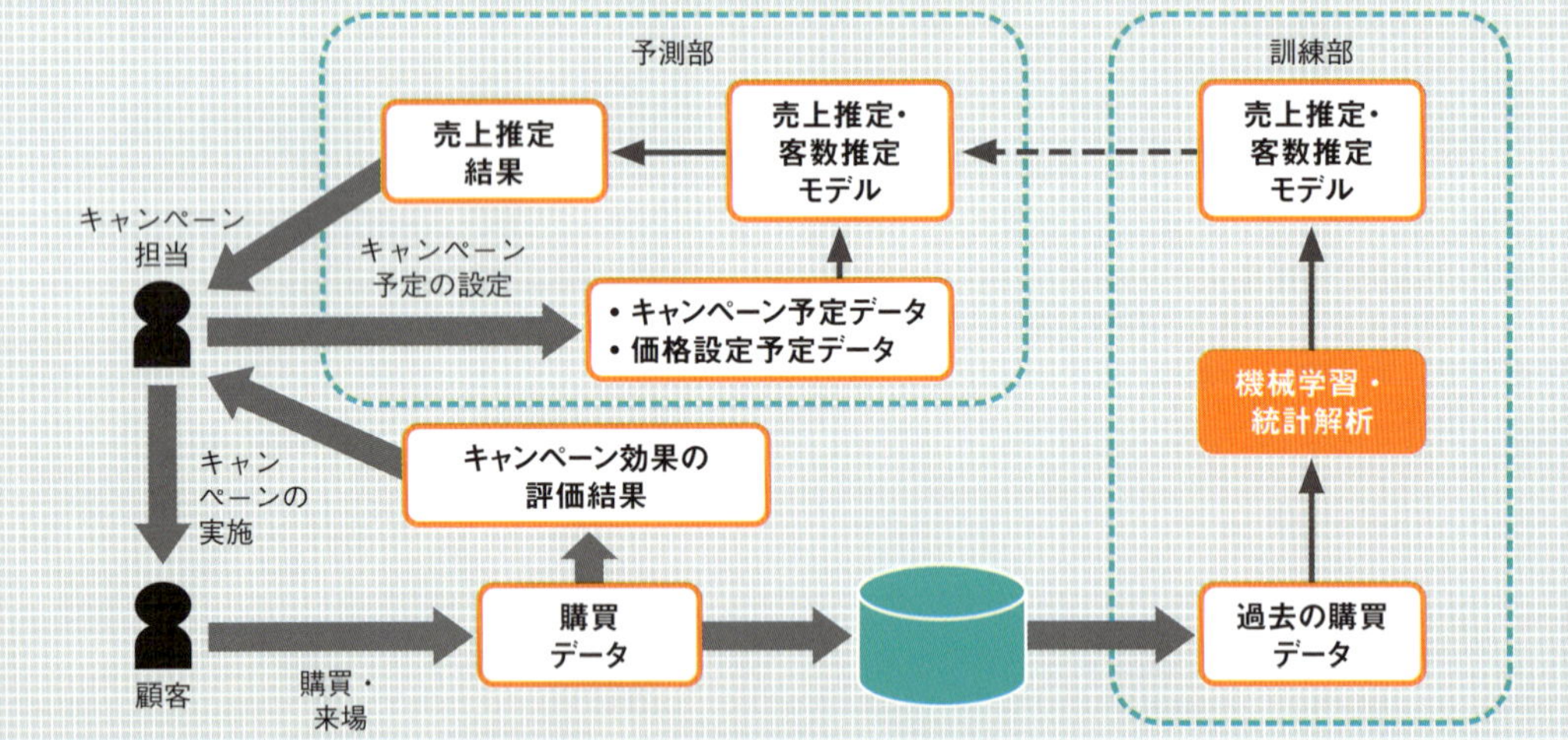

- 上図はキャンペーン担当者がキャンペーンの予定や価格設定を人手で行うケースのプロセスです。価格設定の場合は、自動で最適価格を算出する機能をさらに追加することが多いです。キャンペーン担当者は、次のキャンペーンの予定や価格の予定を入力し、売上げの増加可能性を確認しながらキャンペーンの決定を行います。またキャンペーン実施後は、実際の購買記録などから効果の評価を行います。

分析方法

ステップ 1

キャンペーン予定に基づく売上増加量の推定

- キャンペーン内容と売上げ（販売数）や客数の関係を分析します。単純には、キャンペーン期間と通常期間の販売数を比較することで効果を調べます。繰り返し行われるキャンペーンにおいては、統計検定や相関分析を行うことで効果を確認することがあります。

- データの期間が長期間の場合、売上げや客数を目的変数（推定対象）とした推定モデルを作成します。モデルの作成時に、キャンペーンの量や内容を変数として入れます。これによって、キャンペーンの効果がある場合にモデルに反映されます。業態によってはキャンペーンの内容が毎回違うなどモデルを作成するのに適していないことがあり、その場合は、CMの想定視聴者数（GRP）・キャンペーンに関するDMの閲覧数・SNSの言及数などの指標を入れます。このようにキャンペーンの内容によらない統一的な指標を入れることで、モデルにキャンペーンの効果が反映されやすくします。

ステップ 2-1

価格変更に基づく売上増加量の推定

- ステップ1と同様に、売上げや客数を推定するモデルを作成します。その際に価格変数を説明変数として入れることで、価格変更による変化をモデルに反映させます。よく行うのは、目的変数を客数や販売数にすることです。一般に価格上昇は販売数を減少させる効果があります。一方、売上げ＝価格×販売数ですから、価格を上昇させたときに売上げが増えるときも減るときもあり、売上げが増加するかどうかや、売上げが最大になる価格がどれくらいかを分析します。

ステップ 2-2

価格の自動決定

- ステップ2-1で価格変更による売上げ（または客数）の変動効果がモデル化されると、それに基づき価格を自動的に決定します。多くの場合は、売上げ＝販売数×価格を最大化するような最適化のプログラムを作成して実行します。

- ホテル、スタジアム、エアラインなど、「販売対象の日時」と「販売限界数」がある場合は、より複雑なモデルの作成が必要です。「高くしすぎて販売締切日時になっても在庫が余ってしまうこと」や、「安くしすぎて早めに在庫がなくなってしまうこと」なども考慮する必要があるからです。このようなケースでは、販売数の予測モデルを日単位などで予測できるように作成し、締切時までの総売上げが最大化されるようにします。

ステップ 3

長期的なキャンペーン計画の作成

- 不定期に行うイベントは、実行する時期が重要であるため、いつ行うと最も効果があるかを検討します。たとえば、ショッピングモールにおいてイベントを実施する際に、年間のイベント計画数に対して、どの日にどのイベントを実施するかを検討します。集客が多い休日などにイベントが行われることが多いですが、施設の混雑を考慮してバランスよく配置することも求められます。

データ加工のポイント

▪顧客タイプ別の販売数を集計して分析

- キャンペーン効果は、すべての人に等しい効果があることは少なく、特定のグループに効果があることが多いです。そこで、販売数を顧客タイプ別に分割して、グループごとの販売数を目的変数として分析することで、効果の大小がはっきりと表れることが多いです。
- 顧客タイプの分け方として、年齢・性別・居住エリア・会員種別・家族構成などが考えられます。

▪相対価格などの価格系変数の加工を実施

- 価格と販売数の関係の分析は、類似商品との価格差が重要になることが多いです。したがって、単に価格の値を変数で入れるだけではなく、同じカテゴリーにおける商品価格の平均値や最大値との差など、「対象商品の相対的な価格」を変数にして投入することで、より正確な効果を分析できます。

利用データ

①販売・集客実績データ

- 販売数、客数、予約数、価格設定履歴

②キャンペーンのデータ

- キャンペーンの内容・時期など

③カレンダーデータ

- 価格設定の履歴データは、販売数が 0 であった日のデータも必要であることに注意が必要です。

▪典型的な追加データ

- キャンペーンに関する告知データ
  ⇒広告の量・時期などを記録しておき、変数として用います。
- SNSのデータ
  ⇒広告の効果やイベントの盛り上がりを定量化するのに用いることができます。

分析時に注意すべきポイント

①効果の評価が難しいことがある

- キャンペーンを行った際の販売数増効果は、キャンペーンと関係がない世の中の変化や季節性などの影響を排除しながら行う必要があり、大きく需要が変動し続ける業態では難しいことがあります。
- DMやWebサイトにおける広告など、キャンペーンの対象者と非対象者を明確に分けられるケースでは、効果の評価を行いやすいことが多いです（A/Bテストと呼ばれることがあります）。A/Bテストは、同じタイミングに施策を行った人と行わなかった人がいることから、効果の評価がしやすくなります。

②長期的な効果を分析することの難しさ

- たとえば、価格を値上げして売上げが増加した場合でも、（年単位などの）中長期的に見た場合に常連客が減少してしまうのではないかといった懸念が生じることがあります。施策には短期的な効果と長期的な効果があり、長期的な効果に関しては、統計解析や機械学習といった分析手法では表現しきれないことが多くあります。CMによるブランドイメージの向上などもこれに当たります。
- 長期的な効果は、短期的なイベントや世情が反映されやすい販売数の分析だけではなく、アンケートなど主観的な評価も交えて観測することが有効です。顧客満足度評価、ブランドイメージ調査、NPS調査などを定期的に行い、顧客の評価の変化を観測しながら施策を積み重ねていきましょう。

Chapter 5

インフラ

通信業

鉄道業

航空業

空港

道路・交通インフラ管理業

エネルギー業（ガス・電気）

石油および
天然ガス生産・販売業

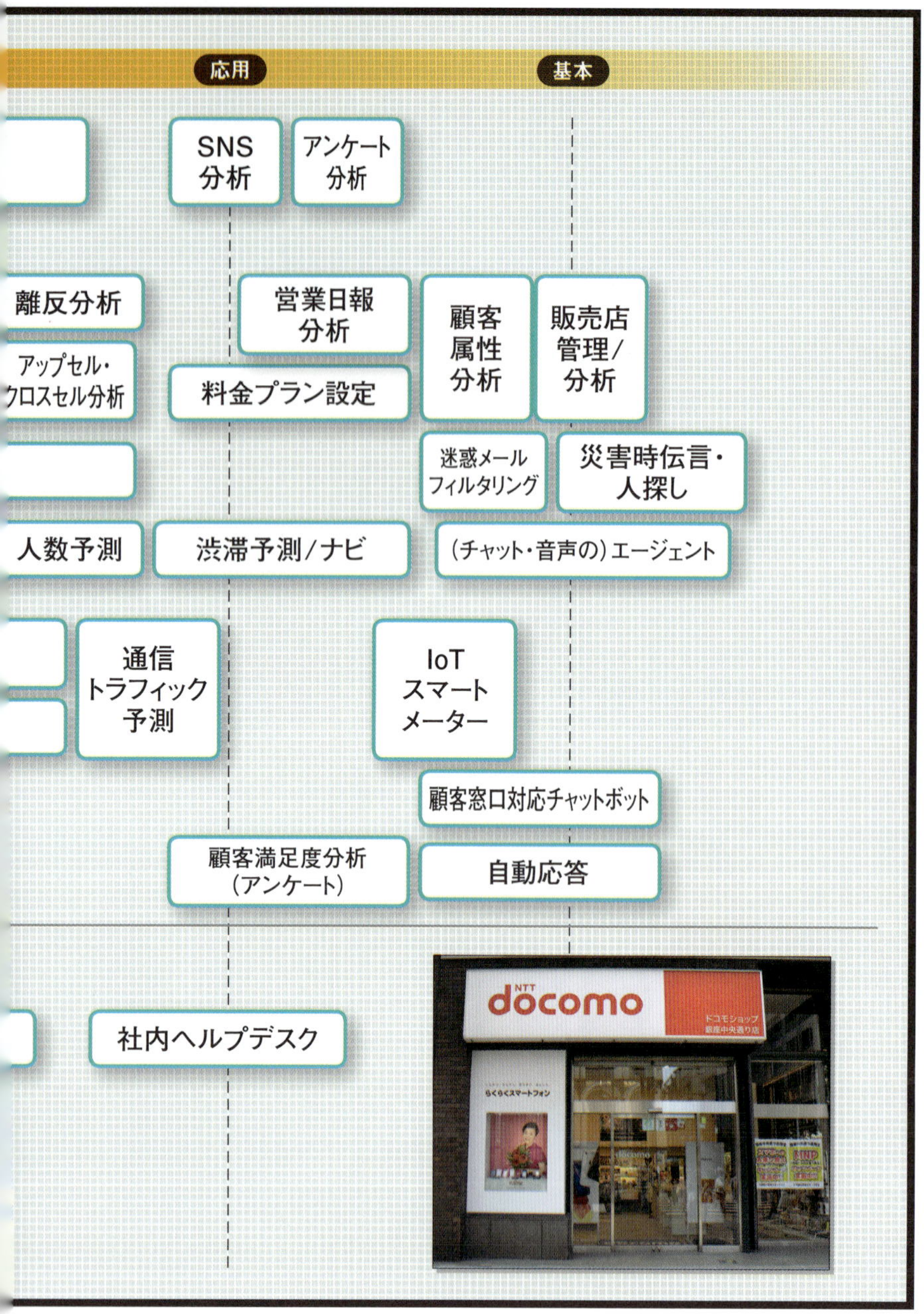

［通信業］

Telecommunications

通信品質維持にAIを活用しながら、新しいサービスにトライ

広報業務の特徴

通信事業はテレビやインターネットでのCMを多く行うことから、CMの好感度やCMの評判分析、他社の広報効果との比較についてデータを基に行うことが有効です（**TV視聴率分析**）。

営業業務の特徴

通信事業においては、携帯電話・固定電話・インターネット通信の多くが他社からの乗換えや引越し、結婚などの生活環境の変化時の契約変更によって、新しい契約が発生しています。そこで、**離反分析**や**アップセル・クロスセル分析**など、現在の顧客が離反するかや、追加の契約をするかについて分析して顧客別の施策を検討します。

サービス提供業務の特徴

携帯電話事業者は、通話・メール・インターネットの通信サービス以外にも多種のサービスを企画して提供しています。

どこに何人の人が滞在しているかを推定できることにより、**災害時の避難支援**・**渋滞予測**・**将来人口予測**などの新しいサービスが検討され、開始しています。

［通信業］におけるAI・データ活用マップ

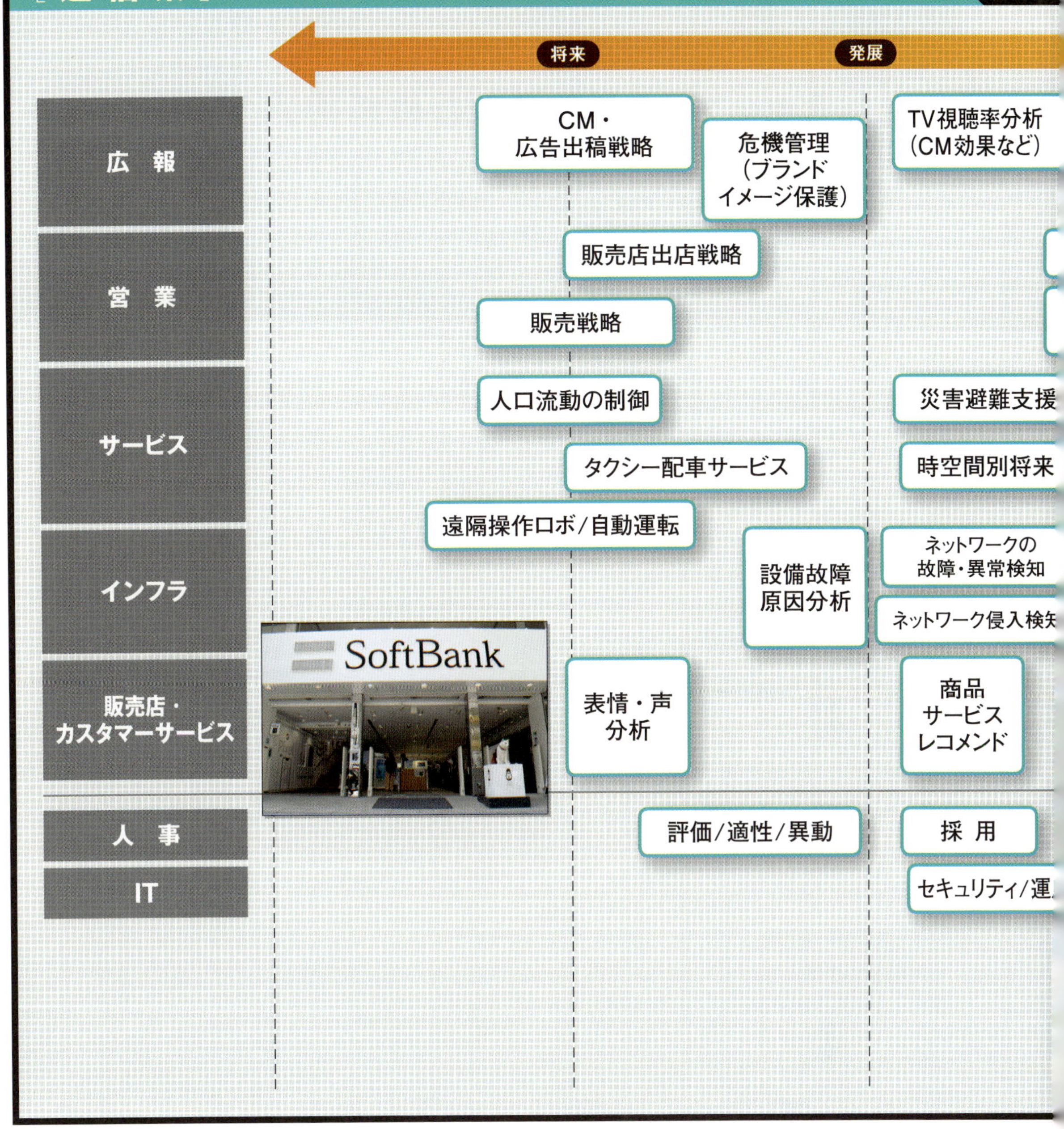

販売店・カスタマーサービス業務の特徴

通信事業は、契約の変更や端末の購入を販売店や電話、インターネットで行います。顧客対応の良し悪しが直接契約数の増減につながるため、**顧客満足度を分析**することが有効です。**チャットボット**などによって、コンピュータが顧客対応を行うことも今後さらに進むと考えられます。

インフラ管理の特徴

通信事業者は、通信の品質を維持することに多数の人手と費用をかけています。**通信トラフィックの予測**を行い、混雑するところに関して、基地局の増設や設定変更を行います。また、展示会、スポーツ、音楽、祭りなどの大規模イベントにおいては、その需要を予測して、移動基地局などの対策を行います。

ネットワークの故障・異常検知や**侵入検知**を行うことで、不測の事態を防ぐことも重要です。

COLUMN

チャットボットを何のために導入する?

日本で最も多く作られている「AI」はチャットボットと考えられます。チャットボットのツールやサービスを提供する企業は100以上あり、サービス申込みの受付・商品の推薦のみならず、旅行やマネープランの設計、医療における問診など幅広い対象に活用されています。

チャットボットの導入目的は、これまで電話や対面で受け付けて人が会話したり判断したりしていたものを代替することです。したがって、導入した企業にとっての効果は「コスト削減」が代表的なものとなります。

一方で、チャットボットの利用者側にとっては、チャットボットはどういう効果があるでしょうか。チャットボットの利用者側から見た効果は、たとえば次の3つがあります。

①問い合わせ可能な時間帯の拡大

これまで受け付けていなかった深夜や休日に受け付けることで、利便性が向上します。

②たらい回しの削減

役所における手続き方法の問い合わせなど、多数の電話窓口があり、どの電話番号に掛けたら良いかわからないケースにおいて、電話を掛けることなく目的の窓口を知ることができます。結果的に目的の窓口までたどり着く時間が削減されます。

③覚えきれない手順の再現

法令を読み込んで、必要な手続きをすべて手順通りに行うケースのように、人が覚えきれない手順を再現するケースにおいて、手順の提示だけではなく、途中状況の管理をチャットボットが行います。長い手順の伝達と状況再現は、長時間の通話になることもあるため、電話では賄えないこともあり、チャットボットの効果が大きいです。

利用者に喜ばれるチャットボットを作るために、上記のように利用者側から見た効果を想定・試算してチャットボット化する対象を選ぶのが良いです。

NTT

効率的なネットワークオペレーション

異常検知技術・因果解析技術を活用。メンテナンスフリーなネットワークを構築し、少人数で確実・高度なネットワーク運用を実現する。

KDDI、エリクソン・ジャパン

ネットワークの最適化

通信品質のさらなる向上を目的として、AIを活用したネットワーク最適化の手法を開発。AIが自律的に各基地局から収集したデータを基に最適なパラメーターの提案を行い、調整が可能となる。ネットワーク全体のデータ収集・分析と各種パラメーターの策定の工数が短縮される。基地局ごとに個別調整が容易となるため、さらなる通信品質の向上となる効果もある。

活用事例

NTTドコモ
乗車需要予測

AIを活用したリアルタイム移動需要予測技術で未来のタクシー乗車需要を予測するサービス「AIタクシー」を提供。人口統計データ（モバイル空間統計）とタクシー運行データなどから、未来のタクシー乗車台数をエリアごとに予測。

AIタクシーの車内

出所：NTTドコモHP
https://www.nttdocomo.co.jp/biz/casestudy/tokyomusen/

NTTドコモ
スマホの解約予兆検知

スマホの解約予兆検知モデルを作成。モデルに従って抽出した顧客ターゲットを対象にDMを発送。従来通りのやり方でDMを発送したときと比べて、DMを送らなかった人との解約率の差やスマホの買替えなどの比較で、3倍以上の効果を確認できた。

NTTドコモ
大規模イベントの混雑予測

スポーツの試合や花火大会のような大規模イベントで、開始前は施設の最寄り駅が混雑し、イベント開催中は施設周辺に人が集中、開催後は周辺繁華街に拡散するといった人の流動に対し、近未来の人数分布を利用した警備員の動的配置により、事故・防犯対策の強化につながる。あるエリアにおける過去の人の増減が周辺エリアの人数の変動にどのような影響を及ぼしているかを学習し、数時間先の人数を予測。

NEXCO東日本、NTTドコモ
渋滞予測

リアルタイム人口統計と、NEXCO東日本が持つ過去の渋滞実績および当日の帰省情報を掛け合わせることで、AIが渋滞を予測。

NTT
ネットワーク障害の原因を推定

ネットワーク障害の原因を推定するAIを開発。障害時にネットワーク装置から発生されるアラートなどのイベントから、障害特有のイベントの組み合わせを抽出し、障害原因とイベントのルールを導き出す。原因分析に要する時間を数秒程度に短縮可能。

ソフトバンク
ネットワークの監視

監視システムから上がってくるアラート（警告）を、IBMのAI「Watson」を使って順位付けし、対応。ネットワーク保守部隊の監視業務で、アラートの発生から対応までの時間が10分の1に短縮。

NEC
通信事業者ネットワークの運用効率化

携帯電話の基地局と基地局制御装置をつなぐモバイルバックホールの設計計画・運用業務を効率化。AIの予測結果に基づく最適な定期保守が可能になり、保守効率の改善が期待できる。

ソフトバンク
点検業務の効率化

さびや亀裂、ボルトの緩みや欠落、内部欠陥などを自動で検知し、点検業務を効率化するサービスを開発。ドローンで撮影した基地局の画像から高精度3Dモデルを生成し、計測した画像からゆがみや傾きを確認する。

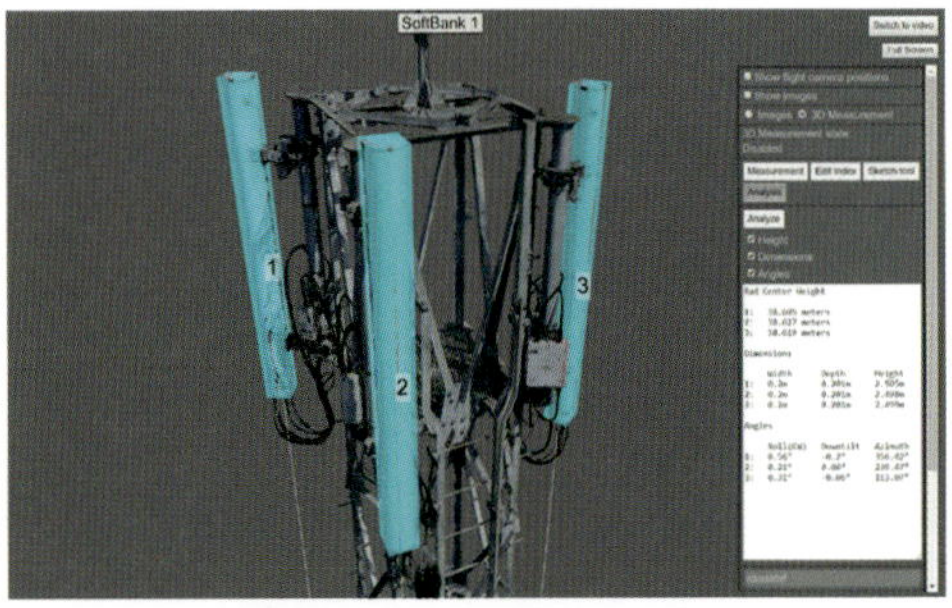

ドローンで撮影データから高精度3Dモデルを生成し、ゆがみや傾きを確認する

出所：ソフトバンクHP
https://www.softbank.jp/corp/news/press/sbkk/2018/20181107_01/

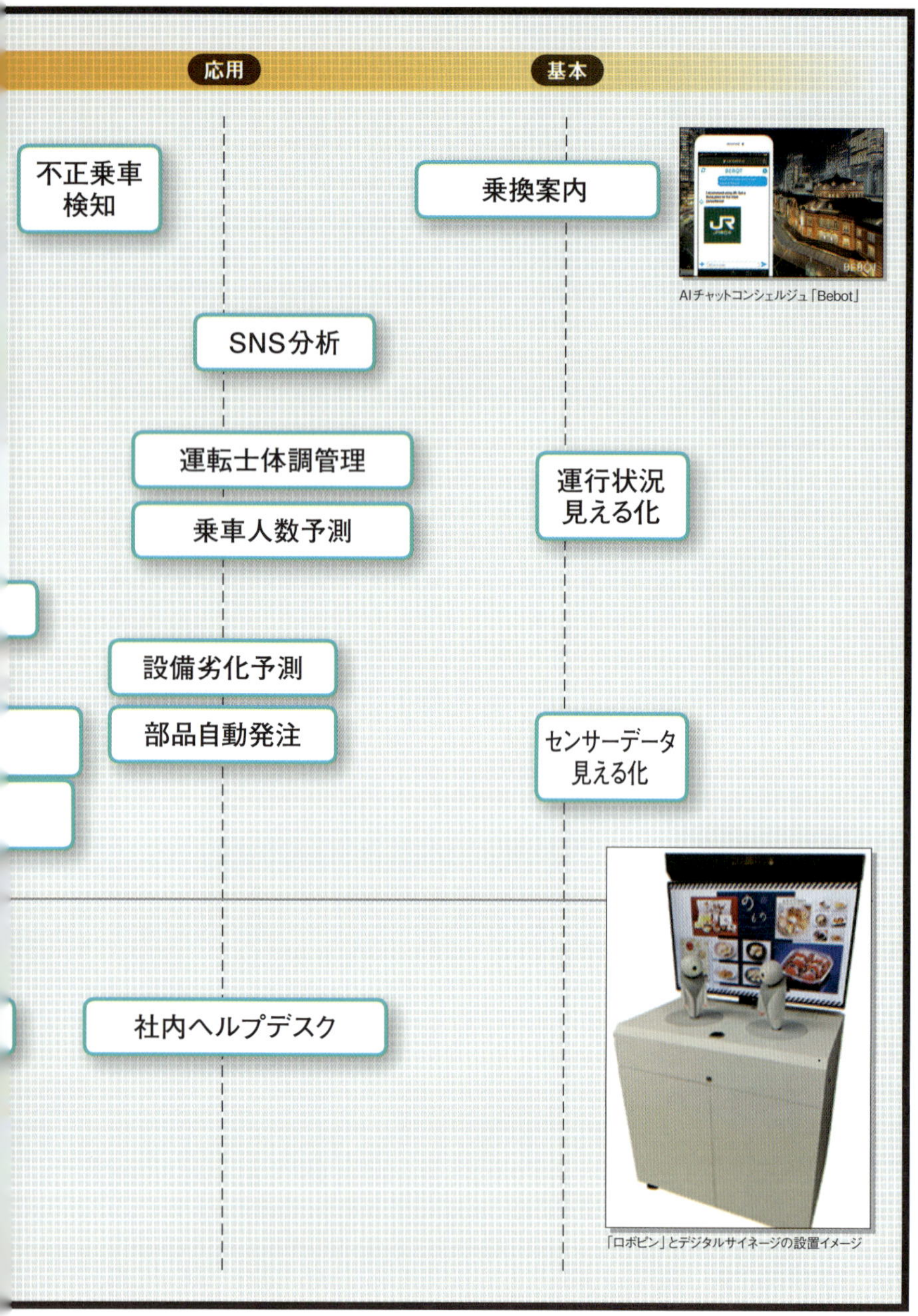

AIチャットコンシェルジュ「Bebot」

「ロボピン」とデジタルサイネージの設置イメージ

［鉄道業］駅内管理・運行管理・設備メンテナンスと多様なデータが活用対象

Rail services

駅・営業業務の特徴

駅は犯罪や乗客同士のトラブルも多いため、画像認識技術などを活用して**不審者検知**、**保安検査**、**乗客トラブル検知**、**転落検知**を行うことが望まれます。

また、駅内や周辺施設の道案内・乗換案内をチャットボットなどのAIに代替させる取組みが始まっています（**乗換案内**）。

また、駅のホームにある売店では、**無人店舗化**や決済の効率化などにも取り組んでいます。

サービス企画業務の特徴

旅行パックや駅内でのイベント、駅内の新店舗など、多くの企画は、テレビやインターネットでの宣伝を活用することから**CM効果分析**・**SNS分析**が有効です。

また、駅は改札機の入出データから来場数がある程度推定できることから、データを基に**キャンペーンの効果分析**を行うこともできます。

鉄道の新駅開業や新路線開業は、周辺の街作りとも密接に関わり、街の人口や移動などを分析することによる**エリア動向分析**を行いながら新しい路線や駅の効果を推定します（**新駅・新路線戦略**）。

［鉄道業］におけるAI・データ活用マップ

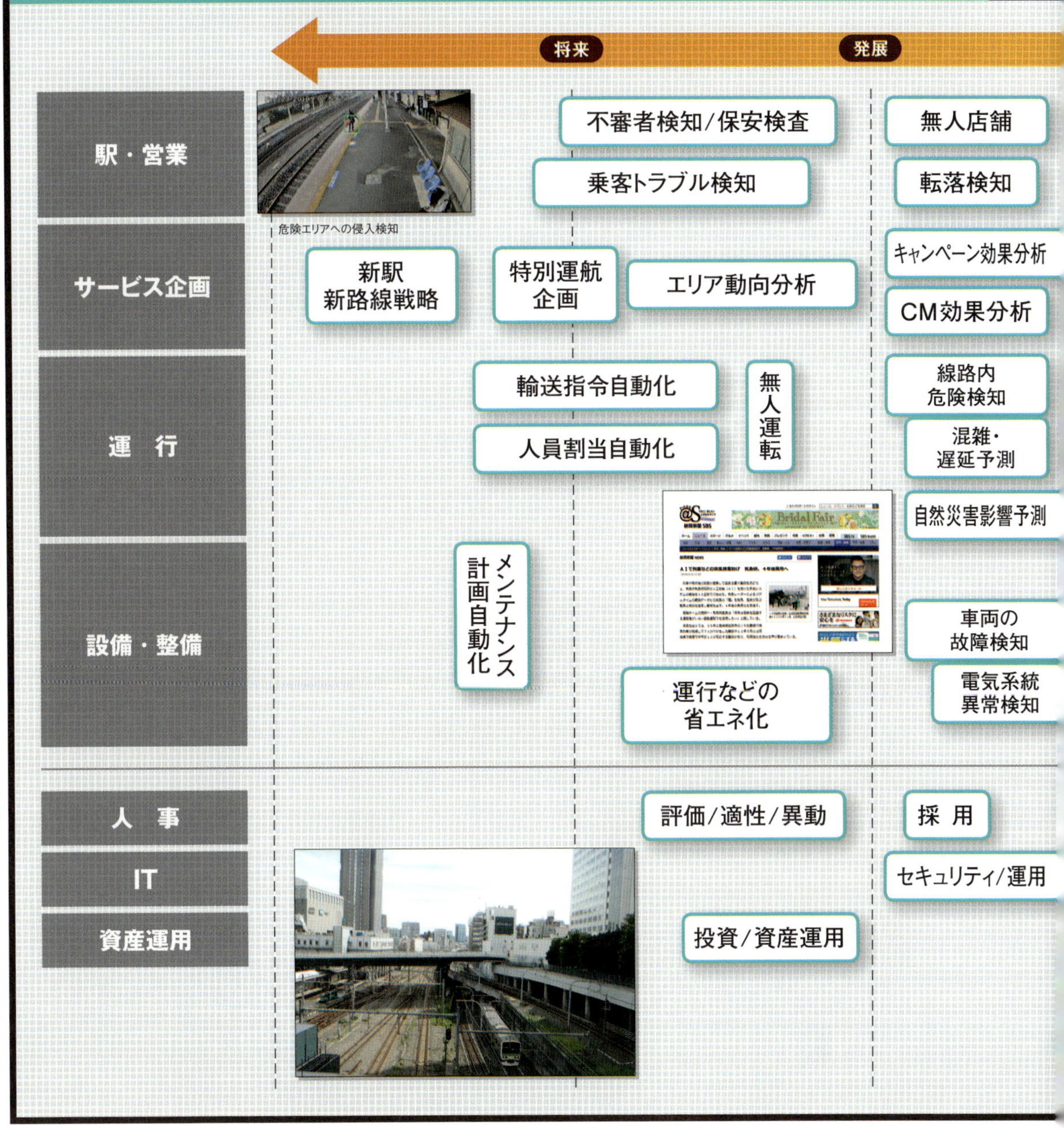

運行業務の特徴

鉄道では、日ごろから**運行状況の見える化**を行っていますが、それを基に**乗車人数の予測**や**混雑・遅延予測**を行い、駅員の支援を依頼することなどを行います。

また、**自然災害影響予測**や**線路危険検知**を行い、運行に影響がある事態が起こりそうかを把握します。

また、運転士の人為的エラーを防ぐため、**運転士の体調管理**も必要です。

将来は、**無人運転**や**輸送指令自動化**などが望まれており、徐々に取組みが始まっています。

設備・整備業務の特徴

鉄道は、線路・電線（架線）・車両・転てつ器・信号・踏切など多くの設備を管理しており、**センサーデータの見える化**によって異常な設備がないかをチェックしています。

また、**設備の劣化予測**や**車両の故障検知**、**電気系統異常検知**を行い、データを基にメンテナンスを実施します。

これらの施策が拡がることで、最終的に**メンテナンス計画の自動作成**がなされることが期待されています。

東急テクノシステム
ティ・エム・エフ・アース
踏切映像伝送システム

踏切に設置された監視カメラの映像から、踏切内の異常をAIが検知し、付近を走行中の電車の運転士や運行管理者などに、警告とともに映像を2秒以内に伝送する。見通しの悪い踏切でも運転士や運航管理者などが異常事態に迅速に対応でき、安全性の向上に寄与することが期待される。

運転台後方に取り付けた画面の様子

踏切監視カメラの映像

出所：パナソニックHP
https://biz.panasonic.com/jp-ja/case-studies/tokyu-techno

JR九州、オプティム
AI Physical Security Service

ネットワークカメラなどで撮影されている映像をAIがリアルタイムで監視し、異常を検知した際にアラート表示をしたり、管理者へアラートメール送信を行ったりするなど、監視の負担を軽減する。

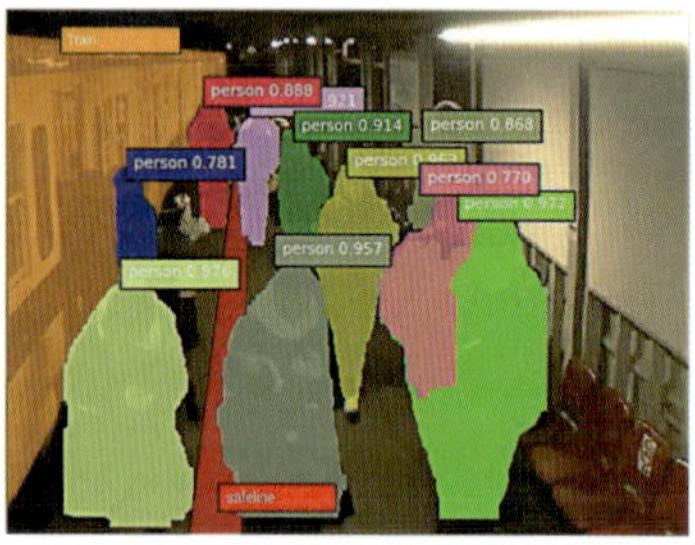

カメラから人、電車などを解析したイメージ

富士通、ジョルダン
列車の遅延時間を予測

ユーザーから「ジョルダンライブ!」に寄せられた鉄道運行に関する過去の投稿情報およびレスキューナウが提供する鉄道運行情報などから刻々と変化する遅延時間を予測。鉄道で事故・災害が発生して列車遅延が発生した際に、その路線の再開を待つか、振替輸送など別路線に迂回するか、ユーザーが判断するのを支援するための情報として提供する。

遅延時間の予測画面

出所：ジョルダンHP
https://www.jorudan.co.jp/android/norikae/chien.html

西武鉄道、日本ユニシス、アースアイズ
駅構内向け自律移動型ロボット

東京都立産業技術研究センターが試作開発中の自律移動型案内ロボットLibra（リブラ）と、屋外利用を目指す試作ロボットTaurus（トーラス）の防水・防塵・踏破能力を組み合わせ、不審者、不審物などを検知、通報できる自律移動型ロボットを開発。自律移動ロボットが駅構内の警備・監視を行い、安全性向上や従業員の警備・監視業務負荷軽減につなげる。

警備ロボット

東武鉄道、NTTドコモ
ドローンで線路の安全点検を効率化

携帯電話網を用いる飛行ロボット（セルラードローン）を活用して鉄道インフラを予防点検する実証実験。ドローンに搭載したカメラを通じ、通常目視による点検が困難な橋梁上部や低水路内の橋脚の点検を実施。鬼怒川線隣接のり面の実証実験では、点群データを活用したのり面の詳細な実情把握を実施。

ドローンを活用した安全点検の様子

JR西日本、富士通
睡眠センサーで乗務員の睡眠状態を可視化・分析

睡眠センサーで自動計測したデータから睡眠状態を可視化・分析し、睡眠改善のアドバイスを行う。センサーは活動量計を兼ねており、就寝、起床時刻、睡眠の深さや睡眠中の姿勢、歩数、消費カロリーなどを記録する。職場のPC経由でデータを取り込むと、「睡眠指数」とともに、各乗務員の睡眠状態に応じた食事や生活スタイルを見直して、睡眠改善を図るアドバイスが表示される。

活用事例

Trenitalia（イタリア旧国鉄）、SAP

IoTによる予測メンテナンス

予測メンテナンスのプロジェクト。過去のデータを分析して修理が必要と思われる兆候があれば、担当者にメールやテキストメッセージで通知する。

鉄道総合技術研究所

鉄道車両の振動から異常を検知

機械学習を用いて鉄道車両の振動から異常を検知するシステムを開発。電車のモーター、歯車装置や継ぎ手、ディーゼルカーのエンジンや変速装置、駆動軸などの振動をセンサーで常時測定してデータを取得し、正常時のデータと比較することで異常を検知する。

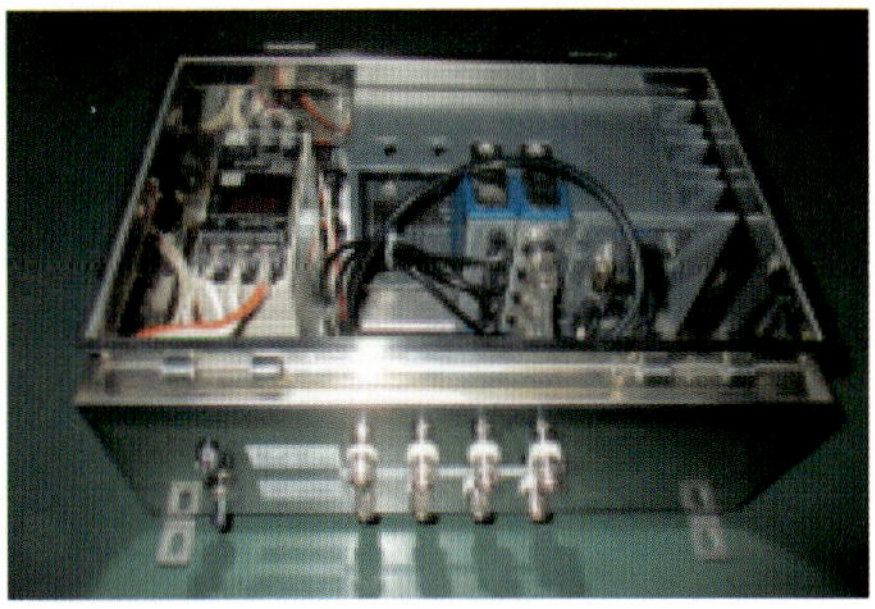

状態監視装置

出所：鉄道総合技術研究所HP
https://www.rtri.or.jp/events/forum/is5f1i000000217d-att/forum2016-G04.pdf

カタルーニャ公営鉄道、Awwait

不正乗車監視システム

正規の切符を持った乗客の後を追って自動改札機を通過し、切符を持たずに乗車しようとする人物を発見する。自動改札機付近に設置したカメラの映像から、不正乗車の疑いがある人物をシステムが動きなどを基に検知し、警備員のモバイル端末に警報を送信する。

東京メトロ

予防保全

新型車両に走行中の状態を遠隔監視するシステムを搭載。車両の常時状態監視で故障の予兆を検知し、予防保全で故障原因による列車遅延を減らす。

ヤフー

「Yahoo!乗換案内」の異常混雑予報

首都圏の主要26路線で、スポーツ行事やコンサートなどのイベント開催で混雑が予測される場合、当日から5日分の未来の車内や駅の混雑度を3段階・10分単位で表示。混雑が予測される駅名も表示し、沿線に関するつぶやきをTwitterから抽出し、混雑の理由も推測する。

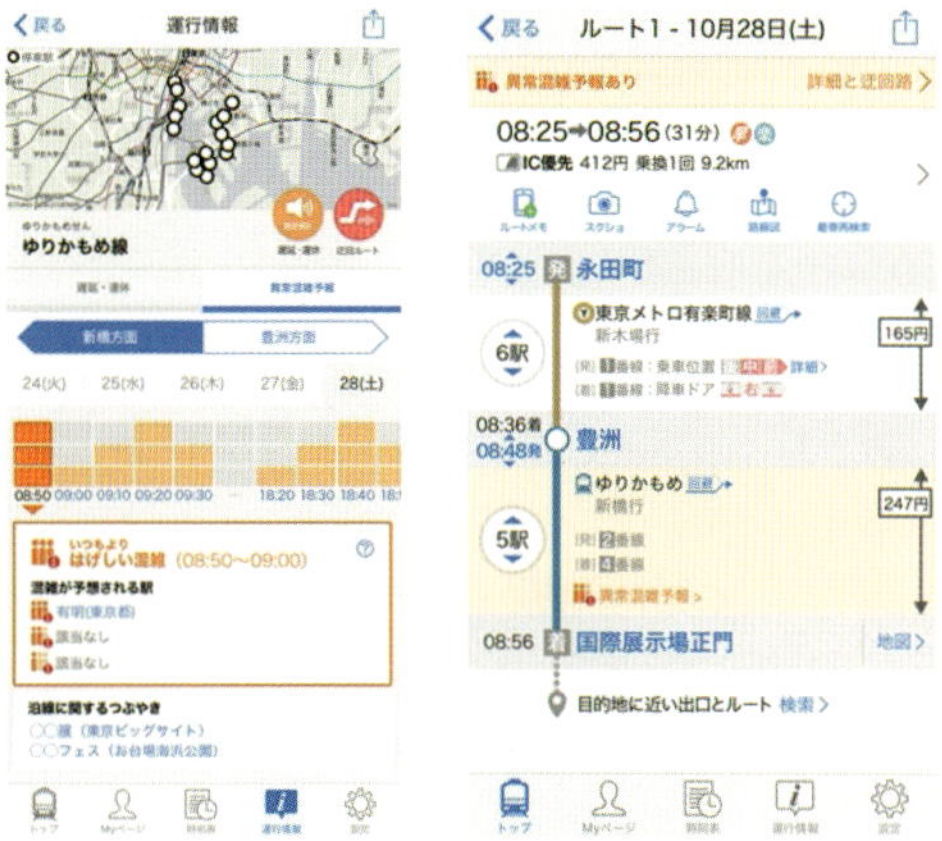

アプリ内で混雑情報を提供

JR東日本商事、鉄道会館、富士通

ロボットによる実演商品プロモーションの実証実験

「のもの グランスタ丸の内店」において、ロボットによる実演商品プロモーションの有効性を検証する実証実験を実施。2体のロボット「ロボピン」が掛け合いや店頭の販売商品に関するクイズを通じて、お薦めの商品を紹介。「ロボピン」の動きに合わせて、デジタルサイネージに商品や産地の映像を流し、視覚的に商品の魅力を伝える。カメラで収集される集客数と、該当商品の販売数や売上げとの相関関係を分析し、ロボットとデジタルサイネージによる実演商品プロモーションの有効性を検証する。

「ロボピン」とデジタルサイネージの設置イメージ

［航空業］
AIやデータ活用による高度運行管理の実現

Airline industry

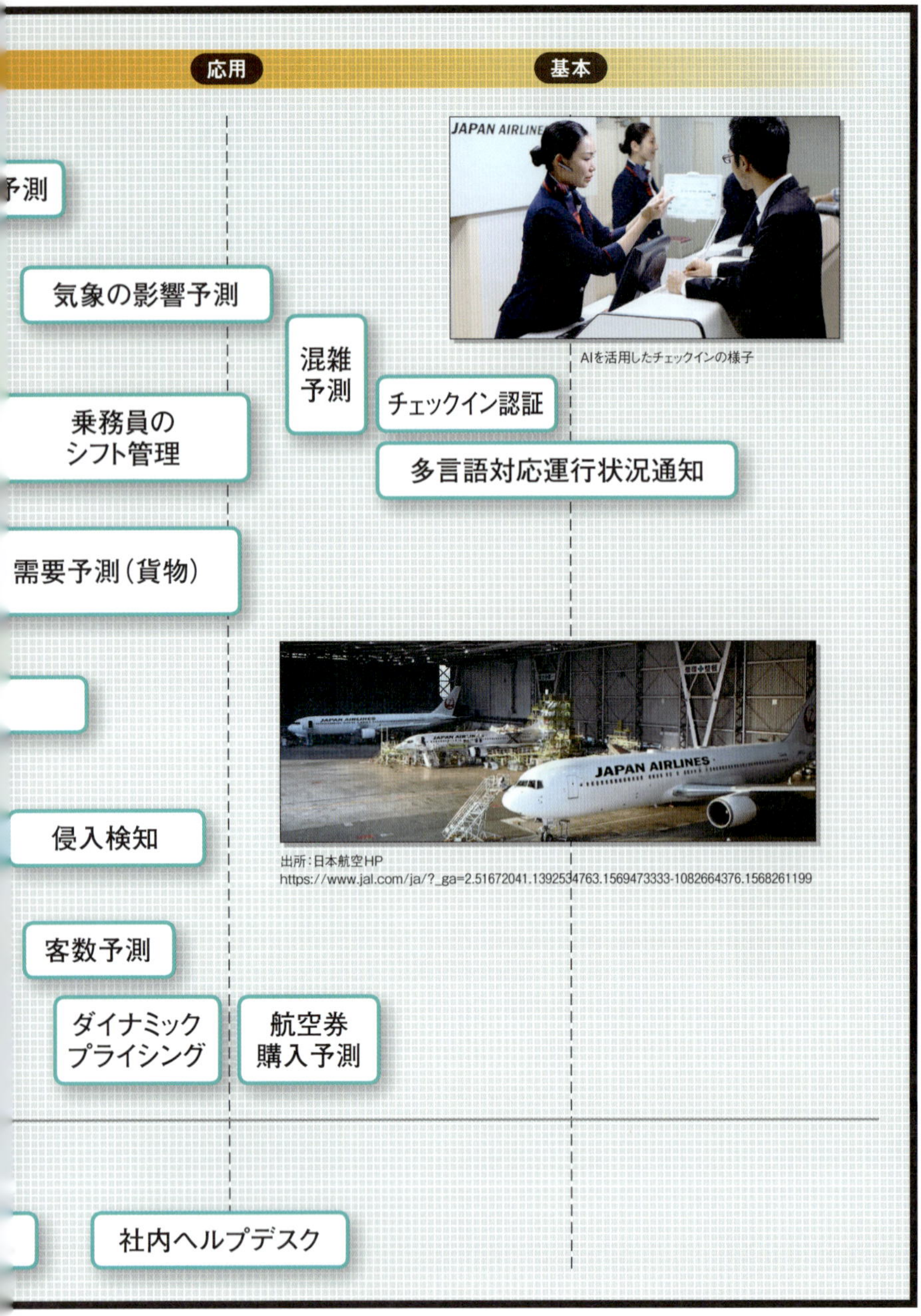

AIを活用したチェックインの様子
出所：日本航空HP
https://www.jal.com/ja/?_ga=2.51672041.1392534763.1569473333-1082664376.1568261199

運行管理業務の特徴

航空会社の運行管理業務を行う人は、ディスパッチャーとも呼ばれ、天候や空域の混雑状況を基に運行される空路を決定し、フライトプランと呼ぶ航空経路情報を作成し、管制官に連絡します。そこで**気象の影響の予測**や**遅延の予測**、**混雑予測**を行って臨機応変に対応することが望まれます。

また、**機体の異常検知**など機体の故障が起こっていないことを確認することも重要です。将来的には、**自動運転**になることも期待されています。

空港・客室業務の特徴

航空会社では、空港でのカウンターや客室内のサービスを行う人が多数働いています。乗務員は、長時間継続して業務を行うことから、**乗務員のシフト管理**や**健康管理**を行うことが重要です。座席配置・設備の説明・室内販売などの業務は、チャットボットによる代替（**AI客室乗務員**）が期待されます。

貨物・物流業務の特徴

航空会社は宅配便などの陸路の貨物運搬と同様に、**需要予測**や**自動の**

［航空業］におけるAI・データ活用マップ

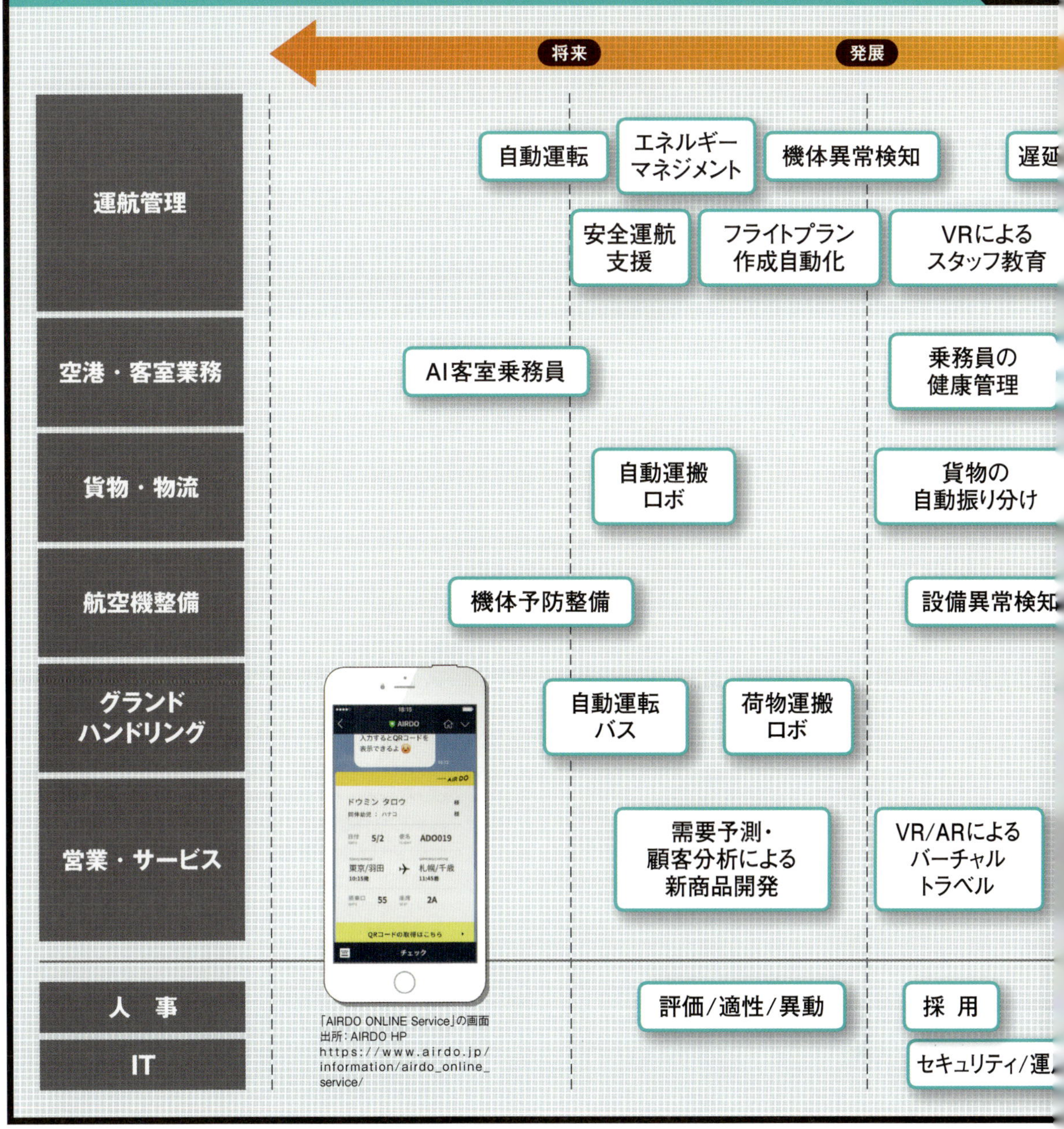

「AIRDO ONLINE Service」の画面
出所：AIRDO HP
https://www.airdo.jp/information/airdo_online_service/

貨物振り分けなどを行って業務を効率化します。

航空機整備業務の特徴

航空会社の設備点検は、甚大な事故を防ぐために重要です。ひび割れ・凍結・バードストライクなど外の環境の影響も受けます。そこで、センサーデータに基づく**異常検知**を行って安全な状態を保ちます。

グランドハンドリング業務の特徴

グランドハンドリングとは、空港の飛行機が走行する路面において、飛行機を誘導したり、ボーディングブリッジが飛行機と接続できないときは、バスなどで飛行機まで乗客を誘導したりすることです。保安のための**侵入検知**や業務効率化のための**荷物運搬ロボット**の活用を行います。

営業・サービス業務の特徴

航空会社はウェブサイトや旅行代理店などを通じて航空券を販売しています。運賃は曜日や時期によって変動するため、**客数予測**に基づく**ダイナミックプライシング**を行って運賃を決定しています。また、**購入予測**を行い、ダイレクトメールなどでキャンペーンの告知を行います。

ティファナ・ドットコム

客室業務の補佐

機内で、いつでも・誰に対しても正しい情報を提供可能なAI接客窓口システムを開発。翻訳機能による微妙なニュアンスまで考慮した意思疎通ができる。Amazon Payとの連携により、新規会員登録の必要がなく気軽に機内販売を行えることで顧客満足の向上も期待できる。

AIさくらさん

AIRDO

AI活用のチャットボット

航空券の予約・確認、購入、搭乗手続きまでをLINE上のチャットボットでまとめて完了できるチャットボットサービス「AIRDO ONLINE Service」を展開。旅行に関するあらゆる情報と旅行に関わる手続きを集約して利便性を高める。

「AIRDO ONLINE Service」の画面

出所：AIRDO HP
https://www.airdo.jp/information/airdo_online_service/

日本航空、アクセンチュア

AIを活用した空港旅客サービス案内の支援システム

乗り継ぎ便を利用する顧客からの経由地での手荷物の問い合わせ、座席アップグレードの要望、目的地の空港ラウンジの場所など、多岐にわたる問い合わせに対して、従来はチェックインのために使用するものとは異なるPC端末や紙の資料を確認し回答する必要があった。

本システムでは、AIがスタッフの音声から判断した答えを瞬時にタブレット端末に表示することによって、顧客を待たせる時間が削減され、ストレスフリーに寄与する。加えて、顧客との会話・コミュニケーションが活性化することにより、顧客ならびに社員の満足度向上につながることも期待される。成田空港および羽田空港のチェックインカウンターにおいて一部のスタッフを対象に実施した有効性の検証結果を踏まえ、実際のチェックイン作業において試験導入を開始。

AIを活用したチェックインカウンター業務の様子

スカイマーク、ソフトバンク

客室乗務員や整備士向けの研修にVRを活用

VR映像の活用により、通常は体験することが難しい状況もVR空間の中で仮想体験することができ、具体的な体感としてイメージを持つことができる。360度のVR映像を研修・訓練などに導入することで、実体験に近い感覚から、技能の向上や知識の習得などに有効活用が期待できる。

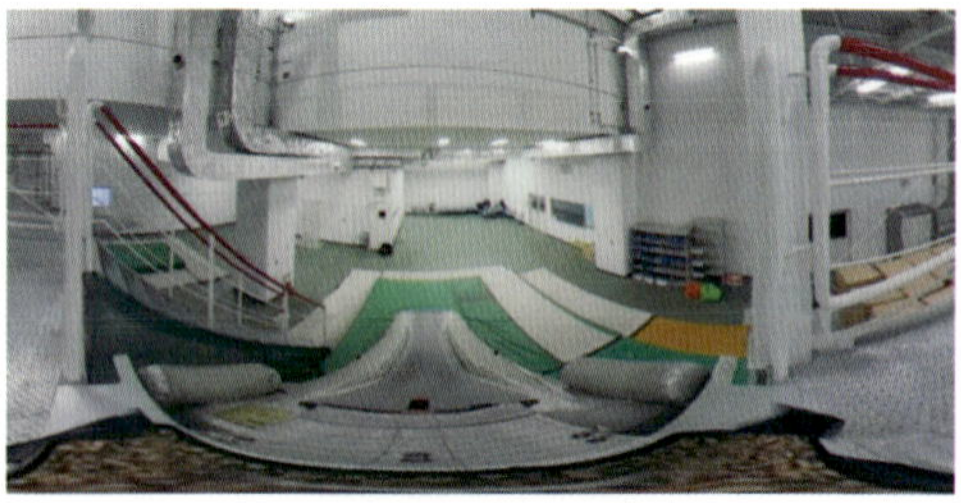

VR映像の撮影風景

活用事例

日本航空、NEC

航空券の購入予測

購入に関係するページ閲覧行動などの特徴的な顧客行動を発見する。航空券予約サイト上でのアクセスログや会員情報、搭乗履歴などのビッグデータを使用。航空券購入に際し、「Web上でどのような行動をしているか」の予測モデルを構築。

ボーイング

飛行機の自立飛行技術の研究開発

AI搭載でパイロットを乗せずに飛行する自立飛行型の商業旅客機のテスト飛行。今後、商用ジェット機の需要増加を予測しているが、経験豊富なパイロットの不足問題に対応できる。

日本航空、日立製作所

IoTデバイス活用による従業員満足度の向上

ワークスタイル変革の施策、従業員満足度の関係性の発見が狙い。名札型ウェアラブルセンサーを用い、スタッフの身体運動を捉え、その身体運動の特徴パターンから、集団の活性度を定量的に算出した「組織活性度」と、従業員の属性や担当業務の特性、ワークスタイル変革施策の実施状況など、各データを組み合わせAIを用いて分析する。

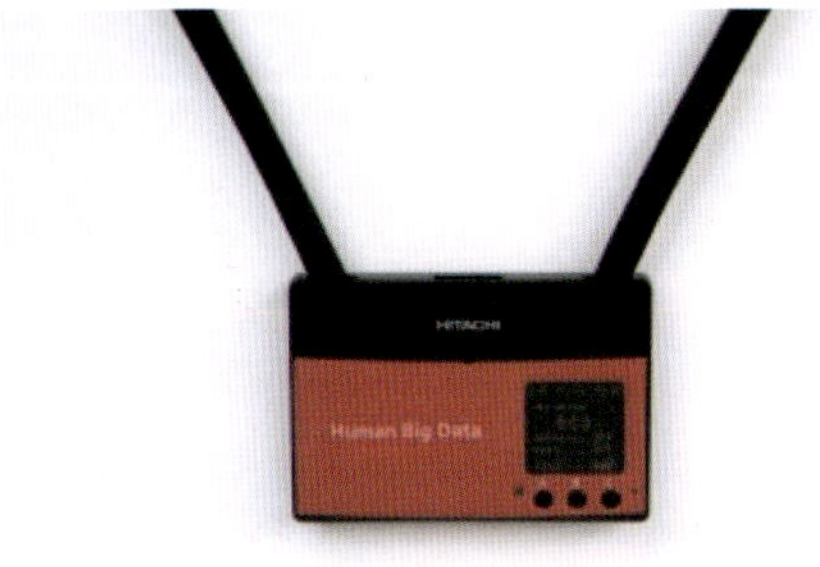

名刺型ウェアラブルセンサー

日本航空、日本IBM

航空機の故障時期を予測

1フライトごとにダウンロードした温度、圧力、回転数などのセンサーデータを蓄積し、機体や部品の整備記録も集約して統計分析することで、故障が発生する時期を事前につかみ、故障発生前に修理整備につなげ、機材故障による欠航や遅延を防ぐ。

全日本空輸、SBドライブ

自動運転バス

羽田空港新整備場地区で実施する実証実験で、公道における自動運転レベル3および4相当の自動走行を実施。空港における自動運転バスの導入を通じて、利用者の安全性・利便性を担保したうえで、決められたルートを走行する定型業務における省力・省人化の実現を目指す。

実験車両の外観

FLYR

航空運賃予測による運賃保険

予約サイトにおいて航空運賃の固定機能をユーザーに提供している。もしも固定した価格よりも航空運賃が値下がりするようであれば、ユーザーは低くなった価格で予約を完了するか、もしくは固定した価格と実際の価格の差額を返金してもらうことができる。

FLYRプラットフォーム「FusionRM」におけるUIの一例

出所：FLYR HP
https://flyrlabs.com/

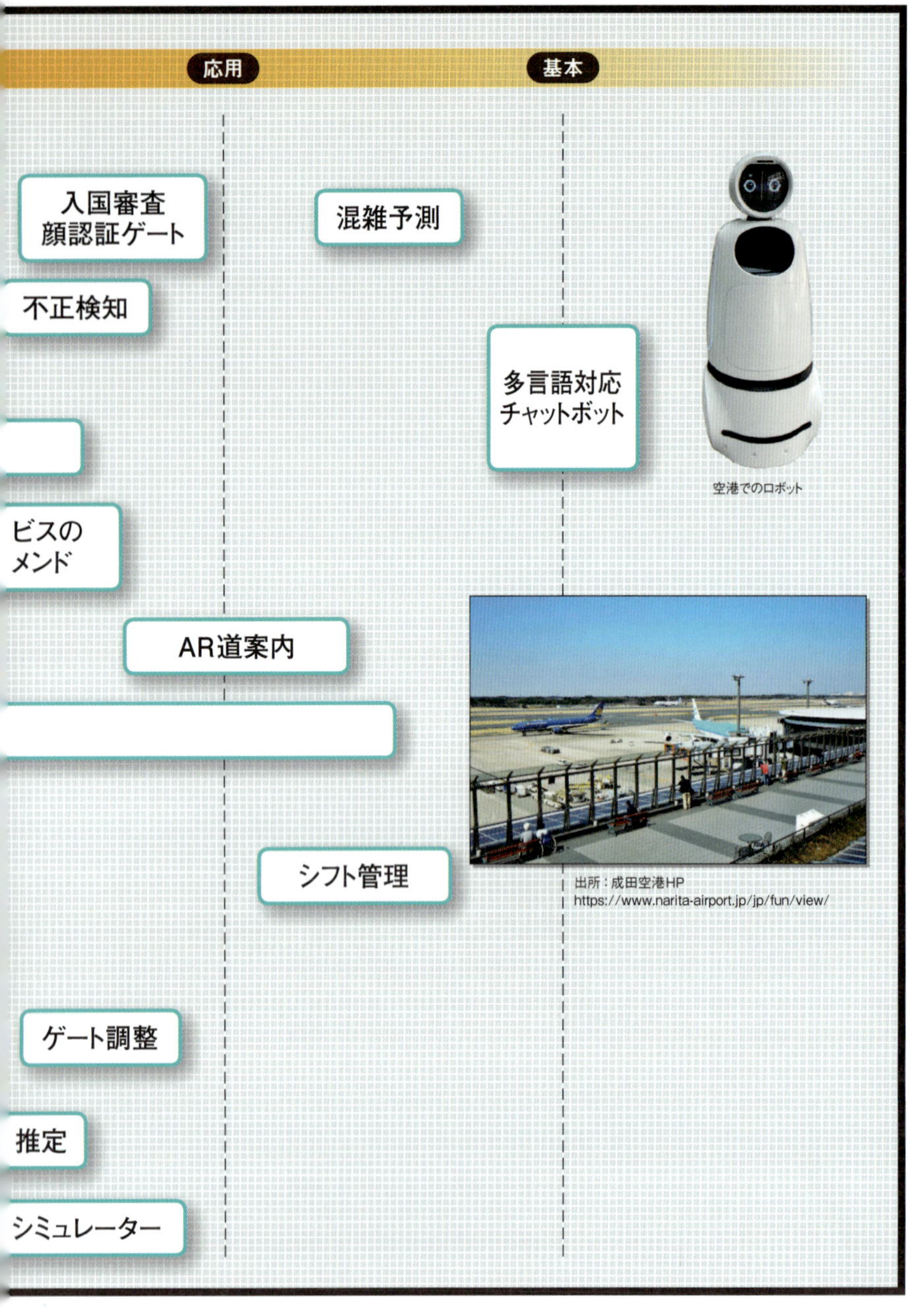

空港でのロボット

出所：成田空港HP
https://www.narita-airport.jp/jp/fun/view/

［空港］ Airports
AIが安全管理や航空管制をサポート

出入国管理・税関業務の特徴

空港の出入国管理においては、空港や機内での犯罪の防止や、出入国させてはいけない人やものをしっかり見分けることが重要です。そこで、**手荷物検査**や**入国審査**において画像検査や金属探知機などが活用されています。近年は、入国審査時のパスポート照合を顔認証で行うなど、安全性を保ちながら利便性を向上する取組みが始まっています。

また、税関においても、麻薬などの**密輸の検知**や、申告書と輸送物の不一致を調べます（**不正検知**）。

販売店・飲食店の特徴

空港での乗客は、チェックインや手荷物の預けを行った後は、時間があるため、飲食店や土産物店、ラウンジなどで過ごします。そこで、個人に合った**サービスのレコメンド**や**無人店舗化**、**ARでの道案内**などによって、より待ち時間を少なくしたり、快適に過ごせたりすることが有効です。また、多くの国籍の人が行きかうことから、翻訳などの**多言語対応のチャットボット**でサポートします。

また、空港内は非常に広く徒歩での移動が困難なことから、空港内の

［空港］におけるAI・データ活用マップ

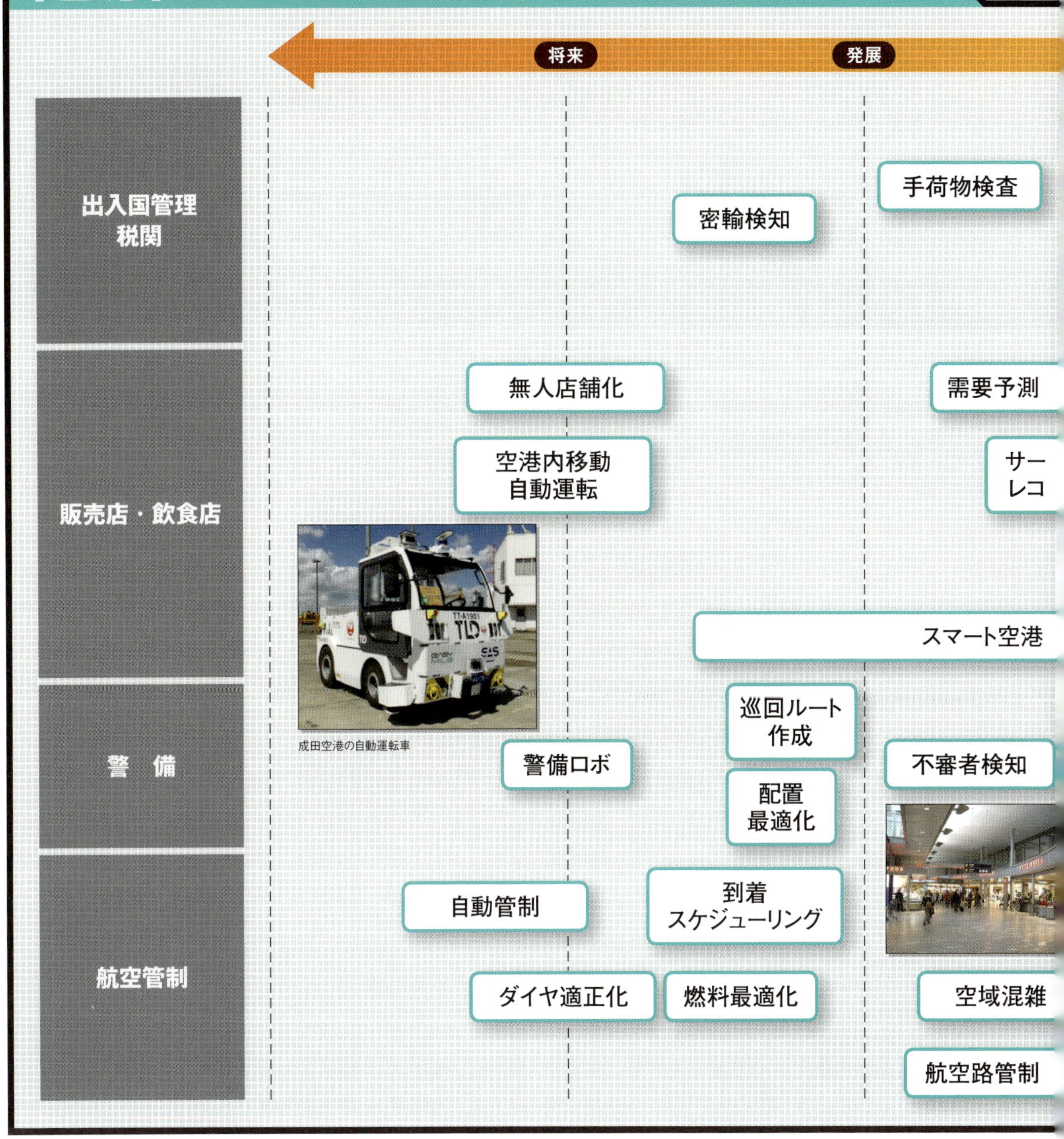

成田空港の自動運転車

人の移動をサポートする自動運転車の実現が期待されます。

このように空港を快適にすることを総合的に表す言葉として**スマート空港**といわれるものがあり、各空港が計画を立てているところです。

警備業務の特徴

空港は、安全管理が重要であり、乗客が移動できる範囲が非常に広いことから、警備の人員も多くなっています。そこで、画像認識による**不審者検知**やデータに基づく**配置の最適化**、**巡回ルートの作成**が有効です。

航空管制業務の特徴

航空管制官は、各航空会社から送られてくるフライトプランを基に、最終的な航空路の決定や各飛行機のゲートを決定（**ゲート調整**）します。

羽田空港の周囲などは非常に混雑していて、輸送量を増やすため、**空域混雑予測**を基にした**到着スケジューリング**を行うことが期待されます。

また、気象を勘案して最適な空路を設定することで**燃料最適化**を行うことも期待されています。

羽田空港

羽田空港ロボット実験プロジェクト

警備ロボット、物流ロボット、翻訳ロボット、清掃ロボット、案内ロボットを用いた実験。①生産性やサービスレベルなどを見て、ロボットがやったほうが良い業務と人間がやったほうが良い業務を精査すること、②人材流出、再雇用、教育に関わるコストの最小化や人件費といったコストの削減、の 2 つが目的。

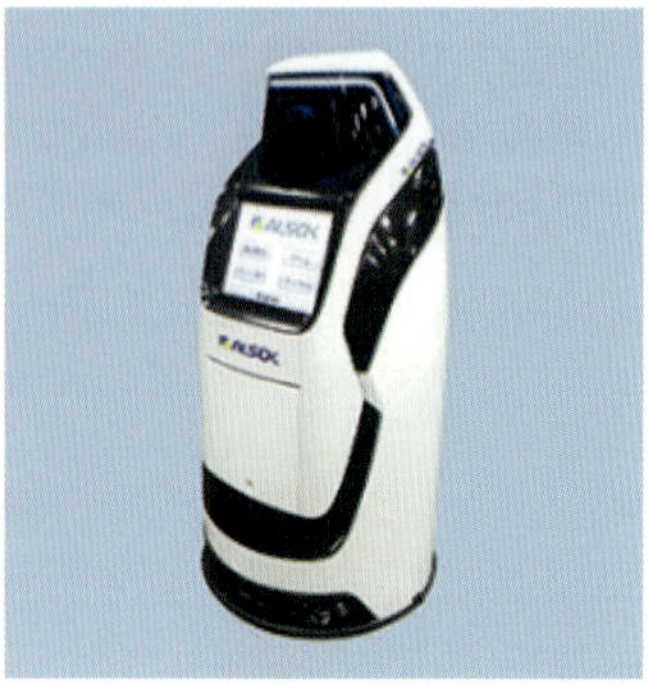

警備ロボット

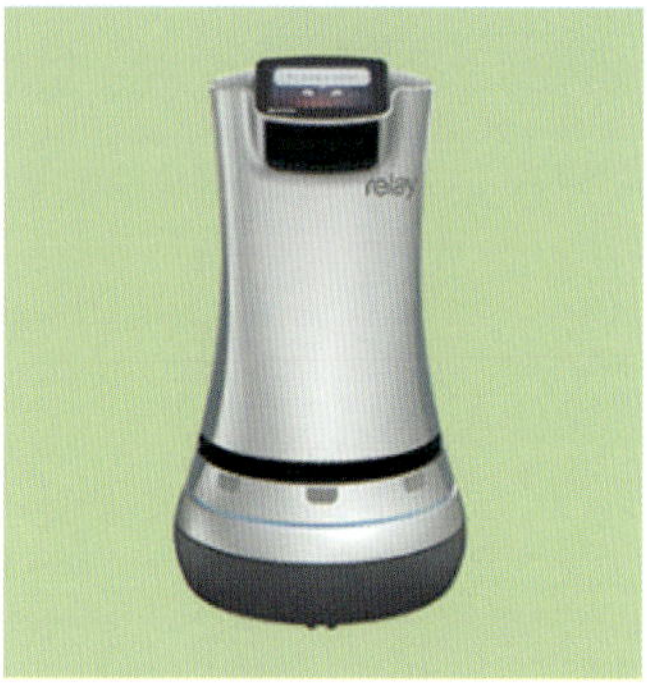

物流ロボット

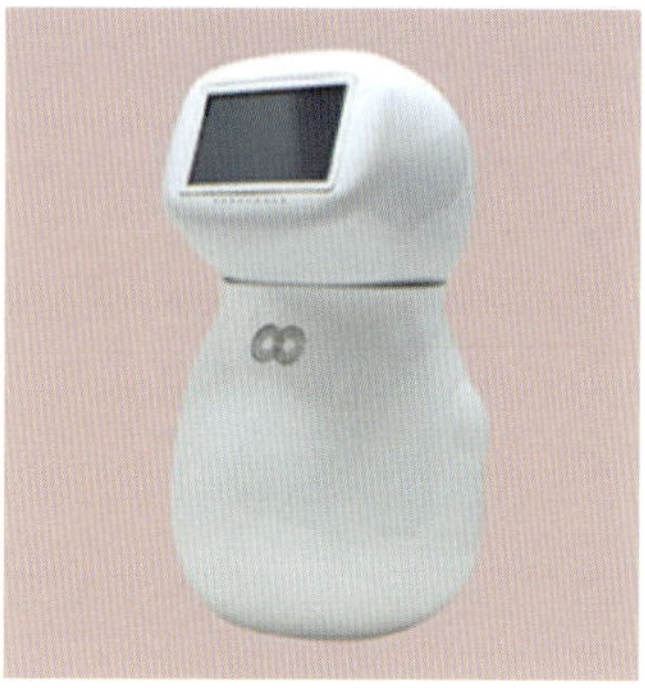

翻訳ロボット

清掃ロボット

案内ロボット

日本航空、成田国際空港

自動運転の実証実験

成田国際空港の制限区域内において、航空貨物や手荷物の運送用コンテナを牽引するトーイングトラクタによる自動運転の実証実験を実施。安全性を担保しつつ、多くの航空機や車両、ならびに地上作業員が混在する条件下において実証実験を行う。実験車両にTLD社「TractEasy」を、遠隔運行管理システムにSBドライブ社「Dispatcher」を用いる。多様な環境での走行技術の検証や、将来の実用化に向けた課題の抽出を行う。

実験車両

成田国際空港など6空港、NEC

税関検査用電子申告ゲート

国内 7 空港の税関検査場で利用される税関検査場電子申告ゲートを開発。電子申告ゲートは、入国旅客による携帯品・別送品申告書の作成の簡易化やスピーディな申告・通関手続きを目的として、税関検査に利用される。顔認証によって、電子申告端末と出口ゲートでの本人確認を行う。また、スマホ向けアプリを用いた携帯品の電子申告により、申告・通関手続きの迅速化を図る。税関検査場の混雑緩和と待ち時間の短縮を狙う。

税関検査場電子申告ゲートイメージ
（左：出口ゲート、右：電子申告端末）

活用事例

羽田空港、パナソニック
顔認証ゲート

利用するための事前登録が不要で、パスポートのICチップ内の顔画像と顔認証ゲートのカメラで撮影した本人顔画像を照合することで本人確認を行う。

顔認証ゲートの外観

NEC
シンガポールの電子パスポート「バイオパス」の指紋認証システム

シンガポールでは以前から国民の親指の指紋のデータベースが保持されており、そこからパスポートに指紋データを転用。セキュリティ・ゲートでパスポート番号や指紋が一致しなかった場合、自動的にセキュリティ・サービスへ通報される。

徳島阿波おどり空港、新明和工業、パナソニックソリューションテクノロジー
AI搭載PBB（旅客搭乗橋）

PBBの自動装着システムを開発。ボタン1つで機体入口10cmまで近づけることができる。熟練者作業を標準化し、経験の浅いスタッフでも熟練者と同じ時間で作業ができる。また、搭乗者が降車するまでの待ち時間削減につながる。

自動装着システムを搭載したPBB

日立製作所
危険物の検出

X線画像をAIで解析し、手荷物検査で危険物を検知する技術を開発した。形状的には安全に見えるものも、材質や密度が一般的な数値からかけ離れていれば、改造や細工の可能性があるとして検出し、目視による詳細検査を促す。

東京ガスエンジニアリングソリューション
カバンの中の液体を検知

AIを活用し、カバンに隠し持った液体を検知できる保安検査装置を開発した。所要時間は3秒程度で、空港の保安検査場や各種イベントなど入場時の初期スクリーニングを想定。カバンを開けてもらう2次検査を必要最小限に絞り込み、保安検査業務を効率化する。

クアラルンプール国際空港、OpenText
出入国の混雑解消

混雑具合をAIで予測し、混雑する時間帯に担当者を多く配置することで、待ち時間を短縮する。

成田国際空港、ビースポーク
訪日外国人向けAIチャットコンシェルジュ「Bebot」

訪日外国人は、スマホを通じて、空港や日本での旅行に必要な情報を英語で取得することができる。

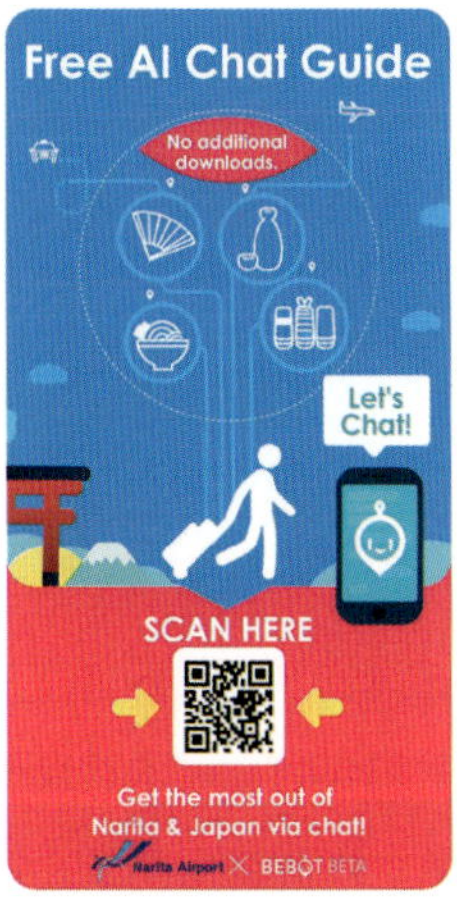

「Bebot」の画面

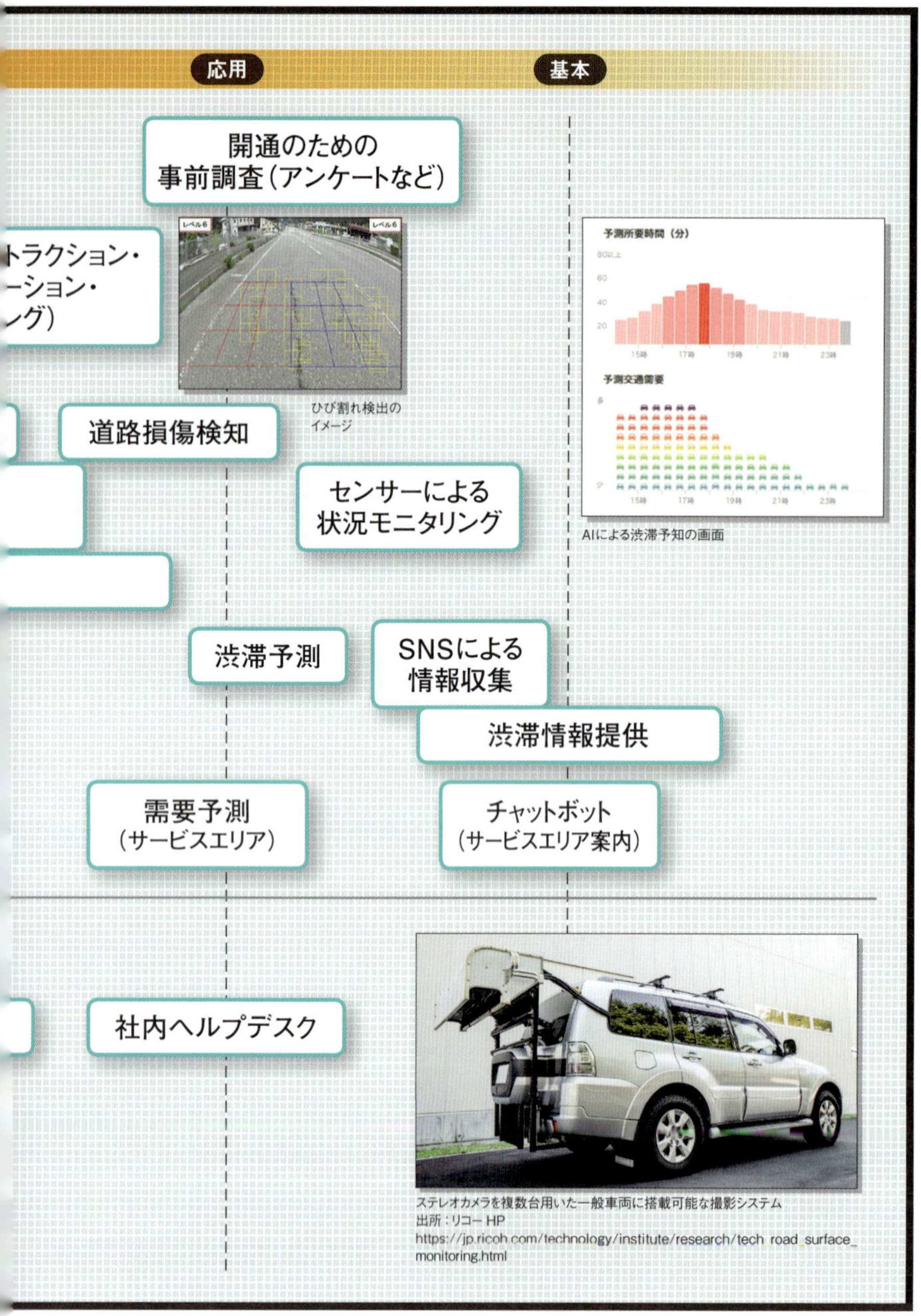

ひび割れ検出の
イメージ

AIによる渋滞予知の画面

ステレオカメラを複数台用いた一般車両に搭載可能な撮影システム
出所：リコー HP
https://jp.ricoh.com/technology/institute/research/tech_road_surface_monitoring.html

［道路・交通インフラ管理業］

Road infrastructure management

渋滞や事故の少ない道路へ

企画・計画および設計・建設業務の特徴

道路・交通インフラ管理業は、新しい道路を計画して建設します。新しい道路の**地質調査**・**環境調査**をセンサーやカメラなどを用いて行い、建設計画を作ります。道路の設計においては、**CIM（コンストラクション・インフォメーション・モデリング）**という仕組みを用いて、地形や道路、橋梁などに対し3次元のモデル化を行うことで、関係住民との円滑な合意形成や、設計や工事のミスの回避といった業務の効率化を図ります。

保全業務の特徴

道路・交通インフラ管理業は、道路の**状況をモニタリング**することや、点検を行って保全計画を立てます。センサーや画像認識によって**道路の損傷を検知**したり、**劣化の予測**を行ったりすることで、なるべく早期に損傷箇所の対策を立てることができるようにします。

近年は**ドローンによる橋梁検査**なども試されるようになっており、将来的には、点検をロボットなどが自動で行うことが期待されます（**点検ロボット**）。

[道路・交通インフラ管理業]におけるAI・データ活用マップ

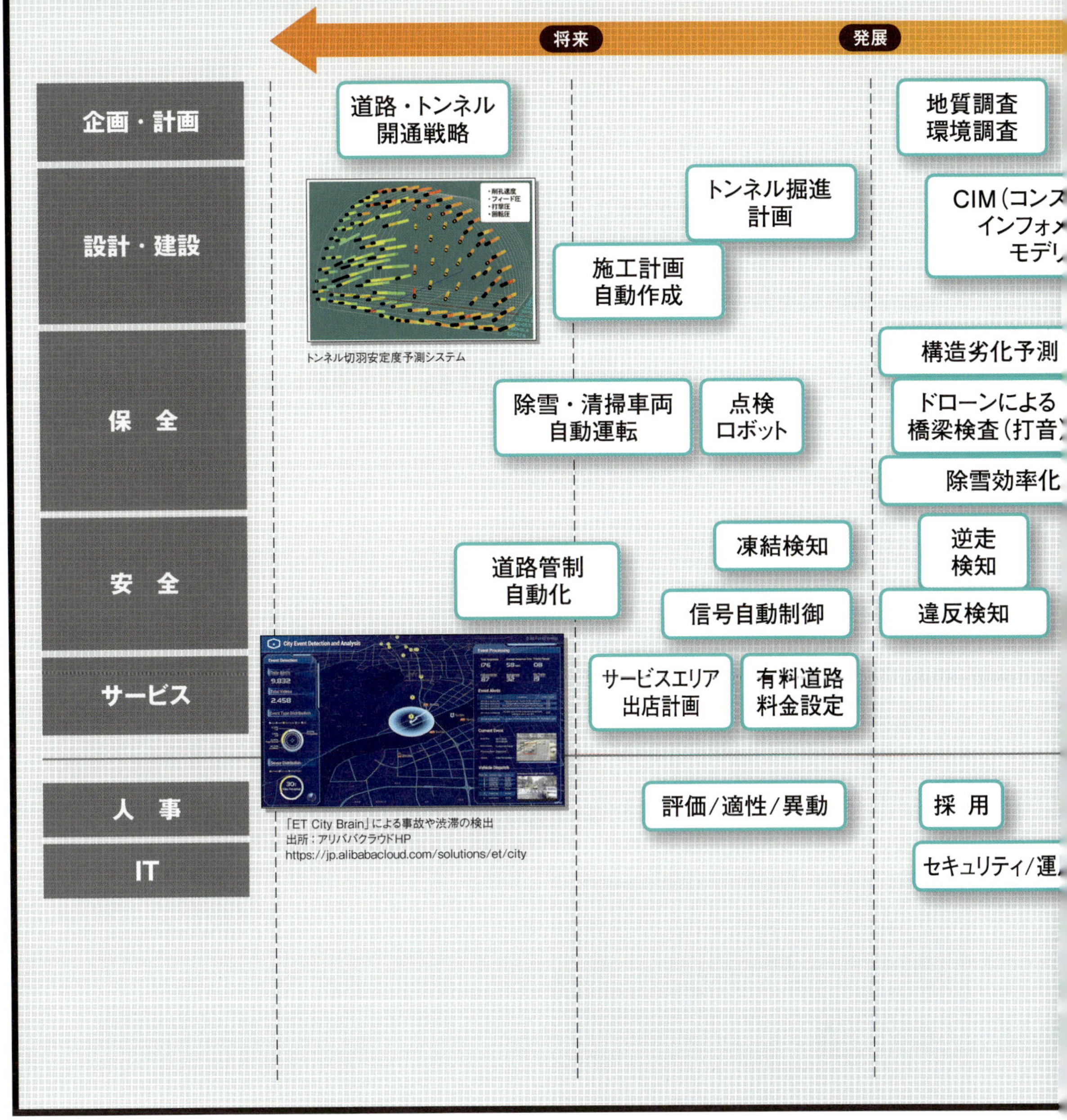

トンネル切羽安定度予測システム

「ET City Brain」による事故や渋滞の検出
出所：アリババクラウドHP
https://jp.alibabacloud.com/solutions/et/city

安全業務の特徴

道路では日々、通常ではないことが起こるため、それを把握して対策を行ったり、ドライバーに通知したりします。たとえば、**渋滞状況の把握**や**渋滞予測**が典型例です。渋滞やトラブルの情報収集のためにSNSの書き込みを調べることもあります。

他にも、**逆送検知・違反検知**などの車両の検知や、**凍結検知**などの道路状態の検知を行い、安全な状態を保ちます。

将来的には、**信号の自動制御**や**道路管制の自動化**が行えることが期待されます。

サービス業務の特徴

サービスエリアでは、レストラン・土産物店などを運営します。食材などの**需要予測**や、ルート案内や渋滞情報の通知に**チャットボット**を行い効率的な運営を行います。

他に、高速道路の料金徴収を行う業務がありますが、**ダイナミックプライシング（料金設定）**によって混雑する期間と通常期間の料金を変えることが欧米では始まっています。

Surtrac
交通渋滞の緩和

交通渋滞による時間・資源の無駄を省くべく、AIを活用した信号機管理システムを開発。信号機に取り付けたセンサー類やカメラから集まるデータをAIが解析し、最適な信号切替えのタイミングを決定。

ピッツバーグ市街で行っている実験では、このシステムを導入したことで自動車による移動時間が最大で25%短縮され、アイドリング時間も40%以上減少、さらに二酸化炭素排出量も推定2割ほど削減といった結果が得られた。

清水建設、名古屋工業大学
シールド掘進計画支援システム

AIを活用してシールド工事のトンネル掘進計画を最適化する「シールド掘進計画支援システム」を開発。熟練オペレーターのシールド機操作行動を再現する「土圧制御AIモデル」「方向制御AIモデル」の開発に取り組む。

両モデルを組み込んだ操作ガイダンスシステムをシールド掘進計画支援システムとあわせて「唐の原第1雨水幹線築造工事」に導入し、システムの安全性や予測精度などの検証を実施。AIが試行錯誤しながら自己学習することで最適解を導く強化学習手法により、トンネル線形に応じたシールド機操作の計画値、セグメントの配置計画を導き出す。

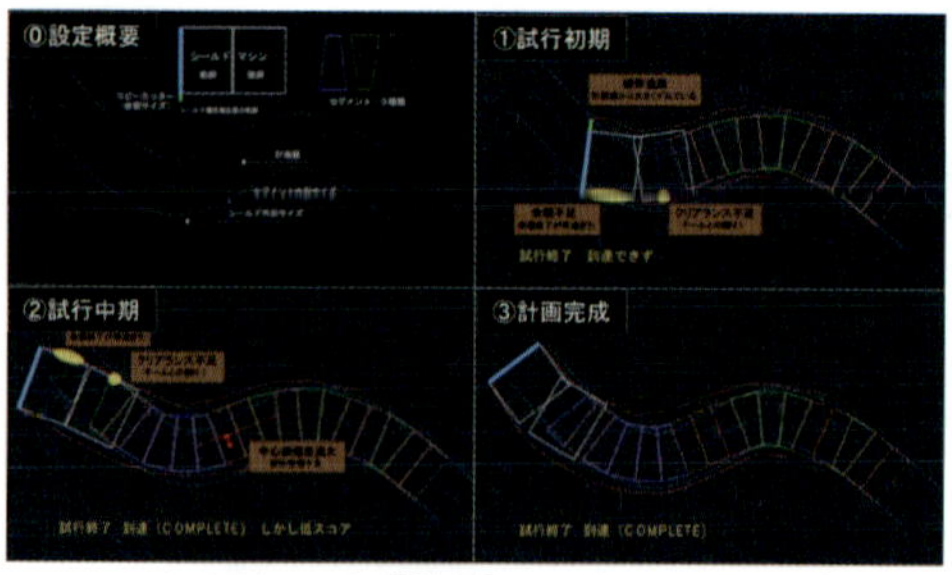

AIによるシールド掘進シミュレーションのイメージ

国土交通省、経済産業省
社会インフラ用ロボットの技術開発

次世代社会インフラ用ロボットの開発・導入に向けた技術開発と現場検証を踏まえた試行・導入を進める。土木技術者の正しい判断を蓄積した「教師データ」を公開し、民間のAI開発を促すほか、技術開発の成果を自由に活用できるAI等開発支援プラットフォームを整備する。

西日本高速道路総合サービス沖縄
超音波で車内に警告音

スピーカーが設置された区間を車両が通過すると、車内に警告音が響き、前方に工事区間があることを知らせる。車が通過したときだけ、その車両に限定して警告音を届けることができる。

音で伝えた後、「工事中」などの標識で視覚に訴え、早めの車線変更など安全な走行につなげる。

車両注意喚起スピーカー

出所：西日本高速道路総合サービス沖縄HP
http://www.w-ss-okinawa.co.jp/hyper/usimpact.html

東急テクノシステム、フューチャースタンダード
踏切の安全確認

踏切の安全性向上を目的に、AIで踏切の監視カメラ映像を解析する「踏切映像伝送システム」の実証実験を開始。東急池上線の雪が谷大塚1号踏切に2台の監視カメラを設置。踏切内の映像データを、AIを活用したクラウドベースの映像解析プラットフォーム「SCORER」で検知・解析する。

NTTドコモ、東日本高速道路（NEXCO東日本）
「AI渋滞予知」の実証実験

携帯電話ネットワークの仕組みを利用して作成される人口統計とNEXCO東日本が保有する過去の渋滞実績および規制情報などを掛け合わせ、AIを用いてNTTドコモが開発した「AI渋滞予知」による渋滞予測をアクアラインで行う。その日の人口統計を考慮するため、天候やイベント開催などによる突発的な渋滞発生についても的確に予測できる。数時間先までの高速道路の所要時間および交通需要を予測する技術を実現し、30分ごとの通過所要時間などを伝えることが可能となった。「AI渋滞予知」で予測したアクアライン上り線の渋滞予測結果と、渋滞予測時間帯で利用できる「ヨル得」クーポン情報を「ドラぷら」で配信することで、交通の分散を図る。

活用事例

中日本高速道路（NEXCO中日本）

CIM（コンストラクション・インフォメーション・モデリング）導入

CIM導入に着手し、中央自動車道小仏トンネルの渋滞対策事業や新東名高速道路の工事などに導入。構造物や施工計画の位置関係を可視化するとともに、将来の維持管理業務で活用する。

福田道路、NEC

舗装損傷診断システム

AIを活用し、路面の映像からわだち掘れとひび割れを同時に検出する「舗装損傷診断システム」を開発。一般的なビデオカメラを取り付けた自動車から撮影した路面の映像を分析することで、路面状況の劣化レベルの判定を可能にする。

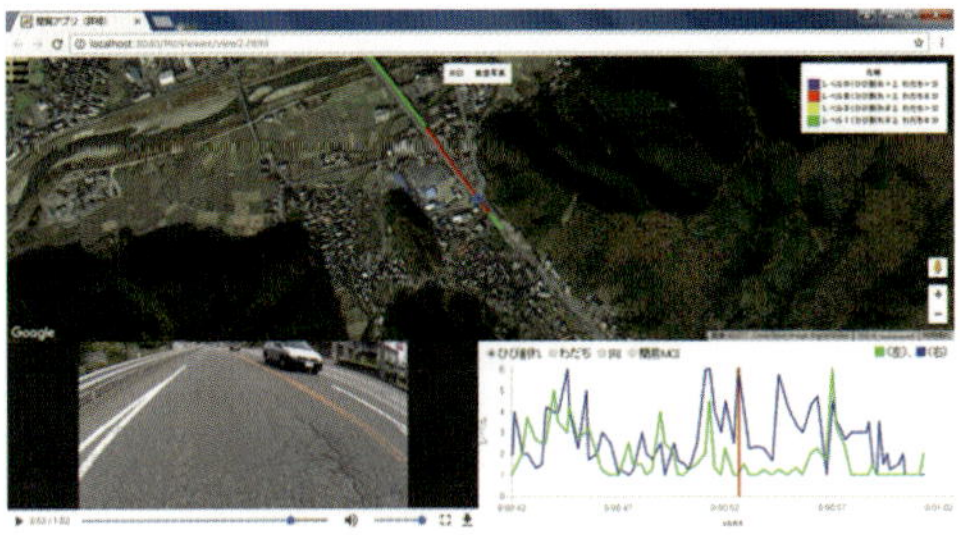

「舗装損傷診断システム」の利用イメージ

NTTドコモ、未来シェア

AI運行バス

公共交通の運行をAIで最適化する「AI運行バス」の共同開発。スマホなどで目的地を検索し、リアルタイムで最適な車両・ルートを導き出すオンデマンド型の乗り合いバス。ドコモが保有する「リアルタイム移動需要予測」と、未来シェアが保有する配車システム「SAV」の技術を組み合わせて「AI運行バス」によるモビリティサービスプラットフォームを実用化することを目指す。

オムロン、東京大学生産技術研究所

逆走車両検知システム

高速道路のサービスエリアやインターチェンジで発生しやすい車両の逆走による事故など、トラブルを画像処理センサーでいち早く検知し、ドライバーに警告することで事故を防止し、安全な道路環境の維持に貢献する。

逆走を検知した際には、警告表示板・回転灯・音声スピーカーなどでドライバーに警告する。事務所に設置するモニター装置で逆走車両データおよび交通量データを集計する。

産業技術総合研究所、首都高技術 東日本高速道路（NEXCO東日本）、テクニー

構造の劣化診断

インフラ構造物の打音検査をAIでアシストし、異常度マップを自動生成するシステム。

富士通、イクシスリサーチ、エンルート プロドローン、NEC、NEDO

橋梁点検に用いる無人航空機の実験

ドローンフィールド東金の中に設置した模擬橋梁実験施設を用い、無人航空機による近接画像撮影や打音検査などの橋梁点検プロセスを再現。無人航空機による橋梁点検プロセスに沿った性能評価の試験方法や、そこで必要となる計測システムの妥当性を検証する。

模擬橋梁実験施設

データセクション

自動交通量調査サービス

ドローンによって撮影された車や人の動画像をAIで分析し、自動で交通量を計測するサービス「ドローントラフィックモニター」の提供を開始。交通量調査の実施コストに関する課題を、ドローンによる高所からの空撮とAIによる動画像の自動解析によって解決。ニーズに合わせて即時の交通量調査を行うことを可能とした。

リコー

路面状況自動測定システム

カメラを通じて道路の路面状況を自動分析できる測定システム。一辺50cmのメッシュを自動生成し、ひび割れの本数をAIが自動判別する。公共事業の一環で道路の調査業務への活用が期待される。

ステレオカメラを複数台用いた
一般車両に搭載可能な撮影システム

出所：リコー HP
https://jp.ricoh.com/technology/institute/research/tech_road_surface_monitoring.html

エムティーアイ、NTTデータ

AIを活用した近未来渋滞予測情報の提供

近未来渋滞予測の実証実験。「乗換MAPナビ」内に「渋滞予測」欄を設け、AIを活用した30分後と60分後の高速道路渋滞予測情報を表示。VICSによる最新の道路状況を基にした精度の高い渋滞予測情報を5分間隔で確認できるため、ユーザーは渋滞を避けた快適なドライブを行うことできる。

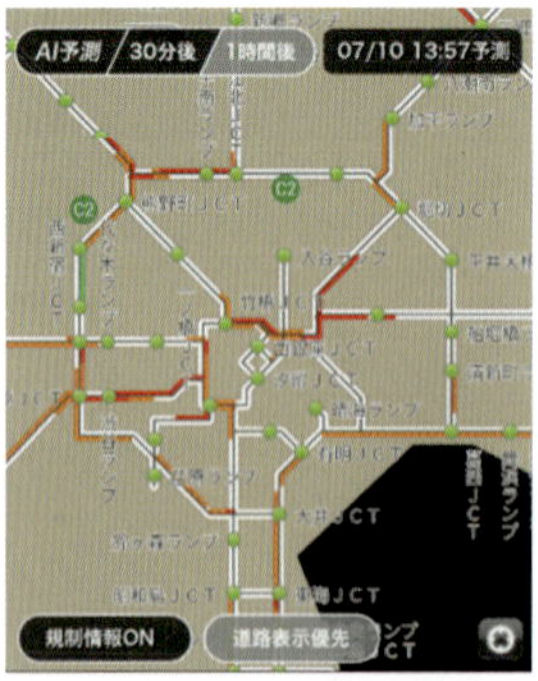

60分後の渋滞予測イメージ

東日本高速道路（NEXCO東日本）、Nextremer

高速道路SA対話接客システムの実証実験

東日本高速道路の高速道路サービスエリアにおいて、AIを用いた対話接客システムの実証実験を実施。

利用者は、マイクのボタンを押している間に限って、音声で話しかけることができる。画面上では、音声認識後のテキストが自分の発言として表示される。これに応答するAIによる対話がテキストで表示され、同時に音声を発する。

AIと利用者の会話が破たんした際は人間のオペレーターに切り替わり、その後の対応を引き継ぐとともに、その会話パターンをAIが学習することで、より高度な対話を実現できるようになる。

サービス画面のイメージ

土木研究所

橋や機械設備などの点検

AIを活用し、橋や機械設備などの壁面のクラックや設備の異常を検出・点検する技術の開発を開始。画像から橋などの３次元データを構築すると同時に、ドローンの撮影地点と距離や向きを推定し、５年後の点検でも同じアングルの写真を撮ってクラックの変化を確認できるようにする。スクリーニング（選別）検査をAIで支援して作業員が直接確認する負担を減らし、インフラ保守の効率化を目指す。

シンガポール海事港湾庁、富士通

AIを活用した船舶の衝突リスク予測

AIを用いて、船舶衝突リスクの検知と衝突リスクの集中する動的リスクホットスポットを予測する。検証により、本技術が海上交通管制業務で使用されるVTS（Vessel Traffic Services）システムへ適用されることで、予防的なリスク回避に貢献し、航行の安全性向上へつながることが確認できた。

活用事例

安藤ハザマ、秋田大学、筑波大学

地質状況自動評価システムの施工現場での試験運用

複数の波長帯の電磁波を記録した画像である「マルチスペクトル画像」を活用した地質状況自動評価システムを開発し、施工現場における試験運用を開始。火山岩と深成岩から各3種類、合計6種類の岩石供試体でスペクトル強度特性の形状と岩石種の関係を学習。専用カメラで撮影したトンネル切羽や掘削のり面のマルチスペクトル画像を解析し、岩石種や風化程度などを自動的に判定する。試験では90%以上の正答率で岩石種を自動判定することに成功。

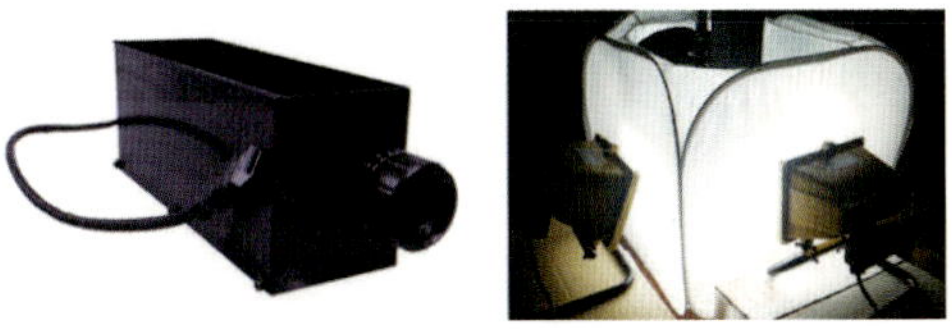

スペクトルカメラの外観および撮影状況

東日本高速道路（NEXCO東日本）、Nextremer

高速道の除雪

複雑な操作を必要とする雪氷車両について、さまざまな操作を集約・パターン化してワンタッチ操作できる集約制御システムを開発。除雪車に乗るベテランの作業をボタン１つで再現し、大型自動車免許があれば誰でもこなせるようにする。

道路の維持・管理に関わる作業員の高齢化が進んでおり、将来の人手不足対策にもなる。AIによる雪氷対策作業の判断支援システムの実用化も目指す。

日本総合研究所

次世代型都市交通システムによる街作りの研究

外国の都市をモデルにAIなどを利用した先進的な交通システムを検証。中国の深セン市や杭州市では、IT企業と交通警察が連携した次世代型都市交通システムの取組みが開始。

NTT西日本

道路路面診断ソリューション

AIを活用した道路路面診断ソリューションの提供を開始。道路路面性状に関する「データ収集」「データ解析・診断」「解析・診断結果の見える化」をワンストップで提供する。これにより、点検員ごとの判断のばらつきや業務稼働を低減。また、損傷状況や異常箇所の確認を容易にする。

東日本高速道路（NEXCO東日本）

高速道路での路面凍結防止剤の散布

ブリヂストンが開発した路面状態判別システム「CAIS」に、凍結防止剤自動散布装置を組み合わせたシステム。CAISから得られた路面判別データを基に凍結防止剤の最適な散布量を把握し、凍結防止剤自動散布装置によって散布区間・散布量を自動制御することで、路面状態に応じた自動散布を実現した。

国土交通省関東地方整備局、富士通

AIを活用した車両検知システム

AIを用いて道路上の監視カメラ映像から車両を検知し、車両の停止や混雑などの事象を自動で判定し、交通状況を監視する道路監視員へ事象を通知するシステム。天候や昼夜などの外部環境に左右されずに車両の停止や混雑など異常事象を自動検知し、道路監視員に通知する。これにより、早期初動を支援し事故の低減につなげる。

実証の結果、天候や昼夜の影響を受けずに、また画角が変わっても自動的にその画角に合わせて車両を検知し、高精度の認識率を達成することを確認。

監視画面のイメージ

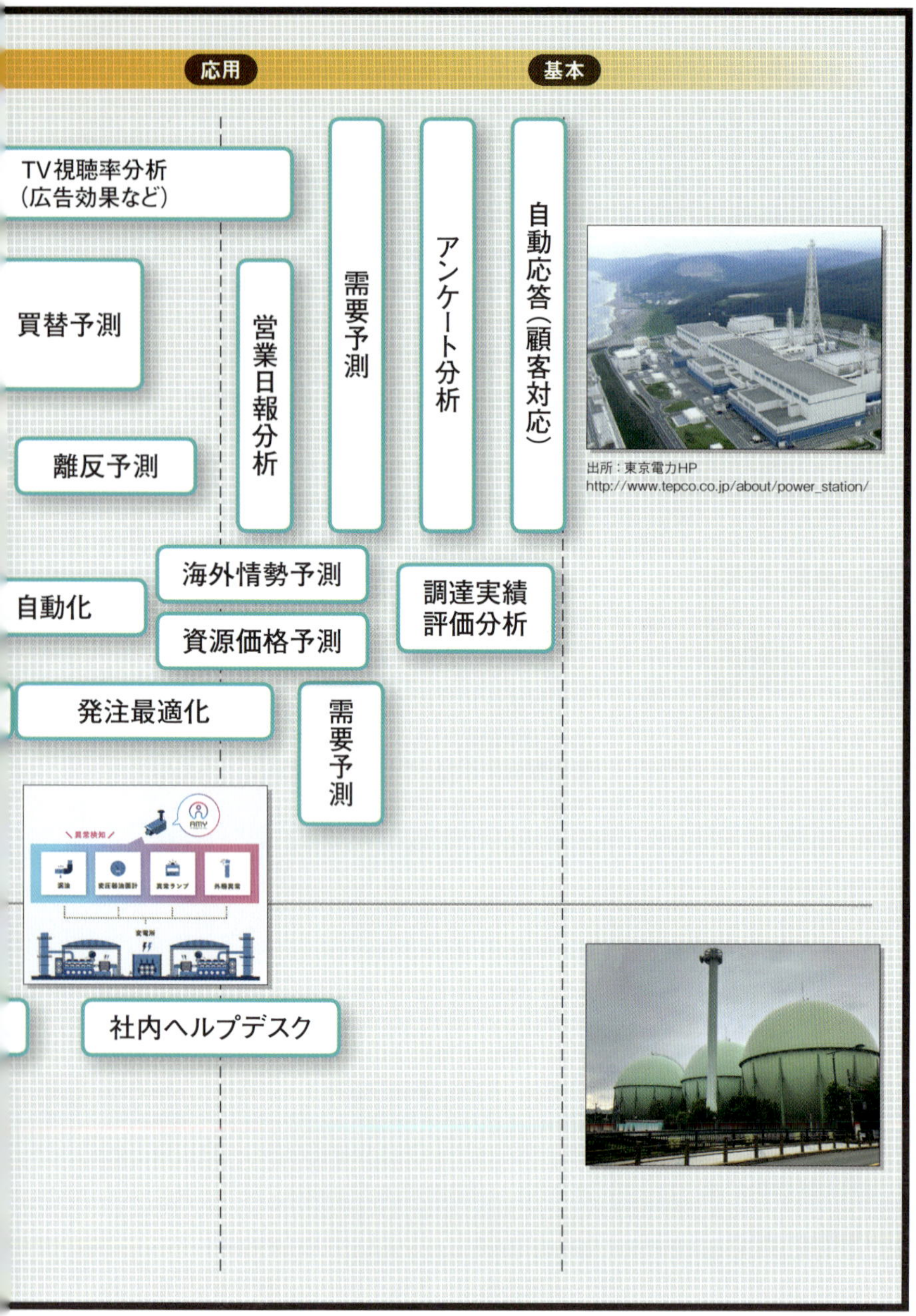

出所：東京電力HP
http://www.tepco.co.jp/about/power_station/

［エネルギー業（ガス・電気）］

Energy (gas / electricity)

販売の多様化により、顧客サポート・新しいサービス提供の必要性が上昇

エネルギー販売業務の特徴

エネルギー業は個人宅やビルに電気やガスを供給するのが主要な事業です。近年は、主に電力に関して販売の自由化がなされ、携帯電話事業者やケーブルテレビ局なども電力供給サービスを行っています。

したがって、電力販売においては、他の企業に切り替えるかを予測して、キャンペーンや営業を行うことが必要になります（**離反予測**）。近年では、家庭に取り付けたスマートメーターのデータを基に、エアコンの制御や安い夜間電力を用いた蓄電などの省エネの施策を提示するサービスが始まっています（**省エネ分析**）。

リビング系販売業務の特徴

電力事業者・ガス事業者は、エネルギーの販売だけでなく、給湯器、コンロ、調理器具などの部屋の中の設備や太陽光発電パネル・蓄電池などの省エネ設備も販売しています。そのため、顧客ごとにお薦めの商品・サービスを推定して推薦することを行います（**サービスレコメンド**）。

広報業務の特徴

電力事業者・ガス事業者の顧客は長期間契約している人がほとんどの

［エネルギー業（ガス・電気）］におけるAI・データ活用マップ

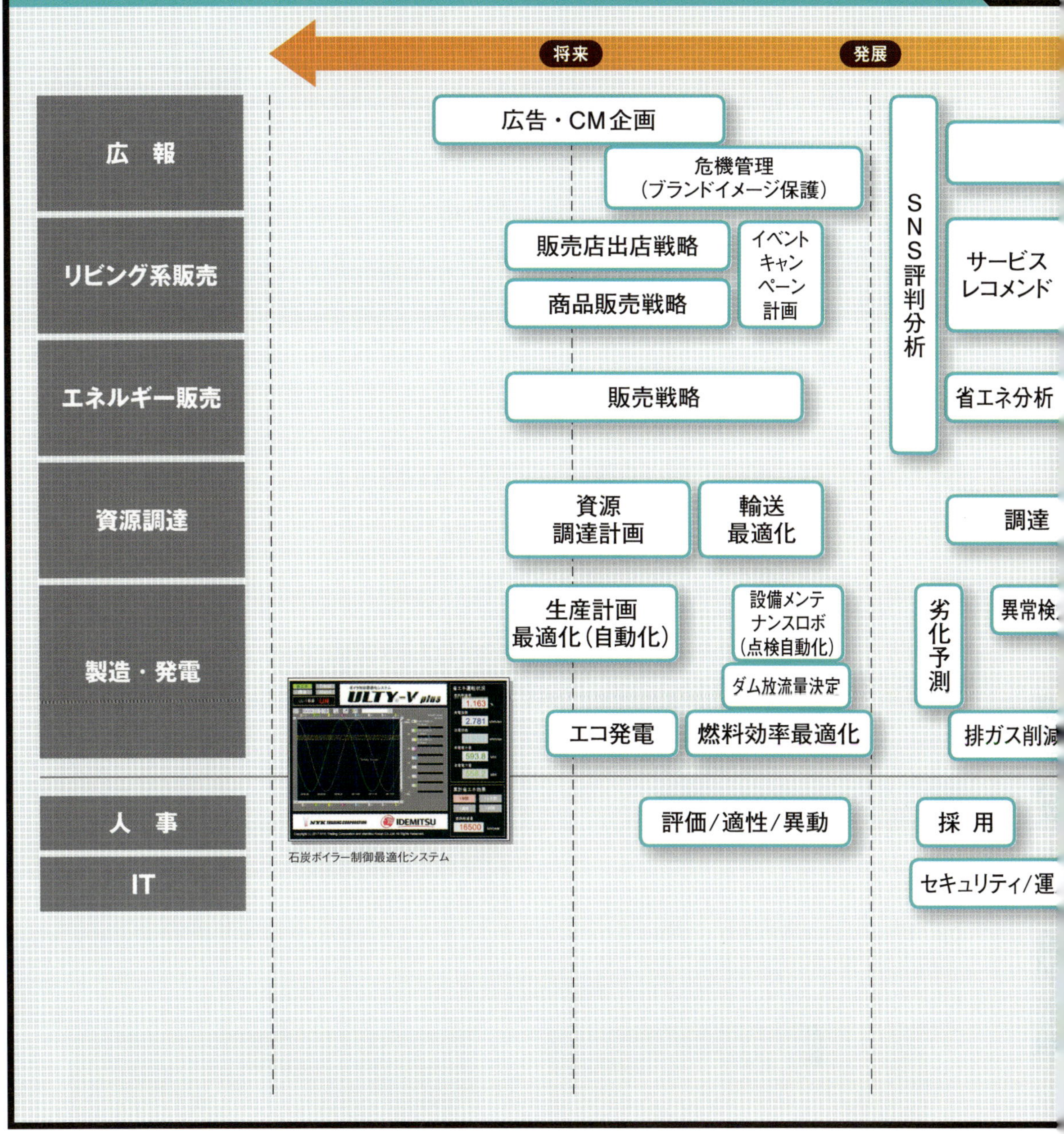

ため、企業のサービスを末永く契約してもらうためにブランドイメージを大切にします。そこで、CMの好感度調査やSNSの分析を通じて企業の評判を把握することが必要です（**CM効果分析・SNS評判分析**）。

資源調達業務の特徴

自然エネルギーを活用しないケースでは、発電をするために資源を調達する必要があります（火力発電など）。そこで、需要を予測するとともに、資源の価格を分析（**資源価格予測**）して調達量を決定（**調達自動化**）したり、**輸送ルートの最適化**を行ってコスト低減につなげたりします。

製造・発電業務の特徴

エネルギーを生産するためには、発電所などの大規模設備が必要です。適切な発電量の計画を立てるために、**需要の予測**を行います。

また、大規模設備であり、事故が起こった際の損害が甚大であるため、設備の**異常検知・劣化予測**を行って、設備の故障がないようにします。

火力発電などは、AIを活用した運転パラメーターの調整を行い、**燃料効率最適化**につなげることが期待されます。

東京電力パワーグリッド、NTTデータ

変電設備の異常診断

画像・映像解析AI、異音検知AIによる変電設備異常診断ソリューションを導入。NTTデータの画像・映像解析AIにより、油入変圧器の漏油検知、外柵などの建物異常検知、アナログメーターの自動読取りを実施。異音検知AIを活用し、ベアリングなどの損傷や劣化を判別・検知。

本ソリューションを東京電力PG管轄内の約1,300カ所の配電用変電所へ導入して、巡視時間の50%以上削減を目指す。

日本瓦斯

ガスの開栓受付の自動化

コールセンター委託運営などを手掛けるU-NEXTマーケティングと共同で、AIを活用した自動応答サービス「AIコンシェルジュ」を開栓手続きに利用。開栓・閉栓作業、緊急時対策、料金問い合わせなどの顧客の1次受付を自動で行い、関連部門、営業担当者など必要部署への情報連携を自動化。これにより、有人で行っていた年間約3万3,000件の開栓受付をAIによって自動化し、顧客は24時間365日電話による開栓の申込みが可能になった。

日本気象協会

電力取引価格の予測

日本卸電力取引所（JEPX）のスポット市場を対象とした、電力取引価格の予測サービス。スポット市場の30分ごとの電力取引価格をAIで予測し、小売り電気事業者の電力調達計画の作成を支援する。

新日鉄住金エンジニアリング

エネルギー供給プラントの故障検知・予測

エネルギー供給プラントの設備保全の高度化とさらなる安定操業を実現するため、故障検知や予測を行うソリューションの本格運用を開始。運転データから非定常・異常を検知し、安定操業と設備保全をサポートする。

丸紅、日立製作所

AIを活用した市場分析モデル

丸紅の実績・ノウハウに基づくアルゴリズムを活用したデータ解析手法と、日立が小売り・流通分野などの需要予測向けに開発した機械学習エンジンを掛け合わせて、独自モデルを構築。本モデルを活用して、電力の取引価格や需要傾向などを分析・予測する検証を行ったところ、業務改善とコスト削減に一定の効果が実証された。

IRID、東芝

危険区域調査ロボ

以下の3つを開発。

①原子炉格納容器内部の溶け落ちた核燃料（デブリ）などの確認を目指す水中ロボット。

②長さ約16mの伸縮竿を伸ばし、先端からカメラを吊り下げ、圧力容器から溶け落ちた核燃料（燃料デブリ）などの撮影を目指す釣りざお型調査ロボット。

③格納容器内に進入させ、原子炉の下から制御棒などの状態を確かめるサソリ型調査ロボット。

水中ロボット

出所：IRIDが取り組む研究開発の状況―ロボットによる燃料デブリの調査・取出し―
http://irid.or.jp/_pdf/20181122.pdf

サソリ型調査ロボット

出所：IRID HP
http://irid.or.jp/topics/pcv%E5%86%85%E9%83%A8%E8%AA%BF%E6%9F%BB%E8%A3%85%E7%BD%AE%EF%BC%88%E3%82%B5%E3%82%BD%E3%83%AA%E5%9E%8B%E3%83%AD%E3%83%9C%E3%83%83%E3%83%88%EF%BC%89%E3%81%AE%E6%94%B9%E8%89%AF%E3%81%AB%E3%81%A4/

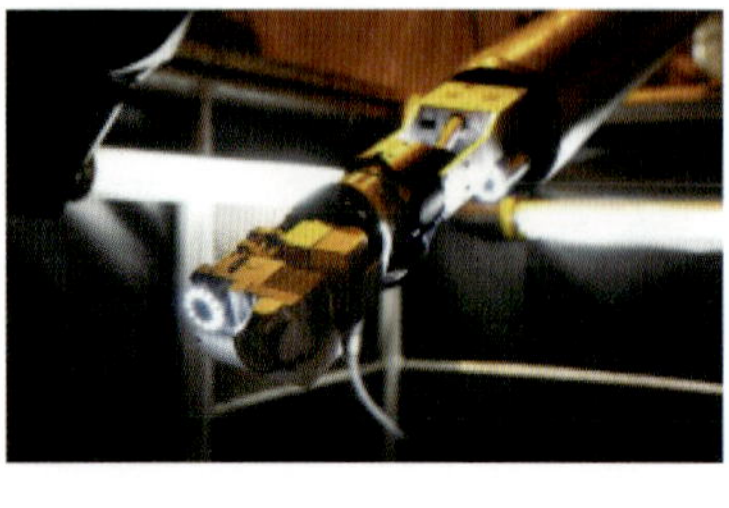

釣りざお型調査ロボット

活用事例

中部電力、NEC
火力発電運転支援システム

運転データを分析して異常の予兆を検知するシステム。発電プラント1基当たり1,500〜3,500個のセンサーから情報収集した圧力や温度、流量などの膨大な運転データをAIが学習し、データ同士の関係性モデルを築く。

三菱日立パワーシステムズ
火力発電燃焼調整機能

運転開始から時間が経過して運転にも習熟した火力発電所のボイラーについて、ボイラー特性を学習させることにより、多様な炭種に対応した燃焼調整機能を実現。さらに、ボイラー効率や補機動力などの経済性に関わるプロセス値の変化を追加学習させたAIシステムが最適パラメーターを提案。その結果、AIが提案するパラメーターにより、さらに経済性改善効果を得た。

AIによって多様な炭種に対応した
台湾の林口（リンコウ）火力発電所

出所：三菱日立パワーシステムズHP
https://www.mhps.com/jp/news/20180611.html

東芝
地域の電力需要の予測

高精度な電力需要予測システムを開発。多地点における気象情報の作成とAIを活用した複数の予測手法を組み合わせる。電力の調達や供給計画を策定する必要がある電力事業者向けに提供。

Drift Marketplace
最適価格での電力供給

AIによる解析を基に、利用者に最適な価格で電気を供給。希望の価格や価値観に合わせて利用者側と発電する側を結ぶ仕組み。

東京電力パワーグリッド、テクノスデータサイエンス・エンジニアリング
架空送電線診断システム

架空送電線診断システムの共同開発。これまで作業員が確認していたVTRによる点検作業をAIが行うことで、異常検知の高度化と、点検作業時間の50%以上の短縮を見込む。今後、ドローンで撮影したVTRデータについても、異常を自動判定できるものを目指す。

ソフトバンク・テクノロジー、エナジー・ソリューションズ、M-SOLUTION
ドローンによるソーラーモジュール検査

AIによる赤外線画像（IR）自動解析ツールを開発。ディープラーニングを用いて太陽光発電ファームの不良箇所検出を行う。誰でも迅速・正確に検査解析を行えるようになり、これまで数時間かかっていた解析が3分で行えるようになった。

解析結果画面

東京電力フュエル&パワー、ゼネラル・エレクトリック（GE）
IoTで火力発電所の異常を判定

火力発電所の発電設備に取り付けたセンサーデータを分析して、稼働率の向上などに活用するプロジェクト。数多くのアプリを産業用機器と接続し、データ収集や分析を行い、リアルタイムで知見を共有することで、機器やプラントなどの性能や生産性を向上させる役割を担う。

東京電力HD、理研
水力発電用ダムの運用高度化

理研が持つ気象などのシミュレーション技術と、東京電力HDがこれまでに蓄積してきた観測データを組み合わせ、雨量や河川流量の予測精度を高める。そのうえで、予測結果を基にダムからの放流量や放流時間を最適化し、下流域の安全性を確保しながら水力による発電量の増加を目指す。

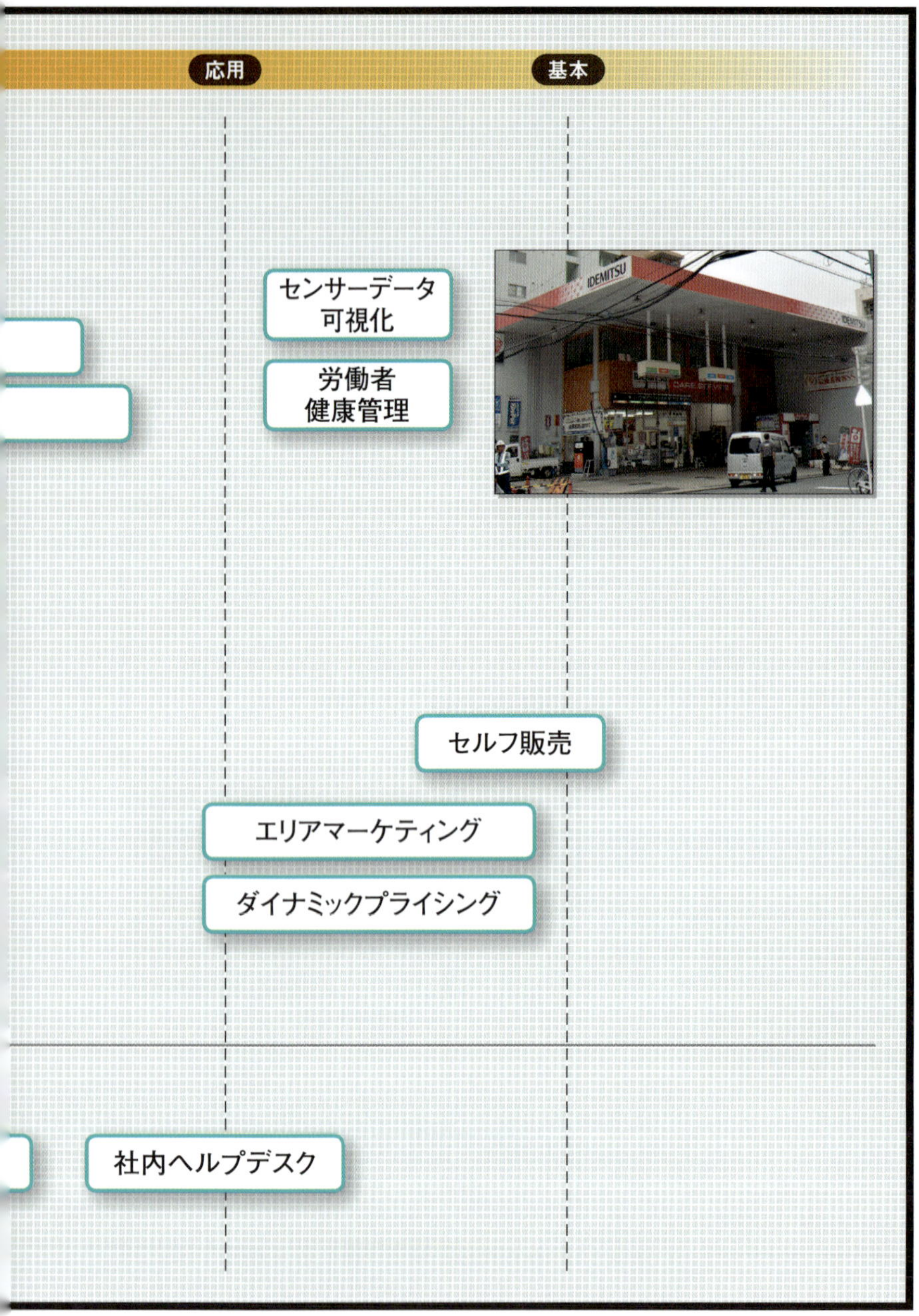

［石油および天然ガス生産・販売業］

AIやデータ活用により油田開発・運用の高度化

Production / sales of oil and natural gas

採掘・精製業務の特徴

石油・天然ガスの生産では、油田を探索して採掘し、原油やガスを取り出した後に精製工程で不純物を取り除くなどの処理をします。油田は、事故に対する防止策が重要なため、**異常検知**を行うとともに、**故障予測**に基づく**予防的メンテナンス**を行って、常に安全な状態を保ちます。

また、採掘や精製においては、データやAIを活用した**精製効率化**・**掘削効率化**が有効です。他に、油田は海上やへき地にあることも多く、かつ作業が長期間になるため、労働者が長期間生活するための環境を整える必要があり、**労働者の健康管理**などの各種サポートが必要です。

将来的には、**油田探索**に地層や衛星などの画像データの分析を活用することが期待されます。

市場取引・物流業務の特徴

石油・天然ガスは価格の変動が激しいため、**価格予測**を行うことで、取引量を決定します。

同様に、石油生産を行う会社は、採掘された原油やガスを地中などに貯蔵して長期保存し、市場の需要・価格を分析しながら販売量を決定します（**流通量決定**）。

［石油および天然ガス生産・販売業］におけるAI・データ活用マップ

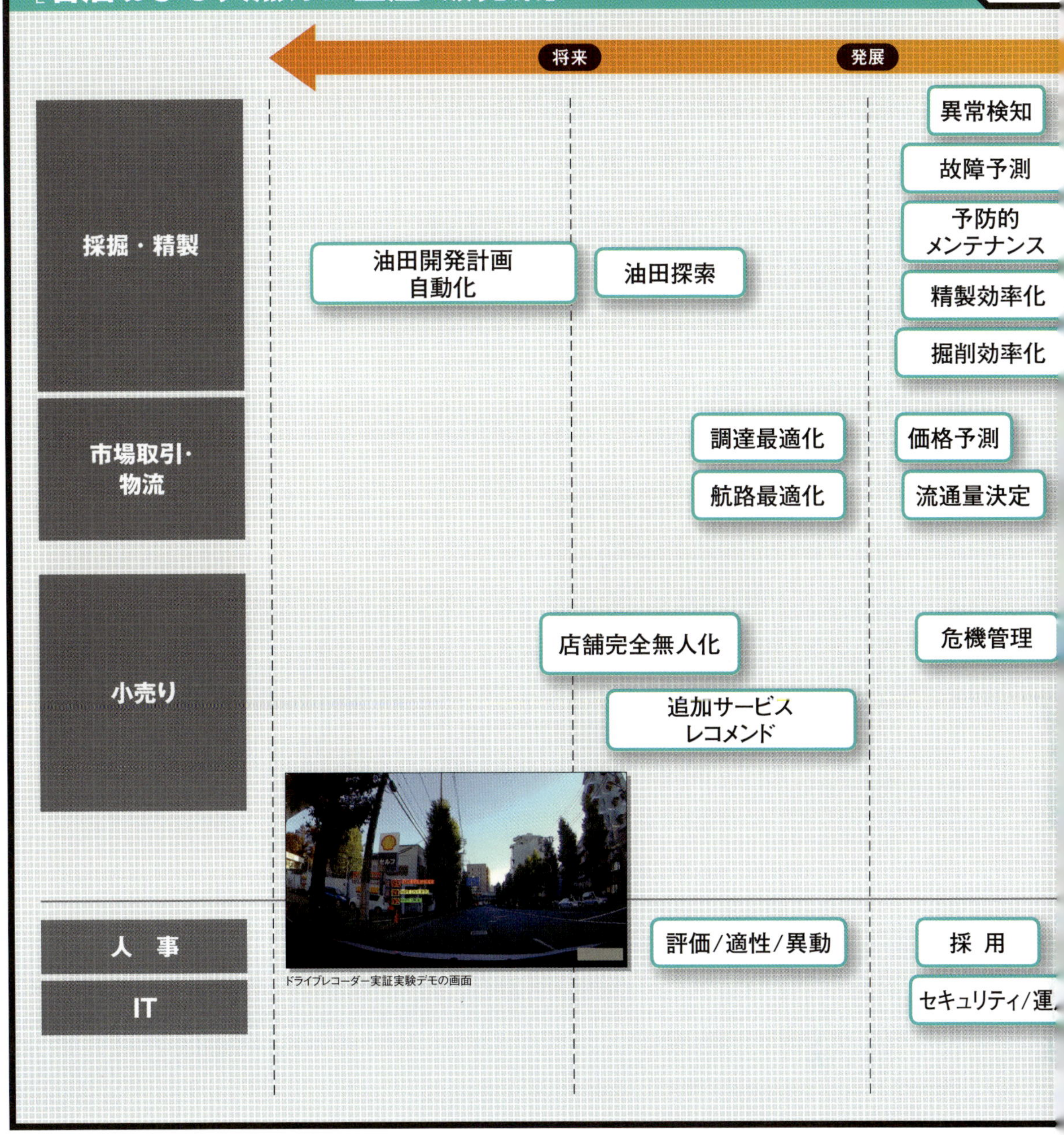

ドライブレコーダー実証実験デモの画面

また、原油やLNG（液化天然ガス）は、大型の船で輸送するため、輸送費用がかかります。そのため、「どこで買ってどこに送るか」を最適化することも、輸送コストの削減上重要です（**調達最適化・航路最適化**）。

小売り業務の特徴

個人向けの石油の小売りは、サービスステーション（ガスステーション・ガソリンスタンド）と呼ばれる販売所で行っており、**セルフ販売**の仕組みが浸透しています。今後、さらにメンテナンスフリーの給油機器など、設備が発達し**店舗の完全無人化**が望まれます。

販売所では、火災を防止するための**危機管理**を行うことが重要です。たとえば、喫煙を監視カメラで認識して警告するような取組みが始まっています。あわせて、自社のシェアが低いところなどの**エリアマーケティング**を行っての出店計画や、近隣店舗との価格競争力を高めるための**ダイナミックプライシング**が行われています。

今後売上げを伸ばすためには、付加価値を高めるための**追加サービスのレコメンド**によって差別化を行うなどの工夫が求められています。

※石油・天然ガスに関する企業は、採掘を行う会社・精製を行う会社・販売を行う会社があり、本節ではこれらをまとめて「石油・天然ガス生産・販売業」としています。

活用事例

日揮、NEC
プラント運転異常の予兆検知

日揮のプラントエンジニアリング技術と、収集したデータの相関関係から通常運転時との違いを予兆段階でいち早く検出するAIを組み合わせることにより、プラント全体の広範囲な時系列運転データの解析を行い、異常検知の自動化により深刻なトラブルを未然に防止する。

出光興産、アクセンチュア、NEDO
配管の保安システム

AI・IoT技術を活用した新たな産業保安システムの実証実験を実施。ビッグデータ解析による配管腐食の早期検知や、より高精度な腐食評価の実現などを目的に実施した。

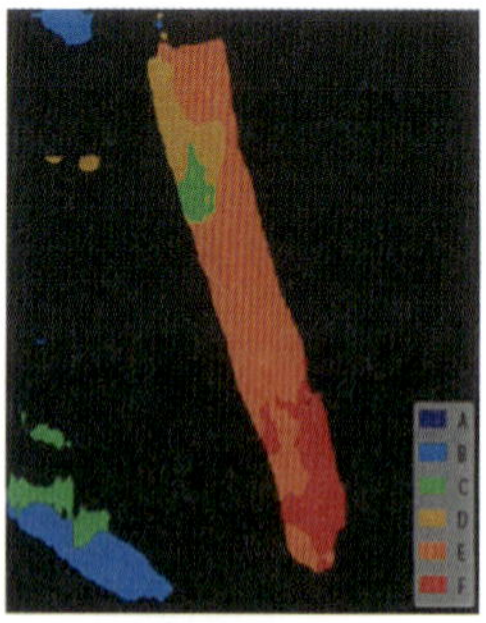
評価結果画像

配管における腐食の進行度合いを解析、評価する仕組みを構築し、実務面での有効性を検証した。配管画像や動画を解析するモデルをディープラーニングを用いて実装。80%以上の高い解析精度を出し、実務レベルの有用性を確認した。

ヤフー
ガソリンスタンドの価格の自動収集

ドライブレコーダー情報をAIで解析し、道路沿いの視覚情報をテキスト化する実証実験を開始。ガソリンスタンドのガソリン価格や駐車場の満空情報といった、道路沿いの視覚情報をテキスト化する。ドライブレコーダーをASKUL LOGISTの配送用車両に搭載。

ドライブレコーダーによる実証実験デモの画面

昭和電工、日立製作所
石油化学プラントの故障予兆診断サービス「ARTiMo」（アルティモ）

過去の正常なプラントの機器・設備の運転データ（温度や圧力、水位、流量など）を事前学習させることで、予兆診断の基準となるデータの相関関係を分類し、正常データのカテゴリーを自動生成する。そのうえで、実際のプラント運転時に取得した新規データを自動分類し、正常カテゴリーと比較することにより、運転状態が正常かどうかを診断。一般的な予測モデルを用いた予兆診断システムや人の判断では検知が困難だった、プラントを構成する機器や設備などの複合要因による異常を早期に検知することが可能。運転監視を行うオペレーターの負荷軽減や故障発生率の低下による運用・保守の効率化につなげる。

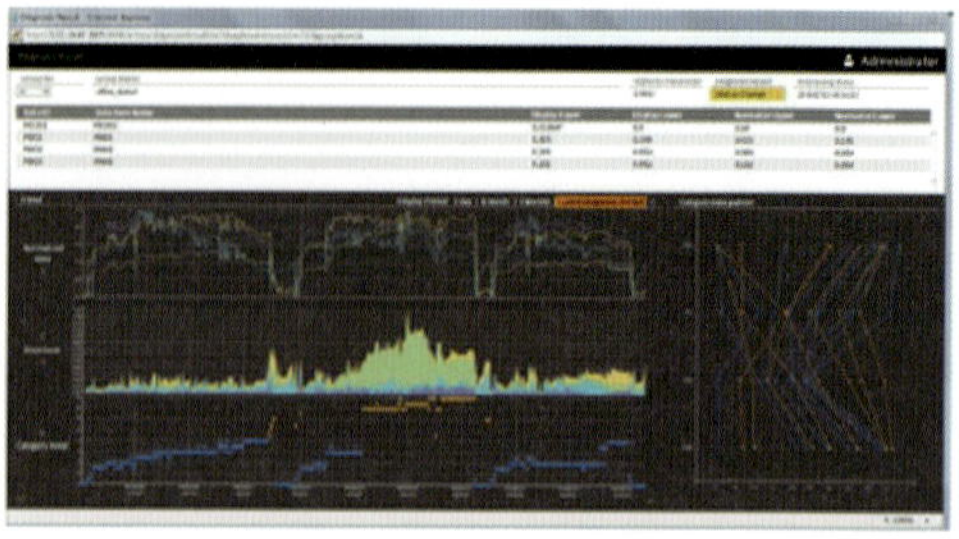
予兆診断サービスの画面

Shell、Microsoft
ガソリンスタンドの喫煙検知

ガソリンスタンドの監視カメラで捉える映像を解析し、大事故につながりかねない喫煙行為を検出して警告する技術を開発。ガソリンスタンド内に設けられた装置周辺の映像に対して、シンプルな機械学習で、喫煙と疑われる部分を選び出す。

その後、クラウド上で動いている深層学習アルゴリズムへ疑わしい映像データだけ送信し、詳しく解析する。現場に近いネットワーク境界（エッジ）部分と現場から遠いクラウド環境とで解析を分担実行し、高速な処理と高い精度を両立させる。

Baker Hughes、NVIDIA
石油・ガス業界におけるAI活用の基盤

AIとGPUアクセラレーテッド・コンピューティングを投入することで、大量のデータを石油・ガス業界がリアルタイムで抽出できるようにして、ひいては石油の探査、採掘、精製、輸送にかかるコストを大幅に削減することを目指す。

詳細解説 劣化予測・メンテナンス計画作成

ROIの算出例

- **劣化に基づく事故の発生を80％削減**
- **メンテナンスにかかる総費用を20％削減**

目 的

- **早期補修による故障率の減少**
- **メンテナンスコストの削減**

- 道・橋・線路・水道管・建造物などは、完成後徐々に劣化していき、数年から数十年後までに毀損したり故障したりします。そのため、劣化の状態をモニタリングして補修を行います。これらのものは、補修担当者が実際に補修を行うまでに時間がかかることが多く（たとえば道路の補修は許可も含めると１カ月以上後にならないとできないことがあります）、将来の状態変化も加味した計画を立てることが必要です。
- 自動車・家庭用蓄電池・複写機・農業機械・工作機械・建設機械なども、新品の状態から使い続けることで劣化していく部分を持つことが多く、これらの劣化状態を予測してメンテナンスの推薦を利用者に提示することが有効です。
- これらのように状態をモニタリングしたり予測したりしてメンテナンスを行うことをCondition Based Meintenance（CBM）といい、近年拡がってきています。

典型的なシステム構成と業務プロセス

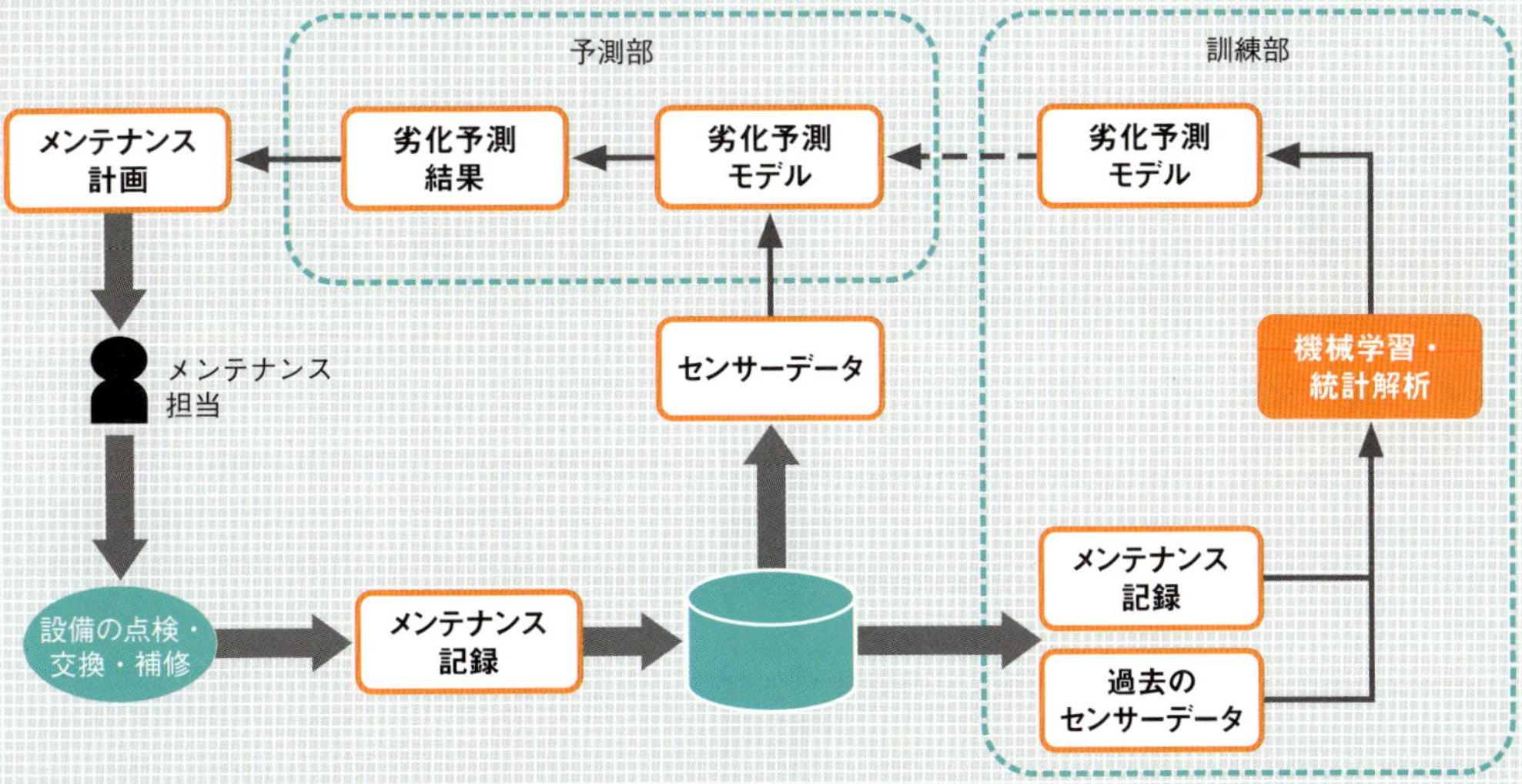

- センサーデータを基に将来の劣化状態を予測するモデルを作成します。既に劣化していて危険な状態の場合は直ちに補修を行いますが、それ以外の場合は、近未来（１カ月や１年後など）の間に危険になりそうな箇所をリスト化してメンテナンス計画を作成します。

詳細解説

劣化予測・メンテナンス計画作成

分析方法

ステップ1

劣化状態モニタリングと安全率に基づくメンテナンス計画作成

- 劣化状態が交換・補修の基準値に対してどれくらい余裕があるかを計算し、その余裕度が少ないときにメンテナンスを行います。
- たとえば電線の摩耗のモニタリングにおいて、20mm以下になったら危険だとした場合に、安全を考慮して30mm以下になったときにメンテナンスを行うような方法です。このとき、30/20=1.5であることから、安全率1.5と呼ぶことがあります。

ステップ2

劣化予測に基づくメンテナンス計画作成

- 機械学習などで劣化予測のモデルを作成し、その結果から、数カ月後の状態を予測し、劣化が予測される箇所をメンテナンスします。説明変数に現在までのセンサーデータの履歴や、気象・設備の利用量（通行量・水流量など）を用います。

ステップ3

メンテナンスコストを考慮したメンテナンス計画の自動作成

- ステップ2に加え、メンテナンスコストを考慮した計画を作成します。たとえば、道路のメンテナンスにおいて、メンテナンス担当者が行きやすい巡回ルートであり、かつ劣化する箇所をカバーすることができるルートを決定します。他に、たとえば水道管のメンテナンスの場合は、部分的な補修の他に、一定距離の管の交換など大規模な補修を行うことがあり、後者のほうが単位距離当たりのメンテナンスコストが低いです。その場合、劣化が集中する場所では一括メンテナンスを選択することで総コストを下げることができます。

利用データ

①センサーデータ
②メンテナンス記録
③運転記録や動作ログ

- 劣化を計測するセンサーデータの他に、メンテナンス記録と運転記録や動作ログが必要です。メンテナンス記録は、目的変数である劣化状態の作成や補正、メンテナンス前後でデータを分割するのに用います。運転記録や動作ログは、劣化を予測するうえでの説明変数に用いることがあります。たとえば、燃料電池における充放電回数や放電時間、複写機におけるコピー回数、自動車における走行距離や稼働時間や平均速度などがあります。他に、農業機械や建設機械では、かけた力の大きさや振動の度合いなど、激しい作業を行わせたかの情報も保存しておくと、急激な劣化をする機械の傾向を学習できることがあります。

■典型的な追加データ

- 土地や場所の情報
  ⇒たとえば道路の劣化予測において、道幅やカーブの半径・勾配などが劣化と関係があることがあり、場所ごとのこれらの情報を用いることで精度が上がることがあります。
  ⇒他にも、たとえば家庭用燃料電池の劣化において、設置場所の外気温が関係する可能性があるなど、「どのような環境に置かれているか」の情報は重要になることが多いです。
- 交通量や人口などの利用者情報
  ⇒劣化予測を行いたい対象の利用量に関係する情報を入れることで、精度が改善することがあります。ただし、将来の予測に用いるため、利用量が事前にわからない限り変数として用いてはいけません（運用時に用いることができない変数を使ってはいけないため）。たとえば、交通量や人口は見込みの量を与えて予測時の変数として投入します。

データ加工のポイント

■メンテナンスタイミングでデータを分ける

- 劣化度合いを機械が学習するには、「時間が経過する」ことによる変化を学習していくことが多くなります。一方で、メンテナンスを行い補修や交換を行うということは、その前後で「時間的に連続しなくなる」ことになります。一方で、センサーデータはメンテナンスによらず、ずっとデータが続いていることが多いため、メンテナンスを知らない状態で学習すると、誤解した状態のモデルが出来上がってしまいます。これを防ぐために、メンテナンス前後でデータを分けて「メンテナンスからの経過時間」のような変数をリセットすることで適切なモデルを作成することができます。

■劣化が「加速するか」を予め確認して、データを加工する

- 蓄電池や一定の劣化状態を超えると、劣化の進行が速くなるものがあります。そのため、はじめに時間の経過と劣化の状態の関係のグラフを描画します。劣化が加速的である場合は、「現在の劣化状態」を変数に入れて分析することで、うまくモデル化できます。一方で、「既に劣化したものが加速的に劣化することは当然であり推定の価値が低い」場合は、劣化が進行した状態のデータを削除し、初期の劣化状態のみの推定に限定することもあります。

分析時に注意すべきポイント

①バスタブ曲線的かをチェックする

- バスタブ曲線とは、横軸に出荷からの時間、縦軸に故障率をとると、真中がへこんだバスタブのような形になることから名付けられた曲線で、製品の初期不良と、経年劣化を合わせた状態を表現する曲線として知られています。
- このように、製品の劣化・不良のデータに関しては、出荷直後の劣化や故障と、経年劣化の劣化や故障が混ざっている可能性があります。機械学習などで分析する前に、時間の経過によって変化する度合いをグラフに描くなどして初期不良や初期劣化が混在しているかを確認しましょう。

②劣化度合いを増やす要因を解釈し、施策につなげる

- 劣化予測の予測モデルは、メンテナンス計画の作成に使うだけではなく、予測モデルを解釈して、「劣化しなくする」ことの施策につなげることが多いです。たとえば、温度と劣化の関係が高いなら、温度を一定に保つための空調制御やファンの設置などを行います。
- このように劣化しづらくすることが本質的な価値につながりやすいため、予測モデルの解釈性が重要な領域で、分析手法の選定時にも注意が必要です。

Chapter 6

公　共

学校・学習塾

警察・警備

消防・防災

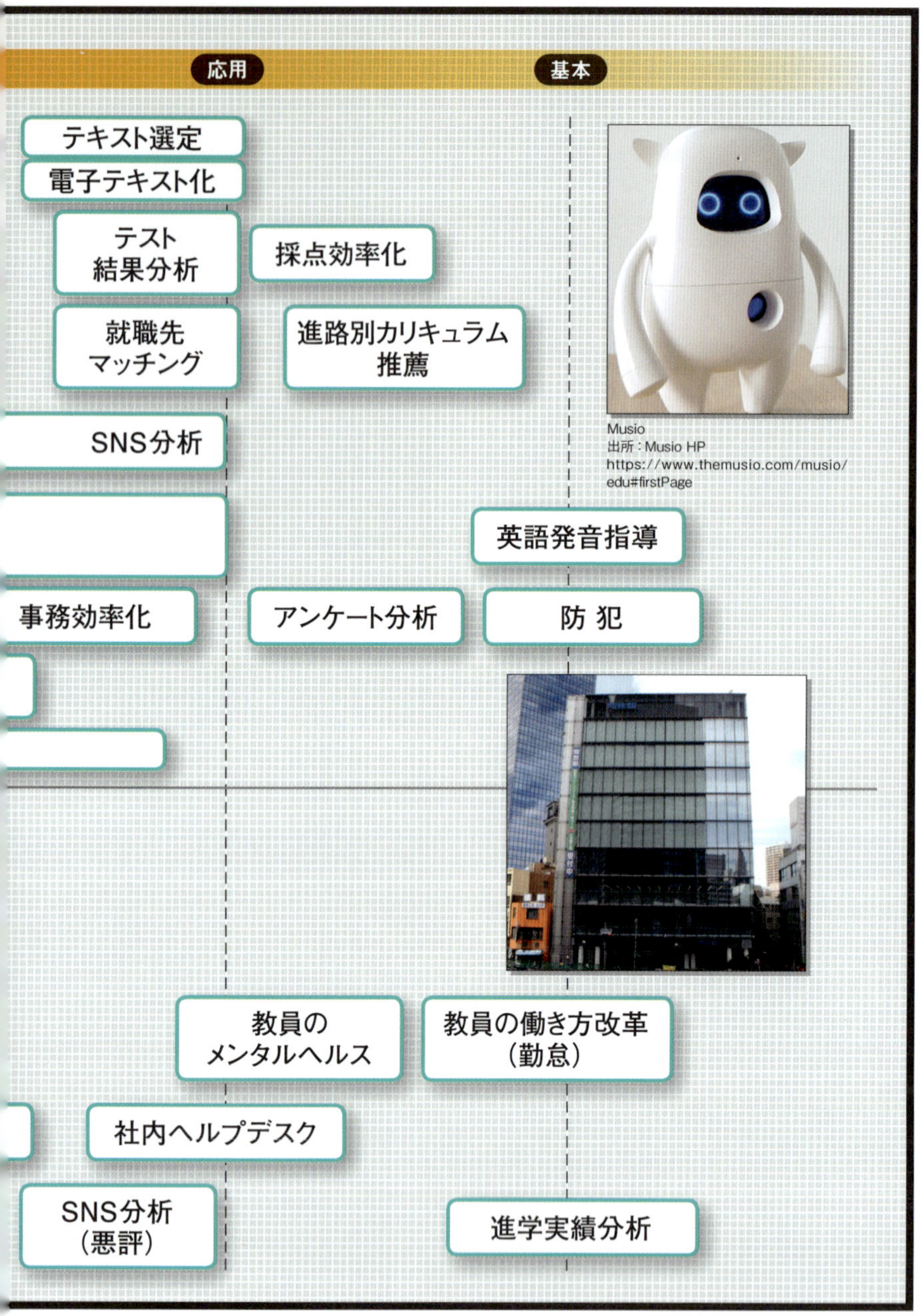

Musio
出所：Musio HP
https://www.themusio.com/musio/edu#firstPage

［学校・学習塾］

AIを活用したきめ細やかな教育の実現

Schools / tutoring services

教材作成・テスト業務の特徴

学校や学習塾では、学習させたい内容をまとめた**カリキュラムを作成**し、それを基に教材（テキスト）を作成するとともに、習得度を判断するためのテストを実施します。テストは、採点に多くの手間がかかることから、採点自動化が効率化につながります。マークシート型だけでなく、自由記述問題の採点も自動化することが望まれます（**自動採点**）。

また、テストの結果を分析して今後の学習内容に向けた提言を行ったり、志望校の合格確率を推定したりして提示します（**テスト結果分析・合格確率推定**）。

進路指導業務の特徴

学校では、就職や大学進学先の決定のために、教師と生徒が相談します。職業の適性診断を行って就職先を推薦することや（**適性診断・就職先内定率推定・就職先マッチング**）、学生の進路に近い過去の学生の勉強内容などを基に、進路別の学校生活のアドバイスを行うことが望まれます（**進路相談**）。

生活指導業務の特徴

学校では、いじめなどの生徒間の

［学校・学習塾］におけるAI・データ活用マップ

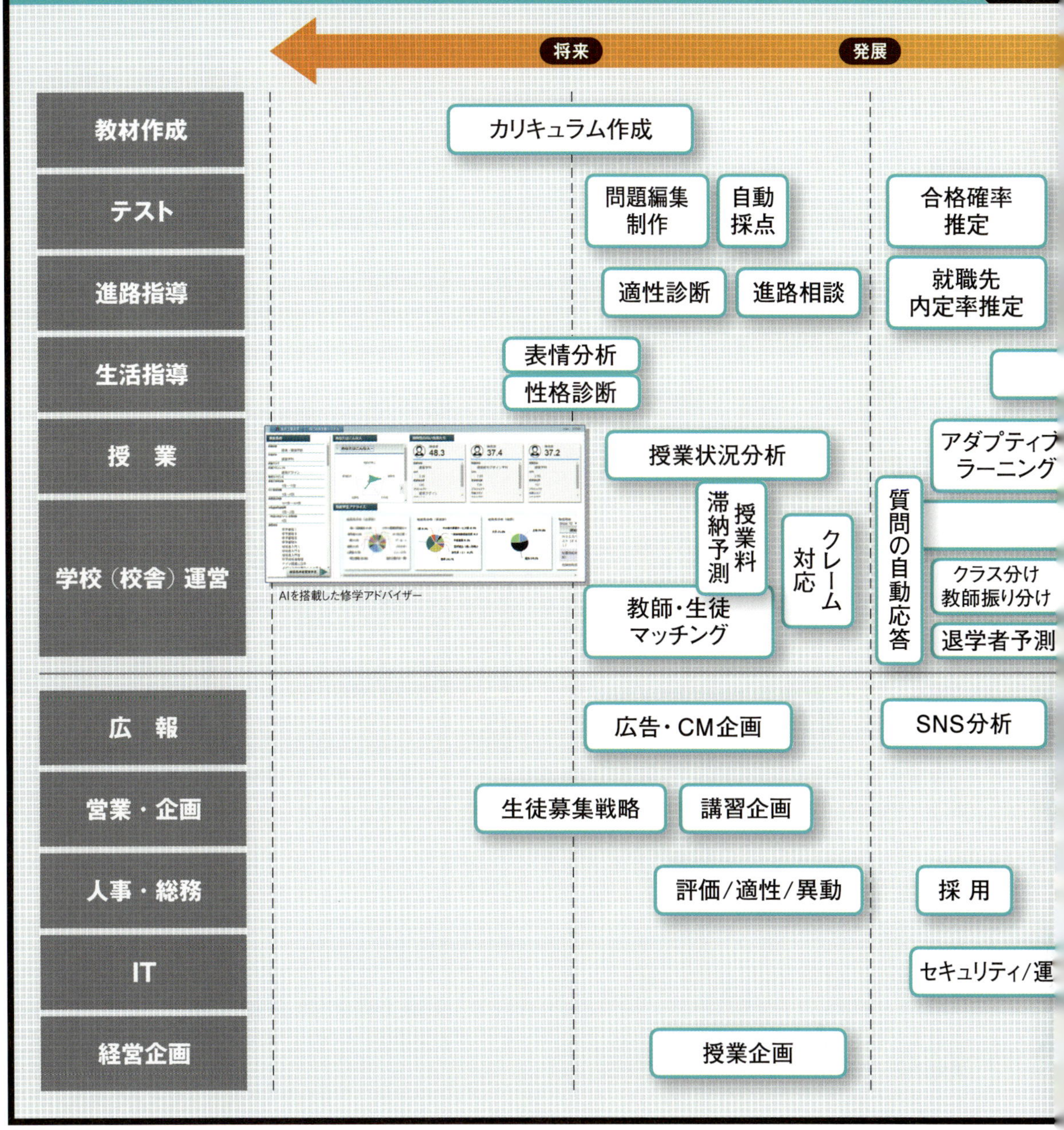

問題は重大な事柄です。そこでSNSなどのウェブサイトを調べて、問題の兆候を調べます（**SNS分析**）。

将来的には、表情や性格などを分析することで生徒別の生活指導をAIが行えるようになる可能性もあります（**表情分析・性格診断**）。

授業の特徴

授業内容をデータ・AIによって支援する例のひとつに**アダプティブ・ラーニング**があります。これは、生徒の理解度に応じて、次の学習内容を決定するものであり、北米を中心に徐々に拡がっています。

また、対面指導においては、授業での理解度など生徒の様子を分析することで教師の振り返りに用いることが期待されます（**授業状況分析**）。

学校（校舎）運営の特徴

学校運営においては、RPAなどによる**事務効率化**、**退学者の予測**、**質問の自動応答**、**防犯**など多数のデータ活用の適用対象があります。

将来的には、教師と生徒の適性を判断してクラス分けを自動で行うことが期待されます（**教師・生徒マッチング**）。

※ここでは主に小学校・中学校・高校・専門学校・大学およびこれらの学校の入学試験のための学習塾を対象にします。

ベネッセコーポレーション（進研ゼミ）
コミュニケーションAIの導入

長期休みの勉強へのモチベーションが下がる時期に、従来にない密接なコミュニケーションの構築で、学習モチベーションを向上させる目的でAIを活用。ユーザーの状況や心理に合わせ、ユーザーが行動すべき理由や問題点、改善点を説明し、ユーザーが納得、理解のうえで、個別対応を自動的に行う。

進研ゼミに導入されたコミュニケーションAI

AKA
英語学習AIロボ「Musio」

英語学習AIロボット「Musio」（ミュージオ）を活用した教育機関向け新サービス「Academy Plan」（アカデミープラン）を提供。アメリカのネイティブ英語での自然な英会話ができるチャットモード、専用教材でレベル・目的別の英語学習ができるチューターモード、単語や表現、会話フレーズの発音練習ができるエデュモードを搭載。

Musio

出所：Musio HP https://www.themusio.com/musio/edu#firstPage

ドリームスクエア
進路支援サービス「タレントX」

AIがわずか10秒でその人にマッチした進路を知らせてくれる技術を開発。ユーザーの意思決定を支援するAI「ヒュリ」を基にしたサービス。興味、知識、学校、専攻、活動、技術、業務スタイル、価値観、勤務地など13個の質問項目を入力すると、5万余りの専門職の中から、ユーザーに最も適した職業を薦める。

Classi
学習支援クラウドサービス

日本国内の学校に導入している学習支援クラウドサービス「Classi」へ、アダプティブラーニング（個別適応学習）を提供。授業や講義後にClassiを活用して学習理解度の確認演習を行い、そこから得られる個々の生徒の回答結果データを基に生徒を支援する。

「Classi」のトップ画面

出所：【Classi動画】Classi学習動画（スタディーサポート／生徒用）
https://www.youtube.com/watch?v=GikJCMUvBug&feature=youtu.be

金沢工業大学、日本IBM
進路選択などの支援

ユーザーが最も自分に近いと思える卒業生を選択すると、その卒業生の学習履歴データから勉強や課外活動、生活に関するAIからのアドバイスが表示される。学生の成績や性格診断結果など、約40の項目に基づいて類似する卒業生を抽出。学生が気軽に質問を投稿できるチャットボット機能も搭載。

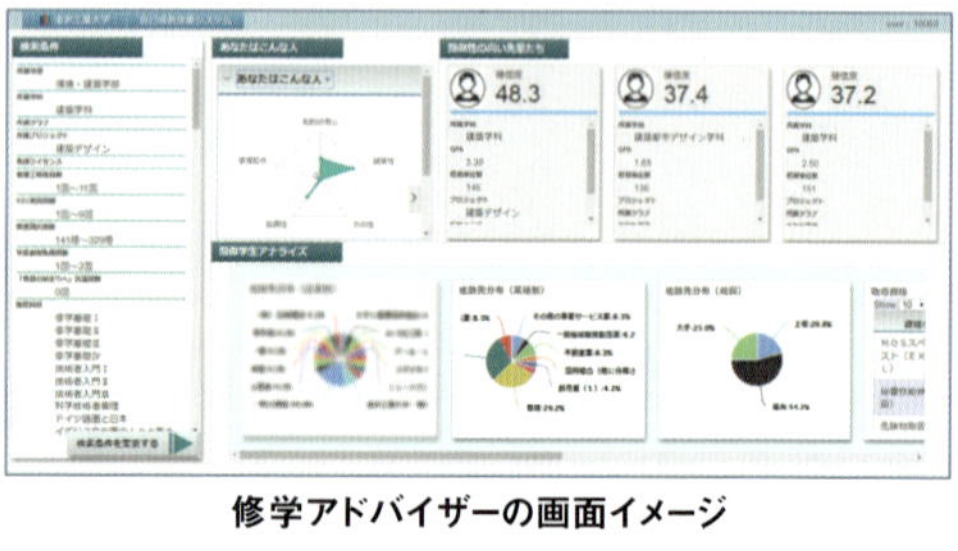

修学アドバイザーの画面イメージ

活用事例

河合塾、COMPASS
AI教材を共同開発

小学校向けから高校生向けまでの算数・数学などのAI教材を共同開発。タブレット型端末から出題し、生徒の解答や所要時間、計算過程などを分析。次回からは生徒それぞれに合った問題を出す。

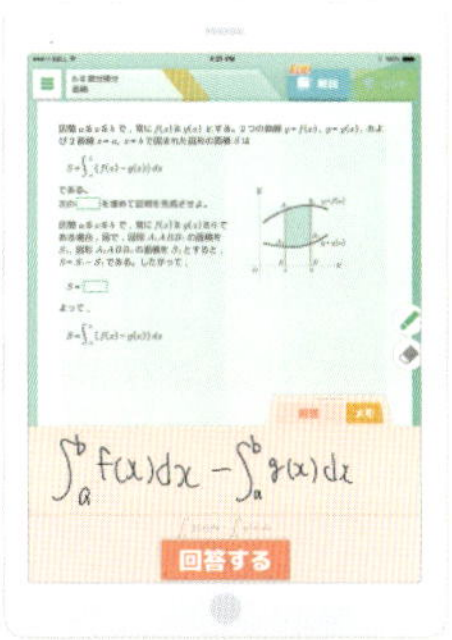

教材の画面
出所：Qubena HP
https://qubena.com/service/

COMPASSの塾で、同社が単独開発した小中学生向けの算数・数学のAI教材を使ったところ、中学1年生が1学期（14週間）に学習する範囲を平均2週間で終了した。

メソッド
いじめ風評被害分析「SWAG for Personal」

インターネット上のネガティブな書き込みを手軽に検索することができるアプリ。検索したいキーワードを設定すると、検索結果から上位100件を表示する。

「SWAG for Personal」の画面

インテージテクノスフィア
大学入試合格判定最適化サービス

入学する可能性が高い受験生数を推定することで、大学が入学定員枠に最適な合格判定を行える。過去データからモデルを作成し、得点を指定すると予測入学者数を推定。入学定員枠に合わせた予測入学者数から合格候補者数・得点を算出する。

マイナビ、三菱総合研究所
大学をお薦め

自分のやりたいこと、好きなことなど簡単な情報を入力すれば、AIがマッチした大学をお薦めしてくれる。三菱総合研究所とマイナビが共同開発したAI「HaRi」の技術を応用。まだ気付いていない大学や学部学科を発見し、進路選択に役立ててもらう。

「納得できる学校研究」の画面

ワオ・コーポレーション、大日本印刷
テストデータを診断・分析

小学校でのテストの結果を短時間で処理し、評価と対策を同時に提供するシステムを開発。テストデータをクラウド上で自動的に分析し、テスト結果に応じて、一人ひとりの能力や特性に合った教材を個別に提供する。

東京大学、東京大学教育学部附属中等教育学校、富士通、富士通研究所

アクティブラーニングにおける生徒の活動過程を見える化

空間UI技術のスペースの中で行われた活動データを可視化する技術を開発し、グループ活動におけるコミュニケーションの流れを、スマートデバイスからの情報共有やデジタル付箋紙の作成、操作、その際の人の動きなどから時系列に取得。これにより、教員は、生徒一人ひとりの活動状況から、最終結果に至ったプロセスまでを把握することができ、授業の振り返りを行うことができる。

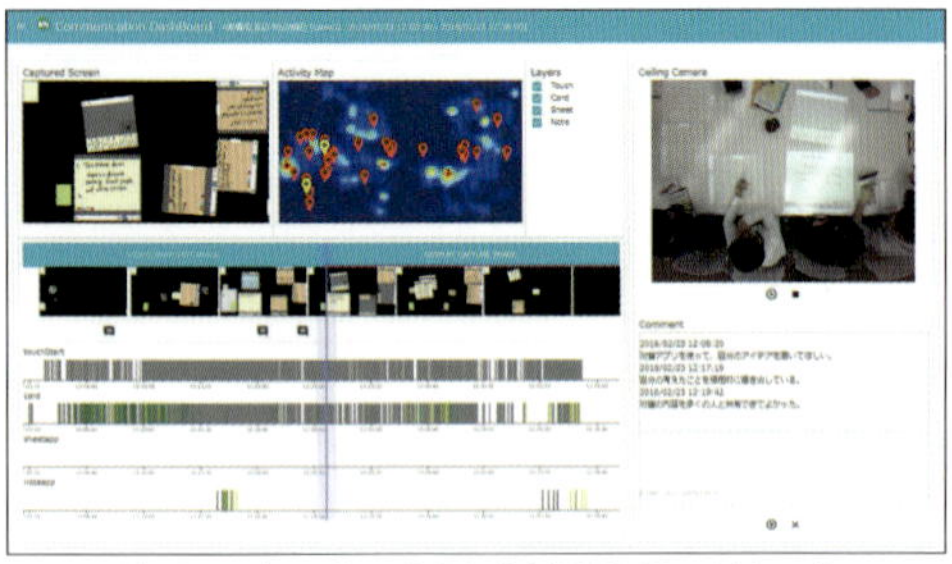

ダッシュボード上に表わした活動過程の見える化

浜松科学館、乃村工藝、日本IBM、ユピテルプラス

AIを活用した科学学習情報システム

AIを活用した来館者向けの科学学習情報システムを構築。システムを展示アイテムと連動させ、来館者から興味を引き出すような能動的で双方向な学びを実現し、「アクティブ・ラーニング型」の展示体験を提供。

開発した科学学習情報システム「コンパス」は、科学に関する原理解説やサイエンス・コミュニケーターがデザインした会話などを、AIを活用して学習し質問者の興味を引き出すよう働きかける。来館者は展示ブースでスマホアプリに話しかけ、新システムとの質問や回答を重ねていく中で、科学の原理や仕組みをより深く学ぶことができる。

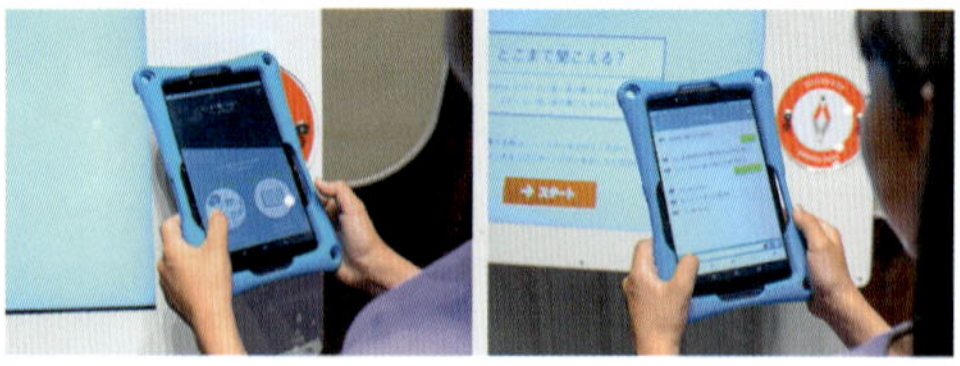

貸し出し用デバイスのイメージ

GABA、NTTデータ

AIを活用した英会話レベル分析などに関する実証実験

英会話レベル分析を用いた新たな英会話学習方法に関する実証実験を実施。受講者とインストラクターのレッスン中の会話を、AIを用いた音声認識エンジンを通じて取得。レッスン中の単語、フレーズを視覚化して効率的な学習を実現するとともに、従来行っていた学習カウンセリング内容に、定量的な計測が難しかった“個人の語彙力”をAIで機械的に分析。結果を受講者にフィードバックすることで、受講者のレベルに合った学習方法や教材について、より高い精度で提案できることが目的。

実証実験の概要イメージ

塩尻市

学校に関する問い合わせチャットボット

保護者の利便性向上や、教育委員会や学校の働き方改革のため、AIによるチャットボット「しおじり先生」を開発。塩尻市の小・中学校に関係する質問に回答する。教科書や給食などについての質問のほか、子育ての悩みや教育委員会への問い合わせなどの質問にも回答する。

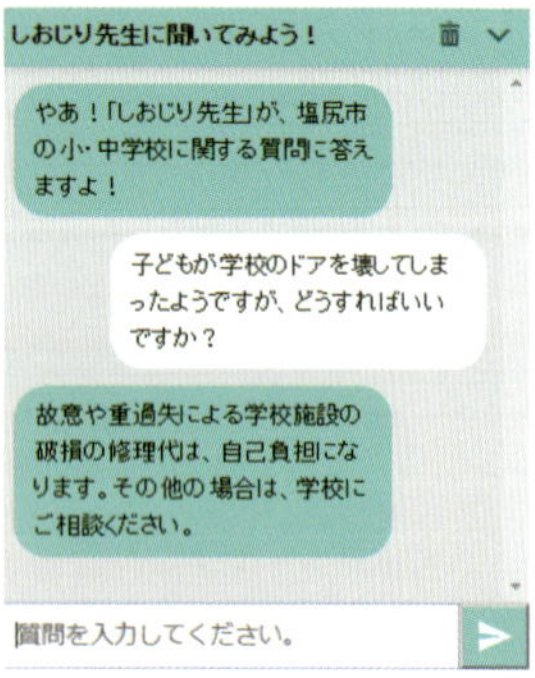

チャットボットを利用した会話のサンプル

活用事例

星薬科大学、木村情報技術

薬学生のための総合支援システム

PCはもとよりタブレットやスマホからでもアクセスでき、在学生からのさまざまな質問などに対してAIが24時間365日対応する、学生生活の総合支援システム「AI-Campus」（アイキャンパス）を共同で開発。過去の問題集への取組結果などを蓄積して弱点克服にも役立つ薬剤師国家試験対策AIシステムや、高校生に大学側の専門性を理解してもらうための動画とAI質疑応答システムが融合した高大連携システムなど多様なコンテンツを実装。

杭州第十一中学校

生徒の集中力を監視

子どもの表情や行動の情報を収集し、AIが集中力に関する順位を付ける。出欠席も記録でき、始業チャイムがなった後、出欠席を判定。生徒たちの読書、挙手、起立、机で字を書く様子などの映像情報を分析し、生徒の「集中力」の度合いを計測。生徒たちの喜怒哀楽の表情も捉え、感情情報も収集する。

prd

家庭教師の最適マッチング

AIで能力を査定し、授業料を決定するプラットフォーム「スマートレーダー」。査定アルゴリズムにより家庭教師の能力を数値化するとともに、家庭教師のこれまでの経験や成果をタグという形で付与。これにより、家庭がWeb上で、より簡単に、より正確に子どもの状況や目的に合った家庭教師を見つけることができるようになる。

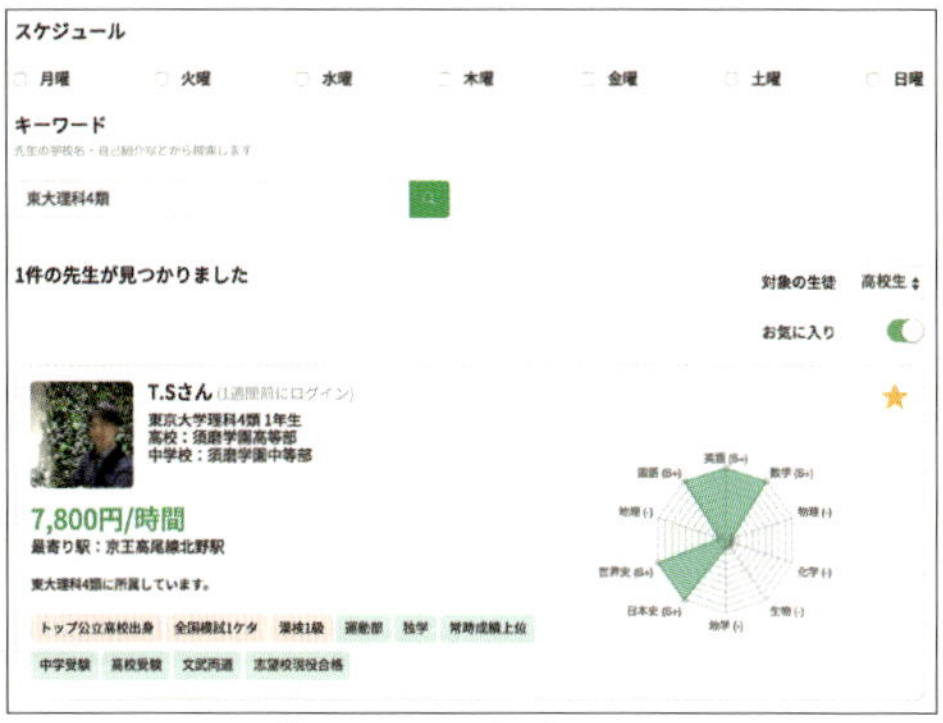

「スマートレーダー」の画面

ハシモト

フィットちゃんランドセルのみまもりAI

「ランドセル×AI」で子どもの安全を、そして子どもを持つ親に安心を提供していく取組みを開始。学習能力のあるデバイスGPS botが子どもの行動パターンをインプット。位置情報を教えるだけでなく、普段訪れる場所への到着や出発を自動通知する。また、普段と異なる行動パターンを示した際の異常アラートも搭載予定。

フィットちゃんみまもりAI

出所：フィットちゃんHP
https://www.fit-chan.com/play/gps.html

新日鉄住金ソリューションズ（現：日鉄ソリューションズ）

大学の退学者を予測

大学生の退学を予測する学習モデルを作成。過去10年間の学習データを機械学習エンジンに投入。機械学習プラットフォーム「DataRobot」を用いた。

卒業までの結果が判明している2010年度入学生のデータを使って学習モデルを検証したところ、約80％の精度で退学を予測できた。

創慧研究所

小論文や作文の採点

小論文や作文などの採点を自動化する文章添削サービス。これまで原稿用紙５枚分の文章（2,000文字）に約１分を要した採点時間が、わずか10秒ほどで完了。文章をより良くするための指摘や改善策、解説も自動的に出力する。

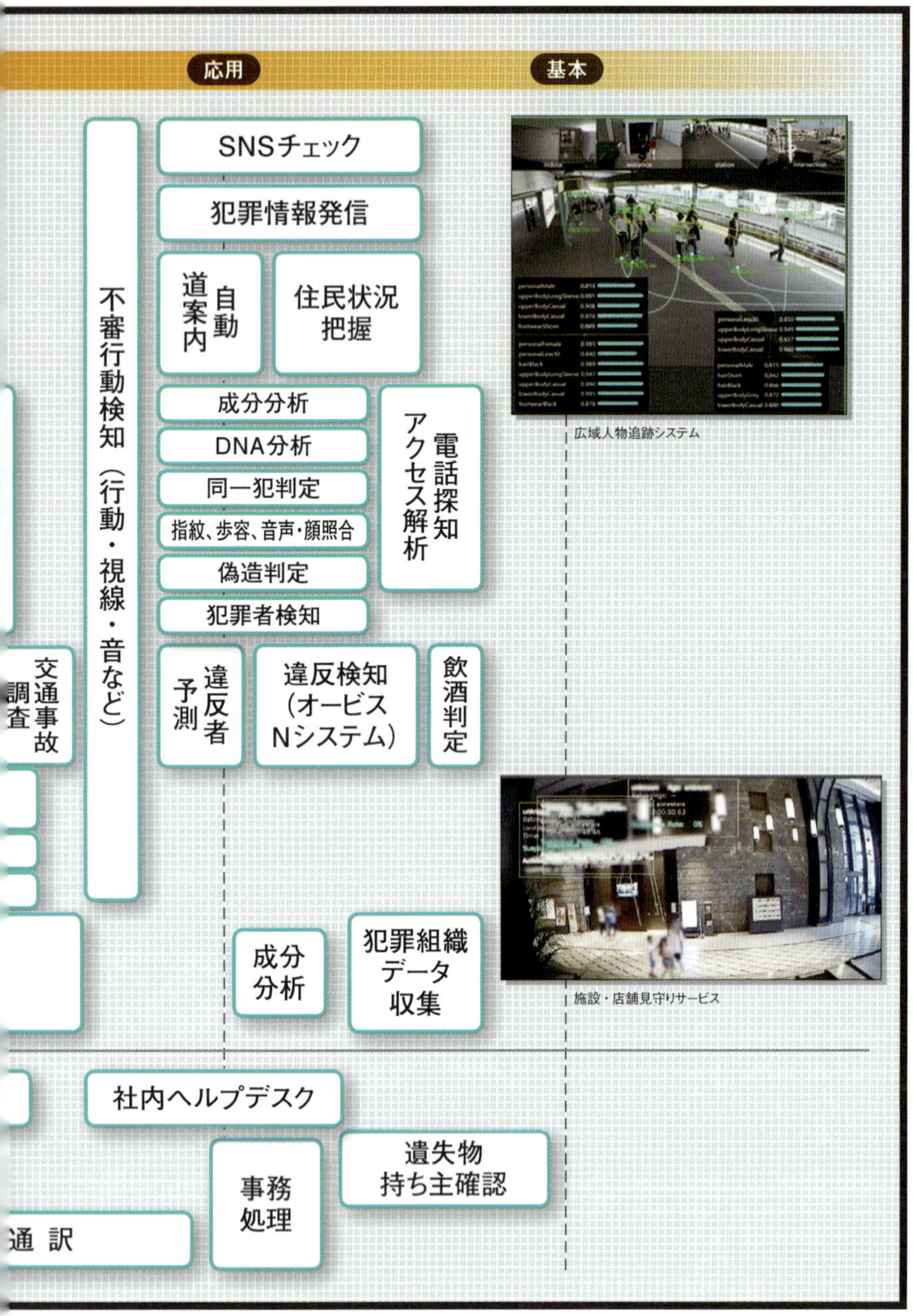

広域人物追跡システム

施設・店舗見守りサービス

〔警察・警備〕

AIが高度な捜査や街の安全をサポート

Police / security services

生活安全警察の特徴

生活安全警察は、ひったくりや空き巣、振り込め詐欺、わいせつ、賭博、ゴミの不法投棄など対象が広範囲にわたります。

犯罪件数を地図上に表示して危険を喚起することや（**犯罪情報発信**）、**SNSのチェック**を行います。

また、サイバー犯罪はアクセスログなどを基に検知することにより防御するため、AIが有効な対象です（**サイバー犯罪自動検知**）。

地域警察の特徴

地域警察は、交番勤務、パトカー勤務を通じて、管轄地域の安全を守ります。道案内をチャットボットが行うことや（**自動道案内**）、犯罪の可能性を予測してパトロール経路を決定することが望まれます（**パトロール経路決定・犯罪発生予測**）。

刑事警察の特徴

刑事警察が行う捜査はDNAや指紋など多くのデータを基に行われます。

また、SNSに書き込まれた**犯罪の兆候を検知**したり、**犯人の逃走行動を予測**したりします。

将来的には、指名手配犯を映像か

［警察・警備］におけるAI・データ活用マップ

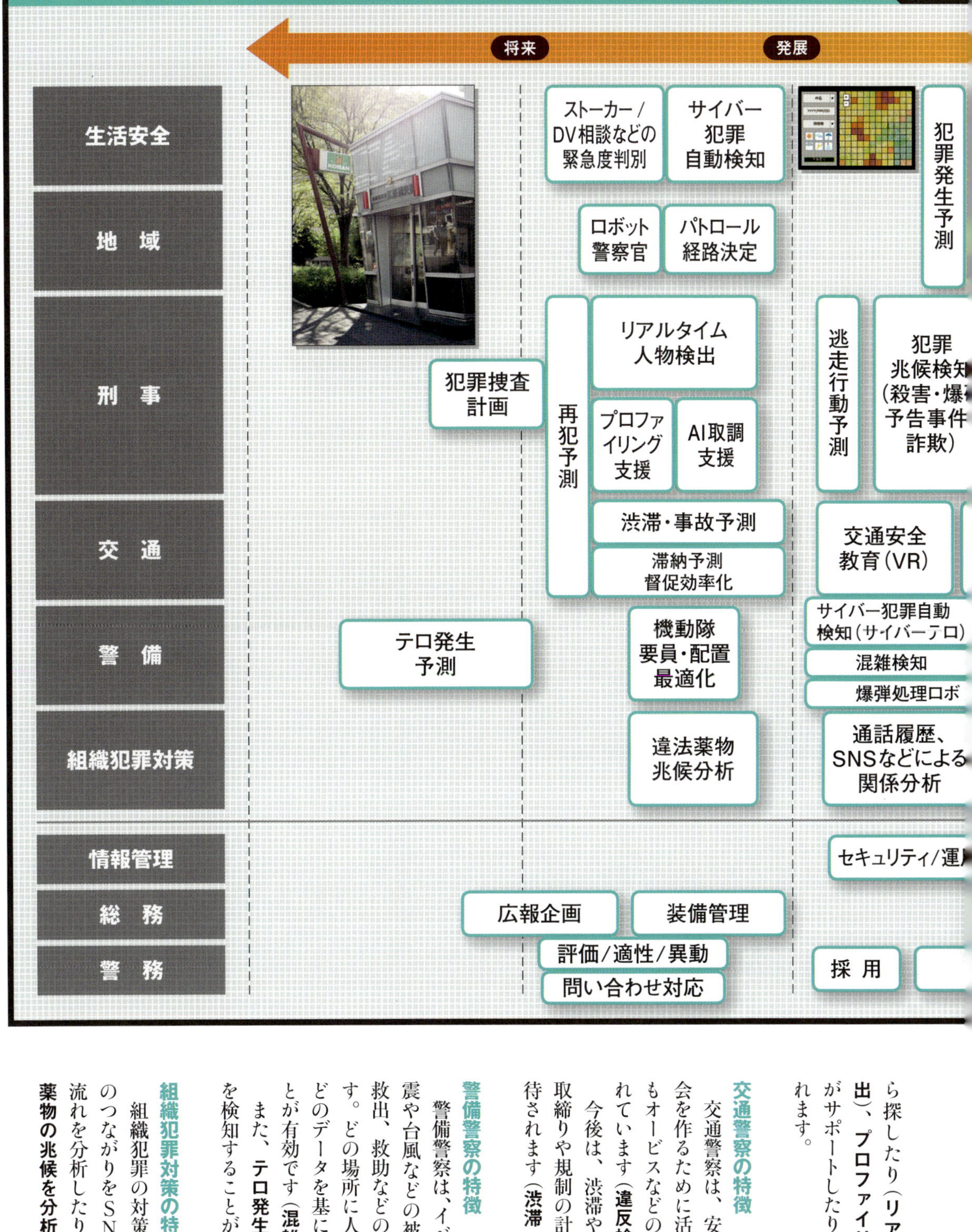

ら探したり（**リアルタイム人物検出**）、**プロファイリング**などをAIがサポートしたりすることも考えられます。

交通警察の特徴

交通警察は、安全で快適な交通社会を作るために活動します。現在でもオービスなどのシステムが活用されています（**違反検知**）。

今後は、渋滞や事故の予測を行い、取締りや規制の計画を作ることが期待されます（**渋滞・事故予測**）。

警備警察の特徴

警備警察は、イベントの警備や、地震や台風などの被災者の避難誘導、救出、救助などの復興支援を行います。どの場所に人が大量にいるかなどのデータを基に警備計画を作ることが有効です（**混雑検知**）。

また、**テロ発生予測**やテロの予兆を検知することが望まれます。

組織犯罪対策の特徴

組織犯罪の対策として人や組織間のつながりをSNS、通話、資金の流れを分析したり（**関係分析**）、**違法薬物の兆候を分析**したりします。

ロンドン・メトロポリタン警察

児童虐待や児童ポルノ検出

クラウドシステムと連動した画像認識AIシステムを開発し、児童虐待や児童ポルノに関連する写真の検出・分析を自動化していく計画。GoogleやMicrosoft、Amazonなど大手ITプラットフォーム事業者からデータを収集、それをオンラインストレージに保存し、分析や捜査に用いる。

equivant（旧：Northpointe）

再犯予測プログラムCOMPAS

被告が再び罪を犯す危険性を10段階で割り出す。被告人に137個の質問を出し、その答えと過去の犯罪データと照合する。裁判官は「COMPAS」が提供するデータを参考にしつつ、被告人に量刑を下す。

グローリー

不鮮明画像でもナンバープレートを判別できる

AIを用い不鮮明な画像でも自動車のナンバープレートを読み取れる技術（ナンバープレート文字鮮明化技術）を開発。これまで特定が難しかった不鮮明なナンバープレートの画像を読み取ることができ、捜査などに利用できる範囲が大幅に拡大する。

Black Marble

AR（MR）で犯罪現場を保存・共有

Microsoft「HoloLens」を使用することで、犯罪に対して捜査官と本部役員などが証拠を即座にキャプチャー。そのケースファイルを遠隔地に転送することで、他のメンバーもすぐにアクセスできる。法務官と捜査官の間で今までよりも効率的かつ協調的な作業フローを行うことができるようになる。

調査の期間中、マッピングした犯行現場はいつでも復元して調査することができる。事件が裁判にかけられた際には証拠として利用することも可能。

マッピングした犯行現場はいつでも復元できる

出所：Microsoft HoloLens: Partner Spotlight with Black Marble
https://www.youtube.com/watch?v=4UHN8G5BM-8

大阪大学産業科学研究所

「歩き方」を鑑定

独自の深層学習モデルの適用により、歩く向きが異なる映像でも高精度の認証性能を実現。防犯カメラなどに映った人間の歩き方を分析し、容疑者に迫る「歩容認証」という鑑定技術。

歩行の特徴は、服装や髪型の差異では変化せず、防犯カメラなどで遠方から撮影した低解像度の映像からでも抽出可能であることから、個人認証を行ううえで実用的な特徴として期待される。

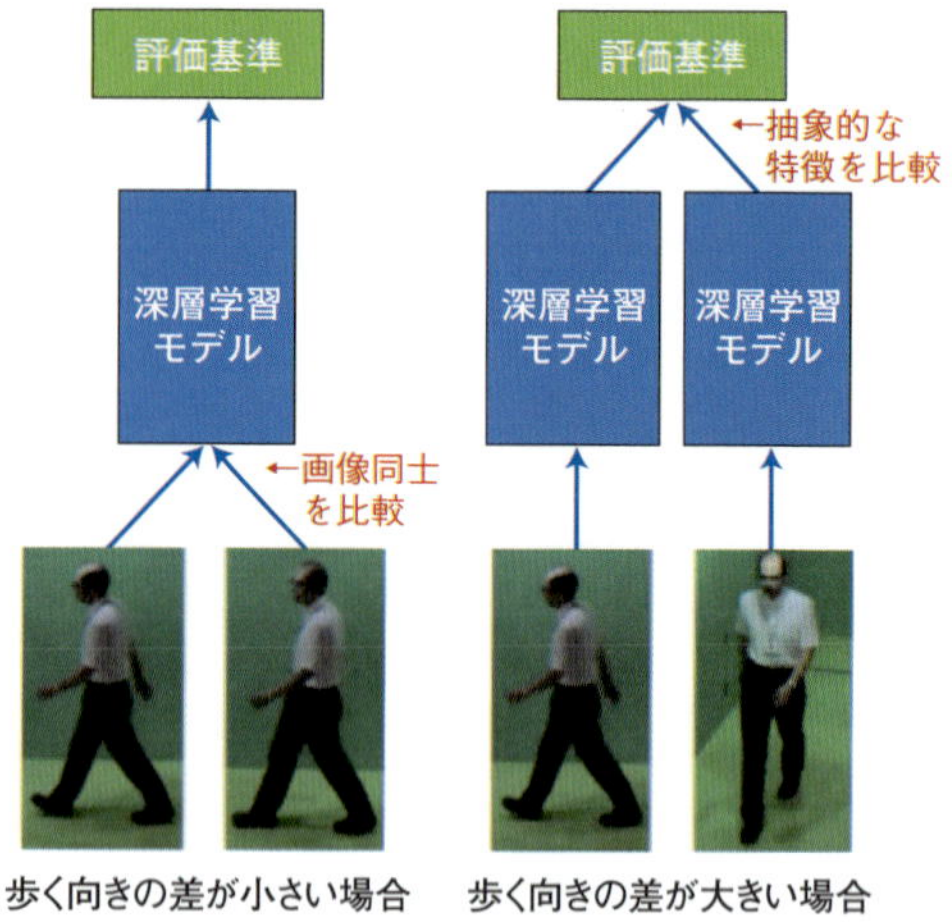

歩く向きの違いに応じた深層学習モデル

Spectee

SNS投稿の監視

SNSの投稿内容をAIに監視させ、花火大会の警備に役立てる取組み。SNS上の投稿情報、画像などを自動収集。ディープラーニングを用いた自然言語解析や画像解析を行い、会場周辺の事故やトラブル、交通情報、気象情報などをリアルタイムで抽出する。

京都府警、NEC

予測型犯罪防止システム

京都府警とNECによって開発。時間や場所ごとに事件発生確率がわかるようになる。過去に京都府内で起きた事件データを集め、ひったくりや痴漢のような犯罪の傾向を分析。

予測結果は発生しやすい地域を犯罪ごとに色分けし、地図上に表示する。署や交番で警察官がPCで閲覧し、パトロールなどに活かす。

活用事例

東芝

被疑者の顔や逃走経路を瞬時に特定

大規模なメディアデータを「高速照合」する処理技術。ある事件の捜査に本技術を適用するとしたら、ターゲットである被疑者を特定後、ターゲットの移動経路と予想される現在地に至るまで、おおよその動きまでが同時に把握できる。

共犯者と思われる人物が別地点から合流してきたなどということまで瞬時に視覚化できるため、捜査員の初動判断につなげることも可能。

大量の映像データから人物などを照合する

出所：Toshiba Clip
https://www.toshiba-clip.com/detail/1813

Azavea、シカゴ市警

犯罪予測によるパトロール強化

サウスサイド地区で犯罪予測システムを導入。シカゴ全域で殺人事件が前年同期より3％増えた中で、サウスサイド地区では発砲事件が39%、殺人事件が33%減った。

Azaveaの犯罪予測システム「Hunchlab」を試験運用。1日内の時間や季節ごとの周期、天候や地域経済、過去の犯罪データなどさまざまな要因から犯罪の一定のパターンを見いだす。

中国警察

「顔認証グラス」で犯罪者を同定

顔認証技術を備えたダークサングラスを通して、即座に対象者の氏名、人種、性別、住所などの個人情報を確認することができる。ダークサングラスは、前科などの情報が蓄積されたデータベースにリンクされている。帰郷ラッシュ、人民大移動を控え、ターミナル駅での監視を強化することで犯罪容疑者の発見につなげたい考え。

Facebook

「ネット自殺」ほのめかしを検知

「ネット自殺」をほのめかす投稿を検出し、モデレーター（調停者）である専門対策チームに報告する活動。緊急性の高い投稿のレビューを優先するように対策チームに速報する。Facebookユーザーが自殺を示唆する投稿を行うと、AIが投稿を察知しフラグを立てる。さらに、AIがコメントやビデオのどの部分が自殺の危険性を示唆するのかをハイライトで明示する。

アメリカ陸軍、国土安全保障省

銃撃事件をVRトレーニング

教師が学校の射撃事件に対応するために、VRで事件現場をシミュレーションすることができるアプリを開発。教師、銃撃犯、警察官という3者の役割を体験できる。消防署や警察機関を訓練するために利用されており、教師に対して提供を開始する予定。

それぞれの立場で体験を行うことで、犯人の行動心理などを理解することができ、万が一のときに生きることを期待。

Netsafe

詐欺メールと会話

Netsafeによって開発された「Re:scam」ボットは、迷惑メールの送信者や電子メールを利用する詐欺師に時間を浪費させることで、電子メール詐欺の問題に対処する。

詐欺目的の電子メールを受信したユーザーがそのメールをRe:scam（「me@rescam.org」）に転送すると、Re:scamがその詐欺師との会話を開始する。Re:scamは複数の人格を使い分けて、ユーモアや文法のミスなど、本物の人間の特徴を模倣し、一度に多くの詐欺師の相手をすることができる。

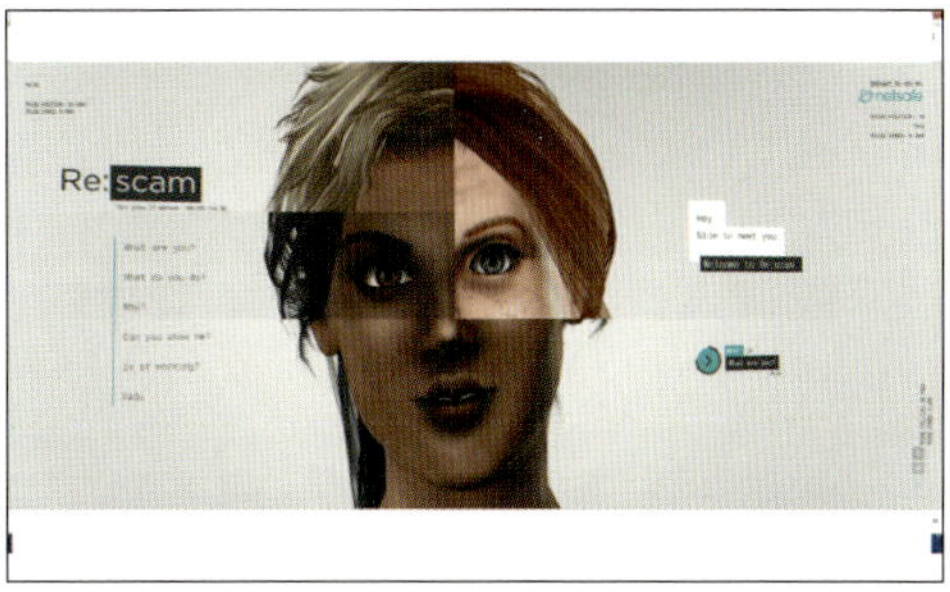

Re:scam

出所：Re:scam HP
https://www.rescam.org/

［消防・防災］

Fire and disaster prevention

AIやロボットが救助活動を支援するとともに、平時の訓練も高度化

火災VRによる消火体験
出所：アイデアクラウドHP
https://bousai-vr.com/products/vr_fire_extinguishing_experience

防災業務の特徴

自治体や消防などの防災業務の担当者は、河川などのモニタリングをしながら、住民が安全かどうか確認しています。台風などによって暴風雨になることが予測されているときは、**水位予測**や**土砂災害予測**などを行って、不測の事態に備えます。

また、地震などの災害の発生は2019年現在、正確には予測しきれないため、地震が発生した際の**被害シミュレーション**や**津波シミュレーション**を行い、避難誘導や救助の準備の訓練などの備えを行います。

大規模災害は頻繁には起こらないため、平常時は災害を想定した訓練を行ってもしものときに備えます。訓練には、前述したシミュレーションの結果をデータ化し、**VR訓練**などの表示デバイスを活用して行います。

竜巻やゲリラ豪雨などは、発生情報を迅速に入手するため、**SNSからの情報収集**を行うこともあります。将来的には**地震予測**や**消火ロボット**なども期待されています。

救急業務の特徴

救急は、事故や災害などでのケガ人の救助や、病人の救助を行います。

［消防・防災］におけるAI・データ活用マップ

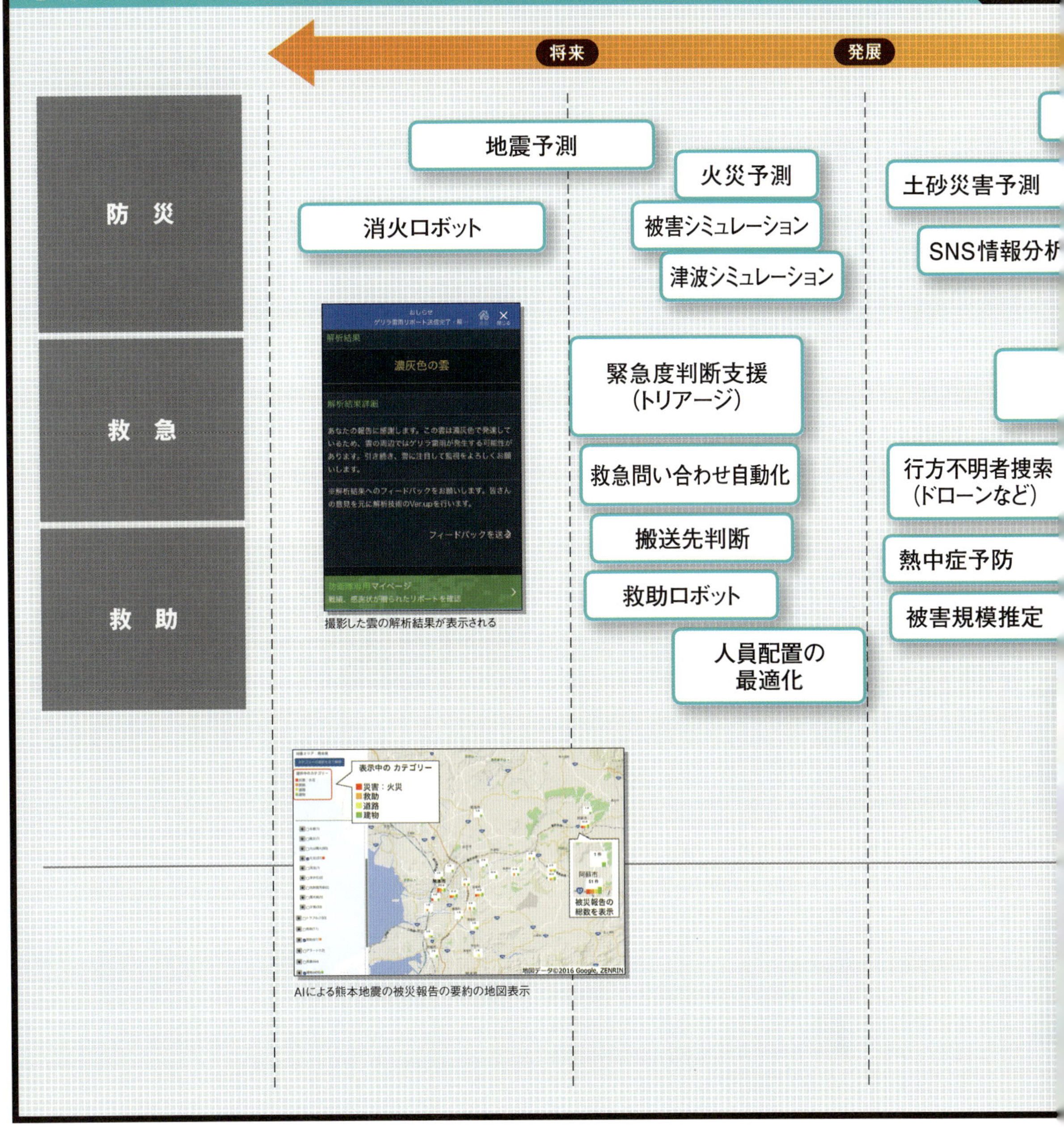

撮影した雲の解析結果が表示される

AIによる熊本地震の被災報告の要約の地図表示

電話で病状に関する相談を受け付けることがあることから、チャットボットや音声認識を活用した**救急問い合わせの自動化**によって夜間なども適切な対応ができるようにするようにします。

救急は、夜間や休日など、病院や消防が人手不足のときも含めて緊急の呼び出しがあるため、働いている医師や消防士、救命士などの激務が課題となっています。そこで、患者数の予測を行い、シフト量を決定することが望ましいですが、人員不足もあって思うようにはいかない面もあります。

大規模災害時は多数の患者が発生することから、**緊急度判断（トリアージ）**や**搬送先判断**を支援することが期待されています。

救助業務の特徴

地震などによる大規模災害時は、捜索や救助を行います。ドローンなどを活用した**行方不明者捜索支援**や**被害規模推定**に基づく救助計画の作成、**人員配置の最適化**を行います。

また、救助は高所や土砂崩れなどの恐れがあるところで行うこともあるため、**救助ロボット**の実用化も期待されています。

※ここでいう防災とは、地震・火災・風水害・土砂災害の防止や被害軽減を指すこととします。

スカイロボット

探索レスキューシステム

AI搭載型ドローンを使った探索レスキューシステム「TDRS」（トリプル・ドローン・レスキュー・システム）を発表。遭難者が「SKYBEACON」を携帯していれば、その信号をドローン「SKYRESCUE」がトラッキング。信号を受信したら、残る2機のドローンも駆け付け、遭難者の正確な位置情報をAIシステムで計測・特定し、TDRSアプリを持つ救助隊に通知する。

リッパーグループ、シドニー工科大学

サメ対策

サメや水難事故対策にAIを搭載したドローンを活用。空中から撮影された映像を見て人間がサメを発見できる精度よりも高い精度を達成。ビーチ付近にサメの存在が認められた場合、ドローンに搭載されたスピーカーから警告を発する。

帝人

消防士の熱中症リスクを予測

センシングデバイスを内蔵し、消防士の熱中症リスクを予測する「スマート消防服」。センシングデバイスを使って消防士の位置情報と衣服内の温度を計測し、火災現場や消防本部の管理システムにリアルタイムで送信する。

管理システム側で衣服内温度を解析し、深部体温を予測することで、消防士の熱中症リスクを把握する。必要に応じて警報を発信するなど、消防隊員の安全管理システムを構築可能。

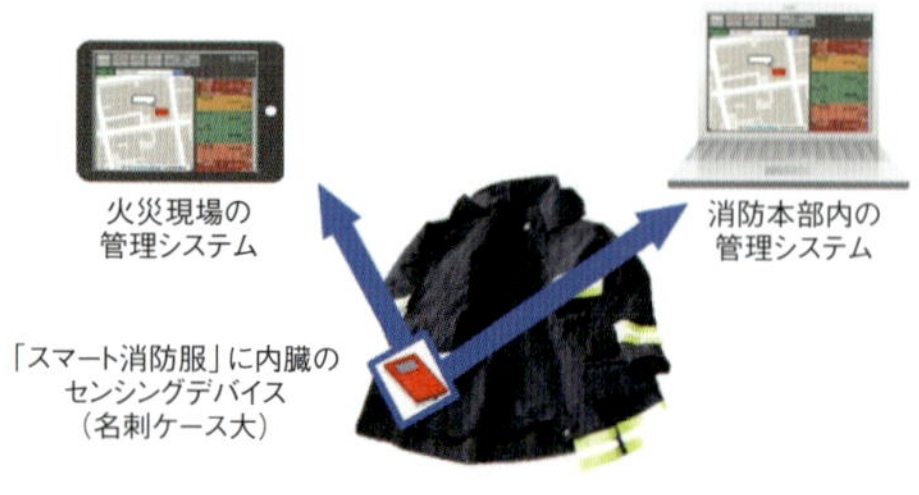

スマート消防服

竹中工務店

地震、火災、水害などの災害事象をVRで可視化するシステム「maXim」

災害とそれに伴う避難行動を3次元のVR空間に表現し、防災設計や安全性などをわかりやすく説明するので、誰にでも理解しやすくなっている。

災害の影響の出方、避難経路などは建物ごとに異なるため、BIM（ビルディング・インフォメーション・モデリング）を利用し、災害現象や人の避難行動を解析する。解析データ・建物の3次元モデル、都市の地図モデル、ハザード情報に基づく災害シナリオなどの情報をベースに、災害のシミュレーションが可能なモデルを作成する。

さらに、ゲーム開発環境「Unity」を使って、リアルタイムレンダリングで地震や火災、津波、高潮といった災害、人の避難行動を3次元空間に表現する。

VRを活用した避難訓練の様子

ネクスコ・メンテナンス北海道
ウェザーニューズ

雪氷対策の判断支援システムの検証

作業に必要な人数や機械の台数・配置、作業開始のタイミングなどについて、最適な作業を作業指示者に提案するシステム。システムのプロトタイプを構築して、作業指示者の判断結果をシステムへ学習させ、その結果を検証していく。

NEC

土砂災害予兆検知システム

斜面に設置したセンサーから得られる土砂に含まれる水分量データから、リアルタイムに斜面の危険性を把握し、崩壊の予兆を検知するもの。センサーのモニタリング値から複数の解析値を算出し、解析結果を「斜面安定解析式」に適用することにより、斜面の危険性を高精度に算出することを可能にした。

活用事例

ウェザーニューズ

雲の形状からゲリラ雷雨の危険性を解析

「ゲリラ雷雨スカウター（AR）」は、AIを用いた雲専用の画像解析技術。カメラを雲に向けることで、その雲の種類や色を自動で判定。雷雲やその卵である雲（モクモク雲）の場合、その雲の危険度が即座に解析されて、レベル1～100で表示される。

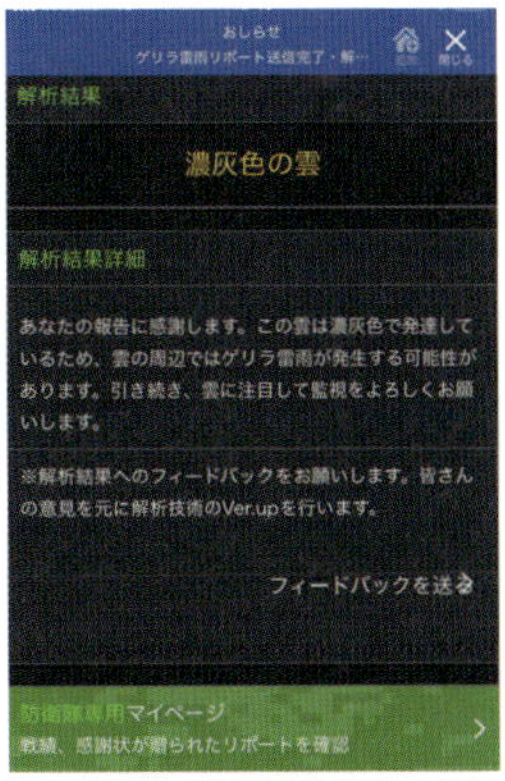

撮影した雲の解析結果が表示される

雲の判定結果を解説し、雲の知識がない人でもその危険性を把握できる。雲の危険度がわかるため、すぐに身を守る行動をとることができる。計7種類の雲・空と5種類の雲の色に分けて、自動判定する。

東北大学、大阪大学、国際航業、エイツー、NEC

スーパーコンピュータによる津波被害推計システム

「津波浸水・被害推計システム」が、内閣府の運営する「総合防災情報システム」の一機能として採用。実際に大地震が起こったときに起動する。地震が発生すると、その震源や深度などから津波のシミュレーションを行い、被害を推計する。

東京慈恵会医科大学

搬送の要否や搬送先を判断

救急患者が身に着けるためのリストバンド型ウェアラブルデバイスの開発。計測した血圧や脈拍のデータを病院などの医療機関とやりとりできる。着用者の様態が急変した際には、駆け着けた救急隊が容体を確認し、その問診データをクラウドに送信すると、AIがこれまでの症例を参考に着用者の状態を分析する。救急隊はその分析を参考に搬送先を選択するなど、最適な処置法を選ぶことができる。

東京工業大学、京都大学桜島火山観測所

桜島噴火を予測

噴火前に見られる特徴を学習し、直前100分間のデータを基に60分以内で一定規模以上の噴火をするかしないか、10分間隔で予測した。AIが「噴火する」と予測したケースの的中率は39.5％だった。さらに、噴火の可能性を「危険」「警戒」「注意」「非噴火」の4段階に分けて予測させると、可能性が最も高い「危険」を選んだケースでは、的中率は51.9％だった。

消防庁消防大学校消防研究センター、NTT、NTTデータ

救急ビッグデータを用いた救急自動車最適運用システム

救急ビッグデータを用いた救急自動車最適運用システムの共同研究を実施。救急車の現場到着時間・病院収容時間が延伸していることを踏まえ、この時間短縮を目的に、救急搬送情報およびG空間情報やモバイル空間統計などのビッグデータと、消防研究センターおよび消防機関における運用ノウハウ、ビッグデータ分析・学習・価値化技術を活用した救急車の最適運用システムの開発を目指している。シミュレーションを通して有効性を確認。

https://www.nttdata.com/jp/ja/news/release/2018/112600/

CAD CENTER

VR防災アプリ

東京大学生産技術研究所による「地震火災避難VR（仮想現実）アプリ」の開発に協力。「地震火災時の密集市街地」を想定し、災害時における人の行動パターンや、火災までの距離と避難行動の関係性を見ることができる本コンテンツは、地震火災避難シミュレーションにおける「避難行動モデル」を解明する一助となる。

「地震火災避難VR」の画面

出所：CAD CENTER HP
https://www.cadcenter.co.jp/works/archives/57

詳細解説

画像データによる異常検知・品質評価

ROIの算出例

- **不良品見逃し率を1%に削減**
- **検査にかける人手を90%削減**

目的

- **異常の発見による不良品率の減少**
- **品質評価の手間の削減**

- 金属・化学・機械などで大量生産品を取り扱う製造業では、製造後に検査を実施して、不良であるかをチェックします。多くの場合で画像認識に基づく不良検出が行われます。
- 農業では、収穫した農作物を大きさや傷の有無などで等級に分けて出荷します。見た目による判断を行うものであり、従来人手で行われていましたが、近年画像認識に基づく自動評価も行われるようになっています。
- 食品製造業でも、異物混入やコゲの検知などで画像認識が用いられます。
- 道・橋・線路・水道管・建造物などについて、ひび割れやさびの検知も画像認識によって行われることがありますが、対象範囲が広いために撮影をどのように行うかが課題になることも多いです。
- ここでは、製造業の品質検査を題材に解説します。

典型的なシステム構成と業務プロセス

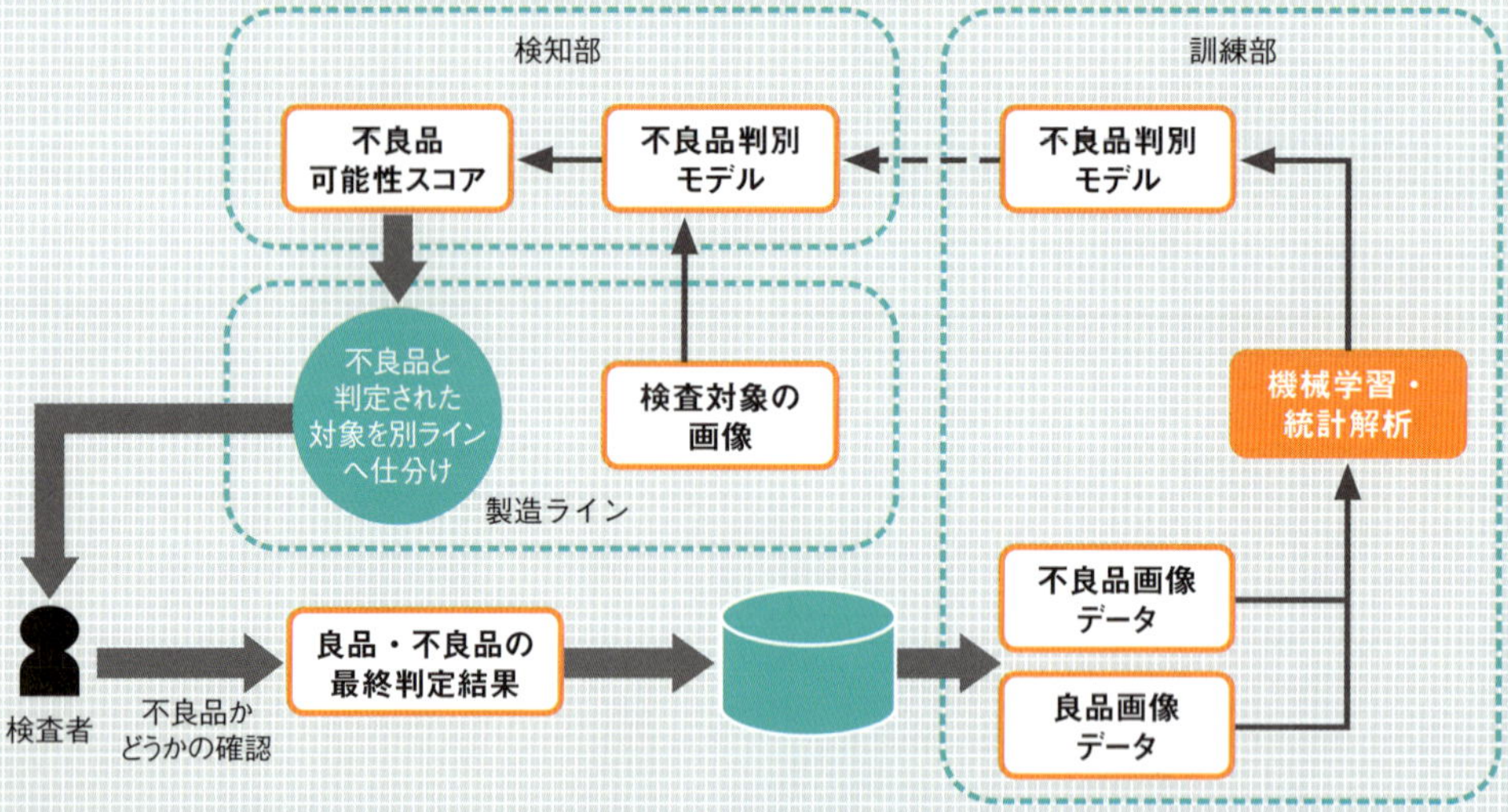

- 上図は良品・不良品の判別を行うケースですが、不良の種類も含めて推定したい場合や、等級で分けたい場合も同様です。
- 検査対象が立体的である場合、撮影方法にもよりますが、多くの場合は撮影の向きを変えた複数の画像を用います。

詳細解説 **画像データによる異常検知・品質評価**

データ加工のポイント

■光の統制がとれていないときは光を変える

- 深層学習では、元の画像を少し加工した画像を大量に用意して訓練することで精度が格段に上がります（データオーグメンテーションといいます）。注意すべきなのは光の当たり方です。工場のライン上や検査室でのX線画像などでは、常に一定の光が当たった状態で撮影していることが多いため問題が起こりづらいです。一方、建造物の壁や道路など屋外にあるものの検査の場合は、撮影のたびに光の当たり方が変わることが多くなります。そのため、撮影した画像の彩度・明度などを変化させた画像を用意して、元の画像とあわせて学習させます。
- 光の度合いを変えるということは、色が変わることにもなるので、色に大きな意味がある生鮮食品などの場合は、注意が必要です。

■向きや大きさは、加工して良いのかを考慮してから実施する

- データオーグメンテーションで行う加工は、光の変化の他にも、向きの変化・大きさの変化・部分画像の切り出し・背景画像の合成などがあります。ただし、大きさを変化させるために拡大したことで、もともとあった傷の意味合いが変わってしまう場合など、変化させる前の画像と後の画像の意味が異ならないことを確認しながら投入します。

■背景画像など明らかに不要な画像は編集する

- 一般に、工場のラインなどは製品以外がほとんど画像に映らないように撮影します。一方で、橋や建物などの場合は、撮影したい対象の背景が多く映り込むことが考えられます。これらを無加工で訓練データとすることで、まれに背景の特徴を学習してしまうことがあります。その恐れがある場合は、訓練データから背景を削除する処理を行うことで安定的なモデルを作成することができるようになります。

利用データ

■画像データ

- 不良品の画像を含む画像データです。画像中のどこが不良や異常に相当するかを枠で囲うなどによってラベル付けしておきます（アノテーションといいます）。
- 動画を対象にする場合は、すべてのフレームを対象にすると1秒当たり数十枚になり画像が多すぎて、訓練時の処理時間がかかりすぎる問題が起こりやすいため、1秒に1枚など一定間隔のフレームの画像を取り出して用いることがあります。
- 農作物など、毎回向きが異なるようなケースでは、不良品の画像をさまざまな向きで撮影して用います。

②不良度や品質のデータ

- 農作物の等級のように不良にランクがあるものの場合は、ランク情報を画像とともに利用します。また、たとえば、金属の製造の場合は、傷・汚れ・変色・異物混入など、不良の種類を記録して利用します。

■典型的な追加データ

- 別の題材のデータ（オープンデータなど）
  ⇒深層学習においては、検出したい対象の良品／不良品の画像だけではなく、他の画像で一度学習しておいたモデルを活用することで精度が上がることがあります。学習済みモデルを利用した転移学習などの方法が該当します。その実現のため、システムが対象にする製造物と関係ない製造物の画像を大量に取得して事前に学習することがあります。

■撮影環境に関するデータ

- 撮影日、時間、場所、気候など、撮影環境に関するデータです。これは、異常検知の精度を評価するときに、「夜は正解率が低い」のような、特定の環境下での精度悪化の可能性を確認するために用います。また、応用的には、これらの撮影環境のデータを変数として画像とあわせて訓練データとすることで精度向上を狙うことがあります。

詳細解説　画像データによる異常検知・品質評価

分析方法

ステップ 1

画像認識による異常箇所検出

- 不良品の画像について、不良の場所を指定した正解データを用意し、それを検知するためのモデルを作成します。深層学習で実装されることが多いです。
- 不良の場所を検出した場合、その大きさを計算して出力することがあります。これは不良箇所の大きさに応じてその後の対処が異なることがあるからです（例：果物の傷）。
- 不良品の画像が少なすぎる場合は、良品の画像だけを学習してそれと異なるケースを不良と出力することがあります（センサーデータでの異常検知における、教師なし学習タイプの異常検知に類似する方法です）。

ステップ 2

画像全体の評価

- 画像の中の不良箇所を発見した後に、画像全体の不良度を総合評価することがあります。機械学習などではなく、傷の大きさ・数などから評価することが多いです。

分析時に注意すべきポイント

①異常データ・不良データを増幅させる方法を試行する

- 異常検知・不良検知に共通することですが、異常や不良のデータが少なくて学習しきれないことが問題になることが多いです。画像を複製するようなよく行うデータオーグメンテーションの手法の他に、複数の角度から同じものを撮影するなど工夫して撮影します。
- 最近は、GAN（敵対的生成ネットワーク）を用いた不良画像の生成を行うこともトライされています。

②時間的に異なる複数の画像を組み合わせることによる精度向上の可能性を検討する

- たとえば橋の状態の撮影など、「月に1回撮影する」タイプのものの場合、前回の撮影時と今回の撮影時など複数の画像の分析結果を統合して評価することで、推定精度が良くなることがあります。ただし、毎回同じ場所・向き・大きさで撮影できるとは限らないため、何らかの調整（キャリブレーション）の手法や、撮影場所を固定にするといった施策と組み合わせて実施します。
- 他に、たとえば空港内に入ってきた鳥の検知などのように「動くもの」の検知の際は動画データを基に連続する画像それぞれの推定結果を統合したり、連続する画像をつなぎ合わせた動きの画像として検知モデルを作るといったことを行います。

Chapter 7

ヘルスケア

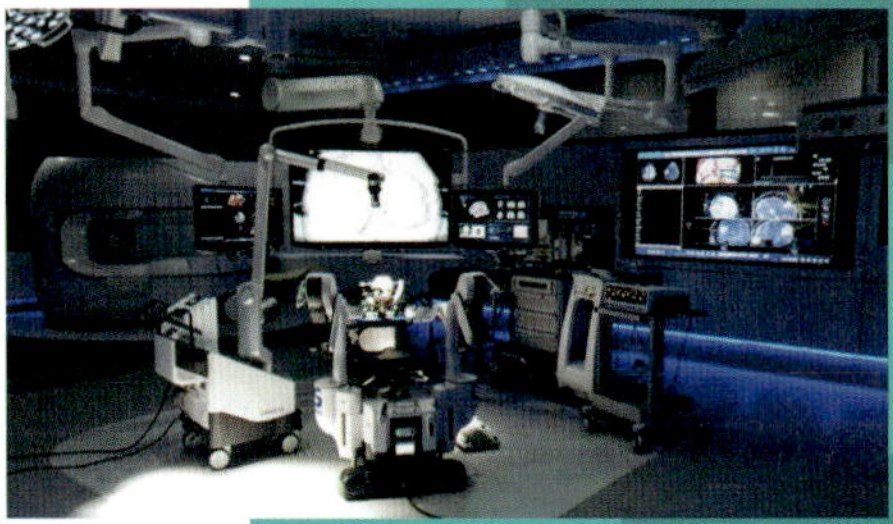

病院

介護サービス業

製薬業

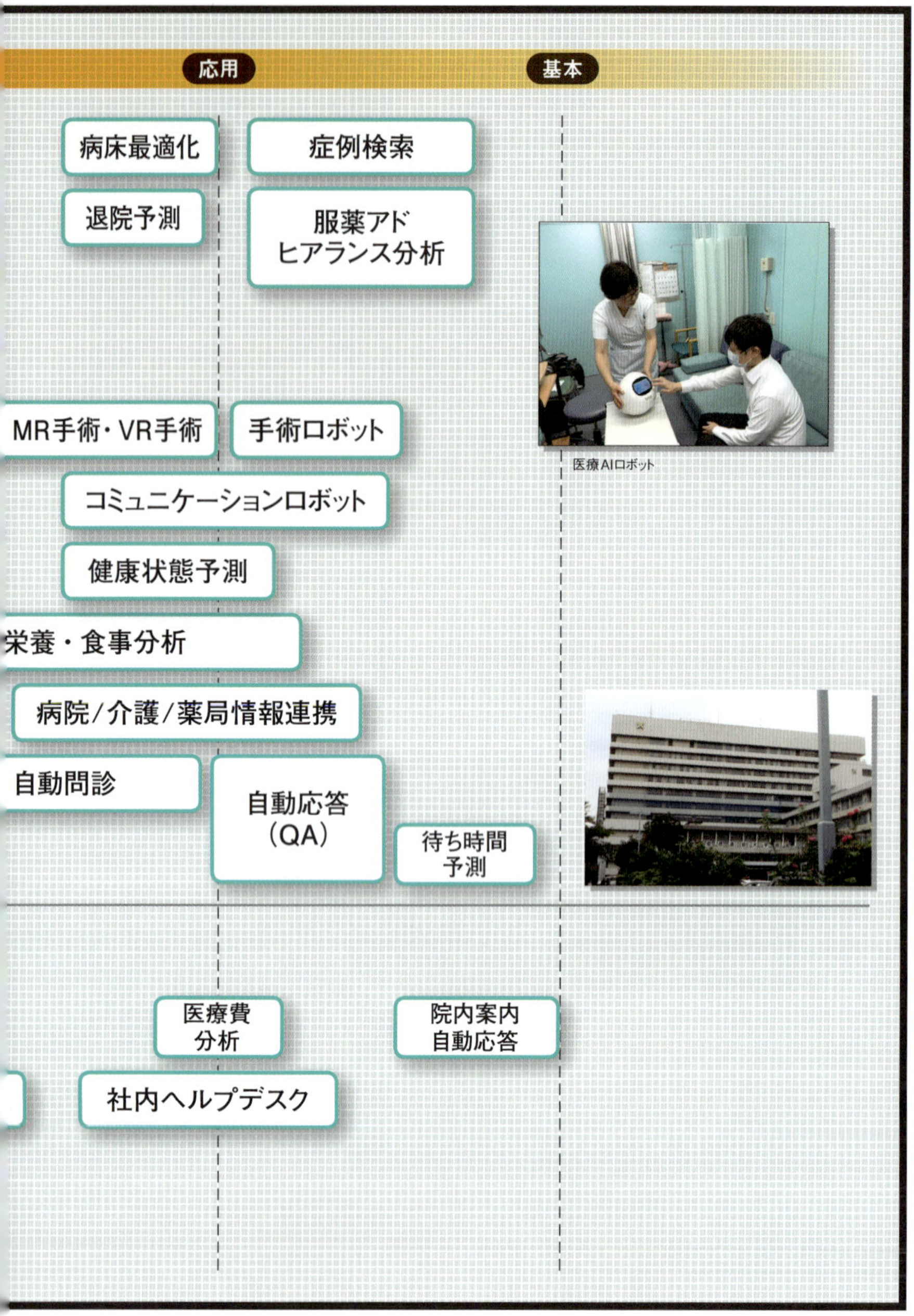

医療AIロボット

［病院］ *Hospitals*

高度な診断・検査やロボットによる手術により、さらに高度な医療へ

診療・検査の特徴

診療では、検査や医薬品の効果などにデータが活用されています。電子カルテにより、カルテ内のデータや支払情報（レセプト）のデータの蓄積が進みます。診療行為のオーダーをチャットボットやＡＩスピーカーで行うこと（**カルテ・オーダーチャットボット**）によって医師の負担を軽減したり、患者が過去の診療記録を閲覧できるようにしたりします。

また、検査では画像を多く使うため、画像認識との組み合わせで、正確・高速な診断や治療が行えるようにします（**画像・臨床検査の診断支援**）。近年では**ゲノム解析**を行い、遺伝子から推定できる先天的な疾患や体質を推定することがあります。

入院・看護・リハビリの特徴

入院・看護に関しては、検査結果を基にした看護や治療内容の決定を行います。

その中で、病気の回復時期を予測することで病床の管理を行うことや（**退院予測・病床最適化**）、服薬状況が処方通りかを把握して患者をサポートすることや（**服薬アドヒアランス分析**）、患者の異常状態の把握を行うことで（**患者予兆把握**）、看護スタ

［病院］におけるAI・データ活用マップ

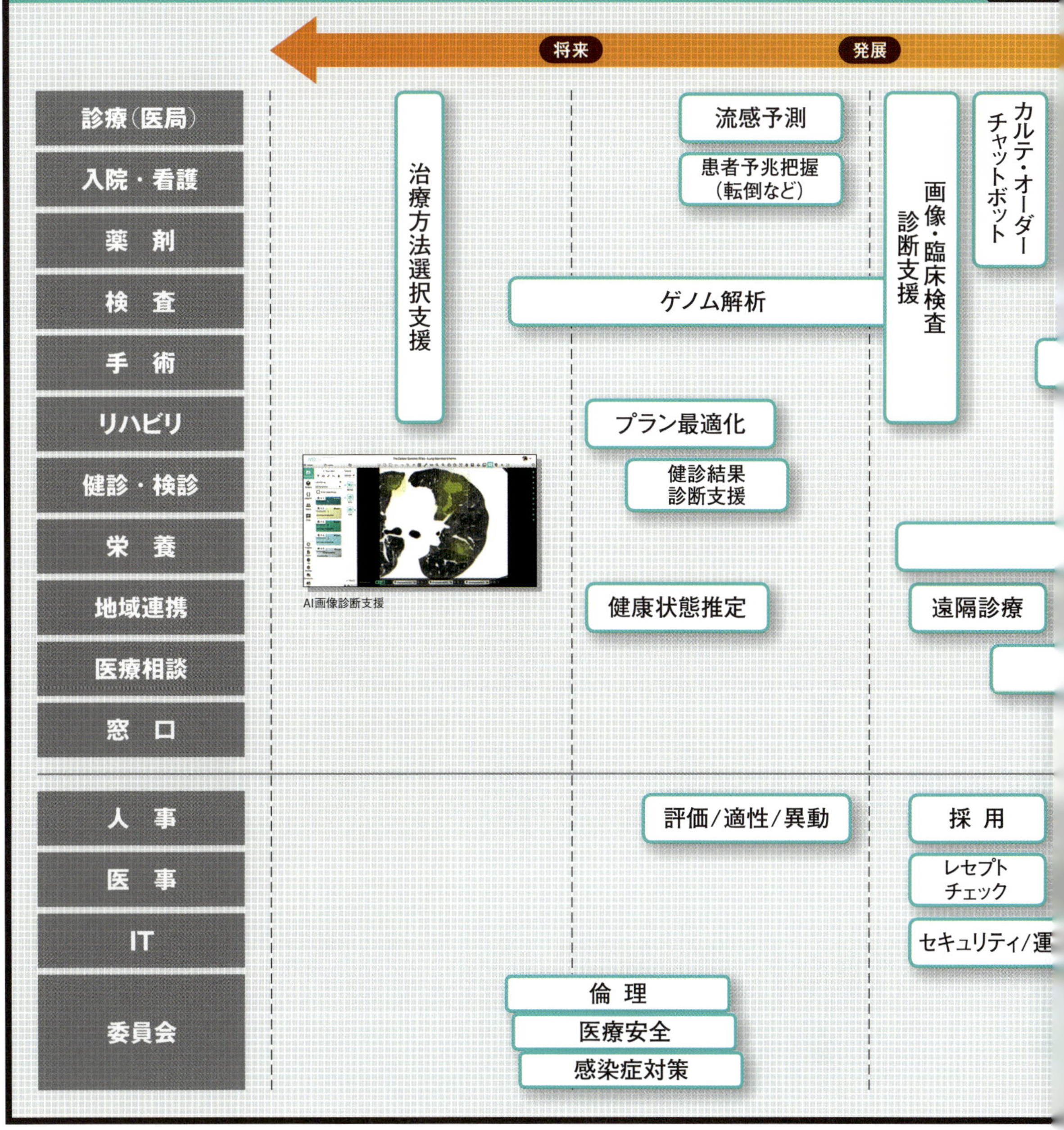

ッフの負荷軽減に役立てます。入院中や退院後にリハビリを行うことがあります。リハビリは長期間になるため患者の体力や症状に合わせた計画を立てる必要があり、AIが支援することが期待されます（**プラン最適化**）。また、認知症や言語障害のリハビリにおいては、**コミュニケーションロボット**が活用される可能性があります。

手術の特徴

手術においては、人が遠隔で操作する**手術ロボット**が既に使われ始めていますが、今後さらに便利な手術ロボットが開発され、医師の手助けになることが期待されます。**MR手術**などによって患者の体の内部の部位を見ながら手術することや、**VR手術**によってトレーニングを行うこともあります。

窓口の特徴

窓口では診療の受付のほか、医療費支払いの処理を行います。特に、診療の受付においては、近年ではITを活用することで、自宅から受付できるようにしたり、問診内容を先に患者が入力できるようにしたりします（**自動問診**）。

NECソリューションイノベータ

将来の健康状態を予測

将来の健康状態を可視化する。蓄積された定期健診データからAIを活用して健診結果の予測モデルを導き出す。

現状の生活を継続した場合と、生活を見直した場合の2種類のパターンで、3年先まで1年単位での予測を行うことができる。生活習慣改善や健康維持に対する自覚を促し、不調予防や健康増進に向けた「行動変容」を支援する。

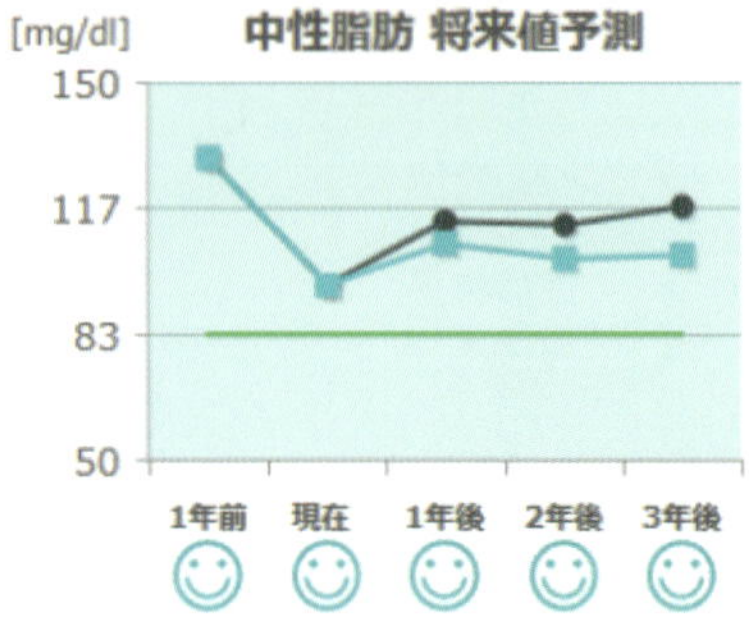

予測モデルを用いて将来の検査値を予測

出所：NEC 健診結果予測シミュレーションリーフレット

FiNC

スマホで健康データ収集／パーソナルコーチAIで改善に向け助言

パーソナルコーチ・テクノロジーAIを内蔵した、無料健康管理アプリ「FiNC」を提供開始。専門家が発信するレシピ、フィットネスなどの動画コンテンツ、20万件もの食品データベースの中から、パーソナルコーチAIがユーザーそれぞれの興味や悩みに応じたメニューを厳選する。

「FiNC」の画面

歩数、体重、食事、睡眠時間などのライフログの入力も、パーソナルコーチAIがサポートする。

Google、スタンフォード大学

医療の経過予測

ビッグデータと深層学習の手法を使った入院患者の経過予測。死亡、再入院（ケアの質の測定のため）、入院期間（リソースの利用を測定するため）、患者の診断（臨床医による患者の問題の理解を確認するため）などを予測する。

Holoeyes

手術トレーニングやナビをVR/ARで実現

医療機関に向けてVRやMRを使ったコミュニケーションサービスを提供。医療を提供する人、受ける人、学ぶ人の間のコミュニケーションを円滑にする。

患者個別のCT画像データをアップロードすると、VR/MR用のアプリを自動生成。アプリをダウンロードして利用できる。術前に、直観的なカンファレンスを行うことや、術後に記録した映像を用いた教育を行えることができる。

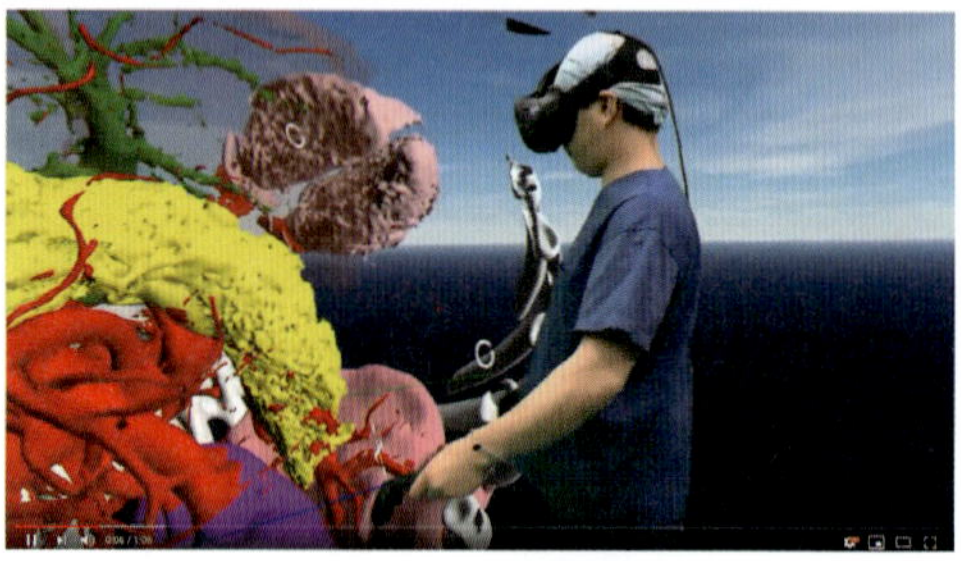

手術トレーニングの画面

出所：Fantastic Voyage HoloEyesVR_Cromakey_VIVE
https://www.youtube.com/watch?v=iq475cd561I

奈良先端科学技術大学院大学

「つぶやき」でインフル流行を予測

Twitterの投稿内容からインフルエンザの患者数や流行のピークを予測する手法を開発。インフルエンザの流行が始まると「熱が出た」「吐き気がする」「頭痛だ」など、症状に関連したつぶやきが増えることに着目し、AIによる言語処理で解析する。

国の調査よりも早くピークを把握でき、花粉症や感染性胃腸炎など他の感染症にも応用ができる。患者数を推計した結果、国立感染症研究所が報告する実数と約90％の確率で一致。

活用事例

Nuance Communications
バーチャルアシスタント「Florence」

医師によるオーダーを追跡し遂行を見届け。処方内容が正しいかどうかも確認。Florenceを導入してから1年半で、ランドマーク病院は医師によるオーダーミスを約30%減。

国立がん研究センター、NEC
リアルタイム内視鏡診断サポートシステム

AIを用い、大腸がんおよび前がん病変（大腸腫瘍性ポリープ）を内視鏡検査時にリアルタイムに発見。前がん病変としてのポリープと早期がんの発見率は98%。

東京大学医科学研究所、日本IBM
がん患者の遺伝子データから治療薬探索

患者の変異データを入力すると、IBMのAI「Watson」が最適な薬と治療標的となる遺伝子を提案。東大医科研のスーパーコンピュータ「Shirokane3」で行うゲノムのデータ解析とWatsonを連携させる。

ある大腸がんの全ゲノム解析のケースでいえば、人間がやったときはほんの一部だけで1年かかった変異データの解釈を、わずか30分で行うことができた。医師や研究者同士の情報共有、連携の促進もメリット。

NAM
チャットボット型電子カルテ「ドクターQ」

患者は医師代わりのチャットボットからの問診を受けたり、自分自身のカルテを閲覧したりすることが可能となる。

医師は患者の経過を把握し、ボットを通して患者と接触することができる。電子カルテのフォーマットに沿う形式で、チャットボットが医師の代わりにLINEのチャット画面を通して患者に経過を質問する。

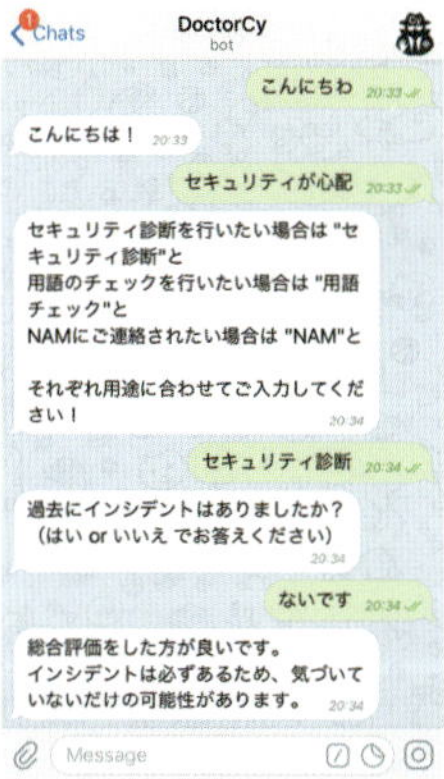

「ドクターQ」のチャット画面

きりんカルテシステム
病院の待ち時間を予測

アプリ上から診察予約をすることができ、リアルタイムで待ち時間を確認できる。クラウド型電子カルテ「カルテZERO」上に蓄積されたデータから、患者ごとに診察にかかる時間をAIを用いて予測する。

診察予約の画面

出所：きりんカルテHP
https://xirapha.jp/service/app/

医療法人 社団KNI、NEC
不穏行動予測／退院先予測

患者が体に取り付けられた管をいじったり、院内を徘徊したりといった「不穏行動」の兆候を察知。治療の妨げになる不穏行動を防いで入院期間を短くし、スタッフの業務負荷を軽減する。患者が着用する時計型センサーから体温、心拍などのデータを収集。AIがデータを分析し、不穏行動を起こした患者に共通する“特徴”を抽出する。

患者の入院時、処置後に「リハビリ病院」へと転院するか、自宅に戻るかなど退院先を予測する技術も開発した。

自治医科大学病院
双方向対話型AI「ホワイト・ジャック」

患者がタッチパネル式のタブレット端末にIDカードをかざし、症状や発症時期、病歴などを入力すると受診すべき診療科に案内する。

医師が電子カルテに身体所見、問診などの情報を追加入力すると、ホワイト・ジャックが再解析を行って可能性の高い疾患を絞り込み、推奨される薬剤や治療法も表示する。

日本医療研究開発機構

スマート治療室

東京女子医科大学、信州大学など５大学、デンソー、日立製作所など11社とともに、IoTを活用して各種医療機器・設備を接続・連携させ、手術の進行や患者の状況を統合把握することにより、手術の精度と安全性を向上させる「スマート治療室」の開発を開始。

手術室のほぼすべての機器をネットワークで接続し、病院医療用画像管理システムとの連携や、手術室外医師・スタッフとのコミュニケーション機能も備えており、臨床研究を開始し、情報統合による手術の効率性・安全性などを実証する。

東京女子医科大学病院にある「ハイパーモデル」手術室では、各種医療情報を「時系列の治療記録」として収集・提供する。手術室外の医師・技師などにも共有することにより、治療の効率性や安全性の向上が期待される。

今後ロボティック手術台を実用化し、MRIへの患者自動搬送や治療室における術野位置コントロール機能を実現していくとともに、生存予後の予測や機能予後の予測、術中の危険予測、手術効率向上のアドバイスなどを迅速に行うための臨床情報解析システムを開発する。

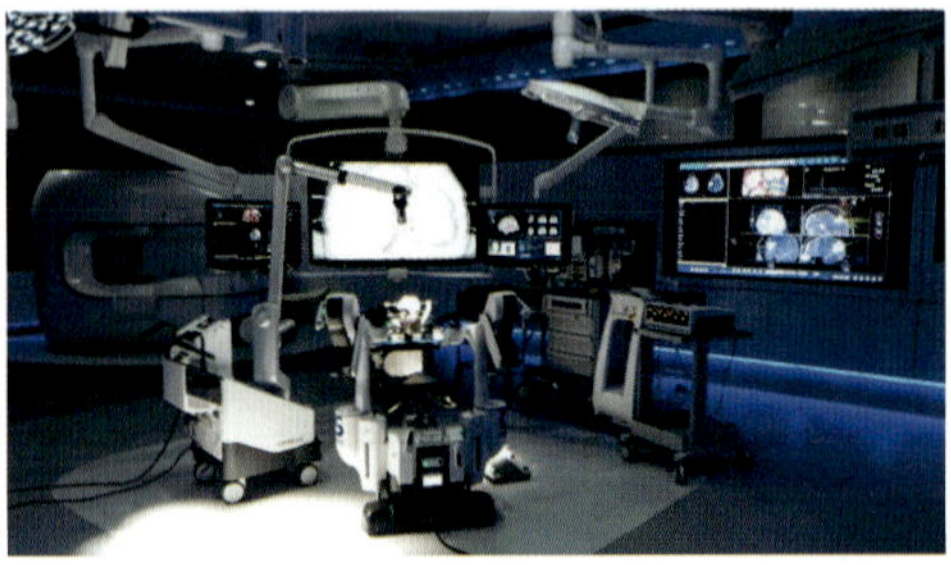

スマート治療室の様子

札幌医科大学、富士通、富士通北陸システムズ

糖尿病治療における経口血糖降下薬の処方最適化

糖尿病治療における経口血糖降下薬の処方最適化に関するAIによる学習モデルの構築に着手。電子カルテシステムや診療DWHなどに蓄積された患者の検査値や、糖尿病治療薬の一種である経口血糖降下薬の処方情報について機械学習を用いることにより、糖尿病における一般的な合併症予防の目標値であるHbA1c値7.0％未満となるよう、治療の効果を予測する技術の開発を目指す。

これにより、インスリン製剤を必要としない患者に対して、最適な経口血糖降下薬の選定、組み合わせなどを考慮した投薬が可能となることを期待。

慶應義塾大学、富士通

AIによる診療支援

放射線科医が読影した画像検査報告書にAIを適用し、入院などの要否を分類する学習済みモデルを新たに開発。画像検査報告書などの内容からAIが緊急性を分析し、治療を優先すべき検査結果を主治医に通知する診療支援ができ、これまで以上に適切かつ迅速な対応が可能な医療体制の構築が期待される。

PFDeNA、Preferred Networks

少量の血液で14種のがんを判定するシステムの共同研究

深層学習技術を用いて少量の血液でがん14種を判定するシステムの共同研究を開始。これにより各種がん検診において、少量の血液採取で14種のがんの早期発見ができるようになり、高精度かつ患者負担が少ないがん検査が普及することが期待される。

国立がん研究センター（NCC）にて、提供者の同意を得て研究用に収集された血液検体を利用。このNCCバイオバンク検体を個人が特定されない形で取り扱い、次世代シーケンサーを用いてExRNA発現量を計測。計測されたExRNAの発現量と臨床情報を用いて、深層学習によって学習・評価・解析する。

あさぎり病院、MJI

看護師の説明業務ロボット「Tapia」が代行

忙しい医療従事者が患者対応にかかる時間を軽減することが目的。術前術後の説明業務の他に、電子問診票、アンケートの入力集計、検診の勧めなどにも対応可能。

コミュニケーションロボット「Tapia」
出所：MJI HP
https://mjirobotics.co.jp/tapia/

Tapiaは段落（項目）ごとに「今までの説明はわかっていただけましたか?」と患者に確認を促し、患者が「はい」をタップしたときは次へ進み、「いいえ」を選択したときは、もう一度Tapiaから説明を聞くか、後ほどスタッフによる詳しい説明を受けたいか、希望を聞く。

活用事例

MICIN、京都大学
服薬継続の効果を測る実験

診察・処方・決済に加えて、服薬継続のサポートまでを行うサービスを提供。患者の性格や好みに応じた効果的な服薬継続のサポートを提供。ディープラーニング技術を組み込んだAI「curon AI」を活用。

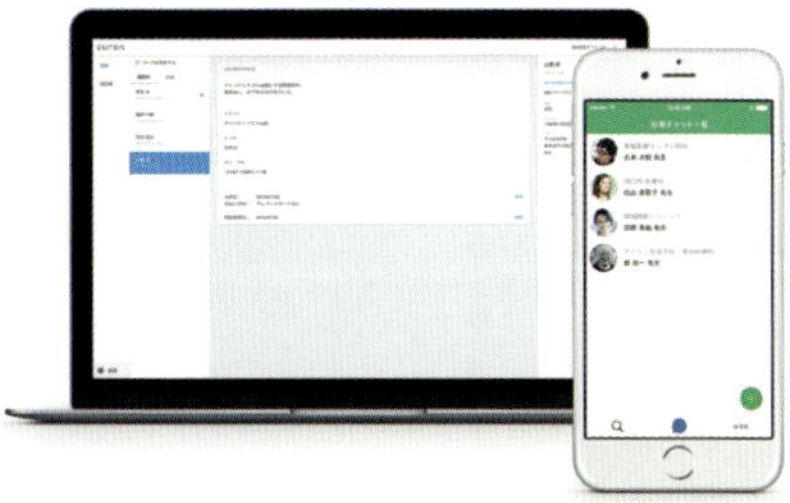

「curon AI」の画面

理化学研究所、富士通、昭和大学
AIを用いた胎児心臓超音波スクリーニング

AIを用いて胎児の心臓異常をリアルタイムに自動検知するシステムを開発。粗い超音波画像に対しても画像中に映る複数の物体の位置・分類を高い性能で判別できるAI技術「物体検知技術」を活用し、胎児の心臓構造の異常を自動検知する。

胎児の診断を支援するとともに、早急に治療が必要な重症かつ複雑な先天性心疾患の見落としを防ぎ、早期診断や綿密な治療計画の立案につながることが期待される。また、検査者間の技術格差や地域間の医療格差を埋めることで、周産期・新生児医療の発展に貢献することが狙い。

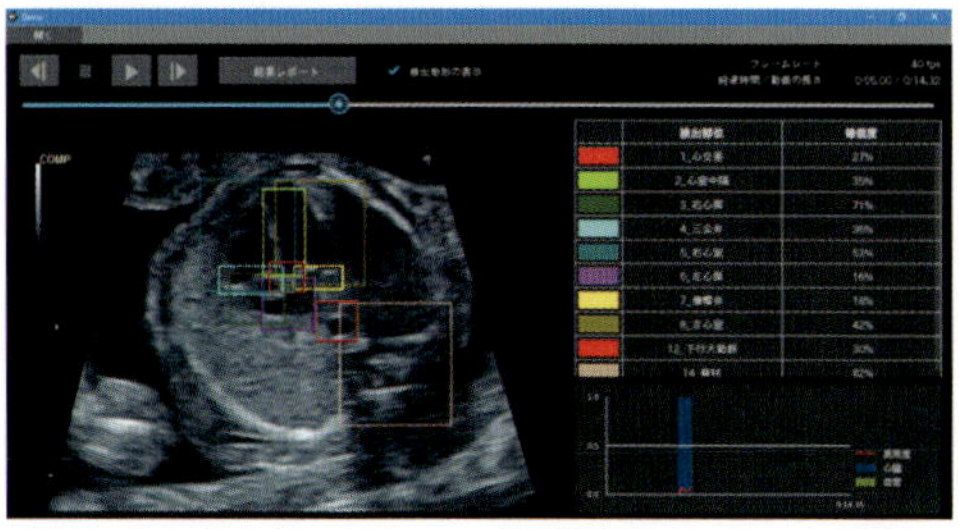

「胎児心臓超音波スクリーニング異常検知システム」の画面

シェイク・ザイード小児外科研究所、ジョンズ・ホプキンス大学
柔らかい内臓組織向けの手術支援ロボット

腸など柔らかい内臓組織を手術する際、人間の外科医以上に均一かつ正確に縫合できる自律型の手術支援ロボットを開発。「スマート組織自律ロボット（STAR）」と名付けられた手術支援ロボットは、本体に独KUKAのライトウェイトロボット（LWR4+）を採用。ミリメートル未満の位置決めといった性能のほか、力センサーや手術器具、3D画像システムを備える。

あらかじめ組織の縁に付けられた近赤外線蛍光マーカーを近赤外線センサーで認識し、組織が伸びたり動いたりしても、縫合針の付いたアームの先端が縫い付ける場所をきちんと追随できるようにした。さらに腸吻合（ふんごう）など熟達した外科医の縫合の技を縫合アルゴリズムとして取り入れている。

葵会、メディホーム
歯科パノラマX線における診断

約1万2,000枚のパノラマX線写真や病状患部約2万5,000件を学習。虫歯や根尖（こんせん）病巣、歯石、嚢胞（のうほう）、根分岐部病変の各症状の患部を検出可能。診断AIは、歯科医師をサポートし、診断の質の向上や医師の業務負担軽減を目指す。

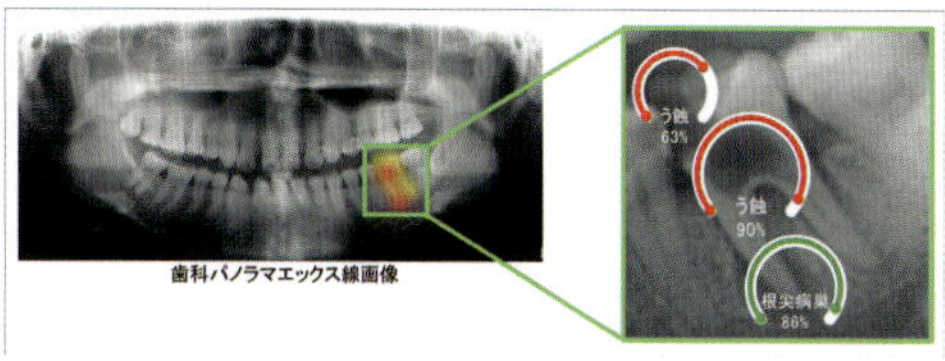

診断AIの検知イメージ

東京海上ホールディングス、NTTデータ、MICIN
休職リスクの予測

健康経営の支援を目的に、企業従業員の休職リスクをAIで予測する技術を開発。メンタルヘルス不調などによる半年以内の休職リスクを予測可能にした。既に75％程度の予測精度を確認済み。健康診断結果や勤務時間について、個人の過去1年分のデータを分析することで予測ができる。AIによる予測結果に基づき、必要とされる対応策をサポートするといった包括的な健康経営支援サービスを提供していく考え。

［介護サービス業］

Care services

介護に関わる計画・記録を効率化するとともに、ロボットと人の双方での介護サービスへ

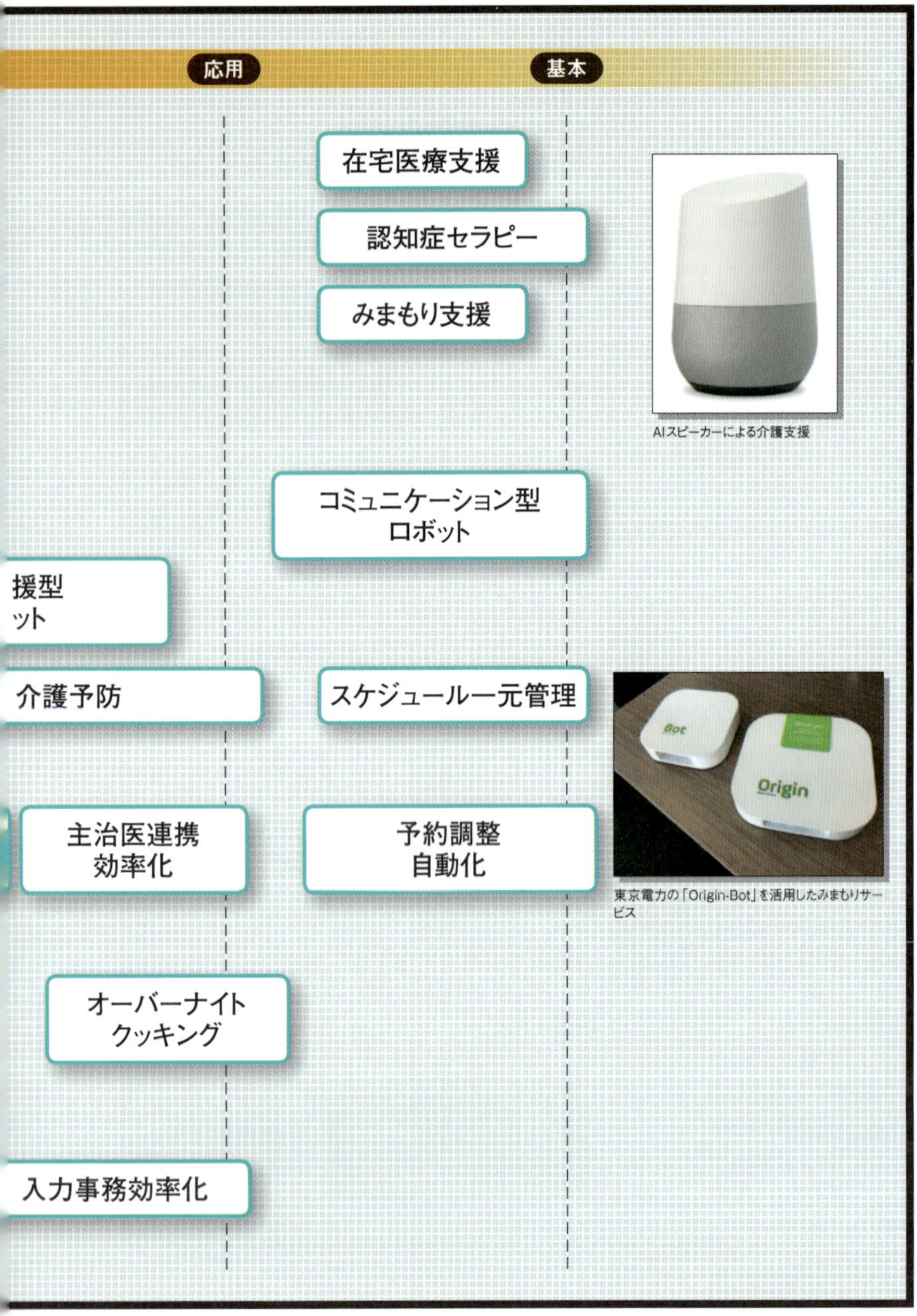

AIスピーカーによる介護支援

東京電力の「Origin-Bot」を活用したみまもりサービス

介護業務の特徴

介護においては、バイタルデータを記録して在宅医療のためのデータとする**在宅医療支援**や、高齢者の状態を見守り、離れた場所の家族に通知する**見守り支援**などが有効です。

また、音楽療法など**認知症セラピー**の支援や、**コミュニケーション型ロボット**などの会話支援にＡＩが活用されます。

現在、**移乗介助支援**、**移動支援**、**排泄予測・支援**、**入浴支援**などをロボットによって行う研究が進められており、最終的には、総合的に介護をサポートする**介護支援型ロボット**の実現が期待されます。

リハビリ業務の特徴

リハビリの支援においては、**コミュニケーション型ロボット**による言語リハビリテーションや**自立支援型ロボット**による歩行リハビリテーションがあります。

また、近年は**介護予防**という考えに基づき、要介護レベルが上がる前にリハビリを行うことが拡がっており、高齢者の状態からリハビリメニューを自動的に作ることが有効です（**リハビリ計画作成**）。

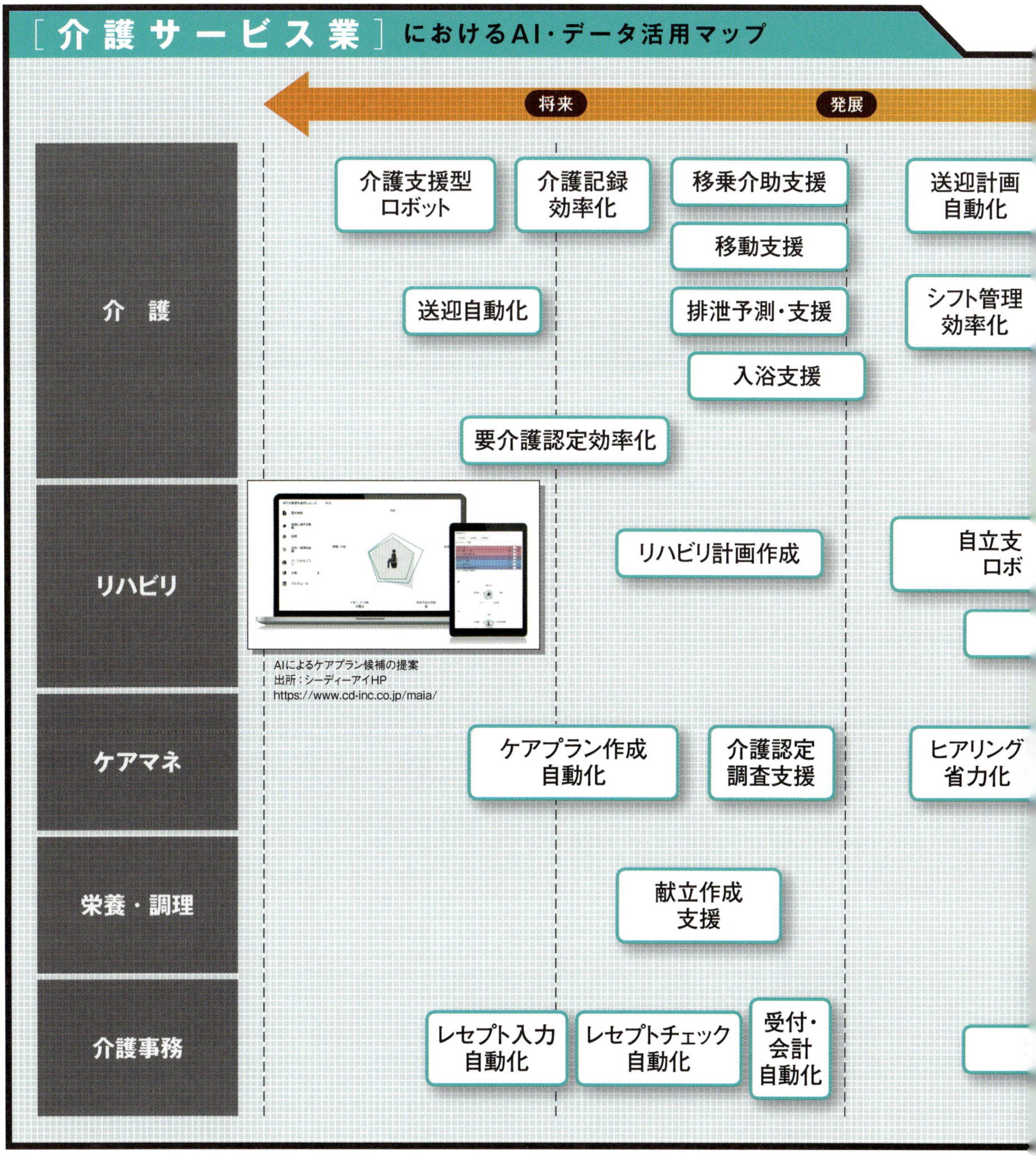

ケアマネ業務の特徴

ケアマネジャー（ケアマネ）の支援には、チャットボットなどを活用した**ヒアリング省力化**や、ヒアリング結果に基づく**ケアプラン作成自動化**が期待されます。

また、要介護レベルの認定調査を委託されることがあり、ヒアリング結果から認定レベルを判定することが期待されます（**介護認定調査支援**）。

栄養・調理業務の特徴

高齢者は、噛む力や飲み込む力が人によって差があるため、それに応じた献立作成を行う必要があります（**献立作成支援**）。

また、**オーバーナイトクッキング**（真空容器に入れた食材を夜間に加熱することで、翌朝の調理時間を削減する方法）などの自動調理の取組みも始まっています。

介護事務業務の特徴

介護保険料の計算のために、レセプトデータと呼ばれる介護サービス内容が記録されたデータを作成して提出する必要がありますが、AIなどを活用した**レセプトチェック自動化**が業務効率化のために有効です。

九州工業大学

非接触生体センサー×AIみまもりシステム

みまもりセンサー

出所：アンビエント・ヒューマン・センシングHP
https://www.iot.kyutech.ac.jp/?page_id=178

介護施設、病院、一般家庭など、高齢者を見守る現場を想定。電波型なのでプライバシーにも十分配慮したうえで、健康に過ごしているかどうかも含めた、生活環境全般で死角のない、見守りサービスの実現を目指す。

数十cmから数mの範囲で人の動きや心拍、呼吸といった生体データを把握できる非接触生体センサーを中心に、環境データ用センサーや、介護記録などのテキスト情報を収集。生体情報や行動情報の解析結果による、快適な空調コントロールや異常検知した際の自動緊急通報など、他サービスとの連携を目指す。

ツクイ、パナソニック カーエレクトロニクス

送迎支援サービス

カーナビ連携型の業務車両管理システム「DRIVEBOSS」をベースとし、現場の課題を吸い上げた介護施設ならではの送迎支援サービス。クラウド上のAIに細かい制約情報を読み込ませて、パターンや組み合わせを学習。クリック１つで送迎計画を作成できる。

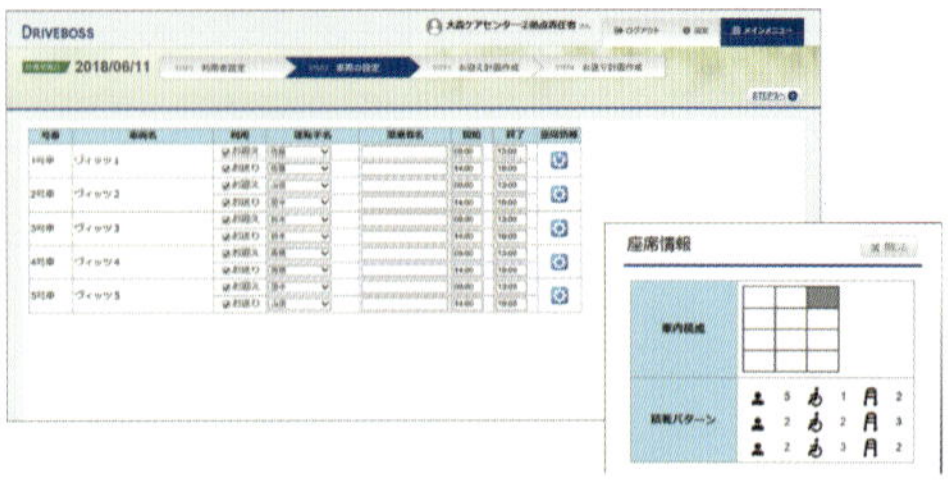

「DRIVEBOSS」の画面

出所：パナソニックHP
https://www.car.panasonic.co.jp/pce_top/care/function.html

ラッキーソフト

リハビリトレーニングツール「TANO」

リハビリトレーニングツール「TANO」

出所：川崎市HP
http://www.city.kawasaki.jp/280/page/0000084759.html

センサーの前に立つだけで体の動きそのものがコントローラーとなり、運動・発声・脳活性化トレーニングが行える介護予防システム。

手の可動域が広がった結果、洗濯物が干せるようになった、足上げ運動により、すり足が以前より上がるようになったなど、生活の質の向上につながる。他に、職員の作業負荷軽減といった効果もある。

SOMPOケアネクスト、伊藤忠テクノソリューションズ

尿量センサーで入居者の排尿時期予測

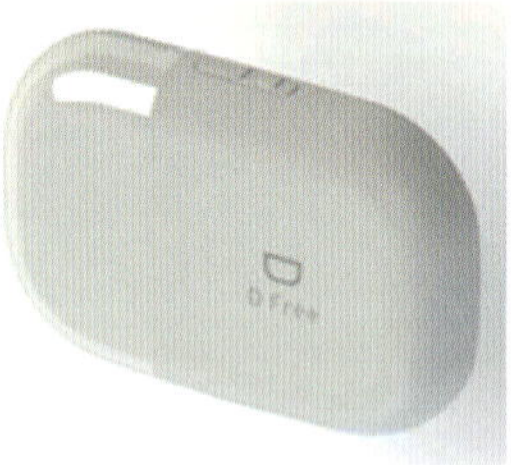

尿量センサー

下腹部に当てた超音波センサーが膀胱にたまった尿量を測定する。測定結果はクラウド上のサーバーに集約され、職員が持つタブレット端末に入居者一人ひとりのデータがパーセンテージで表示される。80％超など、尿量が多くたまった入居者がいるとアラート画面が出る。職員は早めにトイレに連れていくことで、失禁を未然に防げる。入居者ごとに排尿のタイミングを学習するAI機能も備えており、次に尿意を催すおおよその時期を予測することも可能。

センサーで集めたデータを蓄積し、ビッグデータ解析して介護の質を向上させることにつなげていく。

活用事例

知能システム
アザラシ型メンタルコミットロボット「パロ」

姿はタテゴトアザラシの赤ちゃんで、多数のセンサーやAIの働きによって人間の呼びかけに反応し、抱きかかえると喜んだりするほか、人間の五感を刺激する豊かな感情表現や動物らしい行動をし、人を和ませ、心を癒やす。ビデオ分析の結果から、話しかけや視線を向ける「愛着（engagement）」が多くなる効果を確認。

メンタルコミットロボット「パロ」

出所：知能システムHP
http://intelligent-system.jp/product-info.html

ユニロボット
コミュニケーションロボット「ユニボ」

テーブルに載る程度の小型の汎用コミュニケーションロボット。認知症予防で考えられる利用シーンのひとつは、自宅における高齢者の音声アシスタント。

高齢者が発した言葉から操作命令をキャッチし、クラウドに送る。会話から利用者の個性を学習する仕組みを備えるため、会話を重ねていくと、単なる音声認識にとどまらず、雑談のような受け答えが可能。

コミュニケーションロボット「ユニボ」

出所：ユニロボットHP
https://www.unirobot.com/#order

そうした自然な会話を日常的にできるようにすることで、脳の活性化を図れるという。将来的にはバイタルセンサーとの連携により、生体情報を管理することも視野に入れる。

オプティム
在宅医療支援サービス「Smart Home Medical Care」

高齢患者でも普段から慣れ親しんでいるテレビと、バイタルセンサーなどのIoT機器を用いる。患者は、複雑な操作をすることなく、普段と変わらずテレビを見ているだけでサービスを利用することができ、テレビ画面上で医師の顔を見ながらビデオ通話が行える。

さまざまなバイタルセンサーと連携して、機器から取得されたバイタルサインを共有したりすることができるため、自宅にいながらも院内で医師や看護師に見守ってもらっているような状態を実現することが可能。

取得した映像を「OPTiM Cloud IoT OS」に搭載されているAIを用いて解析することで、転倒動作や長時間不在などの異常を検知する。

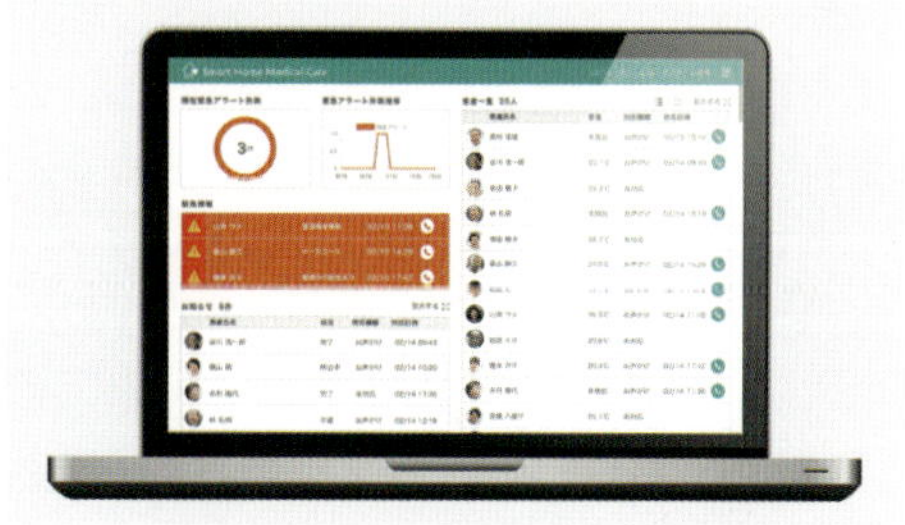

「Smart Home Medical Care」の画面

出所：オプティムHP
https://www.optim.co.jp/medical/shmc/

富士ソフト
コミュニケーションロボット「PALRO」

無線LANを利用してネットワークに接続し、インターネット上のさまざまな情報を利用したり、新しいコンテンツを提供したりしながらコミュニケーションをとるロボット。利用者の生活機能改善につながる効果と、スタッフの負荷軽減の効果が確認された。

コミュニケーションロボット「PALRO」

COLUMN

AIとVRの関係

本書ではVR・ARなどのMR（Mixed Reality）について、ホテル業や医療などで触れています。VRはAIや統計解析ではないので、他の活用例と比べて浮いているように感じることもあると考えます。

ここでは、なぜ本書でVRを取り上げているかを説明します。

AIはデータを学習して何らかのアクションを行うものと考えると、その「アクション」とは何でしょうか。AIの活用例を調べると、半数以上が「画面に表示する」ものになっています。他に、ロボット制御や自動運転のように、「ものを動かす」「自分を動かす」ものもあります。さらに、スマートスピーカーのように「発話する」「音を伝える」ものもあります。このようにアクション別に整理したときに「画面に表示する」ケースが多いのです。

パーソナルコンピュータの登場以降、タブレットやスマホなどが普及していますが、「画面に表示する」アクションは、「長方形の平面に投影する」ことから大きく変わっていません。しかし、AIの活用例を考えると、立体的に表示したほうが効果的であったり、空中や物体に投影したかったりするものがあります。このことから、AIの活用例が増えていくと、VRやARを用いてアクションを行う事例が増えていくと筆者は考えています。

今はまだ、建築物や旅行先などのイメージを伝えることや、手術中や機器の操作における検査結果や説明の投影などの応用が多いVR・ARです。しかし、今後、空中に商品のお薦めが投影されたり、自分の横にチャットボット風のAIが常にいるようになるかもしれません。読者の皆様も、作成したAIをどのように表示したいかを検討してみてはいかがでしょうか。

東京電力ホールディングス、Origin Wireless Japan

介護施設向けスマートみまもりサービス

介護施設を対象とした「スマートみまもりサービス」の実証実験を開始。介護施設の各居室の利用者の「動作や呼吸の状況の検知・通知」が可能となる。端末「Origin-Bot」を各居室内のコンセントに設置することで、Wi-Fi電波の変化の状況から、居室内での動作や呼吸の状況をリアルタイムに検知する。利用者の転倒や離床時の転落などの危険察知や、介護スタッフの負担軽減が狙い。

「Origin-Bot」によるみまもりサービス

ユニ・チャーム

紙おむつ用チャットボット

介護用品・排泄ケア用品「ライフリー」に関連して、問い合わせが多い大人用紙おむつの適切な選び方の支援のため、AIを活用したチャットボット「大人用おむつNAVI」を、開始。高齢者の介護方法や正しい排泄ケアの方法について、問い合わせ件数が年々増えていたことに対応。お客さま相談センターへ寄せられた、約2万件以上の質問を分析し、商品の使い方や選び方をはじめ、医療費控除など、介護全般に関わる内容をアドバイスする。

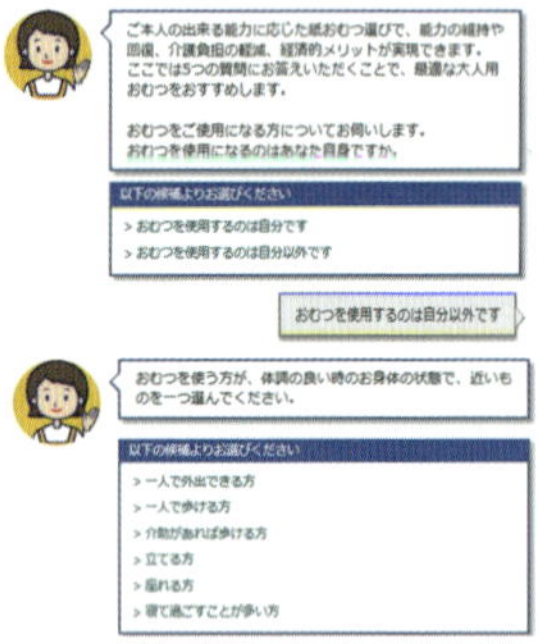

チャットボットを活用した例

活用事例

HITOWAホールディングス、HITOWAケアサービス、パナソニック

「みまもり安心サービス」

HITOWAが運営する有料老人ホーム「イリーゼ」において、パナソニックの介護施設向けソリューションを導入。高感度センサーやクラウドサービス対応型エアコンを用いた「みまもり安心サービス」は、入居者の熱中症・脱水症状などのインシデント把握や、特に夜間における安否確認・状況把握が可能。

さまざまな機器から得られるセンシングデータや介護記録データをAI分析基盤に集約・分析し、入居者の排泄リズムや睡眠リズムなど生活リズムの予測や予知までを行うことで、先回りの介護を実現し、本質的な施設職員の業務負担軽減や入居者のQOL向上を目指す。

システムを導入した居室

シーディーアイ

ケアプラン作成AI

ケアマネジャー用システム「CDI Platform MAIA」に介護を必要とする人の心身状態を入力すると、ケアプラン実施後の予測とともにケアプランを提案する。介護を実施後に内容を記録すると、その結果を学習して次の提案時に反映する。

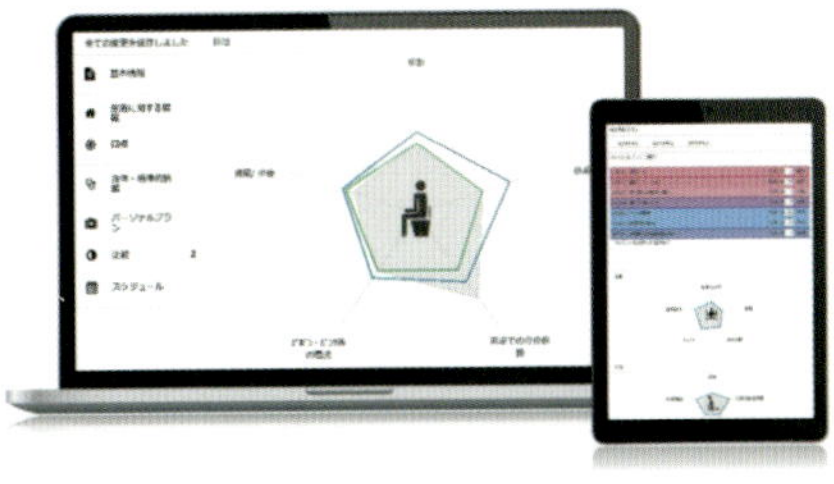

CDI Platform MAIA

出所：シーディーアイHP
https://www.cd-inc.co.jp/maia/CDI Platform MAIA

東京都北区、富士通

介護保険業務の効率化に向けた実証実験

職員が従来人手で行っていた介護サービス事業者からの介護給付費請求の指導監督に関する業務を、AIを活用して効率化できることを検証する実証実験を実施。

介護サービス事業者からの過去の介護給付費請求データなどを機械学習させ、請求内容の適正を分析できるモデルを構築し、その有効性を検証。これまで担当職員が時間をかけて実施しなければならなかった介護給付費支給業務の効率化を図るとともに、介護給付費請求のさらなる適正化を目指す。

トヨタ自動車、Preferred Networks

AIを活用した生活支援ロボットの共同開発

トヨタが開発したHuman Support Robotをベースに、深層学習技術を応用してロボットが人の生活空間で働くために必要な機能の開発を実施中。不定形のものをつかむ／置く、動作計画を立てる、人の指示に対応するなど、全自動で部屋を片付けるロボットのデモンストレーションを開発。

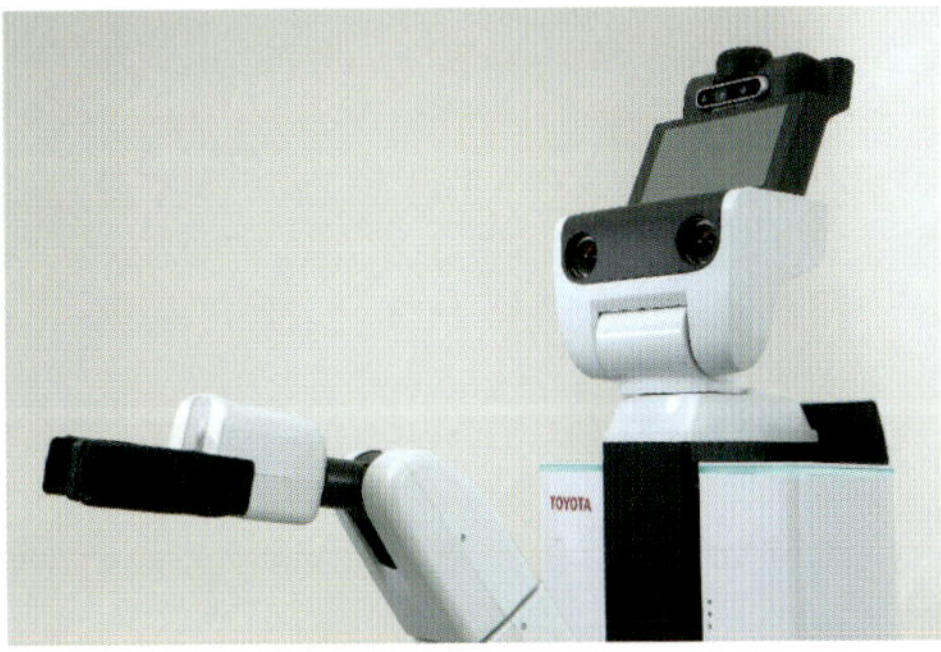

Human Support Robot

NDソフトウェア

介護記録用音声入力システム

音声入力システムVoicefunは、介護福祉業界に特化した音声入力システム。業界用語も学習していることから、変換できる。

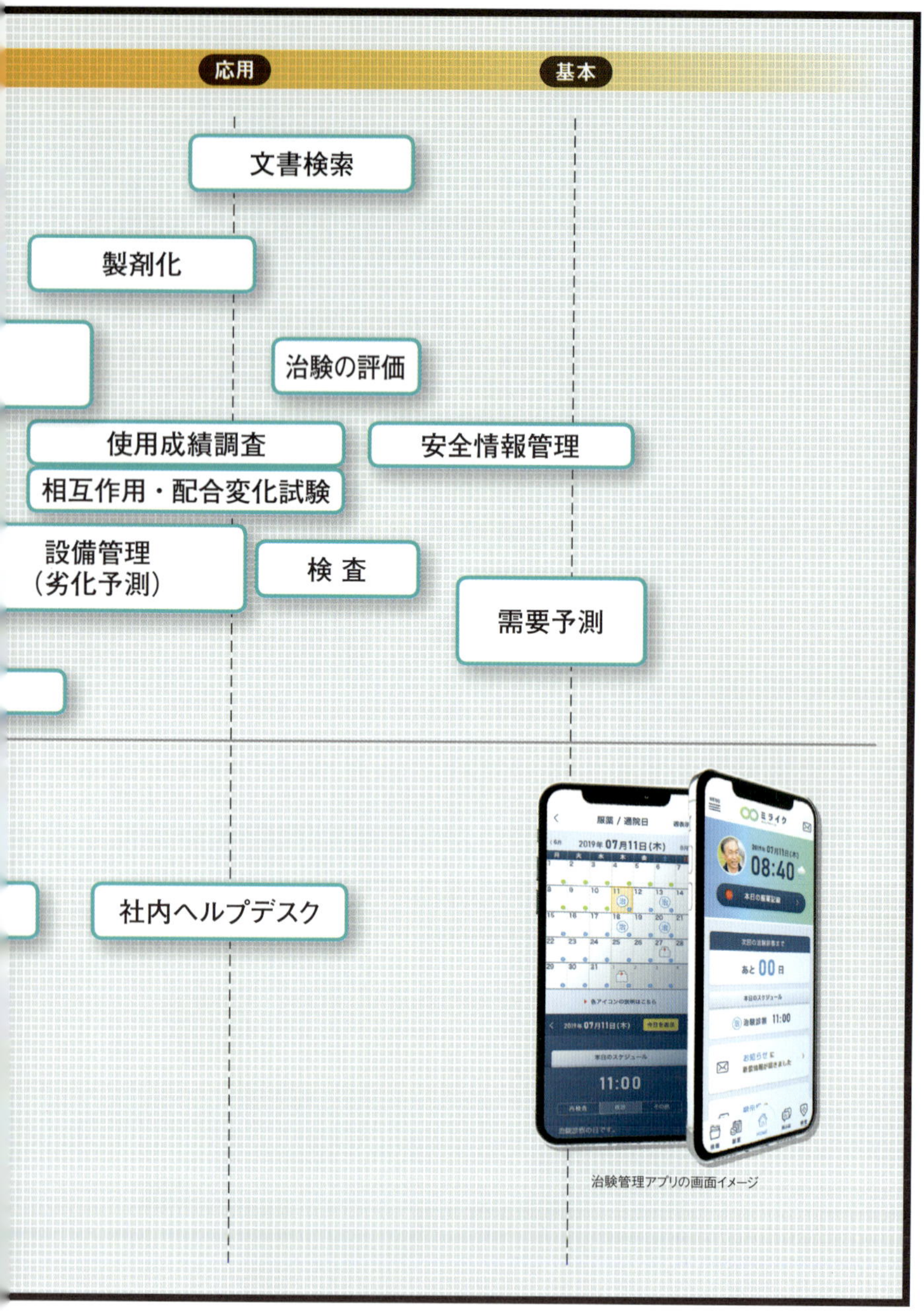

治験管理アプリの画面イメージ

［製薬業］

Pharmaceuticals

AIを活用した臨床研究の効率化や新薬開発

研究（創薬）業務の特徴

製薬業は、多大な時間と人数をかけて新しい薬の開発を行います。新しい化学物質を作成する探索フェーズでは化合物の探索をＡＩが検討したり（**探索合成・化合物最適化**）、論文から有力なものを探したり（**文書検索**）します。その後、開発フェーズにおいて、多くは実験などを通して効果や安全性を評価します。

効果が確認された場合に、臨床試験を計画して実施します。臨床試験は、1相、2相、3相と進んでいくにつれて実際の患者の治療に近い状態で試験するようになります（治験ともいいます）。

治験においては、まず**計画書を作成**しますが、過去の治験や論文などから、被験者の条件を設定します。さらに、治験の**評価**においては、統計的な解析を行い、効果が偶然ではないことを確認します。

また、評価したい主効果の他に、副次的な効果や副作用の有無を評価することが必要であるため、**副作用の予測**を行うことで、効率的に試験を進めることができるようになります。

また、市販後に、創薬の段階ではわからなかった副作用や有害作用がはじめて明らかになる場合もありま

［製薬業］におけるAI・データ活用マップ

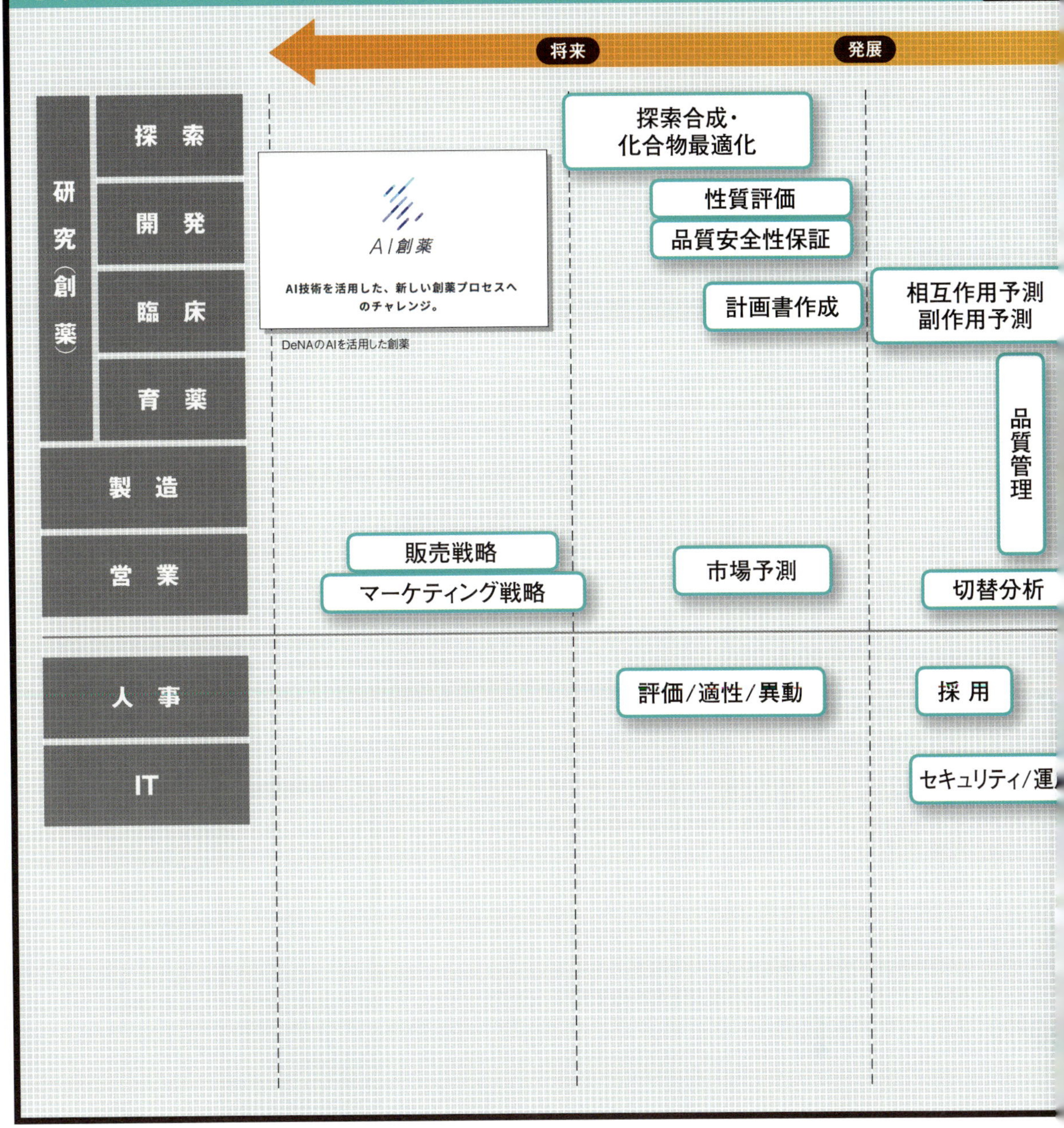

す。そのため、市販後も、使用方法・効果および副作用などを調査し、有効で安全な使い方に関する情報を増やしていくことが義務付けられています（**使用成績調査**）。これを育薬と呼びます。また、他の薬剤と併用したときに性質が変化することが、市販後にわかることがあります。このような**相互作用**の可能性を市販後のデータから推定し、**配合変化試験**で確認します。

製造業務の特徴

製薬の製造工程では、一般の製造業と同様に**設備管理・品質管理・検査・需要予測**を、データ分析やＡＩを用いながら実施します。特に品質管理や検査においては、不純物の混入などを入念に検査します。

営業業務の特徴

製薬業の営業職は、病院の医師に対して、新しい薬を紹介し、採用してもらうよう営業を行います。病気の分野ごとに、現在どの薬がどれくらい使われているのかといった**マーケティング**を行ったり、新薬が出たときにどれくらい切り替えられているかを分析したり（**切替分析**）しながら営業戦略を検討します。

東京工業大学、武田薬品工業
AI創薬のためのプラットフォームの共同研究

AIを利用した創薬のアルゴリズム開発に関する共同研究を開始。中枢疾患薬を指向した、薬物動態および毒性プロファイル予測モデルを構築する。また、大学などの研究機関と複数の製薬企業が、AI創薬分野において協業するためのプラットフォームの構築も目指す。

武田薬品工業
AIを活用したMR活動支援

MRの情報提供活動のためのプラットフォームにAIを導入。臨床試験・実臨床データ、論文情報などをAIにインプットする。医療機関がMRに求める情報提供が高度化する中、医師の質問に対して、即座に対応できるようになるのが狙い。

塩野義製薬、SAS Institute Japan
臨床試験の解析業務のプログラム自動生成

臨床試験における解析業務にAIを活用。これまでは解析設計書を読み解き、計画した分析手法を統計解析パッケージのSAS上で実行するためのプログラムを作成していた。これに対して、機械学習を活用し、臨床開発業務で使用されるプログラムと関連文書を自動生成する。このことで、臨床試験の解析業務の多くを自動化し、新薬開発のための臨床試験解析業務のコスト削減と時間短縮を達成することができる。

アステラス製薬、エルピクセル
細胞評価システム

AIを活用した細胞評価システムの開発を開始。再生医療・細胞医療では、治療に適した細胞の選定・管理が必要である。この選定に、画像解析ソリューション「IMACEL Lab」を活用する。

中外製薬、フェアユース
問い合わせ回答用チャットボット

AIを活用した問い合わせ回答用チャットボット「MI chat」を導入。抗インフルエンザウイルス剤タミフルを対象とし、医療従事者向け情報ページで運用を開始。医療従事者からの問い合わせ内容をAIが理解し、事前に登録した数百のQ&Aから最も質問の意図に近いものを自動的に提示する。これにより、従来のWebを通じた情報検索に費やしていた時間が短縮される。

Buzzreach
知見情報管理アプリ

治験管理アプリ「ミライク・スタディ・コンシェルジュ」を開発。治験参加患者の服薬忘れや飲みすぎを防ぐ。治験コーディネーターの業務負荷を軽減するとともに、治験参加患者の途中脱落とアプリを通じたコミュニケーションによる治験参加中の不安の軽減が狙い。治験に必要な有効データの確保による治験中止リスク軽減、新薬早期承認に寄与する。

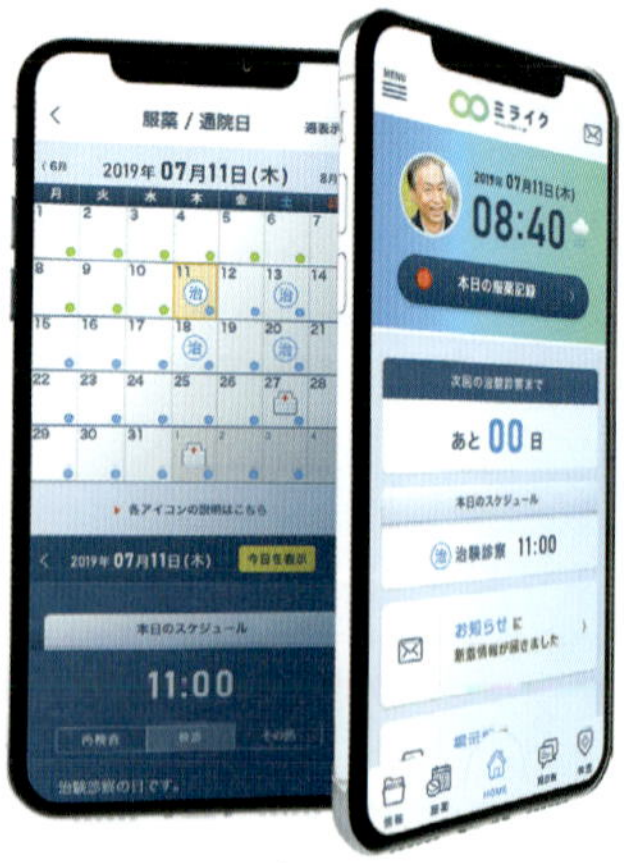

治験管理アプリの画面イメージ

インタープロテイン
薬理活性値予測システム

タンパク質間相互作用（PPI）に特化し、深層学習に基づく薬理活性値予測システムAI-guided INTENDDを開発。標的PPIと低分子化合物の活性を約80%の確度（活性が高い低分子化合物に限ると90%）で予測。

DeNA、塩野義製薬、旭化成ファーマ

化合物最適化

AI創薬の実現可能性を技術的に検証。リード化合物の最適化のプロセスを通過するためには、1プロジェクト当たり平均して4,263個の化合物が必要。このサイクル数を減らせば、合成する化合物の数も少なくでき、コスト削減と時間短縮につなげることができる。

AI創薬のロゴ

武田薬品工業

包装ラインの医薬品検査の自動化

医療用医薬品包装ラインにAIを導入し、包装対象製品を変更する際の作業の効率化を目指す。人間が2人がかりで計40分かけて行っていた異物有無の目視確認を、AIを用いて1秒で判定させる。

ProteinQure Inc.、富士通研究所

中分子創薬のための分子の安定構造探索

組み合わせ最適化問題を高速に解く計算機アーキテクチャー「デジタルアニーラ」をアミノ酸構造の探索に活用。各アミノ酸をモデル化し、格子点上に配置した場合にどの構造が最も安定的かを、アミノ酸同士の結合関係などから「デジタルアニーラ」を用いて探索。そして、探索されたアミノ酸の構造と標的タンパク質との結合の強さをドッキング計算で調べる。このフローを、1,000回程繰り返すことで、薬効の高い中分子医薬候補を探索する。

これにより、これまで半年かかっていた中分子医薬候補の探索が数日でできるようになるり、中分子医薬の開発を加速することが期待される。

サイトロミック、NEC

ペプチド化合物探索

肝臓がん、食道がん、乳がんに発現している2種類のがん抗原を対象に、約5,000億通りの候補があるアミノ酸配列の中から免疫力を活性化するペプチドを探索。その結果、日本人の約85%をカバーする複数のHLA（白血球）型に適合し、免疫力を活性化する10種類のペプチドを発見。

FRONTEOヘルスケア

製薬企業の文書検索

医薬品メーカーなどで新規医薬品開発に従事する研究者が、仮説と公開データベース情報などにある文献の記載内容との関連を調べるための文書検索システム「Concept Encoder」を開発。公開データベース情報と論文（文献）のテキスト情報を学習させた後、研究者の仮説を投入すると、仮説に関連するターゲット遺伝子ネットワークなどとの関連性の強さがスコア（数値）で可視化される。また特定の化合物と関連の深い、新たな疾患を浮かび上がらせることもできる。結果として、医薬品候補化合物発見のスピードアップにつながる。

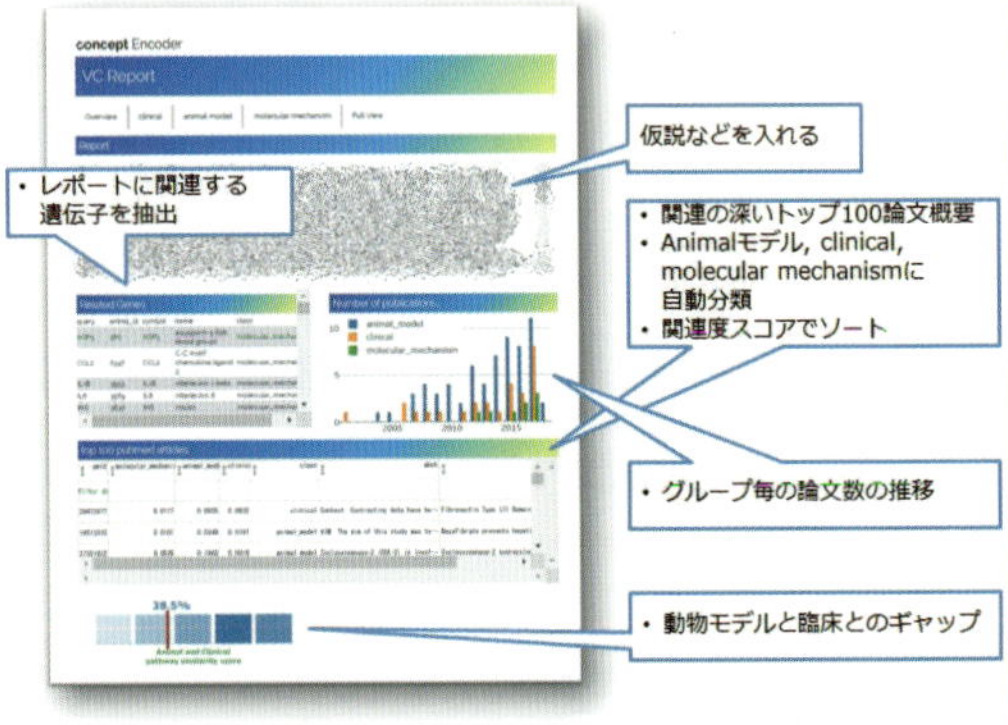

創薬研究AIシステムの検索画面

詳細解説　センサーデータによる異常検知

ROIの算出例

- 故障の早期発見率20％上昇

目　的

- 異常の早期発見による事故の防止
- 異常の早期発見による修理費用の削減

- 発電所・プラント・化学製造工場・金属製造工場などでは、故障が発生したときに最悪のケースでは人命に関わる事故になるため設備の管理・監視が重要です。
- 鉄道・車・航空機なども人を乗せていることから同様です。これらの場合、修理できる人が設備に同乗していない可能性が高いことから、より早期に発見する必要があります。
- 通信・放送・銀行などのサービスは、突然停止することで非常に大量の人が生活に困ることになります。このような「常に動き続けているもの」は、万が一故障したときに備えて同じ設備をもうひとつ持っておきます（冗長構成と呼びます）。これにより、不意の故障の際に切り替えられるようになっています。
- このように、設備や装置の故障を防止することが重要な業種は多く、稼働状況を分析することが重要です。

典型的なシステム構成と業務プロセス

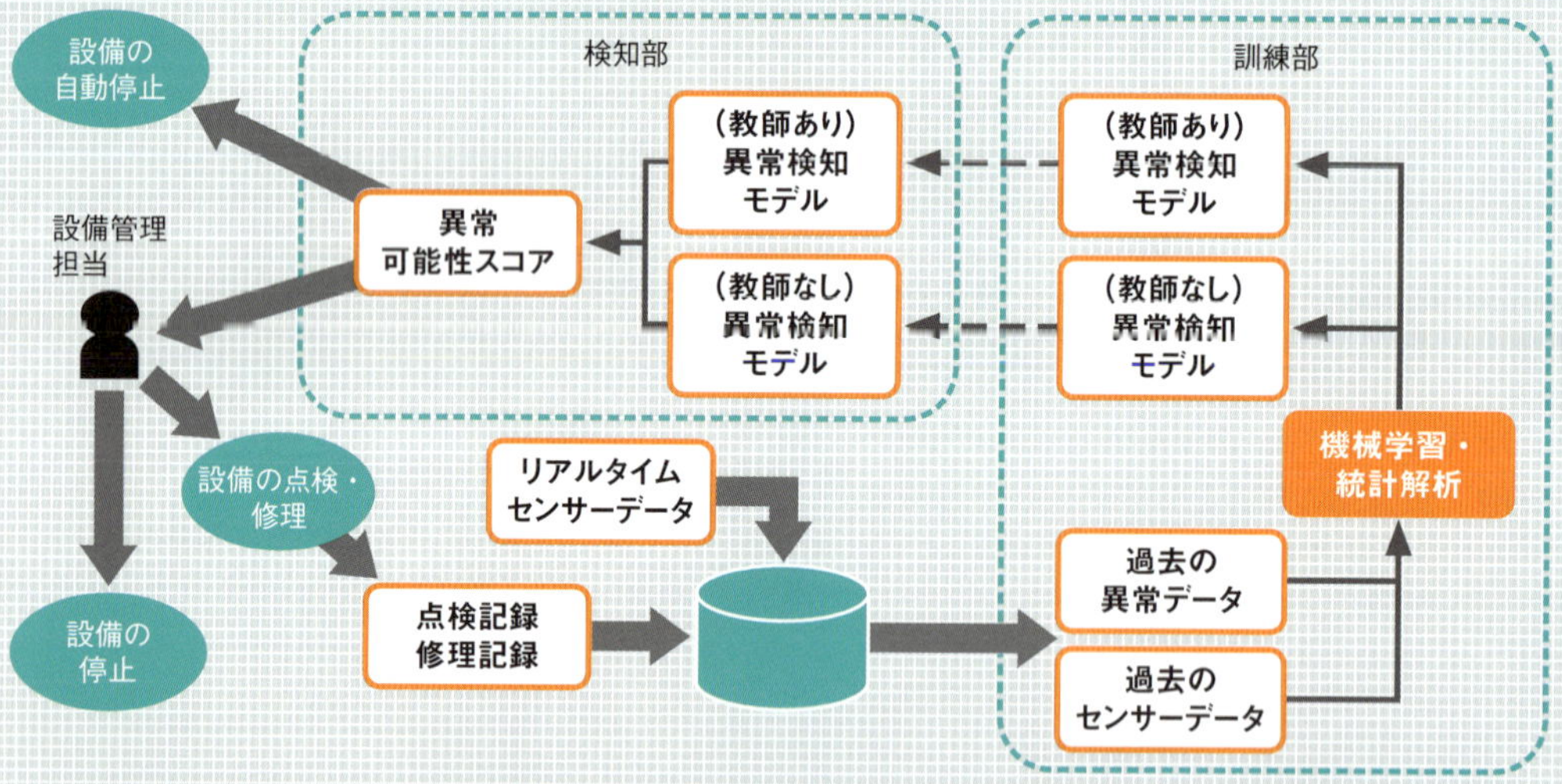

- 上図は教師あり学習タイプの異常検知モデルと教師なし学習タイプの異常検知モデルを両方作成する例ですが、実際は異常の発生頻度や繰り返し度合いに基づき、どちらか片方を作成することが多いです。
- 作成したモデルを基に異常可能性のスコアを計算し、その後の対処内容をスコアや対象設備の内容に応じて決めます。スコアが非常に高いときや、故障だったときに人命に関わる場合などでは、設備管理担当者の判断を待つことなく自動的に設備を停止することもあります。

詳細解説 センサーデータによる異常検知

分析方法

ステップ 1 しきい値設定による異常検知

- センサーの種類ごとにしきい値を設定して、それを超えた際にアラートを出力する形で異常の検知を行います。
- しきい値の設定によっては、大量のアラートが出てしまうのが問題ですが、安定的に動作する検知方法でもあることから、今も用いられる異常検知手法です。

ステップ 2 教師なし学習タイプの異常検知

- 異常のデータが少ないときや、過去に発生しなかったタイプの異常が起こりそうなときには、教師なし学習タイプの異常検知モデルを作成することが有効です。
- よく行われるのが、センサー値の予測値と実装値を比較する方法です。予測対象のセンサーの過去の値や、他のセンサーの値を説明変数にして、今のセンサーの値や未来のセンサーの値を予測します。そして、実際のセンサーの値と比較して大幅に異なる場合に異常の可能性があるとして出力します。

ステップ 3 教師あり学習タイプの異常検知

- 過去の異常データがある程度蓄積されている場合、教師あり学習タイプの異常検知を行います。過去の異常が起きたときのデータを基に、異常を検知するためのモデルを作成します。多くは異常ありとなしのどちらかを推定する判別モデルを機械学習で作成します。

利用データ

①センサーデータ

- 温度センサー・流量センサー・振動センサー・圧力センサーの値などです。通信ログから抽出できるアクセス量や、取引ログから抽出できる取引量なども用いることがあります。

②異常や故障のデータ

- 異常の種類の他に、いつ発見してどんな対処をしたかを蓄積しておくと、後でモデルの評価に使うことができます。

③設備や装置の動作データ

- 設備や装置によっては、動作していないときもセンサーデータが出力され続けるものもあり、その場合、動作しているときのデータのみにすることに用います。センサーデータと異なり、動作データは不定期に発生するログ形式になっていることが多く、加工が必要です。

■典型的な追加データ

- 気象データ
  ⇒設備の外部環境が異常に関係する場合に用います。
- 設備のメンテナンス記録
  ⇒メンテナンスによって設備の状態が変わる可能性があることから、時間的に連続しているセンサーデータを、メンテナンス前後で分けて別のデータとして取り扱うなどの対応をします。
- 設備の設置時期や部品の生産時期・型番
  ⇒同じ種類の設備でも、設置時期で細かな仕様が変わっていたり、部品の生産ラインが違っていたりすることなどで異常の出方が変わることがあります。そこで、いつ作られた部品かのデータを基に分類を行って分析します。他に、設備の設置からの経過日数なども傾向が変わる要因として考えられます。
- 設備を撮影した画像データ
  車両や航空機などでは、センサーデータからわかる異常と、画像データからわかる異常を総合的に判断してアラートを出すことがあります。

詳細解説 センサーデータによる異常検知

データ加工のポイント

▪周波数解析やノイズ処理などを行ってセンサーデータを利用しやすい形にする

- 温度や振動など物理量を計測しているセンサーの値は、多くのノイズを含みます。ノイズにも意味があることがあるため、一概に捨てることは良くないこともあります。そこで、フーリエ変換などの周波数解析を行い、高周波成分と低周波成分を両方変数として用いることがあります。同様に、ローパスフィルタ・ハイパスフィルタをセンサーデータに適用した後に変数として用いることが有効です。

▪異常の重大度を計算しておく

- 過去の異常において、その重大度を評価できる場合は、記録から作成しておくことが良いです。重大度は、異常検知モデルを評価する際に重大なものを見逃していないかを評価したり、教師ありタイプのときに学習させる対象を選ぶ際に用いたりします。

▪センサー値の時刻をずらし、累積などの加工を行う

- 空調機器や化学プラントなど、気体や液体が移動し続けている設備の異常検知においては、「ある場所の温度が上昇した数分後に別の場所が上昇しやすい」など、時間がずれる形での相関関係があることがあり、これらをうまくモデル化することで正常状態と異常状態の切り分けの精度が上がることがあります。
- また、水道局・蓄熱設備など、「エネルギーを溜める設備」は、一定期間でどれくらい溜めているか、またそのために何をどれくらい稼働し続けているかといった「一定時間の累積値」の異常を判定することがあり、予めセンサー値の累積値を加工しておくことが有効です。

分析時に注意すべきポイント

①どれくらい前に異常を見つけたいのかを考慮する

- 故障の可能性を発見するのが1時間前と1分前では、その後に行うことができる対処が異なります。センサーデータによる異常検知モデルを作成したときに、「数秒前には故障や異常は発見できる」ことがありますが、それで十分かどうかを検討する必要があります。異常検知モデルを作成するトライアル時に、「1時間後の異常検知モデル」「3時間後の異常検知モデル」「1日後の異常検知モデル」などを複数作成し、それらの異常検知精度を比較して、運用方法を検討するようにしましょう。

②過アラートへの対処が重要

- 故障や事故の確率をなるべく下げるように運用方法を設計することが多いことから、異常検知モデルから発されるアラートの数は「多め」になりやすいです。あまりに多くのアラートが出ると、たとえその中に故障が含まれていたとしても、使われないものになってしまいます。
- 有効な手段は、アラートに差を付けることです。異常検知モデルのスコアの大小で「非常に異常」「やや異常」と分けるだけでなく、異常発見対象のセンサーが重大な事故に関わりそうな場所かどうかなど、重要度を評価しながらアラートを表示することが有効です。
- どれが重要か判断しかねる場合は、異常検知モデルによって出力されたアラートを、設備管理の担当者などの有識者が評価した結果を利用することで、有識者のノウハウを基にした重要度評価を行います。異常検知モデルの他に、「その異常は設備担当者にとって重要と判断されるか」を推定するモデルを別に作ります。近年では、有識者の評価結果を自動的に学習していく仕組みも研究されていて（逆強化学習など）、今後用いられていくと考えられます。

Chapter 8

その他

農業

水産業

スタジアム・
（プロ／アマ）スポーツ

ゲーム業

［農業］ *Agriculture*

農機や設備管理が発展し、人手不足や知識伝承問題を解消

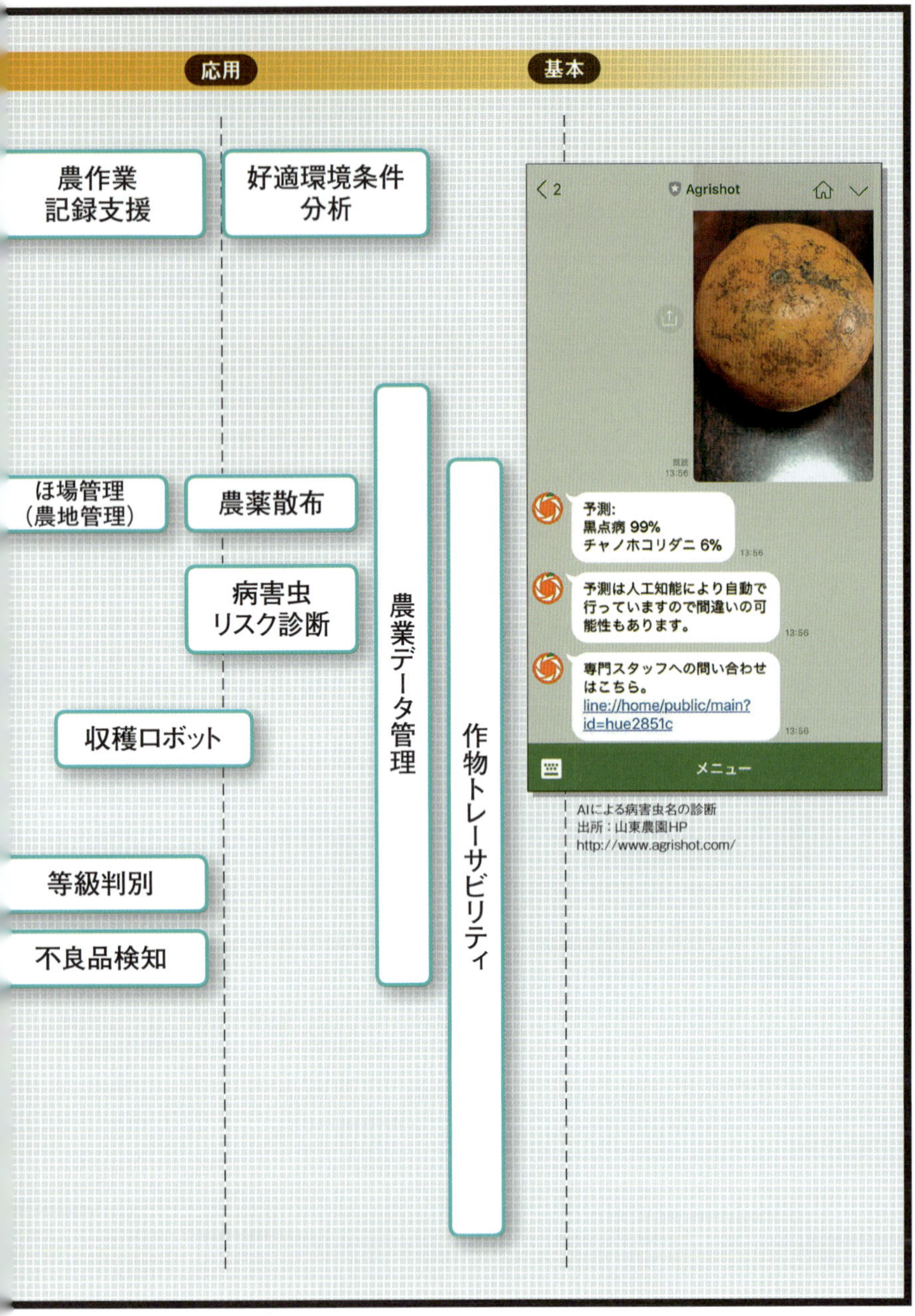

AIによる病害虫名の診断
出所：山東農園HP
http://www.agrishot.com/

土地、設備準備業務の特徴

土壌分析や日当たり、気温、雨量などの**好適環境条件分析**によって、土地の調達や品種の決定を行います。

設備の準備においては、年間で数回しか使わない農機も多いです。そのため、エリア内の他の農家と農機を共有して必要なときに用いることで、コストダウンを図ることが期待されています（**農機シェアリング**）。

生産・収穫業務の特徴

農業の生産においては、ロボットや自動制御システムが活躍しています。ドローンや小型機を用いた**農薬散布**や**養液土耕システム制御**、**作物自動間引き**を行い作物の生育を適切にします。

また、果実などは気象データを基に、**収穫時期・収穫量の予測**を行い、味などの品質が良いタイミングで収穫を実施します。

農業機械は、土壌が不安定であることや振動が大きいことから故障しやすく、**異常検知**などの故障防止の施策が有効です。

酪農においても、**家畜の体調管理**を行いながらエサや治療方法を決定するなどデータ活用の取組みが始まっています。

［農業］におけるAI・データ活用マップ

将来 ← 発展

土地、設備準備
- 農機シェアリング
- 土壌分析

生産・収穫（栽培・飼育・繁殖）
- 搾乳ロボット
- 家畜の体調管理
- 収穫時期・収穫量予測
- 養液土耕システム制御
- 農機の自動運転
- 農機異常検知
- 作物自動間引き

選別・出荷
- 自動箱詰

加工・販売
- 価格予測・ダイナミックプライシング
- 成熟度判断

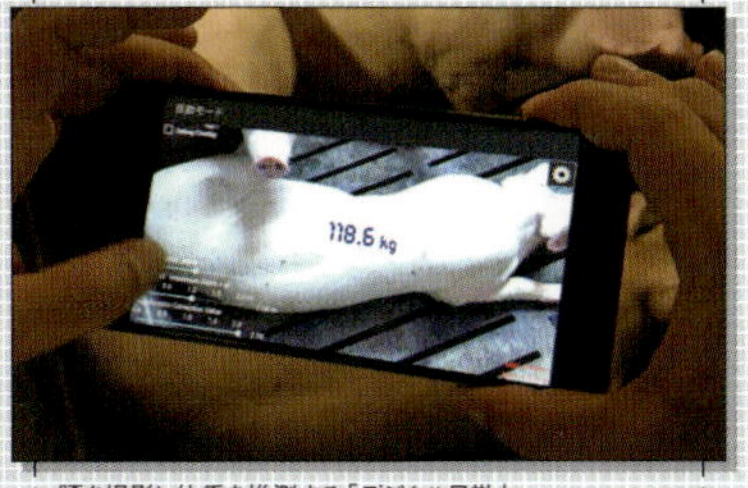

豚を撮影し体重を推測する「デジタル目動」

農機の自動運転
出所：クボタHP
https://www.kubota.co.jp/rd/smartagri/index.html

注意牛を精度良く検出
出所：ファームノートHP
https://farmnote.jp/color/

選別・出荷業務の特徴

選別においては、金属や機械製造の工場で用いられてきた画像による検品支援が、農作物にも拡がりつつあります。傷を探して出荷不可の商品を選別する**不良品検知**や、果実や野菜は画像に基づいて自動的に**等級判別**を行います。

加工・販売業務の特徴

農作物は、出荷後も品質が変化するため、高級品などは作物の収穫後の日数や保管温度を管理します（**作物トレーサビリティ**）。さらに果物などは熟しさせきらずに収穫し、流通の間に徐々に食べ頃にすることがあるため、**成熟度判断**を行って食べ頃に店頭に並べることも有効です。

また、農作物は、気象によって収穫量が大幅に変わるため、需要に対して収穫量が少ないときは価格が上がります。現在も青果市場での取引で価格が変動しますが、収穫量や取引価格を予測して、価格や市場に流通させる量を決定するなどの取組みが拡がる可能性があります（**価格予測・ダイナミックプライシング**）。

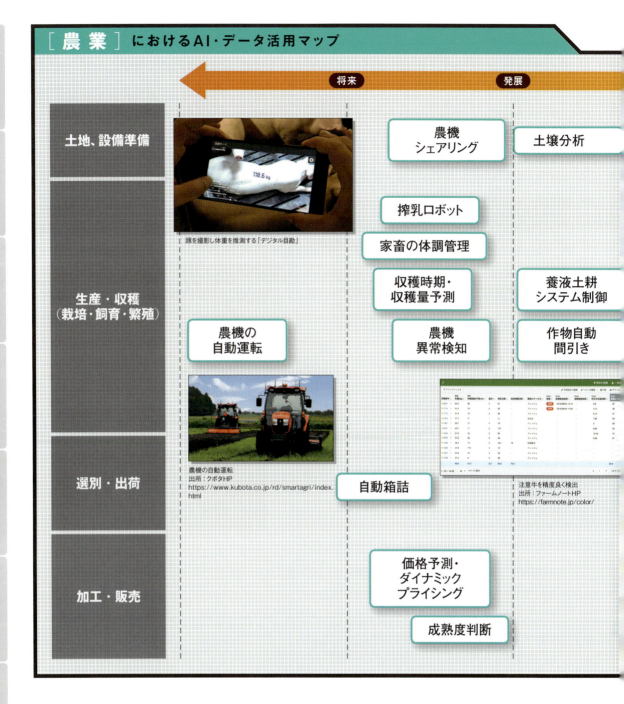

静岡県藤枝市、オプティム

農地管理サービス「Agri Field Manager」

静岡県藤枝市とオプティムで、AIを活用した精密農業の取組みを開始。降水量・気温・日照量などの農地データを可視化し、気象・土壌などの環境データを分析して農地管理の最適化を行う。農業従事者の作業負荷を軽減することができる。

「Agri Field Manager」の画面

出所：OPTiM HP
https://www.optim.co.jp/agriculture/agri-field.php

マルイ農業協同組合、NEC

「斃死鶏発見システム」

鶏舎における鶏の健康管理と鶏卵品質の向上のため、AIを活用した「斃死鶏（へいしけい）発見システム」を共同開発。斃死鶏の検知作業を自動化。鶏舎内の通路を専用の台車で回り、ケージ内を撮影する。この動画をあらかじめ学習させた36万枚の画像と照合し斃死鶏を検知。

これにより、8万羽に及ぶ鶏を1羽1羽目視確認する作業が不要になるとともに、斃死鶏のいるケージの位置情報がわかるため作業の効率化が可能。

実証実験の様子

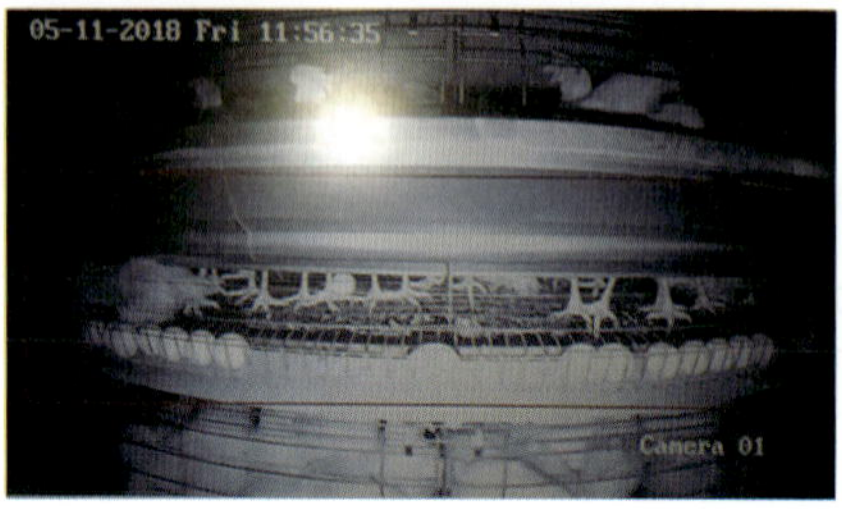

システム画面

クボタ

有人監視下での無人による自動運転農機

自動運転農機「アグリロボトラクタ」では、オペレーターが監視している条件下で耕うん、代かき、肥料を与える作業などが自動で行える。高精度なRTK－GPSを使用し、作業箇所の重なりを最小化するなど、無駄な作業を抑制することが可能。また、協調作業機能では、オペレーターが普通のトラクタに乗車し、作業をしながら無人のアグリロボの監視を行うことで、1人で2台の同時作業が可能となり、作業時間を短縮することができる。

「アグリロボ田植機」では、自動で田植え作業を行う。オペレーターは搭乗するが、植付けや肥料散布の状況確認に集中でき、運転操作が大幅に軽減される。

「アグリロボコンバイン」では、自動で刈取作業を行う。グレンタンクのモミ貯留量とコンバインの位置情報を基に、無駄のない作業ルートを自動計算する。グレンタンク内のモミ満タンを予測して、事前に登録しておいたモミ排出ポイントまで自動で移動する。

アグリロボトラクタ

アグリロボ田植機

アグリロゴコンバイン

活用事例

中村農園、パナソニック
トマトの自動収穫ロボット

トマトの苗と畝と畝の間に敷かれたレールを収穫ロボットが移動しながら実を収穫する。これにより、収穫コストの削減が可能。収穫ペースは人間に劣るが、10時間以上連続稼働できる。

トマトを自動で収穫するロボット

出所：Panasonic Newsroom
https://news.panasonic.com/jp/stories/2018/57949.html

収穫ロボットに搭載された画像認識用カメラで、実を見つけて収穫すべきか否かを判断する。収穫に適した頃合いである「適収穫度」に収穫できるように、トマトの色の変化を農園の作成した色見本と照合して判断する。

ヤンマー
IoTで農業活動を支援

農機や建機の遠隔監視サービス「スマートアシスト」では、農機や建機にGPSやセンサーを取り付け、ネット経由でリモートサポートセンター（RSC）に逐次送信され、あらゆる農機の活動が記録できる。それらのデータを異常検知・盗難に遭っていないかの判断・開発や設計のフィードバックに活用する。

ドローンに搭載した特殊なカメラと、産業用無人ヘリコプターを組み合わせて、稲の葉色と茎数を空撮し、生育判断の結果から、局所的に肥料の投入量を変更する世界初の「可変追肥」も実現した。

いつでもどこでも機械の情報を把握できる

出所：ヤンマー HP
https://www.yanmar.com/jp/agri/support/smartassist/visualization.html

オプティム
ピンポイント農薬散布

大豆の生育管理にドローンを活用し、病害虫が検知された箇所のみにドローンでピンポイント農薬散布を行う試みを実施。通常栽培で使用する農薬の量の10分の１以下に削減し、農家の生産コストを抑えられる栽培が可能。

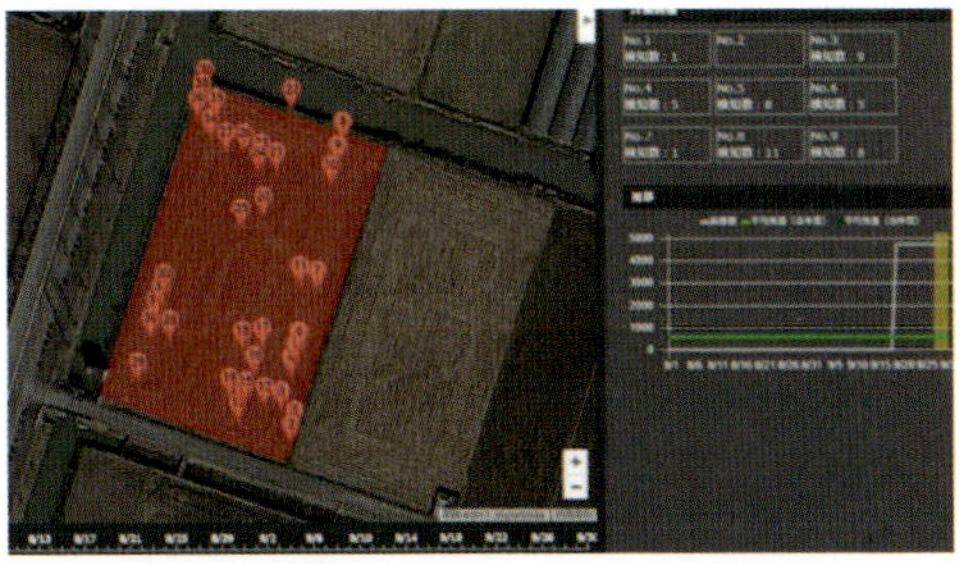

ドローンが撮影し、病害虫発生地点を判定する

XAIRCRAFT
農薬散布ドローン

完全自動航行と完全自動散布を実現。電柱などの障害物を避ける機能にAIを使用。精密なナビゲーション、多方向障害物検知などによって、安全に作業を行えるようになる。

自動散布により夜間も農薬散布が可能。また、農薬濃度を薄くしても効果を発揮する。加えて散布情報をPCやスマホでいつでも把握可能になり、農薬散布の労力を軽減できる。

農薬散布ドローン

出所：XAIRCRAFT HP
http://xaircraft.jp/

国際航業
森林の樹木分類

航空写真とレーザーセンサー（LiDAR）から森林の植生を推定するAIを開発。杉の分類精度が73％でヒノキは88％、落葉樹は80％、平均で81％。

カゴメ、NEC
農業ICTソリューション実証実験

カゴメの現地子会社のあるポルトガルのトマト農地で実証実験を実施。農地における水分・窒素ストレスを空間的に見える化し、農地間で収穫量の差が生じる原因を分析する。農地ごとの最適な栽培方法の導出が可能。また、収穫量や収穫適期を正確に予測可能などの成果が得られた。

ポルトガルのトマト農地での実証実験の様子

埼玉県農業技術研究センター
間引く梨を判断

梨の栽培過程で、AIを用いて摘果する実を判断するシステムを開発開始。間引く判断ができるアプリを搭載したメガネ型ARデバイスを開発することで、農家が作業中に用いることができる。後継者不足や栽培面積拡大の阻害要因の解消が狙い。

高知県、Nextremer、富士通
高知県園芸品生産予測システムの共同実証

ナス、キュウリ、ピーマンの生育データや環境データ、気象データ、および出荷場に持ち込んだ農作物の品質データと出荷データを一元管理し、営農指導への活用などにおける有効性を検証。AIを活用し農作物の生産量を予測する。Nextremerが開発した生産予測AIが学習し、最大3週間先の収穫量を予測できる。

JA香川県、NTTデータ、JSOL
ブロッコリーの出荷予測モデルを開発・実証

NTTデータが提供する、営農支援プラットフォーム「あい作」を活用し、農作物の出荷予測モデルを構築。品種ごとの栽培記録・地域ごとの気象情報・出荷管理データを分析し、地域全体で精度の高い出荷計画策定に向け、実証を進める。まず、香川県内のブロッコリーにおいて出荷量の予測モデルを構築し、順次県内の他品目にも展開を見込む。

九州大学、富士通
AIを活用した農業生産の共同研究

農業生産の高度化と安定性向上を目指し、農業分野における共同研究を実施。草丈や葉面積などの植物の生育状況と、植物理論に時空間変動情報を取り入れた独自の植物機構モデルをAIエンジンに組み込み、成長速度や収穫時期などをリアルタイムに予測。また、それらの予測に基づき、生産現場における植物の生育を制御することで、需要に合わせた効率的な植物栽培を実現し得る仕組みを研究開発する。

埼玉県越谷市、富士通
IoTを活用したメロン水耕栽培の研究を開始

温度、湿度、照度、二酸化炭素（CO2）濃度などの栽培に関わる各種環境データをビニールハウス内に設置したセンサーで収集し蓄積、メロンの栽培環境と収穫量や品質との関係を解析する。高品質なメロンを効率良く栽培するノウハウの確立を目指す。

収集データをモニタリングする様子

活用事例

NTTドコモ、みのる産業、野菜くらぶ

野菜農家を助ける「除草ロボット」

AIと画像認識カメラを搭載し、畑の畝などをまたいで自律走行する。リチウムイオン電池を搭載し連続6時間稼働する。

有機野菜などの栽培は雑草が生えやすく手間がかかるので、除草ロボで省力化問題を解決する。

農業・食品作業技術総合研究機構

牛の健康管理および繁殖を支援

牛にセンサーを取り付け、体温や活動量などの生体情報を収集しAIで解析する。病気につながる異常が見つかった場合は畜産農家や獣医師に通知する。また、牛の生体情報から発情期を割り出し、人工授精に最適なタイミングを計る。

生体情報監視による病気の事前予防により、呼吸器や消化器などの病気で殺処分される牛の数を減少させることや、繁殖の作業効率化による生産性向上が可能。

長野県、アスザック

農地の状況をセンサーで収集

ワイン用ぶどうの栽培に関するデータを収集し、複数の農家と共有する事業を開始。標高50mごとの間隔でセンサーを設置し、気温、降水量、湿度、日射量などのデータを収集し、農地ごとの特性を調べる。

また、データにより、たとえば「葉がぬれていると病気に感染しやすい」などの因果関係も調べていく。将来的に深層学習技術などのAIの適用も視野に入れる。

ぶどう畑の観測装置

出所：アスザックHP
http://www.asuzac-pd.jp/press/20060010/

リデン

遊休農地の検索サービス

リデンが運営する「農地の窓口」は、無料の農地検索サイト。一般社団法人 全国農業会議所が運営する「農地情報公開システム（全国農地ナビ）」のデータを利用している。

「農地の窓口」トップ画面

出所：農地の窓口HP
https://www.nouchinomadoguchi.com/

オプティム

作物のトレーサビリティ情報管理（アグリブロックチェーン）

生育作業履歴、流通履歴、資材調達履歴などの情報を、分散型DBで共通管理することにより、「オープン」「高効率」「高信頼」なサプライチェーンを実現する。

インターファーム、NTTデータ NTTデータSBC

スマート養豚プロジェクト

豚舎へカメラや温湿度などの環境センサーを設置し、豚の飼育状況をリアルタイムで把握。収集したデータを基に子豚の健康や母豚の交配可否などをAIで判別する。各子豚を特定することで行動や位置情報を画像から判定し、行動量を定量化したうえで、実際に飼育員が不調と判断した様子との相関を分析する。

密集と分散の行動特性が不調と相関性があるのかを検証するために、クラスタリングの手法を用いて子豚の位置情報から密集度を可視化することにも取り組む。

［水産業］

Fishery

漁場予測や養殖場管理の支援による漁獲高の上昇

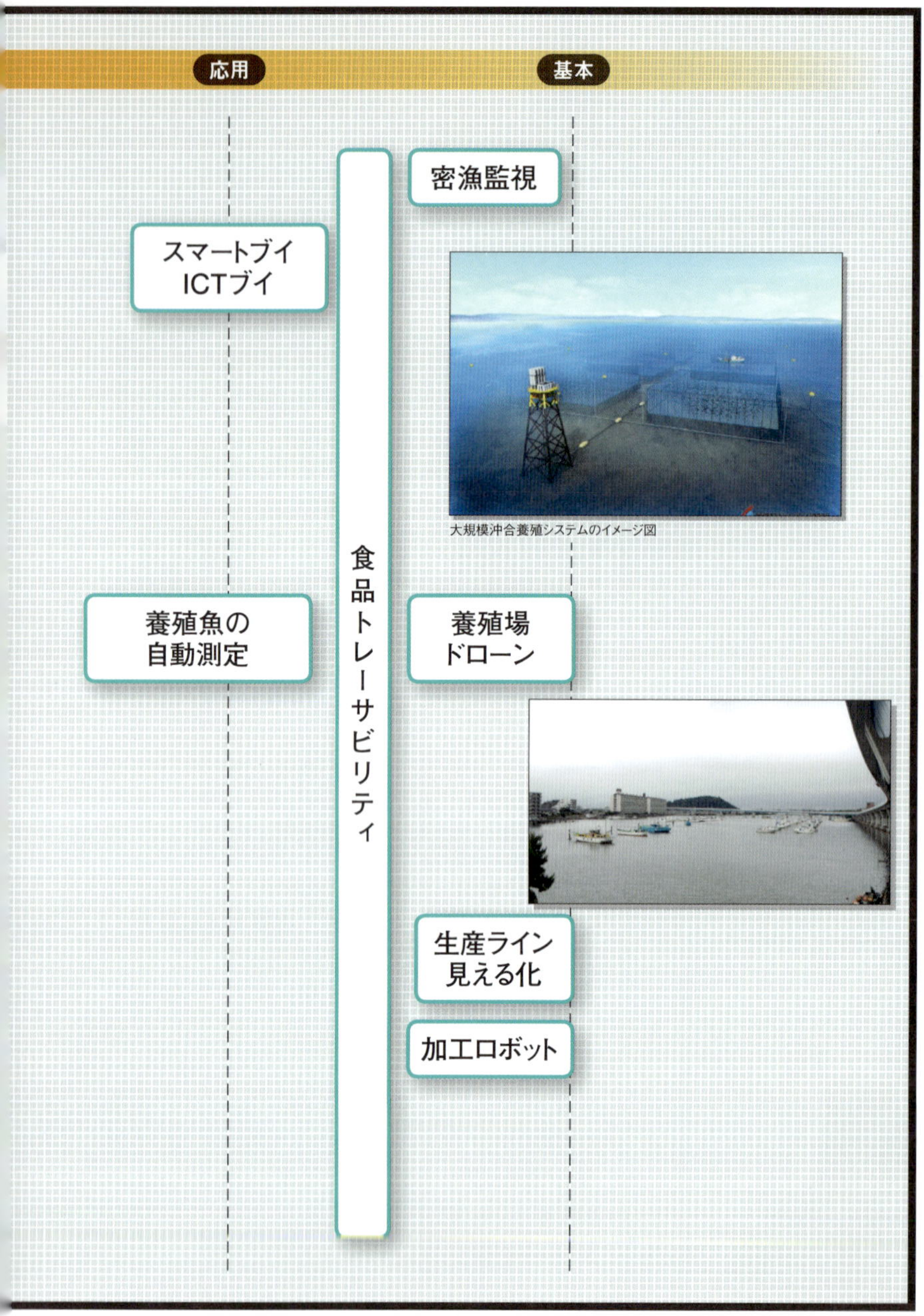

大規模沖合養殖システムのイメージ図

漁獲業務の特徴

漁獲においては、衛星やレーダーなどを活用した**漁場予測**や**漁獲予測**を行います。衛星以外にも**スマートブイ**と呼ばれるセンサー搭載型ブイなどのセンサーを活用して海の状態を観測して計画に役立てます。

漁業は、密漁を防ぐことが困難な面も多く、画像認識を活用した**密漁監視**を行います。

養殖業務の特徴

養殖は生育領域が決まっているため、センサーやカメラを活用した養殖魚・貝の管理を行います。体調や泳ぎ方から**養殖魚の体調管理**や**体長の自動測定**を行って、養殖魚が最適な状態になっているかを確認します。

また、**稚魚の選別**に画像認識を活用することもあります。将来的には、**温度管理の自動化**や**給餌《きゅうじ》の自動化**が期待されます。

養殖魚が病害になると、伝染して大量死につながることがあるため、**病害発生の検知**を早期に行い、対策します。同様に養殖魚全体に及ぼす悪影響に赤潮があり、周辺の海域のデータから養殖場に来る**赤潮の予測**を行い対策をとります。

［水産業］におけるAI・データ活用マップ

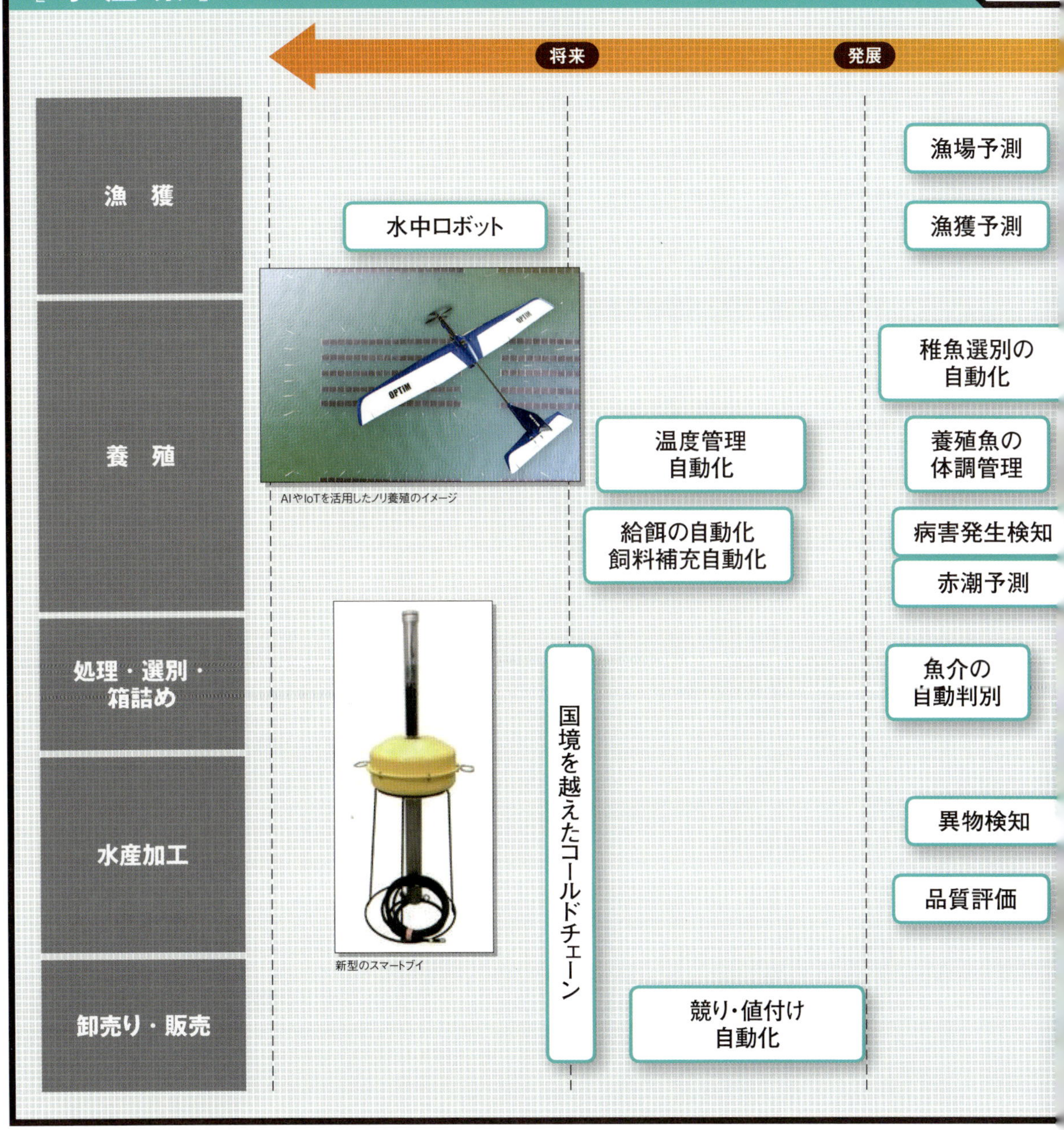

AIやIoTを活用したノリ養殖のイメージ

新型のスマートブイ

処理・選別・箱詰め業務の特徴

水産業は、大きさや傷の有無で選別を行うことがあり、人手がかかる業務でもあることから、画像を活用した**魚介の自動判別**が有効です。

水産加工業務の特徴

練り物、漬物、干物などの水産加工は、魚のさばきや箱詰めなどに人手をかけていることが多いですが、徐々に**加工ロボット**などによる自動化が進められています。骨や、想定外の生物が混入することを検知することなども有効です（**異物検知**）。

卸売り・販売業務の特徴

鮮魚は、卸売市場に出荷され、そこで競りなどで取引されます。画像データを活用した**競り・値付けの自動化**も今後取り組まれる可能性があります。

また、漁獲から物流・販売まで一貫して冷凍・冷蔵などの温度管理をしながら流通させることを**コールドチェーン**といい、海外で漁獲されたものの輸送において重要な考え方です。

極洋、極洋食品、東北大IIS研究センター、NECソリューションイノベータ

生産工程の見える化

生産ラインを撮影したカメラ画像をAIを用いて診断し、生産個数の計測や２級品の検出などの精度の検証を実施。

実証実験の結果、調理工程の生産個数の計測において、99％以上の精度を実現、生産ラインの撮影画像１枚当たり0.05秒以内で２級品を検出、一部の水産加工品において、調理と２級品発生原因との関連の可能性を確認、といった効果が得られた。

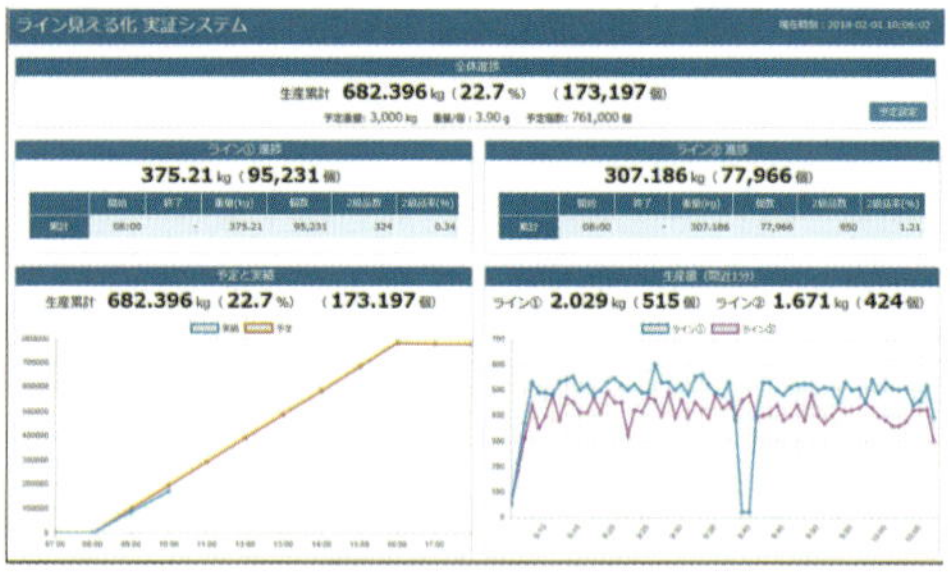

見える化画面（イメージ）

青森県漁業協同組合連合会

密漁監視システム

陸奥湾に15台のカメラを設置し、AIがカメラの画像から漁船か密漁船かを判断し、密漁船と判断すれば、自動的に関係漁業協同組合などに警報が発信される仕組み。このシステムは24時間365日リアルタイムで監視することが可能で、運用開始以降、密漁件数の減少傾向が見られており、ナマコの資源回復・維持が期待される。

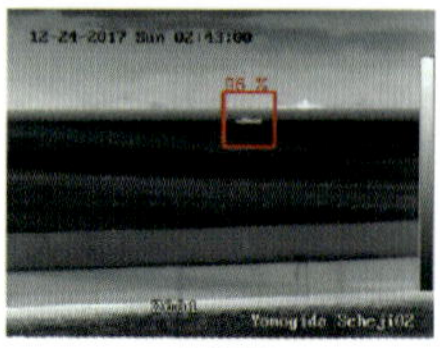

密漁船

監視カメラ

出所：水産庁HP
http://www.jfa.maff.go.jp/j/kikaku/wpaper/h29_h/trend/1/t1_1_3_4.html

ミツイワ、NTTコムウェア

ドローンによる漁業密漁の監視抑止

画像認識AI「Deeptector」による解析と関係機関へのリアルタイム通報までの一連の作業を想定したフィールド検証を、漁業協同組合の協力を得て開始。

東京大学、シャープ、NTTドコモなど

スマートかき養殖の実証実験

かき養殖における生産量の増加と生産効率の向上などを目的に、養殖に関する広範囲かつ多様なデータを収集し、機械学習により解析。

ドローンに搭載したカメラで上空からかきの幼生が多く生息する場所や潮流などの観察データを収集。採苗に適した場所や時期を養殖業者のスマホに知らせるほか、水中監視センサーにより食害の原因となる魚がいかだに近づいた際も検知して通知。漁場のブイや養殖用のいかだにセンサーを設置し、海水の温度や塩分濃度などを遠隔監視する。

採苗不調や育成不良を抑制することで、かき養殖生産の効率化や業務効率の改善、労働負担の軽減が期待できる。

新日鉄住金エンジニアリングなど

AIを活用した自動給餌システム

沖合での大規模養殖のために、沖合の波風に耐え得る大規模養殖用のプラットフォームを開発。給餌の自動化にAIを活用する。水温、塩分濃度、気象条件など含む環境要素をAIで分析し、給餌量を決定する。岸から遠く、環境変化の把握が難しい沖合でも、環境モニタリングと大規模養殖が可能になる。

大規模沖合養殖システムのイメージ図

活用事例

日本卸市場、公立はこだて未来大学

漁場・漁獲予測システム

明日の漁場・漁獲を予測するシステムの共同研究。水揚げ20年分のデータを活用し、「漁場予測システム」と「漁獲予測システム」の研究を行う。

漁業者は効率的な出漁計画立案ができ、流通事業者の計画的な仕入れ・販売による利益率の向上が見込める。また、小型クロマグロなどの保護対象魚種の漁獲回避による資源保護や、漁業者・流通事業者の経営の最適化や飲食店・量販店に対しこれまでより最大24時間早く出漁・仕入情報の提供も可能となる。

凸版印刷、大日養鯉場

養殖場の見守りサービス

次世代LPWA（低消費電力広域ネットワーク）規格ZETAとAIを活用し、錦鯉の養殖状況を可視化できる見守りリービスを開発。大日養鯉場の複数の養鯉場で実証実験を実施。錦鯉の養殖を行う池付近に、各種センサー、カメラなどを組み合わせて設置し、水位、酸素量、給餌などの養殖管理に必要なデータの取得とその変化を検知。遠隔から育成状況、酸素不足などによる死亡や育成不良などのトラブル予知の把握を実現する。水位、酸素量、給餌などのデータと育成結果を紐づけて蓄積し、AIを活用しさまざまな育成パターンの学習を行う。

日本水産、NEC

養殖魚の体長測定自動化ソリューション

カメラで撮影した魚群の映像から、AIにより測定対象魚を検出し、同時に測定点を自動的に抽出。その測定点に基づいて尾叉長（びさちょう）や体高を自動測定。さらにこれらの値から、魚体重換算モデル式を用いた魚体重の算出が可能になる。

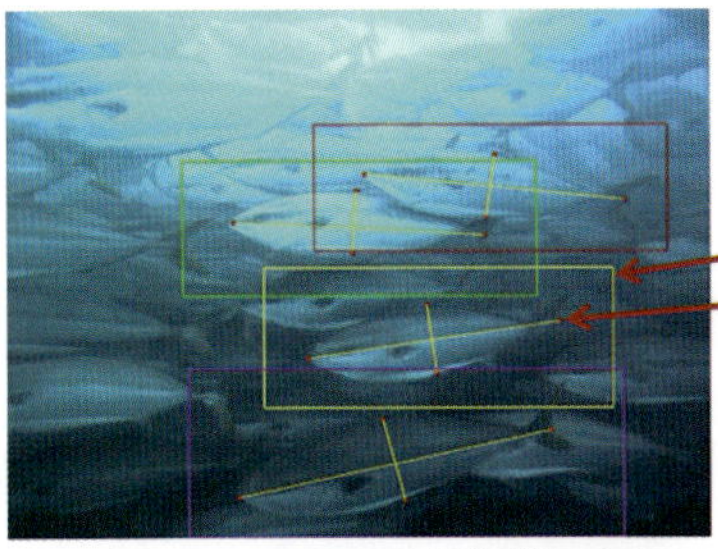

AIによる魚体検知の画面

日本Microsoft、豊田通商、近畿大学水産研究所

稚魚選別の自動化システム

いけすからポンプで稚魚を吸い上げる水量調節の部分にAIを活用。ポンプの吸入口と吐出口に設置したカメラで、ベルトコンベヤーの画像を撮影。魚影面積と隙間の面積を「Microsoft Azure」上で画像解析し、一定面積当たりの稚魚数を分析する。選別作業員の作業量を機械学習させることで、稚魚を吸い出すポンプの流量をリアルタイムで自動調節する。

実証実験を通じ、システムが担当者の作業と同じ技術レベルの水量調節を維持することを確認。熟練の担当者が1日のほとんどの時間を費やしていた水流量調節の作業をなくし、自動化を実現した。

KDDI総合研究所

スマートブイによる漁獲量予測の実証実験

漁獲量を予測する新型のスマートブイを開発。石巻湾漁場（宮城県東松島市）で実証実験を開始。

多層の水温測定が可能なセンサーのほか、塩分や溶存酸素などさまざまなセンサーを目的に応じて交換・接続することが可能。測定データは低省電力で広域をカバーするIoT向け通信（LPWA）の「LTE-M」や「LTE Cat.1」を経由してクラウドに蓄積する。

新型のスマートブイ

同スマートブイで得られる異なる深度の水温データは、過去の漁獲量実績や周辺気象データと組み合わせて分析することで、漁獲量のおおまかな予測を実現できる。これを活用し、効果的な出漁判断などによる漁業の効率化を目指す。

農林水産省、水産庁

魚介類の選別・加工システム

漁港で水揚げされるサバやタイなどの中から必要な魚を選び出し、大きさや色合い、脂ののりなどの品質に応じて分類する。漁港で水揚げされる魚は量が多いうえ、魚種や大きさも季節や時期で違いがある。AIに魚種ごとの画像データを覚えさせ、選別作業に活用する。

［スタジアム・（プロ／アマ）スポーツ］

競技場管理・イベント運営・チーム強化と、AI・データ活用領域が広範囲

Stadiums / sports professional / amateur

「HOMECOURT」の画面
出所：NEX Team HP
https://www.homecourt.ai/

広報・メディア対応業務の特徴

プロスポーツの広報部門は、広告効果（**広告効果分析**）の分析を行って広告先や内容の決定をしたり、**SNS分析**や**アンケート分析**を行って、イベントの告知方法の検討を行ったりします。

営業・イベント企画業務の特徴

プロスポーツでは、**チケット売上予測**や**グッズ売上予測**を行うとともに、集客が見込まれる度合いでチケット価格を変動させる**ダイナミックプライシング**の取組みが始まっています。

また、出場選手や対戦カードによって売上げが変動することから、**人気チーム・選手の傾向分析**を実施し、**競技番組編成**を行うことが有効です。

将来的にはデータを活用した**開催会場・日程の最適化**が行われることが期待されます。

スタジアム・会場運営業務の特徴

入場管理や来場者誘導においては、転売防止のために画像認識などと組み合わせた**本人確認**を行ったり、**会場案内のチャットボット**を導入したりすることでよりスムーズに誘導できるようにするのが有効です。

［スタジアム・（プロ／アマ）スポーツ］におけるAI・データ活用マップ

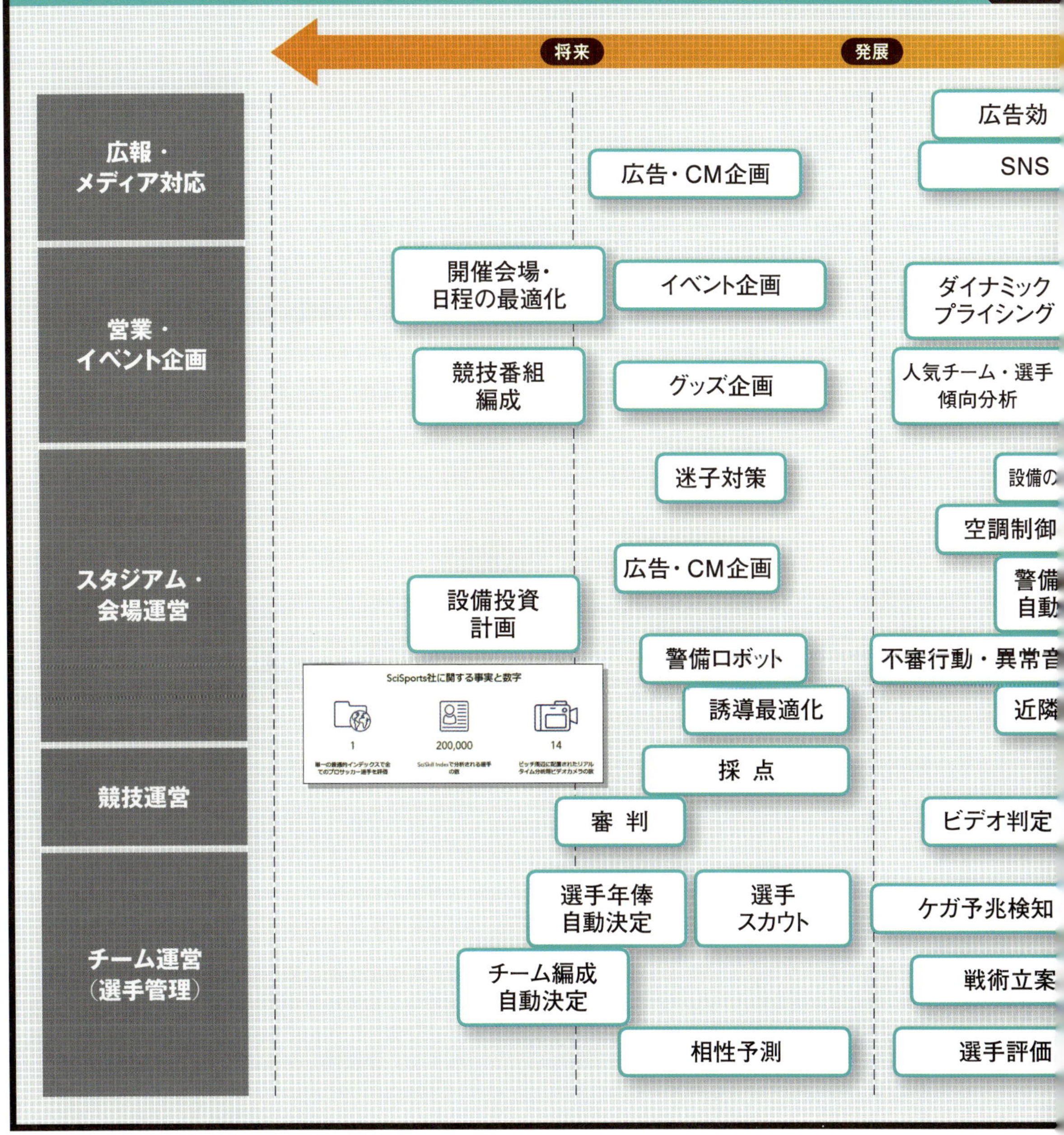

また、**保安検査**や**不審行動・異常音・異臭検知**、**警備配置の自動化**や**警備ロボット**によって犯罪の未然防止をします。

熱中症予測を行って空調の制御や競技運営の変更、カメラを活用した**迷子対策**なども有効です。

スタジアムの近隣はイベント前後に大変混雑することから、**混雑予測**に基づいた**誘導最適化**を行って極力混雑を平準化することを目指します。

競技運営業務の特徴

競技運営においては、現在も**ビデオ判定**などでコンピュータが活用されていますが、今後**採点・審判**にも画像認識などのAIが活用されることが期待されています。

チーム運営（選手管理）業務の特徴

選手のサポートにおいては、**栄養サポート**を行ったり、**トレーニング計画**を立て、重要な試合にピークを合わせて選手の成長を促します。

接触が多くあるようなスポーツでは**ケガの予兆検知**などを行って交代させることなども必要です。

また、球技を中心に専用のソフトウェアを用いながらコーチが戦術を検討しています（**戦術立案**）。

※ここでは、スタジアム運営・スポーツ競技運営・スポーツチームなどを対象にします。

東京都

オリンピックに向けロボットによる観光客案内を実証実験

会話、あるいはタブレット／サイネージへの表示などにより多国語で案内できるロボット5種類を、都庁の第一本庁舎に設置し、来訪客を案内する様子を検証。実験に使用するロボットは、①ハタプロが開発した「ZUKKU（ズック）」、②富士通の「ロボピン」、③日立製作所の「EMIEW（エミュー）3」、④都立産業技術研究センターが開発した「Libra」（リブラ）、⑤NTT東日本の「Sota」（ソータ）の5機種。

ロボットによる観光案内は、オリンピック／パラリンピック後も有用な資産として活用する計画。

Libra

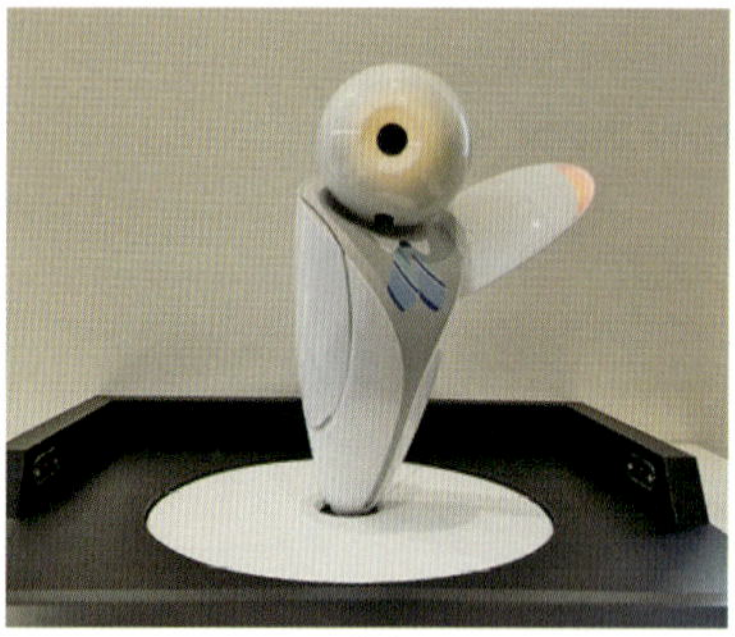

ロボピン

EMIEW

Sota

ZUKKU

日本体操協会、富士通

体操競技の自動採点化

体操の技を自動採点するシステムの開発。3Dレーザーセンサーで選手の動きを読み取って瞬時のうちに技を認識、採点化するもので、審判の採点を支援する形での実用化を目指す。スピーカーに似た箱形の3Dレーザーセンサーで、前面から演技をする選手らの対象物に、1秒間にレーザーを30回照射。それが反射して戻ってくるまでの時間から、対象物との距離を測定し、体の位置や体勢を正確に3Dデータとして収集する。

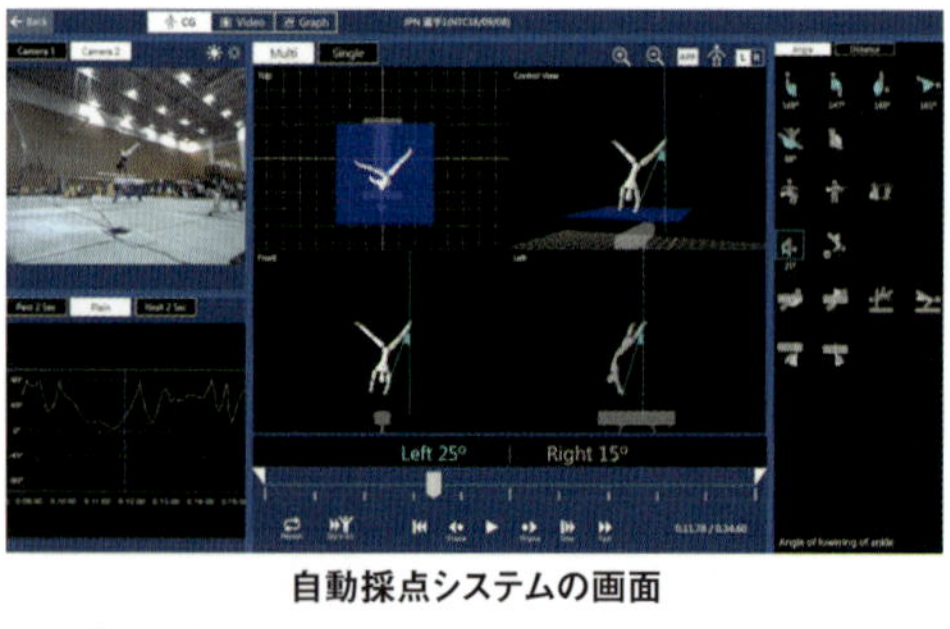

自動採点システムの画面

ARCCOS

AI機能付きキャディアプリ

グリップエンドに取り付ける14個のセンサーとスマホアプリでラウンド中のすべてのショットを自動でトラッキングする。ユーザーはいつもと同じプレイをするだけで、飛距離、クラブ、スコア、パーオン率などを自動で記録することができる。AIキャディ機能では、自身の過去のデータを参考に攻略方法を推薦する。

キャディアプリの画面

出所：ARCCOS HP
https://arccos.golfdigest.co.jp/about/

活用事例

ALSOK
ハイテク警備ロボット

前に立った人の姿を内蔵カメラが捉え、画像解析技術を用いて画素単位で顔や体の細かい振動部分を抽出。テロ行為や万引など犯罪に及ぼうとする人は、緊張から興奮状態となり、無意識に頭部や眼球などに微細な震えや揺れが生じるという。一定の感情レベルにあると推定すると画面で知らせる。

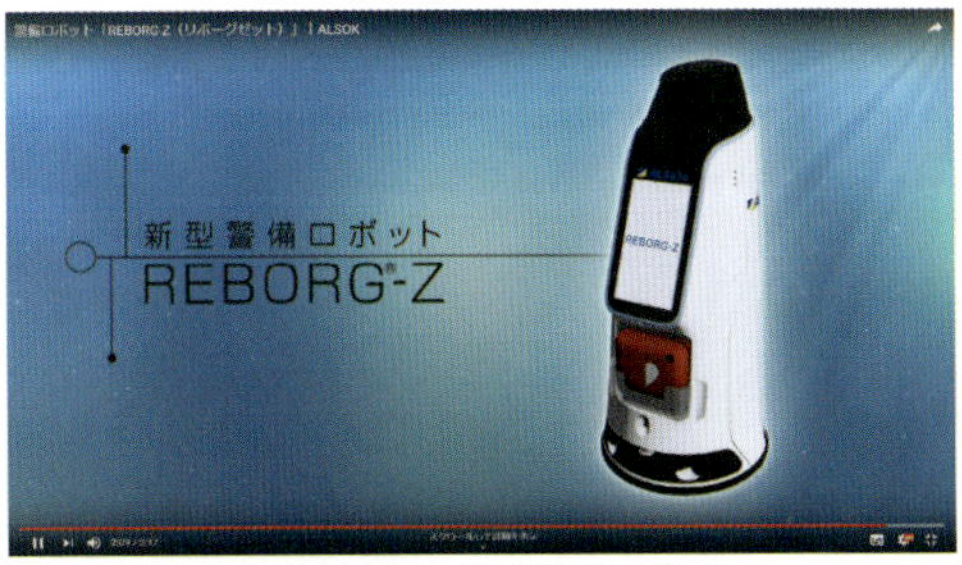

ALSOKのハイテク警備ロボット

出所：警備ロボット「REBORG-Z（リボーグゼット）」｜ALSOK
https://www.youtube.com/watch?time_continue=1&v=ZVPNzZUPVYY

ヤフー
位置情報で熱中症の危険を予測する実証実験

保有する膨大なスマホの位置情報を活用し、人の混雑によって熱中症の危険が増している場所を予測する実証実験を東京都と共同で開始。暑さ指数は気温の他に、湿度や日射量なども考慮した数値で、人混みでは熱がこもるなどの理由で上昇する。人混みの影響を125m四方ごとに予測する。

KDDI、セコム、テラドローン
ドローンで不審者追跡

「スマートドローン」に人物検知機能を搭載した機体を使用した、スタジアムの広域警備の実証実験。運航管理システムは巡回ドローンに不審者の位置を通知し、離陸させる。巡回ドローンは不審者がいる場所にいち早く到着し、低空飛行で追尾する。今後、試合やコンサートなどのイベント開催時に、人混みの中から不審者を検知することを目指す。

スマートドローン

韓国放送局SBS、インテル
投球予測システム

プロ野球の年間シリーズ中継に、AIを使った投球予測システムを導入。統計ベースの数学的モデリング手法と、時系列データ学習のためにニューラルネットワークを使用。予測結果をSNSなどで公開する試みを実施。SBSスポーツとインテルが共同で開発。的中率はシリーズ平均60～80%という高い的中率を見せた。

NEX Team
バスケットボールのプレイ内容を自動でデータ化する「HOMECOURT」

iPhoneもしくはiPad1台だけでバスケットボールのシュートを可視化してトレーニングに使えるアプリ。コートにiPhone/iPadを設置してアプリでシュートの映像を撮影すると、その映像から機械学習で選手、ボール、フリースローラインやゴールの位置を認識する。

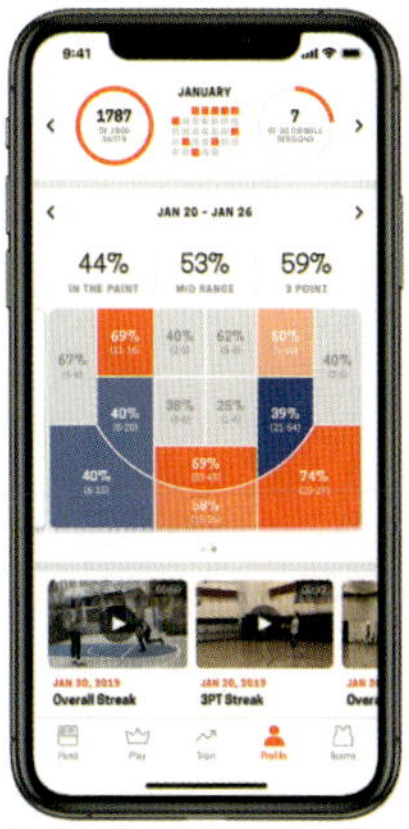

「HOMECOURT」の画面

出所：NEX Team HP
https://www.homecourt.ai/

シュートを打った場所や成功・失敗を検出して、映像の右上にリアルタイムにデータを表示。練習後もシュートを打ったエリアと成功率の統計データを参照できる。こうした映像と統計データは、チームのコーチや選手と自動的に共有される。

シスコシステムズ、データシステムズ
アスリート支援

卓球の選手が打つコースや癖を分析する技術を開発。アスリートアンバサダー契約を締結した選手に対して、AIを使った画像解析などでデータを分析し、練習をサポートする。

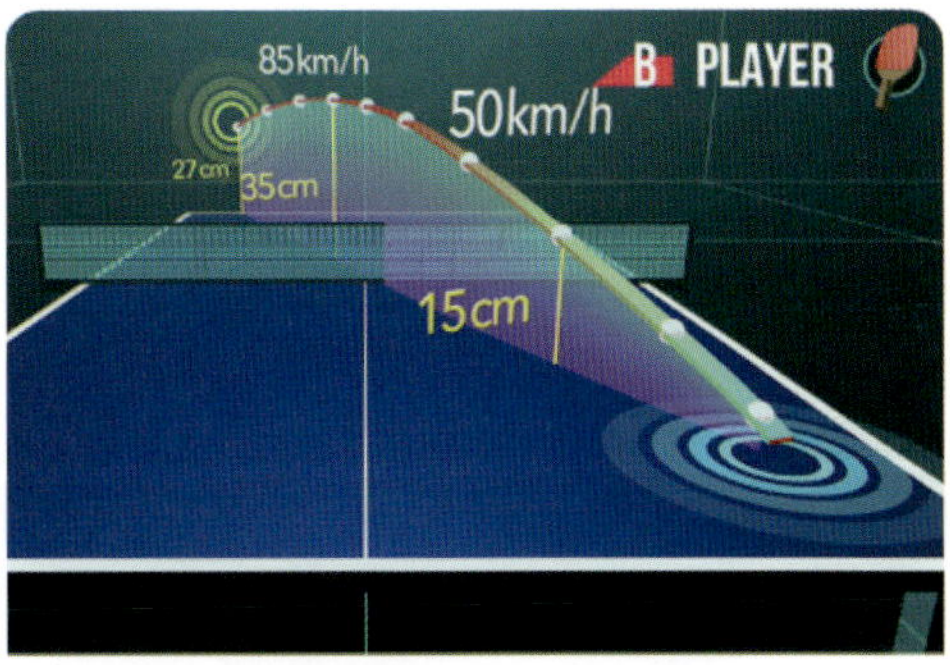

データ分析ソリューションの画面

出所：シスコシステムズHP
https://www.cisco.com/c/m/ja_jp/about/athletes-ambassadors.html

#［ゲーム業］

Gaming

AIやデータを活用して末永く愛されるゲームを実現

企画・開発業務およびテスト業務の特徴

ゲーム開発は、コンシューマーゲーム、アーケードゲーム、インターネットゲームなど、それぞれプロセスが異なりますが、特にロールプレイングゲームなどにおいては、会話を自動で行うキャラクターが登場することがあり、AIに類する機能が実装されていることがあります（**AIプレイヤー**）。

また、BGMやゲームプレイヤーのキャラクターの画像を用意する必要があることから、AIを活用した**作曲**や**キャラクター画像生成**が期待される領域です。

ゲームはバグを探したり、ルールの抜け道が存在しないかを見つけるために人が大量のテストを行いますが、ゲームのテストのための**パラメーター生成**を自動化したり、**バグの検知**や**デバッグ**を自動で行うような仕組みの導入が有効です。

運用業務の特徴

特にインターネットゲームやスマホゲームは、ユーザーのアクセス状況や利用回数がすべてリアルタイムにデータでわかるために、運用中にさまざまなデータ分析をしながら業

［ゲーム業］におけるAI・データ活用マップ

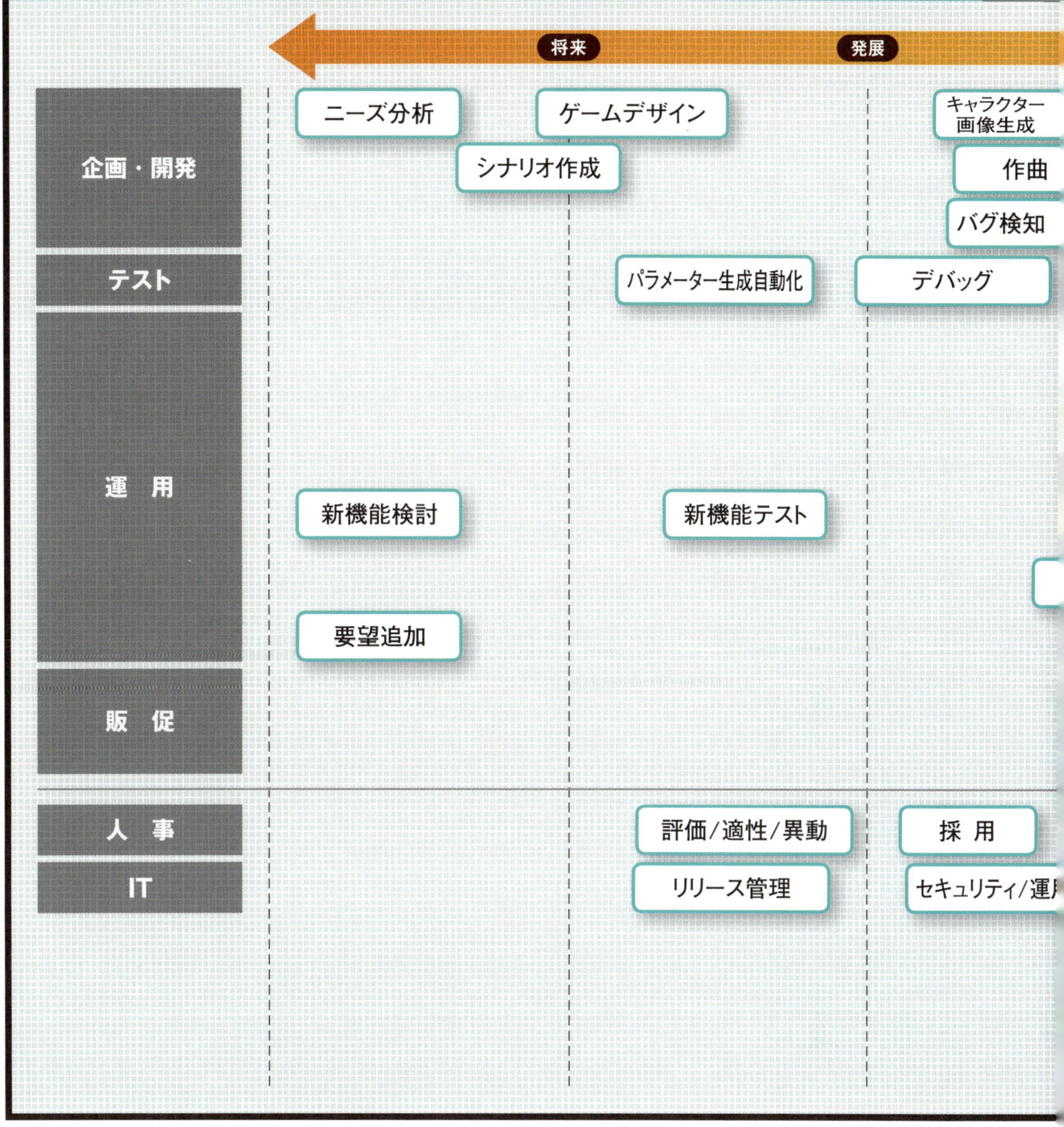

務を行います。**優良顧客分析**や**離脱分析**のように、どのようなユーザーのプレイ時間が長いかといった分析や、イベントやキャンペーンなどの**サービスの盛り上がり分析**を行い、ユーザーが継続的にプレイするための施策を検討します。

　さらに発展して、強さ指標などの**バランス調整**を自動化することも望まれます。

販促業務の特徴

　ゲームの販促は、インターネットやテレビへの広告、ゲームショップなどにおけるポスターなどの掲示、コンサートやゲーム大会などのイベントの開催などがあります。

　インターネットへの広告の出稿の最適化（**広告最適化**）の他に、SNSへの告知を行ってユーザーの拡大を行います。

　ゲームはユーザーの評判がインターネットに書き込まれ、そのような口コミが売上げに大きく影響します。そこで、**SNS分析**を行い、新発売したゲームの評判が良いかや、評判が変化していないかを定期的にモニタリングして、運用チームにフィードバックしたり、新規キャンペーンの企画を行ったりします。

活用事例

Aiva Technologies

バーチャルアーティスト

AIを使って作曲された楽曲がスマホ向けゲーム「Pixelfield」のゲーム内BGMとして採用された。この楽曲はオーケストラの生演奏で収録されており、AIによって作曲されたビデオゲーム向け楽譜になる。

DeNA

バランス調整サポート

プレイヤーが使用するデッキのデータや対戦データを学習させ、デッキのトレンドや流行している戦略を分析する。ゲームが崩壊しないようにバランスを保つ取組み。

SNK

プレイヤーの操作から学習するAI

「サムライスピリッツ」の「道場モード」にてAIとの対戦システムを実装。プレイヤーの操作ログを深層学習を用いて学習し、自身の分身となるAIキャラクター（ゴースト）を作成する。作成したAIキャラクターは共有可能で、プレイヤーは他人が作成したAIと対戦することができる。

バンダイ、HEROZ

トレーディングカード特化型AI

バンダイのブランド「AI CARDDASS」のタイトルである「ZENONZARD」にてAI「HEROZ Kishin」を利用。トレーディングカードにおけるAIとの対戦では、ディープラーニングなどの機械学習によりAIが進化していくことで、これまでにはない白熱したバトルを繰り広げられるようになるとともに、プレイヤーとの対戦を通じてそのプレイング内容や思考、癖などによって、AIが個性を持って成長する。

ユービーアイソフト

Dubbed Commit Assistant

開発中のゲームにバグが発生することを防ぐAIを開発。約10年分のコードを使って、バグはどこで発生しやすいのかと、どのような修正がなされたかを学習。過去のバグの事例を学習することで、バグにつながるコードをプログラマーが書くのを事前に指摘できる。精度が向上すれば、ゲームの開発期間を短縮し、コストの削減にもつながる。

GREE、ジェナ

AIチャットボット

ゲームの問い合わせ対応に、AIチャットボットシステムを導入。よくある質問と回答や蓄積された過去の問い合わせ内容の学習データの中から、AIが適切と思われる回答を顧客に対し自動で応答する。

AIが問題の解決策や適切なフォームへの案内をすることにより、顧客の質問の手間や、問い合わせにかかる時間を軽減することが可能。特定のゲームでABテストを実施した結果、問い合わせのうち最大で40%をAIチャットボットを通じた自動応答により解決できることを確認。

セガゲームス、ブレインパッド

AIシステムによるゲーム開発プロセスの効率化と品質の向上

深層強化学習を用いたAIシステムを開発。これまでは、ゲームバランスの調整作業において、ゲームの前提条件を変えると再学習に時間を要する点が課題であった。今回開発したAIシステムは、ゲームの前提条件を変更しても再学習が不要で、ゲームバランスの調整が短時間で行えるようになった。これにより、本来の開発スタッフ業務が、AIシステムの再学習によって中断されることがなくなり、さらに高いクオリティのゲームを開発する環境が整った。

詳細解説　見込み顧客分析・離反分析

ROIの算出例

- 離反率が2%減少
- 新サービス契約者数が5%増加
- 客単価が5%増加

目的

- **商品やサービスの購入顧客増加による売上増加**
- **サービスの離反・解約による売上減少防止**

- 通信、保険、Webサービスなどの業種では、会員数の確保・増加のために、契約されやすい顧客や、サービスに加入しやすい顧客を分析します（サービスに追加加入してもらうことからアップセル・クロスセルと呼ぶこともあります）。同様に、サービスを解約した顧客（離反顧客）の傾向を分析し、さらなる離反を防止するための施策を検討します。
- 近年は、サブスクリプション型のサービスが増加していることにより、このような顧客確保のためのデータ分析の必要性も増しています。
- また、自動車や住宅などの高額な商品も、買い替える顧客を推定するために、同様の分析を行います。

典型的なシステム構成と業務プロセス

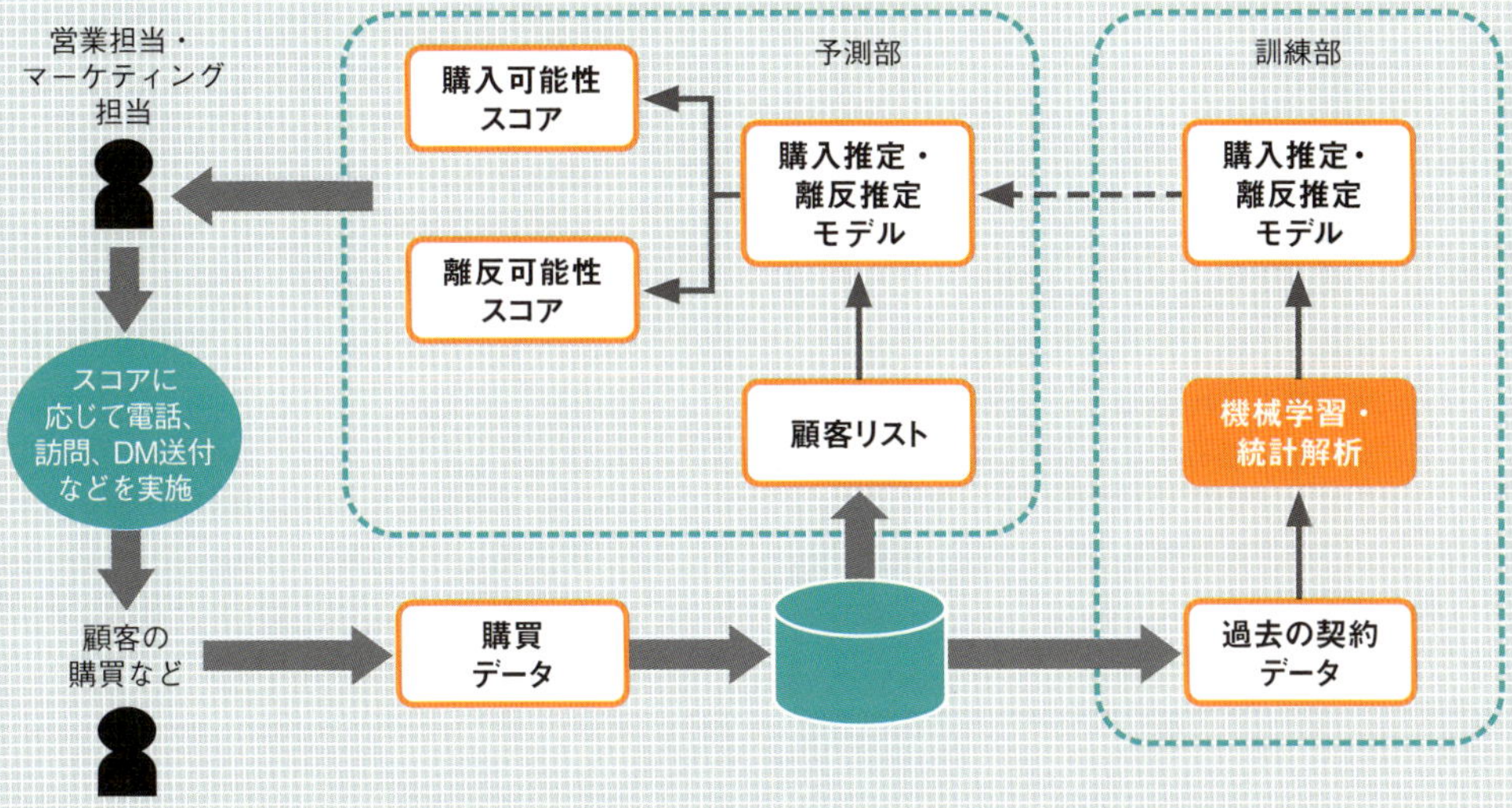

- 購入可能性スコアや離反可能性スコアを基に、マーケティング担当者や営業担当者が業務を行います。たとえば、スコアが非常に高い顧客には訪問や電話などの施策を行う一方で、スコアが中程度の顧客にはDMの送付を行うといった、スコアの値によって施策を変えることが有効です。

分析方法

ステップ 1

定期的な購入推定・離反推定モデルの実行

- 毎月1回、現在の顧客の離反可能性や追加契約、商品の購入可能性を推定するなど、定期的な分析を行います。定期的に分析することで、顧客別の購入・離反スコアの変化に応じた施策を実行することができます。

ステップ 2

新商品や新サービスの顧客推定

- 新商品や新サービスの場合は、その商品の過去の購買・離反データがないため、機械学習が適用しづらいことがあります。商品やサービスの価格・想定する顧客層・広告量などを変数として、新発売の前にどの顧客が購買するかを推定します。
- 他に、自動車などのように、新商品が出たときに買替えが起こるようなタイプの商品の場合は、過去の買替えデータを学習することで、どのような人がどのような商品を購入するかを推定できます。

ステップ 3

客単価をあわせた顧客分析

- 購入する価格・解約までの期間・顧客満足度などを推定するモデルを作り、「優良な顧客」へのアプローチを多くするようにします。百貨店やホテルなど顧客ごとに価格が大きく異なるケースでは、客単価を推定することが有効に働きやすいです。

利用データ

①顧客の属性データ

②顧客の契約・解約データや購買データ

③顧客の来店・サービス利用・Webアクセスなどの行動データ

- 最も少ないケースでは、①と②の顧客データのみを用いて分析しますが、顧客の変化をより正確に分析するために、③などの顧客の行動データを含めることが有効です。インターネット放送における視聴回数や、自動車販売業におけるメンテナンス回数、携帯電話における通話・通信回数など、サービスの利用の度合いを測るデータはその代表例です。
- 百貨店や家電量販店などの場合は、ポイントカードなどで来店を記録できる仕組みを導入することで顧客の行動を把握します。

■典型的な追加データ

- 商品やサービスの変更のデータ
  ⇒商品やサービスが変更された際は、売上げアップのチャンスであると同時に、離反の可能性も上がります。商品の特徴や価格などを変数に入れることで、どの顧客が購入（または離反）するのかを推定して、施策を実施します。
- 競合サービスのキャンペーンや施策のデータ
  ⇒競合する企業のサービス変更は、離反の可能性が上がるタイミングになりやすいです。競合サービスのキャンペーンなどのデータをそろえることは困難なため、SNSの反応量やCMの投下量など取得しやすいデータを用いることがあります。

データ加工のポイント

▪日付関係の変数の投入が重要

- 契約満了日付近の解約や、誕生日・新年度・ボーナスに合わせた購入などは、月などの日付関係の変数が有効に働くことが多いです。
- このような変数を入れておくことで、「今よりも３カ月後のほうがより解約の可能性が高い」などの可能性を表現することができ、適切なタイミングに顧客にアプローチできるようになります。

▪家族情報など人の関係性情報の取得と加工

- 保険や車などは、家族構成や家族の年齢が購入（離反）の動機と関係があります。しかし、家族情報が不明なことも多く、的確な分析への妨げになることがあります。家族・友人関係のサービスやキャンペーンを導入するなどして、（個人情報についての承諾をとったうえで）家族や友人の情報を取得するのが有効な手段です。

▪推定する対象がどれくらい先かのバリエーションを幅広く作成

- 購入推定も、離反推定も、「今購入するか」を推定するだけでなく、将来とあわせて予測するのが有効です。「３カ月後に購入するか」など、将来の購入可能性を何通りも推定することで、現在行う施策を多様に行うことができます。
　また、離反に関しては、「今すぐの離反」の推定精度が高めだとしても、「半年後の離反」などもあわせて推定します。なぜなら、「今すぐ離反する」顧客は、既に他のサービスの申込みをしているなど、顧客に対する施策を実行する効果がないことがあるからです。

分析時に注意すべきポイント

①精度に応じて顧客をグループ化しての施策が重要

- 見込み顧客分析は、精度に応じてその後の施策（オペレーション）を行うことが有効です。「買う」「買わない」という２つのどちらかを推定する問題を判別問題と呼びますが、「買う」と予測モデルが出力した顧客の中でも施策の差を付けるのが有効です。
- 予測モデルは、「買う確率」に類するようなスコア値が出力されますが、このスコア値の上位から順に並べたときに上位の一部の範囲が高精度だった場合、その顧客だけ特別に訪問して商品のお薦めを行うなど、「どのスコアの範囲の人に何をするのか」を精度と効果のバランスを見ながら決定することが重要です。

②予測モデルを解釈して、「将来の購買確率を上げるために行う施策」を考える

- たとえば車・家のリフォーム・保険など、「かなり将来に買うかもしれない／離反するかもしれない」といったものを推定するときに、現在は買う確率が低いと推定される顧客にも、施策が行える可能性があります。
- たとえば購買推定モデルにおいて、「車のメンテナンス回数」が将来の購買や離反に効きそうだということがわかったとします。そのような場合、現在購買の可能性が低い顧客には、メンテナンスを推奨するなど、将来の購買可能性が上がるような施策を提示することで、長期的な顧客との関係性を強化することにつながります。

お問い合わせについて

このたびは翔泳社の書籍をお買い上げいただき、誠にありがとうございます。弊社では、読者の皆様からのお問い合わせに適切に対応させていただくため、以下のガイドラインへのご協力をお願いいたしております。下記項目をお読みいただき、手順に従ってお問い合わせください。

●ご質問される前に

弊社Webサイトの「正誤表」をご参照ください。これまでに判明した正誤や追加情報を掲載しています。

正誤表
https://www.shoeisha.co.jp/book/errata/

●ご質問方法

弊社Webサイトの「刊行物Q&A」をご利用ください。

刊行物Q&A
https://www.shoeisha.co.jp/book/qa/

インターネットをご利用でない場合は、FAXまたは郵便にて、下記"翔泳社 愛読者サービスセンター"までお問い合わせください。
電話でのご質問は、お受けしておりません

●回答について

回答は、ご質問いただいた手段によってご返事申し上げます。ご質問の内容によっては、回答に数日ないしはそれ以上の期間を要する場合があります。

●ご質問に際してのご注意

本書の対象を超えるもの、記述個所を特定されないもの、また読者固有の環境に起因するご質問等にはお答えできませんので、あらかじめご了承ください。

●郵便物送付先およびFAX番号

送付先住所　〒160-0006　東京都新宿区舟町5
FAX番号 03-5362-3818
（株）翔泳社 愛読者サービスセンター

※本書に記載されたURLなどは予告なく変更される場合があります。

※本書の出版にあたっては正確な記述につとめましたが、著者や出版社などのいずれも、本書の内容に対してなんらかの保証をするものではなく、内容やサンプルに基づくいかなる運用結果に関してもいっさいの責任を負いません。

※本書に記載されている会社名、製品名はそれぞれ各社の商標および登録商標です。

※本書に記載されている情報は2019年10月1日執筆時点のものです。

【著者プロフィール】

本橋 洋介（もとはし ようすけ）

NEC AI・アナリティクス事業部　シニアデータアナリスト 兼 データサイエンス研究所 シニアエキスパート。
東京大学大学院工学系研究科産業機械工学専攻修士課程修了。2006年NEC入社後、人工知能・知識科学・機械学習・データマイニング技術と分析ソリューションの研究開発に従事。機械学習の実問題適用を専門としており、これまでに機械学習技術を用いた分析サービス・システムの導入について30社以上に対して実績あり。2016年、NECが新規に創設したシニアデータアナリストの初代認定者になる。人工知能技術やサービスの広報役としてビジネスカンファレンスなどでの講演を多数行うとともに、企業トップ層への人工知能活用に関するロードマップ策定のコンサルティングを実施している。著書に『人工知能システムのプロジェクトがわかる本』（翔泳社）がある。

カバーデザイン　フロッグキングスタジオ
本文デザイン　伊藤 健一（株式会社エステム）
DTP　一企画

業界別！ AI《エーアイ》活用地図

8業界36業種の導入事例が一目でわかる

2019年11月6日　初版　第1刷発行
2021年9月5日　初版　第3刷発行

著　　者　本橋 洋介
発 行 人　佐々木 幹夫
発 行 所　株式会社 翔泳社（https://www.shoeisha.co.jp/）
印刷・製本　株式会社 シナノ

ISBN 978-4-7981-5779-5　Printed in Japan